▲ 미국인 수련생들과 함께한 홍관장 (뉴욕에서)

▲ 미국대통령 자문위원인 스카트박사와 미국 전략문제연구소장인 데이빗드 박사의 수련장면
（創 책에 수련소감문 원문 게재）

▲ 조교들과 함께

▲ 수련수료자들과 각개각층으로부터 받은 감사장과 감사패의 일부

▲ 외국인 수련생들과 함께

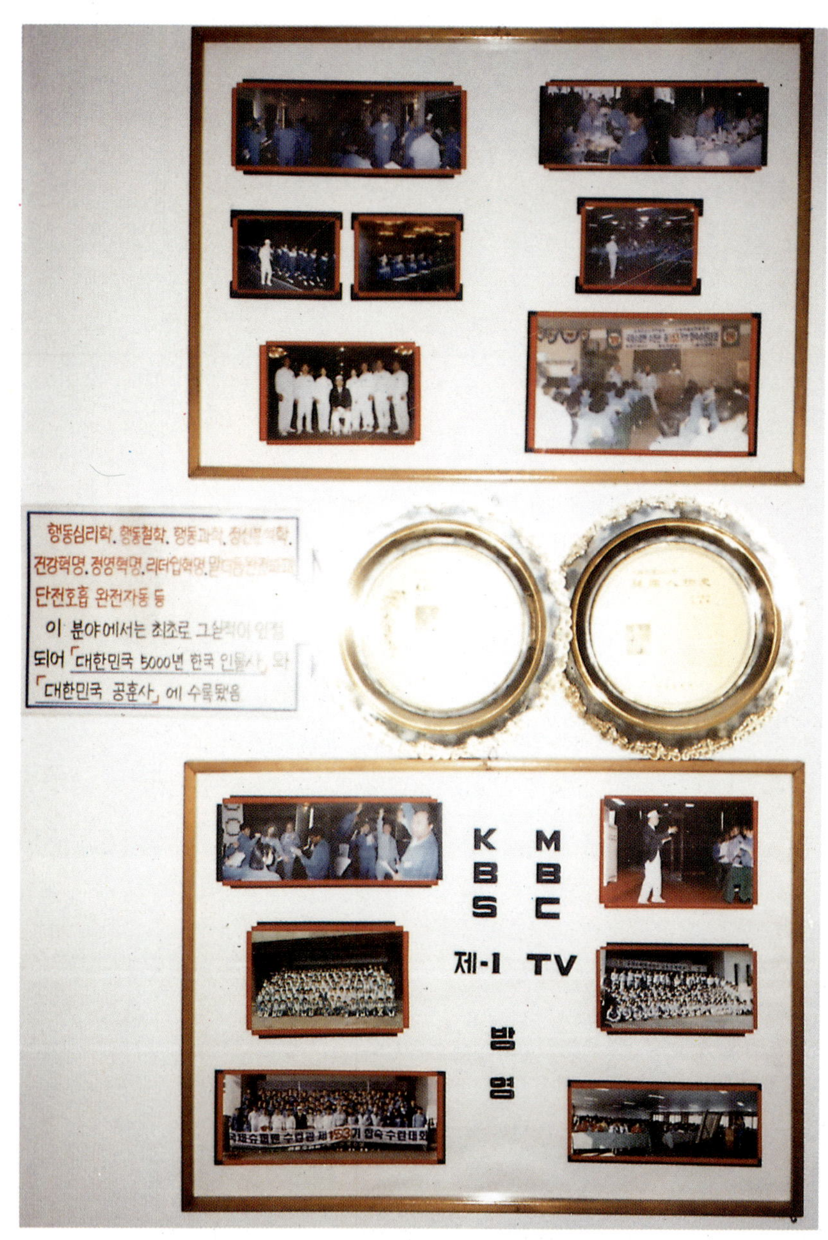

▲ MBC-TV와 KBS 제1-TV 특별방영

▲ 서울 63빌딩에서 대강연회를 마치고 임직원들과 함께

▼ 강연중인 홍민성관장

▲ 국제 슈퍼맨 수련관 전용수련장

▲ 국제 슈퍼맨 수련관 제○○○기 수련

大韓民國 5000年
韓國人物史

責任監修
李康勳

1000 한국인물사

홍민성

1942년 ⑭
전남 영광 ⑮
행동 철학가

□ 약 력 □
- 국제 슈퍼맨 수련관장
- 말더듬완전파괴연구가
- 초인수련법세계최초창안자
- 행동철학 연구가

전남 영광에서 홍성주 선생의 2남으로 출생. 우리나라와 세계의 미개척 분야에 가까운 인간혁명과 행동철학을 주창한 행동철학자. 35년간 민족과 인류의 전천후 인간혁명을 위해 심리학, 철학, 정신분석학, 행동과학, 인간경영, 건강혁명, 발표력, 리더쉽혁명, 말더듬 완전파괴를 집중 연구하여 세계 최초로 초인 수련법(3박 4일, 2박 3일, 1박 2일, 13박 14일)을 개발하여 직접 시킴. 독서량 3만여 권(精讀 5천여 권, 目讀 2만 5천여 권)

세계 최초 평생건강 인간혁명수련 한국·미국 특허 (미국 특허 Des.353,202)

MBC-TV와 KBS 제1-TV에 특별 방영. 라디오와 우리나라 각 일간신문 및 각종 월간지와 기타 주간지에 특종 게재되었으며, 1999년까지 200여차에 걸쳐 호텔에서 인류를 상대로 인간혁명 합숙 수련을 실시하고 있다. 그리고 국제슈퍼맨 수련관 관장으로 강력하게 활동하고 있으며 저서로는 미래문화사에서 발간한 《動》, 《強》, 《創》, 《生》, 《成》이 있다.

歷 史 編 纂 會

韓國을 움직여온! 大韓民國 功勳史

홍 민성 (洪玟成) HONG, MIN-SUNG

1942年 全南靈光 出生. 本貫 : 南陽. 대한법률협회이사, 國際
슈퍼맨修鍊館長.

海岸의 都市요 굴비의 名産地로 名聲이 높고 人情이 豊味하는 全南 靈光 땅에서 父 洪性主 先生의 次男으로 태어나 우리나라와 世界에 未開拓分野인 人間全天候 修鍊方法과 行動哲學을 主唱한 行動哲學者이다. 35年餘를 心理學, 哲學, 精神分析學, 行動科學, 人間革命, 健康革命, 發表力革命, 리더쉽 革命, 말더듬완전파괴, 平生健康, 인간혁명수련(한국 ·미국특허) 等을 研究 開發하여 世界 最初로 超人手鍊法(3泊 4日 ·2泊 3日 ·1泊 2日 ·13泊 14日)을 開發하여 民族과 世界人類를 相對로 直接 指導하고 있다.

그는 讀書벌레로서 精讀 5千餘 卷, 目讀 2萬5千餘 卷을 탐독하였으며 MBC-TV KBS 1-TV에도 特別放映되었다. 그리고 '라디오'와 國內 各 日刊新聞과 月刊 雜誌에도 特種揭載되었으며 200餘次에 걸쳐 合宿 修鍊을 實施한 바 있다. 現在 國際슈퍼맨修鍊館長으로서 東奔西走하고 있으며 그의 著書로는 《動》, 《强》, 《創》, 《生》, 《成》 等이 미래문화사에서 나와 있고 多數의 論文이 있다.

民族과 全人類를 責任지겠다고 壯談하는 그의 著書들이 계속 出刊될 예정이다.

大韓民國 功勳史 發刊委員會

會長 白 斗 鎭 (前. 國務總理)

세계최초 말더듬 완전파괴를 위한 최첨단 합숙수련 안내

수련 목적	세계최초 말더듬 완전파괴, 무의식 완전정복, 평생건강.
수련 대상	말더듬자, 말더듬 관인전문학원장, 정신·심리전문박사
수련 일정	연2회 실시(1월 초순과 8월 초순 방학에 13박 14일 하루 20시간씩 실시함. 고액제시 특별지도 일체 사절)
안내·접수 및 등록 시간	·09시부터 18시까지 근무함. ·수련 1주일 전과 방학 때는 일요일도 근무함. ·전화문의 및 편지 주시면 안내문 발송함. (말더듬자는 전화번호 기재요)
전용수련장	부곡관광호텔(동양 최초 온천장)　　·수련 장소는 변경 가능함
도전 장소	부산, 대구, 마산 등 대도시.
수련 비용	OOO만원(호텔숙식, 단전호흡대 3개, 추리닝 4벌, 도전비, 교재, 교통 등) ·단, 사무실에서 수련장까지 왕복 교통편 제공함.
등록 방법	수련 일자 10일 전까지 비용의 전액 또는 일부를 온라인 입금하고 전화 주면 등록됨. ·온라인 등록 후 개별참가도 됨.
은행 구좌	농협 027-01-170413, 조흥 313-06-029834(타은행에서도 입금됨) 예금주 : 홍민성 입금 후 전화 주면 등록됨.
집　　합	서울 본관 집합 : 09시　　부곡 집합 : 15시까지
개인준비물	세면도구, 속옷, 조깅화 2켤레　　·겨울철 : 장갑
사 무 실 교 통 편	·서울역과 청량리역에서 지하철1호선으로 10분 소요. 강남고속버스 터미널에서는 지하철 3호선으로 25분 소요 ·종로3가 역에서 내리면 단성사극장 옆 소방소 정면
수 련 장 교 통 편 (변경가능)	·수련당일 경남부곡관광호텔로 직접 가실 경우 부곡행 차편이 없으면 마산으로 가서 20분 간격으로 배차되는 부곡행 버스(30분 소요)나 택시를 이용하면 됨. ·부산과 대구에서는 시외버스정류장에서 20분 간격 배차. (60분 소요)
개별 상담 (유료)	·세계최초 자동 단전호흡대는 수련 참가자에게 무료 제공함.

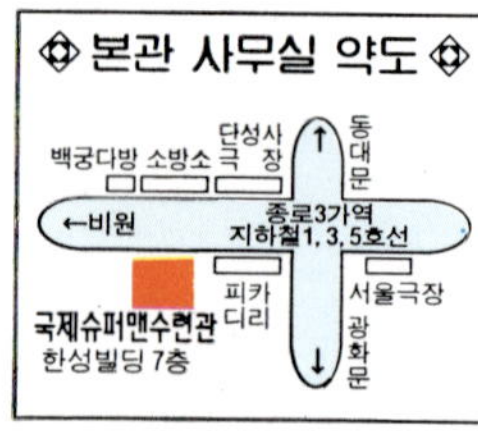

•국제슈퍼맨수련관•

전화 : 서울745-1300, 1305, 1306 FAX : 745-1306

주소 : 서울·종로구 묘동 200-1 (한성빌딩7층)

위치 : 종로3가 지하철역 단성사극장옆 소방소정면

(말! 말? 말.)

홍 민 성 지음

이 책을 혼자읽기에는 너무 아까운 책이라서
이 소중한 책을 _______________님께 드립니다.

_________년 _____월 _____일

________________드림

서 　문

00

　어떻게 할래 ? 서툴어도 달리기 시작할 테야 ? 토끼같이 당장에 달려갈 수 없다고 평생 앉은뱅이로 지낼 테야 ? 이 책 한 권은 당신 생명을 구하고 나아가서 하나님도 못 구한 당신을 달변가로 만들어 낸다.

　동물과 새들도 마음껏 포효하고, 마음껏 지저귀면서 생활하는데 만물의 영장이라는 인간으로 태어나서 동물과 새보다도 못하게 자기를 표현하지 못하고 산다는 것은 세상 생활에서 이 이상의 불행은 더 없다. 그 이유는 당신의 말더듬이 처음부터 백치로 태어났다거나 어떠한 사고나 어떠한 질병 후에 생겼다면 체념이라도 할 수 있을 터인데 당신은 전혀 다르다. 절대로 체념할 수 없기 때문에 불행은 길 수밖에 없다. 필자가 생명을 걸고 말하지만 당신 평생 동안의 불행은 세계 최초로 필자를 통해서 파괴되고 성공으로 바뀌게 된다. 당신은 당신 주위와 이 사회의 어느누구보다도 말을 잘하게 될 달변가의 소질로 태어났다.

　성공이 그냥 주어지지 않듯, 금메달이 그냥 주어지지 않듯, 당신이 달변의 열매를 잡기까지에는 과정이 있다. 불행히도 당신은 달변의 열매를 잡기 전에 세상 아닌 자신에게 항복했었으며, 또 항복하고 있는 자신에게 이 세상은 아무런 도움이 되지 않았었다. 자그만치 인류 역사 이후부터 지금까지 이 세상에는 당신을 달변으로 이끌어 줄 코치 한 명 없었다. 필자가 이 책을 드러내기 위해서가 절대 아님을 금방 확인하게 된다.

필자 역시 말더듬 때문에 자살을 네 번이나 실행했다. 다행히 실패한 후 의식을 정복하여 지금은 우리 나라에서 말을 가장 많이 하고 있다.

00

1956년 문교부 통계를 보면(물론 정확한 숫자인지는 의문이지만.) 국민 40분의 1이 말더듬이였다. 그러나 선진국의 예를 들면 문명의 발달과 함께 필자가 25년 전부터 5년 동안 조사한 자료에 의하면 말더듬이 숫자는 증가하여 현재는 국민의 30분의 1정도가 언어 장애 [흘음(吃音)]로 고심하고 있다. 이 수치는 문명의 발달과 함께 점점 더 늘어가고 있다. 물론 이 수치에는 교통 사고나 질병으로 인한 요인과 고혈압으로 인한 언어 장애는 포함되지 않았다. 세계적으로 통계를 낸다면 1억 8천만 명 정도가 말더듬으로 자기 인생을 억울하게 희생하고 있다.

필자의 저서 《動》과 《强》에는 전국민 수련 내용을 기술하다 보니 지면이 허락치 않아 말더듬에 관한 내용이 너무 짧았었고 내용 역시 미흡했었다. 《動》과 《强》이 출간된 후 필자가 일일이 답해 드릴 수 없을 정도로 많은 독자들의 전화와 서신 문의를 받았다. 전국민 의지 창조 수련시키기에 바쁜 필자가 일일이 답해 드릴 수도 없었고 말 몇 마디나 편지 몇 통으로 답변이 될 일도 아니었다. 그렇다 해서 필자 아닌 직원들이 필자를 대신해 답해 드릴 수는 더욱더 없었다. 아무리 바쁜 필자이지만 여러분 자신의 생명과 행복과 국가 번영에 관계되는 여러분의 요청을 더 이상 미룰 수 없어 외국 진출과 국내의 많은 강연 계획을 취소하고 세계 최초로 말더듬 파괴에 관한 본서〔本書〕를 집필하여 여러분의 질의에 답하고자 한다.

00

이 책은 매일매일 자포 자기로 죽고 싶어 했던 당신을 당신이 이해한 후 당신을 포용하고 말더듬을 파괴하고, 현대 과학과 의학과 종교와 창조주와 선진국의 힘으로도 어림없었던 달변이라는 선물을 당신에게 창조해 드린다. 지금까지의 세상에서 못했던 것을 이 책을 통해서 하게 되니 당신은 전적으로 공감하게 된다. 또 한편으로는 극소수이겠지만 당신의 성공을 시기하고 나아가서 전혀 바라지 않는 것은 물론 당신의 실패를 바라는 자들은 당신의 독서를 방해까지 할 것이다. 그러나 그런 자들은 당신을 책임져 줄 수도 없고 당신이 말더듬 때문에 자살해도 아무 이해 관계가 없다. 의외로 당신의 가장 측근에 방해자가 있을 수도 있다. 그렇기 때문에 당신은 강력한 행동으로 성공해야 한다.

00

세상 인류에게 보이는 것은 당신의 말과 행동뿐이다. 괴롭고 죽고 싶어 하는 당신의 마음은 세상 인류에게는 보이지도 않지만 설명할 수도 없고 또 설명할 필요도 없다. 말더듬에 대해서만은 하느님도 국가도 사회도 의학도 전혀 도움이 될 수 없고 시간 낭비의 온상인 관인학원도 사설학원도 당신에겐 전혀 도움이 되지 않는다. 오직 필자 당대에 필자를 통해서만 당신이 달변가로 태어나게 된다. 이제부터 당신 포용과 도전과 파괴와 창조의 길로 들어가자. 이제까지는 실망과 한탄으로 비관하고 세상과 사람으로부터 도망만 다녔던 당신이 이 책을 공격해 가면서는 분기하고 화를 내고 웃고 심장과 창자가 뒤집히면서 보게 된다. 이 책을 숨기면서 또는 숨어서 보지 말고 이 세상 전인류가 볼 책이니 어디서나 떳떳하게 꺼내 놓고 보기 바란다.

이 시대에 여러분들을 만나서 체험자로서 흘음자(吃音者)만이

아닌 전인류를 상대로 세계 최초로 '의지 창조'와 '의식 정복'의
수련을 시키는 필자에게서 이와 같은 단행본이 나올 수 있었음은
의지 창조 수련을 통해 성공한 많은 제군들의 힘이 컸었음을
부언해 둔다.

차   례

□ 서   문 □

제 1 부

세계 최초 말더듬 완전파괴(無意識 征服)

포용·도전·파괴·창조 001 …………………………………………… 17
포용·도전·파괴·창조 002 …………………………………………… 30
포용·도전·파괴·창조 003 …………………………………………… 42
포용·도전·파괴·창조 004 …………………………………………… 56
포용·도전·파괴·창조 005 …………………………………………… 73
포용·도전·파괴·창조 006 …………………………………………… 82
포용·도전·파괴·창조 007 …………………………………………… 91
포용·도전·파괴·창조 008 …………………………………………… 104
포용·도전·파괴·창조 009 …………………………………………… 124
포용·도전·파괴·창조 010 …………………………………………… 139
포용·도전·파괴·창조 011 …………………………………………… 155
포용·도전·파괴·창조 012 …………………………………………… 175
포용·도전·파괴·창조 013 …………………………………………… 189
포용·도전·파괴·창조 014 …………………………………………… 208
포용·도전·파괴·창조 015 …………………………………………… 221

포용·도전·파괴·창조 016 …………………………………… 239

포용·도전·파괴·창조 017 …………………………………… 203

포용·도전·파괴·창조 018 …………………………………… 274

포용·도전·파괴·창조 019 …………………………………… 287

포용·도전·파괴·창조 020 …………………………………… 300

포용·도전·파괴·창조 021 …………………………………… 318

포용·도전·파괴·창조 022 …………………………………… 335

제 2 부

세계 최초 말더듬 완전파괴 체험 실적

세계 최초 말더듬 완전파괴 체험 실적 …………………… 361

제 1 부

세계 최초 말더듬 완전파괴

001
포용·도전·파괴·창조

01

말더듬이로서 망신 안 당한 자는 이 세상에 없다. 너는 망신 당하지 않기 위해서 말과 행동을 하지 않고 있어도 더듬증을 생각하고 있는 자체만 가지고도 망신은 물론 개망신까지 연상하고 죽음까지 의식한다. 이 세상 사람들은 어느누구도—너의 부모님도 형제도 자매도 애인도 이웃도 하나님도—너를 이해할 수 없고 이해시킬 수도 필요성도 없다. 또 이해 해봤자 아무 소용없다. (속으로는 멀쩡한 병신 새끼, 멀쩡한 병신같은 년 하기 때문이다.)

흘음(吃音) 때문에 자살을 하면서도 자살한 후에 세상에서 아무개 자살 이유가 말더듬증 때문이라고 판단 받을 것이 싫어서 자살 이유를 다른 핑계로 만들고 또 그럴듯한 핑계 만들려고 고심하는 말더듬이들이다. 필자도 너무나 많은 자실 미수를 범했었기 때문에 모를 수가 없다. 다행히 자살을 번번히 실패했기 때문에 세계 최초로 성공해서 오늘날 대한민국에서 말을 가장 많이 또 가장 많은 사람들에게 하며 세상을 누빈다. 지금까지 헤아릴 수 없을 만치 많은 인재들이 필자를 만나지 못해 자살로 성공해 버린 과거의 선조들이야 어쩔 수 없지만(지나가 버린 과거는 창조주도 어쩔 수 없다.) 당신은 이젠 필자를 만나고 있기 때문에 평생 자살은 커녕 평생 실망 따위도 할 필요가 없게 됐다. 이젠 평생 행복하게 된다. 필자가 한마디로 단언하지만 네가 말더듬 때문에 실망이나 자살로 성공하게 하지는 않는다. 너의 몸은 네 것이 아니다.

02

이 책을 통해서 너 자체가 누구 것인가를 분명히 확인하게 된다. 지금부터 이 세상에서 인식하고 체득한 상식으로 판단했던 것은 버려라. 분명히 그 이상의 것을 줄 테니까. 너를 무시해서가 아니라 박사 학위 몇 개쯤 가지고 있더라도 그 이상을 줄 수 있기 때문이다. 실력 자랑하는 것 같지만 분명히 단언한다. 행동으로 성공 못하는 실력은 개나발일 뿐이다. 이까짓 세계 54억 인류에게 필자가 실력 자랑하지 않는다. 그럴 필요성도 없다. 실력 자랑할려고 나이 30세도 되기 전에 연구와 경험과 독서하느라고 대머리가 되고 코피를 4,5천 번이나 흘렸고 자살 행동을 네 번이나 했겠나? 너만은 필자와 같은 인생 희생이 없어야 하기 때문이다. 너는 지금부터 확인하게 될 것이다.

말더듬이는 말을 하게 되어야지, 지식이나 자신감 따위만 주는것은 개나발 축에도 못 드는 빌어먹을 짓이다. 필자는 너를 행동으로 성공시키는 목적 외에는 하늘이고 땅이고 세상이고 필요성이 없다.

03

이제부터 시작하자. 필자는 말더듬 때문에 망신 중에서도 큰 망신 즉, 개망신을 어찌나 많이 당했는지 행동으로 체험한 것 중에서 예를 들고 산산히 파괴시키고 짓이겨 나가자. 한두 번 행동하고 하루 이틀 해서 되는 것 아니니까 차근차근 그러면서도 치밀하고 강력한 아주 강—력한 행동으로 파괴시켜 나가자. 너의 말더듬과 이 나라 1백 50여 만 명의 말더듬증과 이 세계의 1억 8천여 만 명의 말더듬증을 모조리 씹어 먹고 말테니까. 무식하게 기분 운운, 인격 운운 따위 할려거든 이 책에서 손을 떼라. 자살해 돼질 녀석이 아니고서는 이 책에서 손을 뗄 수 없을 것이다. 필자가 이까짓 세계의 54억 인류와 우리나라 4천4백만 국민 기분 맞추고 예의를 갖추어 대우할 줄 모르고 미사 려구 쓸 줄 모르고 실력이 없어서 이런 표현 쓰는 줄 아나? 아무렇게 인정해도 괜찮다. 너를 살려 내고 너의 주둥이를 벌려서 세계를 제패하게만 해내면 되니까.

지금까지의 세상 형이상학과 형이하학이 얼마나 개선의 여지가 많은지, 또 창조의 진수와 극치를 확인할려거든 그리고 성공해서 행복하게 잘 살려거든 두 번째 권하노니 이제까지의 너 자체를 버리고 이 책을 읽도록 하라.

04

무식하고 무지한 작자들이 말더듬 파괴나 정복이 무엇인지도 모르고 나아가서 무의식 정복이 어떠한 차원인지는 상상해 보지도 못했으니 너에게 어린아이 말 배우는 식같이 호흡에 맞추어서 말 연습만 시킨다. 이 바보 멍청이들아, 그따위로 해서는 평생 가야 헛수고라는 것을 시키는 자나 받는 자나 알기 때문에 말더듬으로 시달리다가 어느 정도 나이가 되면 몇군데 다녀 보고는 말더듬 파괴에 대해서는 거의 다 체념해 버린다. 일본과 미국과 구라파도 마찬가지다. 말더듬 만큼은 교육이나 연습 가지고는 안되는 것이기 때문에 필자가 말더듬에 관한 한 절대로 연습이나 교육 따위는 시키지도 않지만 그럴 필요조차도 팽생 동안 없다.

네가 어린애인가? 네 나이에 말 연습해서 말 배울 나이인가? 고혈압이 터져서 중추 신경 장애라도 됐단 말인가? 교통 사고를 통해서 기기 장애자가 됐다거나 교감 신경, 부교감 신경의 어느 한쪽이 고장이라도 났단 말인가? 그렇지 않으면 혀가 짧아서 혀 짧은 반 토막 소리라도 나온단 말인가? 네가 발음을 못할 결함이 없다는 것은 세상 인류가 알고 모르기 전에 네가 너 자신을 잘 알고 있지 않느냐?

05

이 자식아, 잘 아는 자식이 이 바쁜 세상에 얼마나 할 짓거리가 없어서 자격과 실력도 없는 관인 교육원 따위에서 쓸데없는 말 교육을 받고 말 연습을 해? 그래, 이 자식아, 말이 필요한 사람들 앞에서 너, 교육 받고 연습 많이 했던 말들이 잘 나오더냐? 안 그러면 교육 안 받고 연습 안했던 말들이 무의식 중에 잘 나오더냐? 너가 밥을 먹고 사는 사람 새끼이고 입이 찢어져서 성공하고 싶은 마음이 추호라도 있다면 위의 두 가지 질문에 대해서 답변해 보라. 너를 더욱더 말 실패시키는 말더듬증을 더욱더 기억시켜서 악습을 더욱 발전시키는 교육이나 연습을 더 할 테야? 안 그러면 의식을 정복 해내는 창조자가 될 테야? 너 마음 속으로라도 답변을 하라. 너의 인생이 도대체 뭐냐?

고귀한 세상에서 왜들 그렇게 시간 낭비하나? 말더듬 지도란 연구했다거나 전통 있다해서, 체험자라서 지도할 수 있는 것이 아니다. 동네 강아지도 알아주지 않는 빌어먹을 놈의 전통이나 유치한 지도로 얼마나 많은 실패의 경험을 하고 있느냐? 기분 나빠 하지 말고 이 책을 포용한다면 너의 입은 능변을 쏟아내는 주둥이로 찢어진다.

말더듬이 95% 정도의 요인은 의식 문제이고 호흡 문제라는 사실을 너는 너무나도 잘 알고 있다. 의식과 호흡 두 가지 중에서도 의식 문제가 99%이고 호흡은 겨우 1%의 요인이다. 그러니 의식을 정복하지 않고 되겠나?

06

우리나라와 이 세계의 말더듬 교정 지도자들과 세계 각국의

언어 병리학자들을 무시하는건 아니지만 이 세계에서 의식 정복
시키는 곳이 있나? 또 의식 정복한 자가 있나? 과거에라도
있었나? 불행하게도 인류 역사 창조 이후 지금까지는 없었다.
성서(창세기)에 나오지만 하나님도 못 고쳤다.(《動》註) 필자가
우리 나라에서 최초로 의식을 정복하여 지금 현재 이 나라 지
성인들과 전 국민을 상대로 세계에서 제아무리 달변가라도 말
주변과 실력과 건강과 지도력이 달려 엄두도 내지 못할 3박 4일의
신적(神的)인 의지 창조의 슈퍼맨 수련을 시키고 있다. 더군다나
말더듬자들과 말더듬교정 전문 관인학원장들을 위한 13박 14일
까지 필자가 전담하여 하루에 20시간씩 강의와 행동 수련을 시
키고 있다. 세상에서 말하는 소위 전문가라는 사람들 50명, 100여
명이 뭉쳐도 못 시키는 수련이다. 의식 정복은 세상 차원의 교
육으로는 안된다. 모방으로도 안된다. 오직 무의식을 정복한 필자
당대에만 한한다.

　필자가 옛날에 군대 생활을 시작하던 훈련소에서의 일이다.
말더듬이가 혼자 생활도 어렵지만 사회 생활은 더욱더 어렵다.
그런데 명령과 규율과 절도를 생명으로 삼는 군대 생활은 어떻
겠나? 사회 생활의 얼을 빼버리는 훈련소 생활에서야 말할 필
요나 있겠나?(지금은 말더듬이는 방위병으로 병역을 때울 수
있지만 방위병 생활인들 본인에게는 표현할 길이 없을 정도로
비참하다. 국가에서야 너의 말더듬쯤 알 바 아니다. 해결 방법이
없는 현세상 실정에서 군대 제도와 조직상 어쩔 수 없다.)

07

군대의 말더듬이 숫자와 사고자(事故者) 숫자, 자살자 숫자 등등의
과학적 통계를 근거로 육군 참모 총장과 육군 편제 조정위원회
에까지 수 차례 생명을 걸고 건의했었지만 국가에서나 국방부에서
대처해 줄만한 시설이나 권위자는 그 당시 우리나라와 선진 국

가에도 없었지만 현재도 없어서 이제는 필자가 인류 역사이후 최초로 하고 있다.

그러나 그 당시 필자의 과학적 통계와 근거 앞에는 육군 참모 총장도 꼼짝 못하고 필자가 능력 있으면 필자에게 일임할려고 필자를 육군 본부로 호출했다. 말더듬이 필자가 진해 육군 수송 기지 사령부에서 생전 처음으로 서울의 육군 본부인 용산구 삼각지까지 찾아갈 때까지의 정경을 말더듬이 독자들은 상상해 보라. 도대체 정신이 없었다. 아무도 없는 곳에서도 관등 성명을 대지 못했던 그 당시 필자는 단 참모 총장 호출 명령서만 가지고 육군 본부 영내에서만도 몇 시간을 헤맨 끝에 부재중인 참모 총장 명을 받은 정모(某) 중령과 김수민 소령에게 1차로 말 한마디로 필답 열 마디씩 정도의 반벙어리 손짓, 발짓, 몸짓으로 말더듬 교정기구 설치를 주장했다.(그 당시는 남자라면 병역이 의무제였기 때문에 반드시 필요했고 숫자도 많았었다. 지금은 더 많아졌지만)

08

피땀을 흘리며 6시간에 걸쳐 건의서를 작성 제출하고 참모 총장의 답변을 기다리느라고 육군 본부에서 필자가 하루를 묵는 사이에 정 중령과 김 소령 2명은 우리나라의 관인 말더듬 교정소들의 교정 실태를 확인했음은 물론이다. 결과는 제로였다. 필자 역시 관등 성명도 대지 못하는 반벙어리에게 육군 본부나 육군 편제 조정 위원회에서 교정 기구를 설치해 줄수없었음은 물론이었다. 비참하게 딱지 맞고 귀대하였지만 필자가 세계 최초로 우리 나라에서 의식 정복할 수 있도록 연구할 수 있는 재량권이 2년 간이나 주어졌던 것이다. 필자는 연구 과정에서 지휘관들과 국방부 당국에 수 차례 건의한 결과 얼마 안되어 말더듬이는 현역병 징집이 면제되어 버렸다.

지금 같으면 문제 없이 기구 설치와 동시에 필자가 책임 맡을 수 있었겠지만 그 당시는 20대 피래미로서 육군 본부나 국방부에서 필자에게 기구를 만들어 줄 리 없었다. 창군 이후부터 필자가 건의하고 투쟁할 때까지는 말더듬이로서 군대 생활은 생사 문제로 심각했었다. 지금 현재 필자를 능가하는 달변가는 이 세계에 없다. 국가에서 기구 설치해 준다 하더라도 이젠 말더듬이 아닌 전국민 인간혁명수련시키는데 필자가 너무 바빠서 관여할 수 없다. 발전을 위해 투쟁했던 결과가 징집 면제로 된 것이 잘 된 일인지 잘못된 일인지 판단하기에 앞서 군대 생활 중에 유발된 것이 아닌 개개인의 말더듬을 군(軍)당국에다 책임져 달라는 것은 분명히 예산상의 무리이기는 했지만 말더듬으로 인해서 국토 방위 임무 수행에는 치명적인 피해를 면할 수는 없다.

09

본론으로 들어가자. 훈련소에서 점호 시간에 필자의 번호가 마흔 두 번째였었다. 개망신을 하도 하도 크게 당하여 이 번호만큼은 영원히 잊을 수가 없다. 말더듬이라서 모든 발음이 다 어려운 것은 아니다. 「ㅌ」자, 「ㅁ」자, 「ㅎ」자 등등 세월과 함께 바뀌어 간다. 그런데 필자는 그때 특히 「ㅁ」자가 많이 막히고 또는 전혀 나오지도 않았고 발음 의욕 역시 전혀 없었다.

훈련소에서의 번호는 초긴장 상태가 무색할 정도로 엄격한 분위기에서 발음을 크고 절도 있게 해야 하므로 정상인들도 가끔씩 더듬고 막히기 일쑤였다. 그런데 말더듬이에게야 오죽하리……. 왜 하필 마흔 둘이야. 이「ㅁ」자 '마'자로 번호 배정 받은 순간부터 필자는 죽을 지경이 되었다. 다행히 점호 예행 연습할 때는 서른 두 번째 번호의 친구가 자리를 바꿔 주어서 할 수 있었지만 진짜 점호 시간에는 큰 일이었다.

입에 상처내고 환자 행세라도 할까? 갑자기 졸도라도 해 버릴까? 하는 사이에 내무반 선임 하사(기관병)의 "각자 자기 관물대 앞에 정렬!"이라는 명령이 떨어졌다. 소대 밖으로부터는 중대 주번 사관에게 보고하는 주번 하사관의 점호보고 소리가 들렸다. "점호는 ○소대로부터! 점호를 받지 않는 소대는 열중 쉬엇!" 이 소리를 듣고 복창하는 내무반 선임 하사의 소리를 들은 필자는 거의 정신이 나가 버렸다.(이 소리에 혼비 백산 안할 말더듬이는 이 세계에 없다.)

<h2 style="text-align:center">10</h2>

마흔 둘이라는 번호를 안 할 행운이 없을까? 이 운명의 번호에서 나를 구원해 줄 급작스런 변이라도 없을까? 일단 선임 하사의 '번호!'라는 구령이 떨어지면 처음 '하나!'라는 발음이 끝나기 전에 우측으로 돌렸던 고개가 돌아 정면으로 멎으면서 '열 다섯 내지 스물'까지는 나간다.

입과 혀가, 기관지와 성대에 이상 있는 것이 아니고 사고(思考) 의 노예로서 처음 점호 준비부터가 아니라, 번호 배정 받을 때부터 자신 없었던 번호가 사고─의식(意識)─를 하고 있는데 나올 리도 없었지만 될 수도 없었다. 입과 혀와 기관지와 성대는 전혀 이상이 없는데도 말이다.

불안했던 운명의 순간은 빨리도 들이닥쳤다. 주번 사관과 주번 하사관이 내무반 입구에 들어서자마자 선임 하사가 기절 초풍할 소리로 "차렷! 제 ○소대 일석 점호 인원 보고 총원 ○○명 사고 무, 현재 ○○명. 번호!"라고 하자 불꽃 튀기는 번호가 시작됐다. 필자 가슴은 완전히 소리가 큰 발동기 같았다. 「아이고, 죽었구나, 죽었어. 제발, 졸도라도 되어 다오.」 서른 다섯! 서른 여섯!… 마흔 하나! 여기에서 마흔 둘이 이어져야 마흔 셋에서 마흔 넷 이하까지 갈수 있는데 번호를 응시하는 눈이 수십개요 번호 소 리를 듣는 귀는 118개인데 사고(思考)에서는 필자 번호를 건너

뗄 수 있지만 행동에서는 있을 수가 없었다. 마흔 하나에서 소리는 그대로 끝났고 필자는 마흔 둘을 소리내지 못하고 빨간 홍당무가 되어 버렸다. 도대체 오래 전부터 세상이 살기 싫었지만 그렇게 살기 싫을 수 없고 삶 자체가 그토록 소름끼치게 저주스러울 수 없었다.

11

부모가, 세상이, 조물주가, 군대가, 필자 자신까지 다 원망스러웠다. 누가 필자 가슴에 총을 쏘아 주었다면 필자의 영원한 은인이 될 뻔했다. 필자 자신에게는 비관할 의식마저도 사고에서는 주어지지 않았다. 재치있는 선임 하사가 필자를 구경 할 기회를 주번 사관과 여러 사람들에게 줄 리가 없었다. 즉시로 "번호 다시!" 「아이고, 두번, 세번, 네번 죽이네.」 굳어 버린 필자 사고와 입이 두 번째에는 마흔 둘이 나와 준다면 얼마나 좋으리요마는 이것은 해가 서쪽에서 뜨는 것보다도 훨씬 더 가망이 없었다. 역시 번갯불에 콩 볶듯한 번호는 어김없이 마흔 하나에서 또 멎어 버렸다. 누가 필자 가슴에 대포라도 쏘아주면 그 당시는 하나님이라고 하고 싶었다. 내무반 책임자인 선임 하사 얼굴이 필자 때문에, 모두들과 똑같이 밥 먹고 웃는 필자의 주둥이 때문에 주번 사관 앞에서 필자 얼굴보다도 더 빨개진 얼굴과 독기 어린 눈초리로 "너 아까는 잘했잖아?" 했다.(아까는 친구가 필자 번호로 했었는데)

이젠 주번 사관이 필자 앞에 와서 "왜 이래?"하면서 필자를 보고는 선임 하사에게 "번호 다시!"라는 지시와 동시에 선임 하사의 "번호 다시!"라는 우렁찬 구령이 또 떨어졌다. 필자는 속으로 「제발 원하노니 한 놈이라도 실수해 다오.」 필자에게 덕 될 것도 아니었지만 지푸라기 아닌 실가닥이라도 잡는 심정으로 필자에게 집중된 시선을 돌리고 싶었으며 그런 상황에서도 말 더듬이라고 변명할 엄두도 내지 못했었다. 세 번째도 어김없이 마흔 둘은 나오지 않았다.

12

마흔 둘부터 마지막 번호까지는 주번 사관 앞에서 번호 한 번 불러 보지 못했다. 이제 선임 하사 역시 "번호 다시 !"란 구령을 부르지도 않았지만 부를 수 없었다. 소귀에 경 읽기라고 판단한 것보다도 주번 사관이 기회를 주지 않고 필자 앞에 와서 필자 얼굴을 보면서 "훤한 놈의 새끼가……"하면서 위 아래를 훑어 보고는 "됐어 !"하고는 나가 버렸다. 독자들께서는 그 뒤를 상상해 보라. 도대체 인간으로서 살 맛이 있겠는가 ? 말을 못하는 농아자나 불구자가 부러웠었고 동물까지도 부러웠었다. 말을 하지 않고 번호가 없는 환자들의 생활이 천국같이 느껴졌었다. 그 뒤 훈련을 마치고 후반기 훈련을 거쳐 부대 배치 받아 연구 활동 시까지의 괴로움을 독자들께서 더 잘 직감할 수 있을 것이다.

이 세상과 군대에서야 필자 하나 없어도 그만이지만 없어져야만 되겠다는 필자는 뭐야, 말 한마디 때문에 없어져야만 한다면 그러면 말 한마디 나오면 없어질 이유가 없어지는 것 아니냐 ? 기기(器機) 장애가 아니고 의식 문제인데 타인들은 왜 두번, 세번해도 이상이 없나 ? 그들은 스스로가 장애자 라고 사고(思考)에서 인정하지 않기 때문이 아니냐 ? 그러면 나도 스스로 나를 인정하는 포용이 있으면 내 몸 자체와 기기는 이상이 없으니 오히려 타인들보다도 말을 더 잘할 수도 있다. 볼 수도 잡을 수도 형체도 없고 설명할 수도 없는 의식 때문에 이 세상 어느누구보다도 건강한 육체를 희생시키다니 ? 우리 몸의 수많은 지체 중에서 어느 하나에 결함이 있다 해서 그 하나 때문에 실망하여 다른 멀쩡한 지체까지 통틀어 희생시킬 이유가 있겠는가 ?

13

인생과 세상은 결함과 문제를 통해서 발전한다. 문제와 결함 없이 발전이란 기대할 수 없다. 오히려 문제와 결함이 없는 것이 퇴보의 요인이 된다. 전면 전쟁에서 전선이 무너질 때 어디서부터 무너지나? 강한 곳부터 무너지나? 약한 곳부터 무너지나? 물론 약한 곳부터 무너진다.

독자께서 전선의 총사령관이라면 어떻게 하겠나? 광대한 전선에서 한쪽 귀퉁이 약한 곳이 무너질 때 침착하고 치밀하게 분기하여 빨리 증원군을 급파하겠나? 아니면 놀라서 광대하고도 강한 전선까지 포기하고 도망가겠나? 아니면 실망하여「아이구, 망했구나!」하면서 자살하겠나? 즉시 강력한 증원군을 급파하면 공격에 화력이 소모됐고 피로가 쌓인 적은 순식간에 소탕되어 가장 약했던 전선이, 가장 쉽게 무너졌던 전선이, 가장 강한 전선으로 뒤바뀐다. 그러나 전선을 포기하고 도망가면 도망간 사령관은 평생 영광이 없는 불명예와 개죽음이 기다린다. 실망하여 자살하면 전쟁 승리와 영광이 사라짐은 물론 싸우면 이기고도 남을 모든 전력이 무력하게 되어 국민과 국가까지 망하게 된다. 홍수가 나서 제방 둑이 무너질 때도 강한 곳부터 안 무너진다. 약한곳부터 무너지기 시작할 때 조그만 귀퉁이라고 내버려 두면 순식간에 강한 곳까지 제방 전체가 무너진다. 귀퉁이가 조금 무너질 때 즉시 강력하게 보강하면 그 제방은 순식간에 강하게 된다.

14

우리의 의식과 생활에서도 끊임없이 저항이 온다. 전선에 무너짐과 반격이 어찌 없겠으며, 제방에 물의 압력이 어찌 없겠으며, 인간의 의식과 생활에 저항과 어려움이 어찌 없겠나?

말 안 더듬는 사람들은 나름대로 저항이 없는가? 불구자도 살고 농아자도 살지 않던가? 그들에게 비교하면 너의 말더듬쯤은

만 배나 낫다. 너는 발음이 어려울 때 절망하여 '날 잡아 잡수' 했나, 자신을 저주했나? 아니면 변명하고 도망했나? 어느 것을 택했든 자신에게 보람은커녕 오히려 악습만 의식에 고각시켰던 것이다. 필자가 분명히 말하지만 이제부터 너는 도망다니지 말라. 이 책 한 권을 통해서 너는 이젠 평생 도망 다니지 않아도 되게 되었다. 의식에서 자신 있다고 명령해 줄 때를 평생 기다리지 말라. 그렇게 될 수가 없는 것을 너와 인류는 바라고 있기 때문에 말더듬을 평생 정복하지 못하는 것이다.

의식 정복이 무엇인 줄도 모르고 학원들에서 말 연습을 해? 호흡 연습을 해? 이따위 짓은 무지한 병신들의 육갑하는 행위로써 평생 해봤자 소용없는 것이고 너가 할 짓은 아니다. 아무리 주둥이 맞사지 하고 호흡 연습하고 말 연습 많이 해봐야 의식에서 '어렵다, 막힌다, 죽었구나!'라는 신호를 느껴면 의식의 노예인 너는 총 한방 맞지 않았지만 순식간에 기관총 세례 받는 것 이상이 되는데 세상인들, 하나님인들 무슨 소용이 있나? 이러한 너에게 관인학원 따위들의 무지한 교정술이 무슨 도움이 되나? 차라리 낮잠이나 자는 것이 낫지. 너에겐 지금까지의 세상 차원으로는 안된다. 교육같이 방법을 제시하는 것만으로는 안된다. 배고픈 너에게 밥상을 차려주는 것만으로도 안된다. 따라서 하라고 일일이 감시하고 시키는것만으로도 더욱더 안 된다. 그러면 어떤 방법이냐고?

15

정말로 주둥이 찢어버릴 테다. 너가 몰라서 묻는 것이냐? 모를 수도 있다. 대부분이 아니라 선진 국가까지 통틀어 의식 정복분야는 100% 모르니까. 안다고 한들 안다는 것이 너에게 도움이 안되고 오히려 더 시달리는 고통거리가 되기 때문에 너는 이 책을 통하여 의식과 의지와 그리고 머리 끝에서부터 발끝까지 심장과 폐부와 창자 속까지 확 뒤집어 버리고 거기에다 밥까지 직접 떠 먹는 강력한 창조 행동이 있어야 필자를 초월하는 달변가로 재탄생한다. 데모스테네스 (《動》註 , 반벙어리에서 세계적인 대웅변가로 됐음. 그러나 의식 정복 못했기에 62세에 자살했다) 이상의 달변가로 재탄생한다.

말더듬 하나 정복을 위해 우수한 인재들이 혹시나 고칠 수 있을까 하고서 국내와 국외의 언어 교정소라는 곳들을 샅샅이 거치고도 말더듬을 정복하지 못해 자신과 가족과 주위의 행복과 목적도 포기한 채 종교에 귀착하여 몇 십 년씩 신앙에 전념해도 말더듬을 정복하지 못하다가 드디어 필자가 일 년에 두 번 실시하는 세계 최초 의식 정복 13박 14일 합숙수련을 받으면서 달변과 행복을 찾아 기뻐서 울게 된다. 이제부터 이 책은 세계 최초 독자들이 달변과 행복을 창조하는데도 최첨단으로서 세월이 단축되는 것도 사실이지만 목표물을 향해 도전하는 맹수같이 너의 인생을 파괴했고 생명까지 앗아가려 한 것만이 아니고 앗아간 적을 부수는 공격자로서 너는 비분 강개 하지 않으면 안된다.

002
포용·도전·파괴·창조

01

　무형체(無形體)는 너를 파괴하여 너의 몸까지 송두리째 자살 시켜 먹어 치우려 하는데 너는 왜 도망만 다니나? 피해 도망만 다니면 더 무서워지나, 더 안 무서워지나? 더 비참해지나, 더 비참해지지 않나? 지금까지 몇 년이나 혹은 몇 십 년이나 너 자신의 의식과 세상과 사람들로부터 도망만 다녀 놓고도 그것도 부족해서 또 도망 다닐래? 이 새끼야, 너를 누가 쫓나? 이 세상에서 너를 쫓는 놈이 누구야? 더 도망다니겠다면 얼마나 더 도망다닐래? 십 년, 이십 년, 오십 년, 아니 평생이라도 도망다니겠다면 평생 너 자신은 희생만 하겠다는 말이냐? 그 범인을 정복하지 않겠다는 말이냐? 너가 도망가고 또 도망간다 해서 도망갈 곳이 어디야? 어디가 안전한 장소야? 너가 그렇게 도망가면 말이 잘 되고 너를 쫓던 범인이 없어지던가?

02

　도대체 자신이 미쳐도 환장하게 미치지 않고서야 도망갈 곳도 없는데 왜 그렇게 도망 다니나? 그럴 때마다 한 번이라도 너의 표현과 의식의 안정이 있었었나? 터럭만큼이라도 안정이 있었다면 얼마나 좋았겠나마는 결과는 언제나 비참과 자탄 뿐이었지 않나? 도망 안 가고 평생 도망다니지 않으려면 그냥 버티기만 해야 되겠나, 기왕에 버틸 바에야 이겨야 되겠나, 기왕에 이길 바에야 공격을 해야 되겠나, 방어만 해야 되겠나? 그렇지 않으면 우리 선조들같이 5천 년 동안 천운만 믿고 될대로 되겠지 하면서 사정 없이 주변놈들과 주변 국가들한테 당하기만 해야 되겠나?

타이틀을 딴 복서가 도망만 다닌다면 타이틀을 딸 수도 없었겠지만 타이틀 가지고 도망 다니는 것 봤나? 타이틀을 안 땄으면 도전해 오는 자가 없겠지만 타이틀을 가지고 있으면 많은 도전을 받게된다. 타이틀을 방어하고 더욱더 타이틀을 빛내고 더욱 명예를 얻고 돈을 더 벌기 위해서 챔피언은 더욱더 도전하고 얻어 맞고 맞으면 맞을수록 더욱더 분기하는 것같이 너는 챔피언보다도 몇 십배 몇 백배 분기해야 한다.

03

이 책은 너를 세계 최고의 달변 행동 창조자, 세계 최고의 심리학자, 세계 최고의 행동 철학자로 만들고 나아가서 너를 이 세계 최고의 정신 분석가로까지 만든다. 세상을 무시해서 하는 소리가 아니라 세상에서 주는 따위의 박사 차원 가지고는 어림없다. 그리고 너를 세계 최고의 희극 배우로까지 창조해 낸다. 그렇게 되지 않고는 의식 정복 어림없다. 말더듬 정복이 무지한 이웃들 판단같이 단순한 것이 아니라 대학원을 나온 일반 실업자들, 박사 실업자들이 득실대는데 말더듬 가지고 되겠나? 병같은 것이 아니다. 차라리 病같으면 간단하다. 말더듬은 사회에서 취직하기도 곤란해. 군대도 자기가 말더듬임을 밝히기만 하면 방위병으로 때울 수 있지만 방위병 생활도 벙어리 행동으로는 할 수 없다. 결혼도 곤란하다. 아무리 머리가 좋아 대학, 대학원 나오고 유학을 가서 박사가 되어도 결국은 속세 침투를 포기하고 자살해 버리면, 배운 것이 무슨 소용있나?

04

오히려 더 배웠기 때문에 더 빨리 체념하고 고통도 더 크지 않던가?

이래도 말더듬이 단순한 거냐? 필자에게 왜 많은 말더듬 전문가들이 귀찮을 정도로 조수로 써달라고 사정을 해 오고 많은 박사들과 해외에서까지 막대한 비용을 들여 수련받으러 오는 줄 아나? 너는 도전과 성공 행동에 바빠야 한다. 아직은 판단할 자격도 없지만 판단을 유보하고 계속 도전하자. 너는 화를 내고 부딪치고 공격해야 한다. 지금까지의 피해 보상을 받기 위해서라기 보다도 이제부터라도 제대로 살아야 하지 않겠냔 말이다.

가정에서 사회에서 직장에서 거리에서 다방에서 백화점에서 가게에서, 어디에서나 말조심하지 말고, 말을 고르지도 말고, 미리 생각도 하지말고, 부딪쳐라. 말로 부딪치고, 말로 공격하고, 말로 싸우고, 말로 헤어져라. 그리고 또 계속하되 머리로 하지 말라. 너만이 아닌 전세계 인류에게 다 해당되는 말이지만 머리 가지고 살려는 현대 인류는 무식하고 무지하다. 머리는 물질이기 때문에 물질을 사용하면 즉시 에너지 공급을 해야한다. 즉 자동차의 연료같이 공장 가동에는 에너지 자원이 필요하듯이 피로가 온다. 피로에는 휴식이 있어야 하고 영양 공급이 있어야 하며 또 수면까지 취해줘야 한다.

05

머리 사용에는 추호도 공짜가 없다. 너의 것이니까 너 마음대로 되는 것인 줄 아나? 왜 너 마음대로 된다면 왜 너 마음대로 말 한마디 되지 않나? 너의 것이라면 행동 과학자 답게 행동으로 따져보자. 세계 최초로 필자는 이 세계 인류의 ○○만 잔뜩 들어 있는 머리 따위는 보지 않는다. 사는 것은 의지와 동작이지 않느냐? 너가 평상시 잘 했던 말도 머리로 한참 생각한 후에 해

보라. 말이 잘 되던가? 말하기 전부터 생각 많이 해서 자각해 놓았으니 그 말이 어떻게 잘 나오겠나?

현대 인류는 누구나 머리를 조금만 써도 뇌는 지치게 되어 있다. 뇌는 물질이니 끊임없이 혈액 순환과 산소 공급에 포도당 공급에 기타 에너지 공급을 받아야 하고 휴식에 수면까지 취해줘야 하니 뇌는 얼마 써 먹지도 못하고 뇌에게 해줄 것은 왜 그리도 많나? 뇌를 많이 쓰는 자에게 「야! 너 머리 좀 식혀라.」, 「야! 너 눈 좀 붙여라.」한다. 그러나 의지가 지치는 것 봤나? 「야! 너 의지가 녹초가 되었겠다. 의지 좀 쉬어 줘라.」 「야! 너 의지 좀 재워 줘라.」라는 소리를 들어 봤는가? 그런 소리가 있는가? 그런 소리를 할 수 있는가?

06

뇌는 물질이지만 의지는 물질이 아니다. 사람은 의지와 동작으로 살게 되어 있으며 단 뇌는 의지가 세상에서 모든 범사의 동기가 될 수 있는 한에서만 의지에 예속되게 되어 있는데 인류의 무식과 무지로 인해 반대로 사용하기 때문에 현대 인류는 자기의 진짜 능력의 10분의 1도 발휘하지 못하고 있는 것이다. 머리로 공부하고 머리로 사업하고 머리로 정치하고 머리로 말하고 머리로 선상하려 하기 때문에 언제나 만신창이로 시달리고 있는 현대 인류들이다.

의지 가지고 말과 공부와 사업과 건강과 정치와 사랑을 해야 하루 20시간씩 쉬지 않고 행동해도 지치지 않고 행복한 능변가로 살게된다. 지금까지의 세상적 차원이 아닌 이런 수련을 필자 아닌 이 세상 어느 누구가 흉내라도 낼 수 있겠는가? 절대 무시하는 것 아니지만 실력이 있어야지? 건강이 있어야지? 지도력이 있어야지? 달변이 있어야지? 행동력이 있어야지?

뇌(腦) [사고]와 의지(意志)의 신적(神的)인 설명은 《動》을 참조. 뇌는 수면을 취하지만 의지는 뇌가 수면을 취하는 중에도 몸전체에서 분산, 창조활동을 한다. 물질이 아니기 때문에 수면도 안 취하지만 아무리 써 먹어도 지치지 않는다. 아무리 써 먹어도 휴식이나 영양 공급을 요구하지도 않는다. 이런 의지로 항상 분기하여 사람을 가리지 말고 공격하되 절대 피하지 말라. 너의 사고에 맞는 말 해주길 바라지도 말라. 너가 표현하기 어려운 특정발음이 없기를 바라지 말라. 너는 오히려 특정 발음을 더 많이 원하고 특정자 발음을 더 많이 써야 한다. 절대로 어려운 특정자 발음이 생길까 봐서 떠는 것은 너의 사고이지 너의 의지와 동작은 반드시 특정자 발음을 사람 앞에서 그것도 어려워하는 사람 앞에서 사고(思考) 아닌 의지와 동작으로 정복해야 한다.

07

절대로 안 더듬으려고 하지 마라. 사정 없이 더듬어라. 절대로 개망신 안 당하려고 하지 말라. 오히려 개망신 당해라. 의지와 동작이 철저히 사람 앞에서 더듬고 개망신 당해서 너를 이제까지 철저히 짓밟았던 너의 사고[思考 : 지성(知性)·상상(想像) 또는 지식(知識)까지도]를 짓이겨 버려라. 그래서 사고(思考)의 실체를 행동으로 확인하고 의지와 행동에서 희열을 매일매일 체험해라. 너의 사고에서의 희열은 너의 죽음이다. 이런 것은 행동 없이 생각만으로도 얼마든지 온다. 무식하고 무지한 방법인 암시나, 최면이나, 기도나, 술이나, 약이나, 히로뽕이나, 아편으로 언제든지 가능하지 않더냐 ? 순간의 사고뿐이지만 말이다.

08

너가 기분 나쁘고 소름이 끼칠 정도로 싫겠지만 너는 사고에서의 희열이 아니라 의지와 행동에서의 희열이 있어야 하고 이

희열은 하늘이 두 조각이 나고 조물주 하나님이 너의 비서라고
할지라도 올 수도 주어질 수도 없는 것이다. 오직 너의 의지와
동작으로 창조해야만 하는 것이다. 주어서 성공하는 것이라면
그것은 성공도 아니지만 그런 성공 누가 못하나? 의지와 동작은
사고가 앞서지 않으니까 어느 말이나 미리 염려할 것도 없다.
만나서 부딪치면 한두 마디 말로 충분한데 부딪치지 않고 미리
사고하니 실제 발음할 말보다도 몇 백배 몇 천배 생각하느라고
머리는 이미 지치고 그 머리에 예속된 너의 의지와 동작은 말
한마디 입을 벌리기도 전에 몇 천 마디 몇 만 마디한것 이상 지쳐
버림은 물론 아예 발음 의욕이 사라져 버린다.

<h2 style="text-align:center">09</h2>

그 반대가 되어도 시원치 않은데 말이야. 이러니 너가 의식을
정복하지 않고 어떻게 발음이 되겠나? 미리 연습하느라고 또
지쳐? 이 새끼야, 꼴값 그만해! 말 연습한다고 산속에 가서
바닷가에 가서 강가에 가서 아무리 외쳐대고 발버둥쳐 봐야 사람
앞에서는 한마디도 안되니 무슨 소용 있나?

필자 역시 일주일이나 꼬박 뜬눈으로 밤샘하다시피 거의 미쳐
버린 상태로 산속에서 아버지를 말 연습과 특정자 몇 개를 연
결시킨 말을 연습하고 산을 내려와서 아버지를 딱 만났지만
아버지라는 말은 죽어도 안 나왔던 것이다. 산속 바닷가, 강가에서
외치는 것은 건강을 위해서나 목소리톤을 높이는 데는 좋았지만
말더듬 정복에는 0.001%의 도움도 되지 않았고 아버지라는 발음
한 마디가 아버지 앞에서는 안 나와서 즉시 자살을 실행했던
것이다. 그렇게 연습해서 될 일 같으면 그 정도의 노력도 하지
않는 말더듬이는 이 세상에 하나도 없다.

그 노력을 하지 말라는 것이 아니고 방법을 바꾸어 그 노력으로
사람에게 도전해야 한다. 말더듬에 있어서 교육이나 연습이라는

것은 오히려 더 파탄만 있다. 혼자있는 골방에서 혼자있는 산속
에서 혼자만 있는 바닷가에서 말을 잘 해야 할 필요가 있나?
필요도 없지만 혼자 있으면서 말을 잘 못하는 말더듬이는 거의
없다. 그러나 의식을 정복하지 못한 너는 혼자 있는 골방이나
산속이나 바닷가에서도 말더듬 의식 때문에 비참하던가, 비참하지
않던가? 뒈지고 싶던가, 뒈지고 싶지 않던가?

10

분명히 확인하라. 그런 의식을 정복해야 하겠나, 그런 의식을
정복하지 않고 특정자(字) 한두 마디에 집착을 해야 하겠나?
특정자는 아무리 정복해도 또 다른 특정자로 전환된다는 사실을
너무 많이 체험했지 않느냐? 분명히 인정하라. 너의 의식을 세계
최초로 정복해야 하겠나? 안 정복 해야 되겠나?

너 이 자식아, 이유 없이 너는 인정하고 포용해라. 비참함을
포용해라. 개망신을 포용하라. 너의 사고에서는 전적인 혼란과
아우성치는 반발이 있겠지만 사는 것은 의지와 동작이니 가슴으로
밀어 붙이고 행동으로 밀어 붙여 언제나 뿌듯한 희열을 몸으로
맛보게 된다.

의지와 가슴은 언제나 너를 배신하지 않으나 썩은 담배 꽁초
만도 못한 너의 대가리의 사고는, 그렇게 철썩같이 믿던 너의
대가리의 사고는 너를 언제나 배반하고 비웃고 짓밟고 손짓하고
때로는 너의 생명까지 요구하면서도 너에게 커피 한 잔, 과자 한
개 줄 힘도, 줄 수도 없고 평생 줘 본 일도 없다. 그런 개똥만도
못한 너의 사고(思考)에게 무엇을 바라나 이 새끼야! 그 따위
사고들에게 예속되어 사는 이 따위 세계 몇 십억 인류한테 너가
무엇을 바랄 수 있겠나.

11

이 새끼야! 너는 이 책을 보는 순간부터 이 우주에 다시 태어나는 순간이다. 철저히 분기하고 그 사고를 철저히 아주 철저히, 지긋지긋하게 철저히 개망신 시켜라. 그 결과로 너의 의지와 동작은 세상을 집어 삼키고도 남을 만큼 강해지고 너의 그 주둥이는 쫘~악 찢어질대로 찢어져서 세상 인류의 심장과 폐부를 뒤집어 놓게 될 것이다.

이제까지 말더듬을 숨기느라고 무슨 보물처럼 차곡차곡 감추어 쌓고 쌓고 쌓아서 이제는 더 이상 쌓을 수 없도록 너의 뇌속에 많이 쌓아둔 것을 한 입에 먹어 버리려고 인류 역사 창조 이후 최초로 이 땅에 온 필자에게 아낌없이 공개해라. 필자가 깨끗하게 한 입에 먹어 치워 주마. 이 새끼야! 너가 차곡차곡 쌓아 둔 그 보물은 아무나 먹을 수 없어. 타인들에게 맡기려 하면 지금까지 같이 죽지 않았난 말야. 그걸 먹어 줄 임자가 이제야 이 땅에 온 것이다.

여자들 앞에서, 시장 바닥에서, 버스 안에서, 지하철 안에서, 열차 안에서, 백화점에서, 거리에서, 어디에서나 터뜨려라 터뜨려, 이 새끼야! 집에다 보물을 쌓아두면 불안하나, 안 불안하나? 요즘은 은행에다 저금해 놔도 강도들이 인질을 잡아 놓고 은행에서 인출해 가는 세상이야, 임마! 그런데 너는 집안의 보물보다도 몇십배, 몇백배, 몇만배 차곡차곡 쌓아 둔 말더듬이란 보물을 새끼야! 터뜨리지 않고 어디다 써 먹으려 하나? 너 2세, 3세 들한테도 가보로 대물림할거야? 이 새끼, 빌어먹을 새끼 아냐? 안 터뜨리니까 얼마나 괴롭더냐? 모조리 터뜨려라. 보따리 탈탈탈탈 털어 버리고 다시는 또 쌓지 않게 그 보따리까지 필자가 먹어치워 주마. 혼자 숨어서 해 보았자 아무 소용없다.

12

어떠한 장소와 어떠한 사람 앞에서도 너가 말더듬이라고 터뜨려도 부끄러움이 없을 정도가 되어야, 말더듬이였던 것이 오히려 떳떳할 정도로 자부심을 갖게 되어야 너의 주둥이에서 달변이 터진다.

병균과 곰팡이는 드러내야 균이 죽고 드러내되 기왕이면 쨍쨍한 햇빛에 드러내야 말끔하게 균이 죽어 버린다. 균이 모조리 싹쓸이로 죽으면 상처는 낫지 말라고 네가 떡 해놓고 빌어도 자동으로 낫게 된다. 종기를 째고 고름을 뽑아 내 버리면 상처는 신경 안써도 자동으로 낫게 되는 것인데 너는 이제까지 균을 감추고 고름을 감추느라고 꼭꼭 싸매었으며 악취를 햇빛이나 밖에 드러내어 소산시켜 버리지 않고 악취와 고름이 나오지 못하게 하였었으니 그 말더듬이 너를 더 썩혔겠나, 썩히지 않았겠나? 꼭꼭 덮고 싸매기만 했었으니 그 결과가 어떻게 되었겠나? 강아지 새끼에게 묻더라도 어떤 답변이 나오겠나? 그런데 그런 상태에서 말더듬이 습관 조심하고 교육 받고 말 연습을 해? 도대체 정신이 멀쩡한 인간이라는 작자들이 할 짓거리야?

지금까지는 무식하고 무지했었기 때문에 드러내고 터뜨리는 데 지독히도 인색했고 감추고 덮는데에만 인심이 세계 최고로 후한 너였었다. 그것도 너 혼자서만이 아니고 머저리 작자들과 함께 공모 합동해서 말이야. 거기에다 너는 돈까지 써가면서 말이야.

13

너에게 필자가 책임지는 말을 하지만 너에겐 하나님도 소용없어, 임마! 바보 짓 그만해. 그렇다고 필자에게 꼭 오라고는 하지 않는다. 그러나 성공해서 살려면 너는 한 가지만은 결정을 해야 한다. 조물주도 인류에게 의지와 동작으로 살라고 했지 무식하고 무지한 인류가 인정하는 개똥만도 못한 사고(思考)가지고 살라고 안 만들어 놨다. 조물주인가 하나님인가 하는 자의 힘으로 말더듬이 해결될 수 있다면 또 인류의 모든 문제가 해결될 수 있다면 이놈의 세상이 뭐가 되겠나? 필자가 할일이나, 너가 할일이 없을것 아닌가?

필자는 모든 인류를 행동으로 성공시켜 내느라고 눈코 뜰 새 없이 바쁘다. 시간당 강사료도 교수나 국회 의원보다도 훨씬 많다. 그러고도 바빠서 웬만한 기업체는 가 주지 못한다. 이 나라와 세계의 6천여 개의 기업체에서 필자의 《動》과 《强》 인용하여 직원들 교육을 시키고 있다. 또 그런 단체나 기업체에서 사원들과 연수 책임자들과 많은 경영인들이 필자의 의지 창조 수련을 받고 가서 직원들에게 응용시킨다. 너라고 해서 필자 이상 되지 말란 법 없다. 너는 필자 이상의 능력과 달변을 발휘할 수 있는 몸으로 태어났지만 지금까지는 네가 임자를 만나지 못하여 그 자질이 썩고 있었다. 물론 필자가 이 땅에 오지 않았더라면 영원히 썩어 버릴지도 알 수 없지만 말이야. 네가 터뜨린다서 손해나는 것은 없다. 감출수록 해결은 더욱더 안 되었지 않나?

세상 인류와 모든 상황의 인류를 매일매일 관객으로 사서 그들 앞에서 니가 터뜨리려 한다면 너의 주머니가 한국은행이라도 안된다. 솔직히 말해서 이 세계의 조폐 공사가 전부 너의 것이라도 안된다. 그러나 너는 한국은행을 가진 것보다도 이 세계의 모든 조폐 공사를 가진 것보다도 더 부자이고 이 나라 대통령보다도 더한 권한과 권력을 가지고 있다. 그렇게 필자가 만들어 주마.

14

서울 시내의 인파와 우리나라 인구 전체를 언제나 너의 관객으로 삼고 어디에서라도 너를 드러내라. 돈 한 푼, 세금 한 푼

내지 않아도 된다. 너가 도적질, 강도질 하지 않는데 너를 잡아
갈 자도 없다. 타인들은 범죄짓, 절도, 강도, 사기, 횡령, 권력을
업고서 큰 범죄 해먹고도 큰 소리치면서 살고 있고, 이웃 나라
족속들은 남의 나라 짓밟고 약탈하고 살육하고 식민지로 국가까지
빼앗고도 세계에 큰소리 치면서 살고 있는데, 너는 타인에게 무슨
죄를 그렇게도 많이 졌다고 움츠리고 떨면서 숨어서 고통스럽게
살아야 하나? 너야말로 이 세상 이 세계에서 가장 큰소리 떵
떵치고 살만한 모든 재량권이 있지 않느냐?

너가 세상에서 지금처럼 떨면서 살아야만 될 무슨 죄가 있나?
한번 가만히 말해 보라. 사실 범죄를 저질렀을지라도 숨어서 살면
고통과 지옥인데 햇빛에 훌훌 털고 일어나 자수하고 교도소에라도
간다면 너는 그날부터 너의 인생이 해방되고 발을 쭈-욱 펴고
자게 된다. 그런데 너는 교도소는 커녕 유치장에 갈만한 죄도 없고
타인들에게 손가락질 받을만한 잘못도 없는데 너는 왜 살인죄를
범한 것보다도 더 숨어서 사나? 언제까지 그렇게 숨어서 살아야
하나? 살인죄 시효는 15년이면 면죄된다. 도둑질을 해먹고 숨어
살아도 7년이면 면죄된다. 너는 지금까지 몇 년이나 몇 십년이나
숨어 살았나? 15년? 20년? 30년? 40년? 아이구, 이 점에
있어서는 필자도 독자에게 할 말 없다. 아가리가 백개라도 30여년
간이나 자신을 숨기는 죄인 생활을 했었으니까. 실력과 지도력이
제로인 학원 따위들에다 너처럼 돈까지 바치면서 말이야.

<h2 style="text-align:center">15</h2>

얼마나 참담함을 체험했기에 똑같은 관인학원 부류로 인정받기
싫어, 물론 차원이 다름은 학원들과 이 세계의 차원들과도 천지
차이로 다르고, 너의 상상까지도 초월하지만 세계에 하나밖에 없는
'국제슈퍼맨수련관'이라고 했고 또 교육으로는 안되니까 천지개
벽같은 '창조'라야 된다고 했겠나? 광고비만도 년3억여원 이상

쓴다. 말더듬는 너가 내는 수련 비용 가지고는 어림도 없다. 이 세계의 말더듬이 학원들 재산 다 합쳐도 필자의 광고 비용 안 된다.

필자가 생명을 바쳐 봤고 또 가장 비참했던 자가 가장 찬란하게 될 수 있고 또 그렇게 된 실존 인물인 필자보다도 더 비참함과 참담함을 억누르며 살고 있는 너를 필자보다도 훨씬 더 큰 이 나라의 보배로 만들고 우리 민족을 이끌어 줄 수 있는 이 세계의 주역으로 태어나게 하기 위해 아낌없이 투자한다. 슈퍼맨 창조 합숙 수련도 공해 없는 부곡의 일급 호텔에서 시킨다. 새롭게 창조되는 창조 수련이라 목욕하고 마시는 물까지도 2백 40여 m 지하에서 올라오는 온천수를 사용해 몸 속까지 심장 속까지 의식까지도 걸러내 버린다.

<h1 style="text-align:center">003
포용 · 도전 · 파괴 · 창조</h1>

01

교육이라는 것은 동서 고금을 막론하고 언제 어디에서나 조건 반사이고 수직 관계에서 사고의 예속 관계로서 이루어진다. 한 마디로 모방이라고 할 수 있다. 창조와는 다르다. 의지 창조와는 더욱더 다르고. 그렇다 해서 인류와 학생들에게 교육 받지 말라는 것은 아니다. 단, 종속 관계로 예속되지만 않으면 되는 것이지만 그 이상의 차원을 자기의 의지와 행동으로 확인하거나 창조해 내지 않는 한 현대 인류는 누구나 다 현대적인 차원에 예속되기 마련이다. 인류가 예속되어 있고 또 너가 지금까지의 현상대로 예속되어 온 너의 사고 차원과 행동 차원을 단연코 그 이상 창조해가고 있고 또 시도하고 있는 곳이 필자 자랑이 아니지만 세계 최초인, 본관의 의지 창조 행동 수련이다. 즉 수직이 아닌 수평적 창조이다.

우리말 속담에 3대 바보가 있다고 했다. 그 첫째 바보가 자기 자랑하는 자이고, 둘째 바보는 부인 자랑하는 자이고, 셋째 바보는 자식 자랑하는 자라고 했다. 필자가 필자 자랑하자고 하는 뜻은 추호도 없다. 단 자기 소개는 자기가 어디서나 거침없이 할 수 있어야 하고 또 해야 한다. 자기를 주장하지 못하는 사람이라면 그건 사람이 아니다. 동물이다. 동물은 말이 없고 자기 행동이 부치면 꼬리를 사리기 때문이다. 너는 어땠었나? 동물만큼 살었었나? 그 이상이었었나? 그 이하였었나? 자기 할 바를 주장하지 못하는 사람이라면 그런 자는 어디서나 동물 이하지 동물 축에도 들지 못한다.

02

우리 선조들이 동물만큼만 행동을 했더라도 우리 민족이 세계 재패하고도 남았다. '침묵은 금'이라고 했던 우리 선조들은 무지의 소치로 별볼일 없이 별업적 없이 살다갔다. 특별한 자 몇 명만 빼고는.

왜 '말하는 것은 보석'인 줄 모르고, 더 큰 것은 보지도 못하고 표현도 못했던 불쌍한 우리 선조들이었었다. 별볼일없이 살다간 선조 (《動》, 《强》 註)들의 후손인 우리도 별볼일없이 살다가야 하나? 부모가 못나면 자식도 못나야 하나? 선생이 무식하고 못나면 제자도 못나고 무식해야 하나? 우리가 선조들과 스승들과 부모들보다도 꼭 못나야 하나? 더 잘나도 괜찮겠나? 후손이 선조들보다 더 뛰어나려면 더 창조자가 되려면 고리타분한 전통에 예속되어야 하겠나, 창조를 해야 하겠나? 그 창조를 네가 해야겠나, 없어진 선조들이 해야겠나, 햇병아리 후손이 해야겠나?

너와 필자는 이유 없이 뛰어나야 한다. 사고(思考)가 아니라 행동 말야, 임마! 주둥이가 말야. 자식이 뛰어나게 되면 그 자식만 위대하게 되고 그 자식을 낳은 부모는 더 낮춰지게 되나? 선조는 못났지만, 선생은 못났지만, 너가 뛰어나게 되면 어째서 안된다는 말이냐, 이 새끼야! 너가 뛰어나면 너의 스승과 부모와 선조들은 변소의 빗자루라도 된단 말이냐? 행동으로 확인해 보니까 너가 어떻게 되어야 겠나?

03

분명히 말하지만 너는 이 세상의 모든 인류보다도 뛰어나야 한다.

필자보다도 훨씬 뛰어나게 만든다. 너를 필자보다 더 뛰어나게 만드는 필자이니까 필자가 너를 종교의 교주들같이 예속되는 자로 만들겠나, 창조자로 만들겠나? 아가리가 있어도 지금은 입을 벌리지 못하니까 너의 의지에서 어떻게 확인되고 있나? 너와 필자로 인해서 우리 조상들과, 우리 부모들과 우리 스승들은 덤으로 더욱더 위대하게 되는 것이고 또 그렇게 우리보고 하라고 개선과 창조의 여지를 물려줬던 것이다. 그런데 우리가 그런 창조를 하지 않고 선조들의 무식과 무지에 부모들과 스승들의 무능력에, 수직 관계에서 똑같은 것을 답습만 하게 된다면 그 비참함과 그 참담함은 말할 필요도 없다.

의식과 의지와 동작이 조상들과 현대 생활, 학문과 종교의 모방 사고로 수직 관계로만 예속되고 습관화 되어버린 너의 대가리가 어떻게 창조자로 바뀔 수 있나? 코끼리가 바늘 구멍으로 나가는 것이 더 쉽지. 너가 창조자로 바뀔 수 있겠나? 체념해 버리는 현대인일수록 필자의 3박 4일 수평적 창조 행동 수련을 거쳐 신적인 창조자로 바뀐다.

04

그러나 너의 말더듬은 하루20시간씩 13박14일이라야 된다. 창조수련기간은 철두철미 하다. 너의 썩고 감췄던 그 세상적 차원은 용광로에서 새롭게 태어나야 하기 때문에 추호도 용납되지 않는다. 수평적인 창조수련을 거부하고 너의 사고 따위를 주장할 때는 가차없이 퇴교다. 대통령 빽이라도 필자의 아버지 빽이라도 노골적으로 조물주의 빽이라도 용서 없다.

필자같이 바쁜 강자가 말로써 이해시킬 시간은 없다. 말더듬에 한해서만은 필자가 자신 있게 말하지만 인간을 창조한 조물주라도 들어오라고 한다. 썩어빠진 이 세상 교육자들의 촌지 바램이나 학부모나 보호자들의 청탁도 통하지 않는다. 하루 20시간 수련에 오전에 휴식 시간 5분, 오후에 휴식 시간 5분이다. 말이 휴식 시간이지 화장실(소변) 갔다 오면서 물 마시면 딱 5분이다. 휴식 시간은 없다. 인간에게 휴식이란 죽음이다. "아니, 홍 관장! 사람이 기계인가?"라고 반문하겠지만, 이 멍청아! 기계 정도만 되어 가지고 어떻게 되나? 기계 이상이고 창조자이니까 평생 동안 휴식 없이 창조 활동하도록 만들어 주기 때문에 세계 최초인거야. 필자 수련관이 아니고 이 세계 어디에서 너를 창조자로 만들어 내겠는가? 어림 없다. 대변보는 것은 밤에 3시간 30분의 취침 시간을 할애해서 봐야 한다. 평생 가야 너와 필자가 차 한 잔 같이 마실 시간도 없지만 그런 기회도 안 주고 필자 역시 받아 먹지도 않는다.

이 나라가 누구 것이고 이 민족이 어떠한 민족인데 우리의 보물들이며 하늘같은 후손들에게 썩어 빠진 것을 물려주려고 해? 당대의 현대 인류는 어떠한 자들이라도 수평적인 의지 창조 수련 받으면 새롭게 탄생된다.

05

창조자로의 탄생은 수직 관계에서 수평 관계로, 조건 반사에서 무조건반사로, 헛수고의 행동에서 수확 확인의 행동으로 행동 전환만 하면 된다. 미리 사고(思考) 없이 모험과 도전을 하니 머리는 자동으로 발전되고 아무리 머리가 사용되어도 의지와 동작이 앞선 예속일 뿐이니 하루 20시간 활동하고 머리를 써도 전혀 피로가 없다.

무조건 반사로 생활과 활동과 대화를 하니 미리 생각을 하면 많은 상상을 하여 피로하고 그 피로가 뇌 속에 누적되어 항상 뇌의 깊은 곳에서 자리잡고 있지만 사고를 무시한 행동으로 부딪치니 많은 말이 필요 없고 반드시 필요한 말만 조건 없이 하게 된다. 타인들이 너에게 하는 말 역시 마찬가지다. 타인이 너를 만나서 필요한 말을 즉시에 필요성을 느껴 하는 것이다. 너같이 될까, 안될까? 대상과 분위기를 상상하고 앞으로 전개될 미래의 시간까지 조건 반사로 꼭꼭 몽그렸다가 호흡 맞추고 거리 맞추고 태도 맞추고 눈동자 감각까지 맞춰 가면서 하는 것은 아니다.

06

인간의 심상(心想·心像)이란 언제나 감정(感情·憾情)을 동반하는 것이 원칙인데 유감스럽게도 인간들은 이 심상과 감정 콘트롤이 서툴다.

그 예로 '인간은 감정의 동물'이라고 하던가? 더군다나 의지와 동작으로 이 심상과 감정을 창조하는 것은 망각 내지 상상도 못하고 있다. 너는 어떻고 또 어땠는가? 물론 필자의 풍지 박산도 독자들의 경험과 같았었다.

말더듬이의 감정 즉 기분 앞에는 심상이고, 의지의 목적이고 간에 모두 소용없다. 깨지는 것, 0.001초 전이다. 너 역시 지금도 타인들 앞에서는 살얼음판이지 않은가? 남 보기에는 태연한 척해도 너의 의식과 마음은 언제 어디서나 3차대전이 일어나고 결과는 생지옥으로 끝난다. 너는 어디서나 말더듬 하나 때문에 상대방의 판단과는 달리 스스로 너 자신에게서 판정패하고 비참으로 끝난다. 타인은 영문도 모르고 어리둥절함으로 끝나고 말지만, 필자가 안 본다고 부인할 텐가? 하나님과 염라대왕은 속일 수 있겠지만 필자는 못 속인다.

획기적인 창조와 도전 행동으로 너를 지금까지 망쳐 왔던 너의 심상을 너의 의지와 행동으로 놀라게 해라. 연약한 이 세상에서 해주기를 기대하지는 말라.

07

세상과 인류는 힘이 없다. 타인들의 장점과 단점에도 신경쓰지 말라. 세상 다 합쳐봐야 너 하나만 못하다. 타인이 너보다 못하게 보이고 타인을 네가 비웃을 수 있을때만 너그러워지고 친구가 되어 주었던 우월감이 아니라 솔직히 말해 그런 열등감도 짓이겨 버려라.

이 세상에는 말더듬이보다도 더 말주변 없는 사람이 우리 나라에만도 천만 명쯤은 된다. 그러나 이들은 자기들이 사실은 말더듬이들보다도 말주변이 더 없으면서도 말더듬이가 아니니까 말더듬이를 비웃는다. 즉 앉은뱅이가 소아마비를 비웃는 것과 똑같이 말이다.

필자 역시 20代 때 말더듬이로 친구들과 다니면서 형편없이 말이 서툴던 필자가 친구들을 대변해 주었던 기억이 많다. "야, 임마 ! 가서 좀 따져라." 하면 친구 녀석들은 "아이, 나는 말주변이 없어서"하면서 꼬리를 사린다. 또 어떤 녀석은 말을 하지 않아 피해를 보면서도 "난 그 새끼 하고는 말 안해 ! "한다. 그러면 서투른 필자가 가서 손짓, 발짓, 몸짓하면서 대변한다. 그러면 친구 녀석들은 필자 뒤에서 낄낄낄하고 웃어댔다. 안더듬이 친구들은 더듬이 필자만큼의 표현도 못하면서 말이다.

대학, 대학원을 나온 이 녀석들, 또 박사가 된 이 녀석들은 지금 무얼하고 있나 ? 공무원, 교수, 교사, 기업인들, 상인 등등 다양하게 활동들을 하고 있다. 경제력과 명성으로는 그들은 현재 필자에게 비교할 대상도 못된다. 요즘도 가끔 필자를 만나면 "야, 너는 어떻게 이렇게 컸나 ? "한다. 그러면 필자는 '야, 임마 ! 수련비 가지고 와서 신적인 수련 받아 봐'라고 응수한다. 아직도 할 일이 태산같은 필자 보고 부러워하는 필자 친구들을 보면 참으로 우스워서 웃음이 나온다.

08

말더듬이라도 때때로는 일반인들 뺨치게 말이 잘 나올 때가 있다. 너도 체험을 했을 것이다. 그러면 너는 언제나 말이 그때처럼 잘 나오기를 바란다. 그러나 착각 말고 평생 망하지 않으려거든 그런 기대 갖지 말라. 문제는 말을 잘해야 되겠나, 말이 잘 나와야 되겠나? 하늘에서 금덩이 떨어지기를 바라는 식이다.

성공과 행복과 달변은 쟁취해야 내 것이고 발휘할 수 있게 되는 것이지 주어지는 것은 내 것도 아니고 성공도 아니다. 세상에서 말을 한 마디도 더듬지 않거나 막히지 않고 하는 사람은 한 사람도 없고 있을 수도 없다. 필자에게는 아나운서에서부터 연설가, 정치인, 변호사, 박사, 교수, 성직자, 의료인, 연예인, 학생, 기업인, 일반인 등등 단체도 오고 가족 동반도 오고 남녀노소 다 온다. 물론 말더듬 때문이 아니라 안더듬는 전국민을 대상으로 한 3박 4일 수련이기 때문에 말더듬자는 반드시 13박 14일 코스에만 한한다.

모든 인류는 보다 더 발전하기 위해서 3박4일 인간혁명 의지 창조 수련에 참여한다. 큰 단체 작은 단체 많게는 3만 명에서부터 작게는 백여 명 이상 되는 단체와 방송국과 TV에까지 헤아릴 수 없을 만치 많이 다니지만 필자의 강연이나 강의는 한 시간에서 부터 최고 4시간까지인데 어디에서나 쉬지 않고 계속 이어진다. 4시간 강연에서는 물 반 컵 내지 물 한 컵 정도만 보충하면 된다. 물론 어디에서나 속옷은 땀으로 젖고 혹은 양복까지도 땀으로 젖는다. 이렇게 많은 강의와 강연에서 말을 많이 해도 말이 잘 나오기를 잘 되어지기를 절대로 바라지 않는다. 전부 다 말을 해가는 것이다. 그때그때 창조하는 것이다. 물론 의지와 동작으로 하는 것이다.

머리 思考는 필요가 없다. 지금까지의 인류처럼 머리에 다 듣기 좋게 하는 따위의 강연은 절대 안한다. 어디에서나 심장과 폐부에 호소해서 가슴과 심장으로 받아 들이는 것이지 머리로 강의해서 머리로 듣게 하지 않는다. 왜냐하면 우리 인간은 의지와 동작으로 살기 때문이다. 이 세상에서의 달변가들이 필자를 거쳐서 의식 정복을 해야 인류의 심장과 폐부를 움직이는 명연사로 탈바꿈된다. 즉 思考의 강연자 입장에서 심장을 움직이는 의지와 행동 창조의 강연자로 바뀌는 것이다.

09

왜 행동이냐?

조물주의 세상 창조도 행동이요, 우리 조상들이 태어난 것도 행동이요, 너의 부모가 태어난 것도 행동이요, 부모로부터 너가 태어난 것도 역시 동작이요, 인류와 너가 사는 것도 동작이다. 사고가 아니고 동작으로 모두가 살지 않느냔 말이다. 그런데 이 무식하고 무지한 세상 모든 인류는 어느 곳에 가서 봐도 모두가 듣는 것만으로 훈련되어 있지, 말하고 동작하게 안되어 있다. 정말 정말로 빌어먹을 놈의 세상 교육자들이고 지도자들이다. 필자는 어느 곳에 강연을 가도 전부가 다 입을 벌리고 행동하게 만든다. 그래서 몸으로 가슴으로 심장으로 행동의 뜨거움과 가슴에 뿌듯함을 확인하게 강연한다. 가만히 앉아서 눈으로 보고 귀로 듣는 따위의 강연은 절대 하지 않는다. 움직이는 강의, 의지와 동작으로 폐부와 심장을 뜨겁게 달구어 인류의 몸과 차디찬 대가리를 태워 날려서 행동하게 한다.

대중의 심리를 수용, 통찰하고 행동 하나 하나마다 포용하지 않고 그저 돌부처처럼 교탁에 꼿꼿하게 서서 원고 따위나 줄줄줄 낭독해서 시간 채우느라고 재미있게 웃기다가 강사료 받는 그런 개만도 못한 강의는 안한다. 사람을 행동시키지 못하는 강연과 강의는 노골적으로 표현해서 동물만도 못하다. 그 따위로 시부렁

거리기만 하는 지도자들이 있는 한 너와 우리 민족의 성공과 세계 제패는 요원하다.

10

발전이란 어데서나 행동이라야 된다. 너의 말더듬도 즉시 모든 인류 앞에 창조적 발음으로 표출되어야 한다. 그래서 필자의 수련관은 배우는 곳이 아니다. 세계 최초로 행하는 곳이다. 능력이란 갖추는 것이 아니라 발휘하는 것이 능력이다. 이와 같이 행동으로 드러나는 것이 능력이기 때문에 모든 세상적인 차원과 세상의 현상을 초월한다.

예를 들어 박사와 대졸자와 고졸자와 국졸자의 차이도 초월한다. 행동으로 발휘하는 것은 금방 실적을 확인하기 때문에 개개인의 능력 차이란 개인 문제일 뿐이다. 어떻게 행하고 발휘하냐? 인간은 모두 신적이기 때문에 전부가 다 창조이다. 우리 민족의 국제화! 정부는 말썽 많았던 새마을중앙회관을 필자에게 인계하면 우리 민족을 연 10만 명 정도씩 10년 간에 슈퍼맨 수련시켜도 2천년 초에는 정치, 경제, 문화, 모든 면에서 우리 나라가 5천 년의 비굴한 한을 씻고 이 세계를 지배할 수 있게 만들 수 있다. 이북의 인민군 백만 명이 부럽지 않다. 우리 국군 십만 명만 의지 창조 수련시키면 대처할 수 있다. 많은 현역 군인들과 지휘관들이 슈퍼맨 수련을 받았으니 정부와 국방부 당국은 그들에게 확인해 보기 바란다. 무시하는 것이 아니라 필자의 **의지 창조 행동수련**이 얼마나 현재 세상의 차원을 초월하는지 수련에 참여하지 않고는 구전이나 문자로서는 실감할 수 없다. 단연코 정부 차원이나 세계의 힘으로 안 되던 것을 자신 있게 해낸다. 세계 최초의 가장 강력한 행동 실적 창조자로서 실증을 제시하지 않을 수 없다.

11

　인간이 현세상 차원의 교육을 받는 것은 누구나 다 남보다 나아지기 위해서 받는다. 성공의 추상성마저 갖지 않고 교육 받는 자는 없을 것이다. 그런데 누구든지 성공을 확인하기까지는 피땀의 30년, 40년이 걸리고 때로는 70년, 80년도 걸리고 때로는 햇빛을 보지 못하기도 한다.

　또 많은 인류가 믿고 있는 신앙 역시 인생을 처음 살기 때문에 극락 행, 천국 행, 가능성만 바라고 평생 몰두한다. 왜냐하면 죽어 본 경험이 없으니까. 마치 도박할 때의 모험 행동같이 말이다. 도박이야 승패를 금방 확인하지만 신앙이란 죽어 봐야 확인할 수 있다. 이렇게 교육과 도박과 신앙의 두세 가지만 가지고도 확인할 길이 없이 가능성만 가진 상태로도 일생을 바치는데 **의지 창조 행동 수련**은 평생 교육과, 평생 신앙과, 평생 도박보다도 몇 백배, 몇 천배의 엄청난 실적과 성공을 행동 확인시켜주는데 얼마나 걸리겠나?

　세상 모든 인류에게는 불과 3박 4일로 성공을 행동으로 확인시키고 말더듬자에게는 13박 14일 만에 달변 행동을 확인시킨다. 이것이 확인이 안되는데 필자가 미쳤다고 생명 걸고 서울에서 가장 중심가인 종로3가의 한복판에다 20평 사무실을 가지고 일 년에 광고비를 2억여 원이상씩 써가면서 정부에다 세금 내 가면서 민족과 국가와 세계에다 큰소리치겠나? 어디를 가고 어떤 사람을 만나도 말더듬이가 의식정복하여 말을 잘하는 것만큼 말 잘하는 사람을 보지 못했다.

　필자가 군대에서 '마흔 둘'을 정복했던 사례를 들기 전에 더 급한 모험 행동에 들어가자. 예를 들자면 한이 없지만 행동 체험 확인된 것이 아닌 것은 필자에게나 너에게는 필요가 없다. 시장이나, 가게나, 백화점에 가서 손님 대접 받으면서 계속 장소 바꿔가면서 말을 하기 위해서 일부러 트집잡고 엉뚱하게 값 깎느라

시비거는 것 등은 상대가 소수여서 큰 보람은 아니지만 자기 정복에 도움은 된다. 인생은 짧으니까 기왕에 행동할 바에야 더 큰 보람을 느끼고 많은 인류에게도 도움이 될 모험을 해야 한다.

12

　필자가 군대에 입대하기 전이였었다. 지금같이 공공 장소에서 '금연'을 안할 때였지만 망신을 포용하고 어려운 말을 정복하기 위해 필자가 수백 명이 모인 공공장소에서 담배 피우는 사람에게 시비를 걸었다. 족히 3백여 명은 됐을 것이다. 전남광주의 광주극장 앞이었었다. 머리에서는 떨면서 서투른 말로 '선생님'하려다가 'ㅇ'자가 잘 안되었기에 'ㅇ'자 정복을 위해 '아저씨'로 하기로 했다. '아저씨, 담배 좀 삼가 하시오.' 이 말이 어찌나 서툴렀던지 상대방은 필자 말을 알아듣지 못하고 "네?"하는 것이었다. 필자는 죽을 힘까지 다 발휘하여 겨우 한마디 말을 했는데 상대방으로 부터 당당한 반문을 받자 필자는 한숨이 '푸우욱' 나오면서 질려 버렸다. 그러나 필자는 용기를 내어서 '아'자도 아주 서툴게 '아저씨, 담배 조옴-'했더니 상대방은 "네, 그러시죠."하면서 주머니에서 담배를 꺼내 필자에게 권했다. 필자의 말을 담배 하나 달라는 거렁뱅이로 들었던 모양이다. 언어가 이렇게 중요하다.

　필자가 책에서는 이와 같이 기술하지만 필자의 서툴었던 발음과 태도를 독자들이 비디오로 보고 들을 수 있다면 독자 역시 얼마나 얼굴이 화끈거리겠는가? 그러나 지금 현재는 비디오가 아니니까 그 당시 필자 상황을 상상으로 전개시켜보기 바란다. 상대방의 당당한 행동에 필자는 기가 죽어 버림은 물론 말도 힘들지만 말할 의욕을 잃어 버렸다. 필자는 말이 안 나와 말로 거절을 못하고 손으로 막으면서 '아이고, 연기.'하면서 기침을 했더니 상대방은, "아! 담배 피우지 말라고?"하면서 담배갑을 넣으면서, "당신 누구요?"했다. 필자는 형편없이 서투른 발음으로 '사람이지 누구겠소?'하면서 쳐다 봤더니, "당신이 좀 떨어지면 될 것 아니요?" 필자는 어안이 벙벙했지만 이젠 이대로 물러날 수도 없는 진퇴 양난이 되어 버렸다.

13

그래서 또 형편없게 서투른 발음으로 몸짓까지 해 가면서 "나뿐만이 아니고 여러 사람에게 피해가 되지 않소?"라고 말했더니 상대방은 필자가 말더듬이임을 확인하고 또 주위를 의식했음인지, "끄면 될 것 아니요? 더듬기는 왜 더듬소?"(기가찰 일이었다. 말더듬이로서 이런 말을 듣고서 세계에서 놀라고 부끄러워 하지 않을 자는 한 명도 없다. 사전에 이미 각오한 필자였지만 간이 떨어지는 줄 알았다. 차라리 이렇게 비참해질 바에야 담배 한개피의 연기나 한 갑의 연기를 모조리 다 먹어주어 버리는 한이 있더라도 자신이 말더듬이인 줄을 상대방이 알아차리는 것과 말더듬이라고 지적해서 표현하는 것이 제일 기분 나쁘다.

이것이 얼마나 죽기보다도 더 싫었으면 어떤 환경에서나 그저 말 않고 바보 행동이나 타인에게 대신 말 시키고 꾀병 행동이나, 조용히 사라지는 데 명수이고, 또 잘못 없으면서도 직장에서 사표 내는 데 명수일까? 너도 많이 체험했고 특히 학생 때는 더 했을것이다.

군대 생활에서나 직장 생활에서는 더욱더 말할 필요도 없고 학창 시절에 수업 중 책 읽으면서는 모두 다 듣고 있기 때문에 다른 말로 돌리거나 빼먹을 수 없으니 막히는 글자 앞에서 낭독이 딱 멎어 버린다. 그 순간에는 몇 자 후퇴하여 다시 반복하고 반복하지만 역시 실패한다. 독자들께서도 그런 때는 하늘이 무너져 내려서 땅과 딱 붙어 버리기를 순간적으로 바랬을 것이다. 이 대목에서 필자는 어땠었는지 아는가? 낭독 시간에 막히는 부분은 빼먹고 넘어갔다. 물론 그때마다 교실에서는 선생님까지 폭소가 터지고 필자의 간은 철렁철렁 했던 것이다. 필자 별명이 그 당시 '건너뛰기' '가분수' '말더듬이' '넘어가' '빼먹기'였다. 말이 아닌 실력으로야 어느 놈도 필자를 따라오지 못했고 또 따라올 엄두도 못 냈었다. 친구들 간에는 실력하나 때문에 놀림 받는 것은 거의 면할 수 있었다. 지금 현재는 언어에 대해서 만큼은 이 세계에도 필자의 적수가 없지만.)하면서 기분 나쁜 표정을 지으며 괘씸하다는 투로 담배를 밟아 끄는 것이었다.

<h1 style="text-align:center">14</h1>

그제서야 상대방의 옆 사람이 친구였던지 그 역시 필자에게 "당신이 뭔데 내 친구에게 이래라 저래라 하오?"하면서 눈을 부라렸다. 알고 보니 일행이 셋이었었다. 잘하면 주먹질까지 될 판이었었다. '에라, 어차피 망신을 체험하려고 했었는데 부딪치자!' "아니 내가 잘못한 것이 있는지 주위 사람에게 물어보시오"라고 온몸과 입이 간질병같이 요동하면서 서투르게 말했다. 필자 스스로가 판단해도 너무도 서투른 발음의 행동이 측은하게 보였던지 상대방들 셋은 일시에 웃으면서 처음의 상대가 "알았소. 알았소. 내가 잘못했소."라고 비웃는 것이었다. 옳은 일 해 놓고서 필자는 그들의 비웃음으로도 판정패 당한것 같았고 그러다 보니 주위의 4, 50명에까지 필자가 말더듬이라는 사실이 알려졌고 한 20여 명은 그들 셋과 같이 비웃고 있다. 이 상태로 물러서면 두고두고 끙끙 앓아야 하기 때문에 머리에서는 혼란이 오고 비참하다고 판단하지만 가슴에서는 여러 사람 앞에서 말을 했다는 약간의 놀라움도 있었다.

에라, 더듬이로 인정된 이 환경, 필자를 비웃는 저들 입에서 그들 스스로가 흡연자에게 제지할 용기는 없지만 적어도 필자의 용기와 행동을 인정하는 표현 정도는 나오게 하자. 저들 주위 사람들 모두 엄두도 못 내는 행동을 필자는 했지 않느냐? 한번

했더니 처음의 思考와는 달리 다음 행동은 어떻게 해야한다는 것이 떠오른다.

이와 같이 머리는 동작을 통해서 발전한다. 필자는 즉시 말 없는 다수에게 인정 받았기에 극장표는 포기하고 장소를 10여 m 이동하여 이젠 좀더 강력하게 제지했다. 그 장소에서만 네 번을 제지했더니 그 당시 광주극장 임검 경찰까지 나와서 필자를 주시했고 모두에게 담배 냄새 나지 않게 하다 보니 필자는 표를 못 샀지만 임검 경찰과 극장 기도의 도움으로 표를 구했다.

15

그들이 필자를 말더듬이로 본다서 손해나는 것이 무엇이냐? 또 안 더듬이로 본다서 이익볼 것이 무엇이냐? 어렵던 'ㅇ'자 발음을 어디서나 할 수 있는 자신감을 갖게 되었다.(그 뒤 군대에 가서는 훈련소 입소 전에 수용 연대에서 하도 놀래가지고 'ㅇ'자 발음이 'ㅁ'자로 어렵게 바뀌었다. 의식 정복하지 못하면 계속 이렇게 전환된다)

버스에서, 기차에서, 전철에서, 배에서, 비행기에서, 기타 대중이 보이는 공공 장소에서 자신과 대중에게 도움이 되는 일 제지할 일 등등이 얼마든지 있다. 어떤 말이나 어떠한 행동이나 다 모험이고 때로는 시비도 되고 잘하면 주먹질도 되는 것이지만 그런 곳에서 어려운 발음과 행동을 할 때 언제나 머리에서는 혼란이 오지만 의지와 가슴에서는 자신감과 성공이 오게 되고 행동으로 가능한대로 많은 사람 앞에서 행하여야 머리에서의 불안이 없어지게 되어 너의 인생에서 많은 시일과 노력을 단축시켜 준다.

004
포용 · 도전 · 파괴 · 창조

01

'마흔 둘'이라는 번호를 훈련소에서 점호 시간에 발음하지 못하여 앞서 기술한 대로 그런 개망신을 당하자 이젠 필자보다도 선임 하사 역시 놀라지 않을 수 없었다. 선임 하사가 놀랜 이유는 필자를 위해서가 아니고 점호 시간에 또 주번 사관과 주번 하사관에게 또 본부 중대에 불려가 혼나거나 지적 받지 않기 위해서, 선임 하사도 정말 큰일이었다. 밖으로부터 주번 하사관의 점호가 끝났다는 연락이 들어오자 필자 때문에 초상집같이 되어 버린 필자 소대의 내부반과 선임 하사는 대번에 필자에게 눈을 부라리며 성난 얼굴로, "야, 이 개새끼야! 너 왜 그랬어?" 필자 하나를 뺀 52명은 하자가 없기 때문에 52명 전원의 눈도 필자에게 집중되었다.

이 세계의 말더듬이들이여! 이런 상황에서 말더듬이인 필자의 입에서 말이 나오겠는가?(지금에야 이 세계의 안 더듬이들 중에서도 필자만큼 환경과 사람을 구애받지 않고 톤의 높고 낮음을 구애하지 않고 정확하게 발음하는 자가 없지만) 반역죄를 범하고 군중들 앞에 끌려 나와도 그렇게까지는 비참하지 않을 것이다.

입에서 답변이 나올 리 없는 필자에게 훈련소 첫날밤 군기도 잡을겸 얼도 뺄겸 구실이 생기기만 바랬던 그 당시 훈련소 상태였었는데 필자가 말더듬이인 줄을 모르는 선임 하사에게는

소대원 전부를 잡아 족칠 좋은 구실이 되어 버렸고 그 중에서도
필자는 먹기 좋은 가운데 토막이 되어 버렸다.

02

선임 하사는 대번에 침상에 뛰어 오르더니 죽을 상을 한 필자의
눈동자와 마주치자 군화발로 차마 차지는 못하고 번개불이 번
쩍하면서 필자는 총 받침대 옆으로 넘어져 버렸다. 필자 때문에
모두 긴장되었고 내무반은 일시에 살얼음판이 되었다. 마흔 한
번째 훈련병까지 같이 넘어졌다. 마흔 한 번째 훈련병은 M1소총
총열의 가늠쇠에 머리가 정면으로 부딪쳐 피까지 흘렀다. 필자
입에서 말더듬이었다고는 죽으면 죽었지 할 수 없었고 또 말이
나오지도 않았다. 필자는 즉시 일어섰지만 필자 옆 사람이 상처
났기에 "왜 다른 놈이 다치나?"하면서 선임 하사가 옆사람 상처
확인하고는 괜찮다면서 향도에게 아까징끼를 발라 주라고 했다.
필자는 차라리 맞아 죽어 버리고 싶었다. 사회에서 실패한 자살,
군대에서는 총이 있으니까 기회를 잡기도 좋을 것 같았다.

그 정황중에서도 필자는 말더듬이라는 것만은 숨기고 선임
하사에게 갑자기 말이 막혀서 그랬다고 말할려 했으나 갑자기란
말만 두 번 했지 'ㅁ'자 말 지가 죽어도 안 나왔다. "그래, 갑자기?
갑자기 뭐야, 이 개새끼야!" 또 다시 얻어 맞을 찰나인데 아까
점호 취하기 전 점호 연습할 때 필자와 잠시 자리 바꿔 주었던
서른 두 번째 친구가(수용 연대에서 말더듬 때문에 필자가 또
두 번이나 망신을 당했는데 그때 이 친구가 필자 옆에서 필자가
말더듬이인 줄 알고 상당히 동정적이었음.) "선임 하사님, 그 사람
말을 더듬어요."라고   재빨리 대변해 주었다. "뭐? 이 새끼 말
더듬이야?"하면서 선임 하사는 순식간에 화를 풀면서 이제는
필자를 변명해 준 그 친구에게, "야, 이 개새끼야 왜 이제 말해!"

03

필자는 두 번째에는 얻어 맞아 죽을 각오까지 되어 있었지만 친구의 대변으로 불행하게도 맞아 죽을 위기는 면할 수 있었지만 친구의 대변은 죽는 것보다 더 듣기 싫었다. 선임 하사는 표정을 바꾸어 동정 어린 눈으로, "너 말더듬이야?"라고 다정하게 확인하는 소리로 물었지만 필자의 두 눈에서는 고였던 눈물이 한꺼번에 주루룩 흐르는 바람에 필자의 긍정적 대답으로 인정했던 모양이다. 동정 어린 눈으로 바라보는 선임 하사가 추호도 밉지 않았고 오직 필자 자신만이 저주스러울 뿐이었다. 그러나 그때 당장은 죽을 기회도 없지만 자유도 없었다. 그제서야 필자를 뺀 소대원 전부도 필자를 이해했다. 그러나 말더듬이들은 그런 이해 바라지 않는다. 선임 하사는 동정적인 표정과 표현으로 자기 옆자리 번호 1번으로 바꾸라고 했다. 필자는 그 당시 같은 훈련병이 아닌 대선배이고 기관사병인 선임 하사가 너무 어렵고 번호 '하나' 발음도 힘들어서 스물 둘이나 서른 둘로 바꿔 달라고 했더니 이제는 선임 하사도 필자 말을 안 들어 줄 수가 없었다. 왜냐하면 필자 번호가 또 막히면 소대 전체의 점호는 또 죽을 쑤어 버리기 때문이다.

선임 하사는 필자 말을 듣더니, "야, 이 스물 두 번 개새끼, 서른 두 번 개새끼!"라고 부르자, 두 사람이 각각 큰소리로 대답했다. 선임 하사가 다음 말을 하기 전에 조금전에 자리 바꿔주었던 서른 두 번째 번호의 친구가 "선임 하사님, 제가 바꾸겠습니다!"했다. 다음 날 점호에서 서른 두 번째 번호야 소대 전체에서 누구보다도 똑똑하게 잘했음은 물론이다. 서른 둘이라는 번호를 듣고는 모두 다 이상하다고 했다. 선임 하사 당번병이 필자에게 "니 서른 둘은 기똥차게 잘 하믄서 사십 둘은 와 안 되노? 사십 둘은 기신 붙었나?" 필자는 "그래, 기신도 큰 기신 붙었다"라고 농담까지 나왔지만 6주 간 신병 훈련 받을 일이 태산 같았다.

04

　6주간은 필자 소대원들과 선임 하사의 배려로 번호로 인한 개망신은 없게 되었지만 신병의 군대 암기 사항, 그리고 저녁 점호때마다 부동 자세인 배를 툭 치면서 암기사항 외우라고 할 때는 주번 사관 앞에서 외우는 자가 몇 명 안 됐지만 필자는 훈련소 창설 역사 이후로 모든 암기문을 가장 빨리 외워 버렸다. 그렇지만 지적 받을 때마다 주번 사관이나 주번 하사관, 중대본부 간부들에게 답변 해 본 일은 한 번도 없었다. "잊었습니다."라는 말도 막혀서 안 나왔다. 그래서 필자는 지적을 받을 때마다 관등 성명만 겨우 대고는 "잊었습니다."라는 말이 안 나와 '말이 막힙니다.' 라고 할려고 했지만 이것도 'ㅁ'자라 안 나와서 그냥 큰소리로 '서툽니다' 그러면 대부분 주번사관이나 중대본부 간부나 주번 사령은 태연한 목소리로 "뭐? 서툴어? 뭐가 서툴어?"하면 필자는 또 큰소리로 '서툽니다'한다. 그러면 또 순시자는, "이 새끼야, 뭐가 서툴어?" 그러면 그때는 선임 하사관이, "주번 사관님 그 자는 말더듬이입니다."라고 대변한다. 그러면 순시자는 빙긋이 웃으며 필자의 머리끝에서 발끝까지 쫘아악 훑어보고는, "새끼, 멀쩡한 새끼가 병신이네!"하면서 그냥 통과했다.

05

　독자들이여! 이게 숨쉬고 산다는 사람 생활이겠는가? 더군다나 군대 생활에서 이렇게 표현을 못하는 자가 어떻게 전쟁 수행을 완수할 수 있겠는가? 총알받이 소모품이라도 위급한 상황에서의 전황 보고는 해야만 하는데 과연 말더듬이가 전황 보고나 작전 보고, 상급자에게 매일매일 필요한 임무 보고를 할 수 있겠는가? 필자는 훈련소에서 6주간 1급 고문관(군대에서 고문관이란 바보를 말한다)이었다. 그러나 소대원들 거의 대다수가 필자의 암기 사항 도움을 받았고 야외 교장에 나가 교육받은 메모지 노트 신세를 졌다.

군대 생활도 사회 생활과 마찬가지로 말로 이어지지 않는 것이 없지만 군대는 특히 말이 더욱더 필요하고 단체 생활이라 말을 하지 않게 되면 개인적인 피해만이 아니라 단체까지 엄청난 피해를 야기시킨다. 군대는 어디를 가나 번호를 해야 한다. 단체 훈련을 받는 야외 교육장, 야간 교육장, 어디를 가나 필자는 발음이 잘 될 번호위치에 설려고 필사적이 되었다. 이 세계의 말더듬이들은 다 마찬가지이다. 6주 훈련을 마치고 배출대로 가서는 약간의 자유가 주어졌다. 죽음보다도 훨씬 더 지독했던 '마흔 둘'이라는 개망신을 훈련소에서 당하고 자살하지 않았으니 이젠 더 이상 그런 개망신은 안 당해야 했다. 안 당하려면 독자들이여! 필자가 그번호를 피해야 되겠나? 정복해야 되겠나? 세계 최고의 행동 창조자, 철학자, 심리학자답게 행동으로 분석 확인해 가자. 그 번호를 피하면 평생발음 못하게 되니 절대로 정복해야 했다. 많은 사람 앞에서 당한 개망신의 '마흔 둘'을 사람 없는 곳에서 아무리 연습하고 사람 없는 곳에서 제 아무리 자신 있어 봤자 사람 앞에서 안되니 아무런 소용없는 것이다.

06

여기서 가장 중요한 것은 '개망신'이란 필자가 자신을 포용하지 않았기 때문에 개망신이지 필자가 자신을 포용한다면 아무것도 아닌 것이다. 자기 포용하고 사람이 이럴 수도 있지 하면서 타인들에게 정정 당당하게 '당신들은 실수할 때 없어? 왜 웃어? 미쳤나? 돈 안 드는 것이니까 웃고 싶거든 실컷 웃어라. 웃는 것은 당신들 자유니까 나는 행동한다. 내가 당신들에게 죄 지은 것도 없잖아. 말하다가 이런 일쯤 아무한테나 있을 수 있잖아.

설사 내가 당신들에게 죄지은 것이 있다 할지라도 경찰에 넘기면 되잖아? 비굴하게 당신들에게 용서나 양해도 바라지 않겠어.' 등등 이렇게 하면 되는 것이다.

친애하는 독자들이여! 독자들께서도 아무 말 하지 못할 때가 있었겠지만 그 원인은 자기를 포용하지 않기 때문이다. 자기를 포용하고 思考에서의 안된다는 지시에 思考는 책임이 없다. 의지와 행동은 해야 할 목적이니 사고에 관계 없이 서툴더라도 발음 행동을 해야 한다.

반드시 의지와 동작이 강해야 사고가 예속된다. 그 좋은 실례로 너의 행동이 빌빌하면 타인들이 너를 비웃기에 앞서 누가 먼저 너를 비웃나? 물론 너의 사고다. 노골적으로 표현해서 타인이 비웃더라도 너는 너를 주장하면서 강해져야 할 입장인데 타인은 너를 비웃지도 않는데 너가 너를 비웃어서 우주보다도 더 큰 너 자체가 순식간에 침몰해 버려? 야, 임마! 너의 행동이 강해 보라. 타인들이 놀라기에 앞서 누가 먼저 놀라던가? 너의 사고가 먼저 너의 행동에 놀라는 것을 너는 많이 체험했고 지금부터는 더 많이 확인하게 된다.

07

너의 사고에서 놀랐었다는 사실 하나만 봐도 너의 인체는 아무 결함이 없다. 문제는 너의 사고이다. 그래서 너는 무슨 말을 하기에 앞서 생각했던대로 계획했던 대로 너의 입을 열려고 하는 한은 너가 오백 년을 살고, 천 년을 살아도 말더듬은 정복할 수 없다. 계획하고 생각했던대로 가서 말 할려고 하면 한마디도 못하고 엉뚱한 말만 했었던 일이 많았었나. 없었었나? 계획대로 발음을 했더라도 서툴러서 참담함을 느낀 너의 비애 때문에 두고두고 끙끙 앓았었지 않은가?

안 더듬이들은 말 따위에는 전혀 신경도 쓰지 않고 행복과 성공을 계획하고 즐거움을 찾거나 만드는데. 너는 행복이나 성공 계획이나 즐거움 찾는 것 따위는 상상할 수도 없는 가운데 너의 인생 전부의 시간을 말 때문에 고민하고 후회하고 공포심으로 떠는 데 나아가서 미래에 닥칠 개망신 따위에나 염려하고 불안해하는 데 투자하고 있다.

말도 마찬가지이다. 아예 입이 딱 굳어서 한 마디도 안 나온다는 것은 눈으로 보고 들어서 생각해서 사고가 안된다고 판단했는데 육체인 너의 몸과 입과 혀와 성대는 너의 신경의 철저한 노예로 습관화 되었기 때문이다.

반대로 보지 않고, 듣지 않고, 갑자기 너의 필요성에 의해서 이야기 해 봐라. 사고의 판단이 없었기 때문에 어려운 말도 똑똑히 너의 입으로 발음이 되었었던 체험이 많았을 것이다. 그때그때마다 너는 깜짝깜짝 놀랐다. 「방금 평소에 도저히 안되던 말이 잘 나왔었네?」이 판단은 思考와 이렇게 사고한 뒤에 조금 전에 잘 되었던 말을 사람 앞에서 발음할려고 해 보라. 너는 사고한 뒤에 하려고 하니까 죽는것보다도 더 어려웠음을 체험했을 것이다. 너는 미리 사고하지 않았기 때문에 필요한 말을 정확하게 발음하고 나중에 사고해서 놀랐던 그 추억의 매력을 평생 기억하고 그 때의 표현력이 이어지기를 학수고대하고 바란다.

08

미친자식, 이런 걸 바라면 미친 자식이 될 수밖에 없고 평생 달변은커녕 말더듬 정복 못한다. 체념하라고 하는 말이 아니다. 헛기대 말라. 그런 따위 말 몇 마디 가지고 어떻게 달변이되나? 2시간, 3시간, 4시간씩 수천 명 수만 명이나 TV 앞에서도 사자후로 포효가 되어야 한다. 임마! 안 더듬이들도 너의 주둥이를 따라올 자가 없도록 만들기 위해서 의식 정복을 해야지. 말 몇 마디 잘 되었던 것에 미련을 가져? 이 자식 환장한 자식 아니야? 일억

원짜리 수표를 단돈 천 원이나 오백 원에 팔아 먹어? 이 자식아! 이게 인간이야? 찬물 한 모금 마셔, 임마! 실지로 찬물을 마시고, 차분하게 온 몸에 피가 들끓는 열로써 차디찬 너의 머리를 데워 가자. 그리고 하나하나 행동으로 확인하자. 불행히도 이 지구상의 교육 따위나 연습 따위로는 안된다. 되는 길은 의식 정복뿐이다.

발음은 점점 악화만 되어가고 있는 현 시점에서 발전의 보장은 0.1%도 없는데 말이야. 너는 이 순간부터 말에 관한한 미리 계획 세우지 마! 미리 생각하지 마! 너의 의식을 정복할 때까지 말더듬이로 50년, 60년, 70년, 80년을 살아도 의식을 정복하지 못하면 불행하고 죽을 지경일 수밖에 없다. 독자들께서는 간혹 필자에게 "그러면 홍 관장은 머리 안 쓰고 삽니까?"라고 묻는다. 이러하니 인류가 무식하고 무지할 수밖에 없다. 필자가 머리 쓰면서 산다면 어떻게 3시간, 4시간씩을 한자리에서 강연하며, 하루에 20시간씩 의지 창조 수련을 시키나? 머리가 아니고 평생 써먹어도 조금도 피로하지 않고 닳아지지 않는 의지와 동작으로 하기 때문에 머리는 의지에 예속되어 언제나 놀라면서 한없이 좋아지기만 한다. 너는 이 책을 두고두고 정독하지 않을 수 없다. 행동을 하지 않는 너! 필자의 발음과 행동을 들을 수도 볼 수도 없으니 그래서 어려운 점이 많을 것이다.

09

필자는 '마흔 둘'에 도전했다. 그렇게 많은 사람 앞에서 개망신으로 죽음을 자초했었고 얻어 맞았던 그런 망신 이상이 또 있을 수 있겠나 싶었다. 확실히 비참을 체험해야 강해진다. 비참을 체험할 바에야 큰 비참을 체험해야 크게 강해진다. 사람도 큰놈을 만나야 크게 된다. 작은놈, 백 놈 천 놈 만나는 것보다 큰놈 하나의 행동은 그만큼 인간의 시행 착오 과정을 단축시켜 주기 때문이다. 구멍 가게를 움직이는 사람과 대재벌 그룹을 움직이는 사람들의 말과 행동은 또 스케일이나 실적은 하늘과 땅차이이다. 필자는 많은 장병들이 모여 번호할 곳에서는 일부러 필자가 '마흔 두 번째'에 끼인다.

일부러 마흔 두 번째 사람에게 선물을 주면서 양해를 구해 마흔 두 번째 번호를 인계 받는다. 필자의 의지와 동작을 개망신시켰던 사고를 의지와 동작이 모험을 하여 필자 사고에 도전한 것이다. 필자에게 아무런 도움도 안되는 思考를 철저하게 망신시켜 짓이겨 버리자 사고는 쉴 새 없이 마흔 둘의 번호를 피하라고 했지만 사고는 문자 그대로 의지와 행동이 없고 그대로 무형체일 뿐이다. 배출대에서 일개 대대가 집합한 연병장에서 이 개같은 놈의 思考의 실체를 똑똑히 확인하고 개망신시켜 보자. 하면서 끝까지 필자 주둥이를 벌리지 말라는 사고와는 달리 사고를 무시하고 필자 입을 크게 벌리면서 '마흔 둘'을 외쳤다.

10

일개 대대가 다 듣도록 외친 '마흔 둘' 그 후부터 의식 정복할 때까지 어디서나 '마흔 둘'이 안 나오거나, 막혀 본 일은 한번도 없다. 서툴러 본 일도 없다. 개망신 체험했던 사고에서야 언제나 반대해도 발음은 의지와 몸이 하는 것이지 사고는 아무런 힘이 없다. 아버지가 자식에게 밥 먹으라고 했지만도 어머니가 밥 안 주면 자식은 밥 못 먹는다. 너의 사고에서 술 마시고 담배 피우라고 했지마는 너의 동작이 움직이지 않으면 그만이다. 생각하는 것이 너가 아니고 행동하는 것이 너이다. 세계 인류가 무식하고 무지 하기 때문에 사고하는 것이 자기인 줄로 안다. 그러나 이 세계의 무식하고 무지한 세계 인류여! 똑똑히 듣고 보아라. 지구 역사 창조 이후 최초로 국제슈퍼맨수련관장이 자신 있게 확인 시킨다.

가만히 앉아서 사고하는 것과 잠을 자면서 꿈을 꾸는 것과 자기 죽어 버린 시체를 보고 있는 무형체와 그 셋이 동일한가 ? 다른가? 똑똑히 확인들 해라. 분명히 필자가 말하지만 동일하다. 현재 의식에서 의지의 행동을 하지 않는 한 무형체 입장에서는 똑같은 것이다. 죽음은 순간이다. 살아 있음과 강함을, 창조의 실적을 확인하고 드러내는 것은 오직 의지의 동작밖에 없다. 절대로 지금까지의 지구 인류의 상식으로는 이해하기가 힘들겠지만 이해 하려고 하는 인류 그 사고 자체가 무식하고 무지한 것이다. 그렇게 무식하고 무지하기 때문에 자기 인생 전부에서 97% 내지 98%를 필요 없는 思考의 노예로 인생을 허비하는 인류이다. 의지의 행동으로 발휘하고 확인하는 가운데 사고는 발전되는 것이다.

"생각으로는 되는데 행동으로는 안된단 말이야." "이해가 안되는데 행동으로 하면 된단 말이야."라는 말같이 세상에는 설명 되어지지 않는 사실이 얼마나 많은지 아는가? 우리 인체에만도 수없이 많다. 그래서 절대 창조이다.

11

누구나 思考는 끊임없이 이어진다. 생각이 된다 해서 생각대로 다 행할 수도 없고 또 그럴 필요도 없다. 사고만 평생하는 사람은 실적도 없시만 미리도 멍청하다. 의지의 행동을 하는 사람들은 사고도 많이 안 하지만 머리도 기가 막히게 좋고 발명가, 학자, 재벌, 사회와 국가의 일꾼으로서 다 성공한다. 말도 마찬가지다. 의지와 동작이 움직여 주지 않는 사고는 죽음이나 꿈과 같다. 그런 필요 없는 사고를 현대 인류는 무식하고 무지한 소치로 돈을 들여서까지 시킨다. 얼마나 가소로운 일인가?

정신 신경과 전문의들이 가끔씩 TV에 나와서 정신 분석, 꿈 분석 운운하는데 무시하는 것이 아니지만 너무나 유치하다. 지금까지 수직 관계로 선조들의 무지를 모방한 학문이라 너무나 차원이 낮을 수밖에 없다. 안더듬이들이 3일 간에 **의지 창조 수**

련만 받아도 그런 무지의 차원에서는 상상을 초월할 만큼 새로운 수평적 차원을 확인하게 된다. 몇 년씩 몇 십년씩 필자는 무지한 자들과는 입씨름하지도 않지만 할 시간도 없다. 행동으로 며칠 만에 확인시켜 버리면 간단한데 필자같이 바쁜 사람이 이 세상 누구와 입씨름할 시간이 있겠는가? 무식하고 무지한 사고에서야 3박 4일의 수평적 의지 창조 수련과 13박 14일의 세계 최초 말더듬 정복 수련에서 연신 놀라고 놀라지만 세계에서 가장 바쁜 필자는 인류의 사고들이 놀라건 말건 행동으로 확인시켜 버린다.

<h1 style="text-align:center">12</h1>

최면술 전문가도 필자 수련을 받으면 지금까지의 차원을 초월한다. 이 나라와 이 세계에서 단전 호흡을 하겠다는 사람들과 또 단전 호흡을 4,50년씩 지도하는 전문가들도 필히 필자의 4일 간의 의지 창조 수련을 받아라. 필자의 의지 창조 수련에서 최신방법의 완전자동 단전호흡대로 3일만에 익히면 4,50년씩 해 왔던 지금까지의 세상 방법이 얼마나 엉터리인가를 확인하게 된다.

고루한 관념에서 발전을 싫어하는 습성이라면 되게 기분 나쁘겠지만 창조자인 필자가 그런 무지 따위를 방관하지 않는다. 왜냐하면 고루한 개개인을 위해서가 아니고 수많은 우리 후손들을 위해서이다. 무식하고 무지한 당자들이야 할 수 없지만 엉터리 방법으로 후손들까지 시간 낭비 시킬 수는 없지 않는가? 기성 세대는 사회 전반에 관해서 책임을 져야 한다. 선조들이 바보같은 걸 물려주었다고 그대로 우리까지 후손들에게 물려줄 수는 없다.

우리는 과거 1950년대후반에 버스 한 대를 만들어 내려면 망치로 두드려서 조립시켜 내는 데도 3개월쯤 걸렸다. 그런데 지금은 힘들이지 않고도 성능 좋은 버스를 불과 10여 분도 안 걸려서 만들어 낸다. 필자의 세계 최초 최신 완전자동 단전호흡대 방법이 바로 이 버스에 비교된다. 우리 조상들이 망치로 몇 개월만에 두드려서 조립하여 만들어 낸 버스는 성능도 형편없었지만 매일같이 고장에 수명도 길지 못했다. 이와 같이 엉터리 단전호흡을 현대의 첨단 사회에서 우리의 새싹들에게 전수시켜 시간과 건강을 망쳐 놓겠다는 그 저의는 용납할 수 없다. 필자의 세계 최초 의지 창조 수련에서는 최신 완전자동 단전호흡을 익히는 데는 3박 4일 수련 과정에서 50분의 1정도의 시간도 들지 않고 해결된다. 세상에서의 기대를 초월할 만큼 많은 것을 덤으로 체득하게 된다.

우리는 神的인 행동 과학자, 행동 철학자, 행동 심리 학자답게 꿈의 속성도 행동으로 확인 해보자. 그리고 현재 의식까지 神的으로 분석해 보자. 꿈을 해석하는 현대 과학의 수준은 필자가 보기에 아직 유치원에도 입학 못했다.

13

필자에게는 강자의 겸손이나 약자의 아첨 따위는 평생 필요성이 없다. 이런것들은 망하는 자들에게 소용되는 것이다. 어느 것이나 다 힘의 결핍이다.

필자에게는 지금까지의 이 세상 차원을 수호도 기대하지 마라. 천지 개벽같은 성공이 지금까지의 세상 차원 가지고 되겠나?

필자도 꿈을 꾼다. 꿈이란 자기가 기억하건 기억하지 못하건 현재 의식, 잠재 의식, 무의식의 흐름으로 계속 이어진다. 너가 현재 의식에서 뇌를 사용하건 사용하지 않건 뇌세포의 흐름은 여전히 이어져 일정량씩은 계속 사멸된다. 현재 의식에서건 꿈에서건 기억된다 해서 특별한 것이 아니다. 특별한 것같이 생각하고 특별한 것같이 법석을 떠는 할 일 없는 자들의 수선일 뿐이다.

인간의 생활 환경이 의식에 익어서 생각되어지고 또 기억되어지는 것은 동물에게도 있는 현상으로써 꿈대로 맞았다든지 안 맞았다든지 하는 것 역시 어린이들 가위, 바위, 보하면서 소꿉놀이 하는 것과 같다. 그저 벌어먹고 살 것이 없으니까 옛부터 할일 없는 작자들이 대단한 분야인 척 의지와 동작으로는 하나도 확인하고 보여줄 수 없는 무지를 철저히 숨기면서(가짜일수록 철저히 숨기면서 행동 확인이 안되는 것이다. 그 예로써 다윈의 진화론은 가짜라는 사실이 판명됐지만 그래도 상당한 세월 동안은 그럴듯한 개 뼉다귀라도 증거를 제시했었다.)

권위자입네 박사입네 하면서 연구소까지 가지고 있는 서양이지만 그들 역시 언제나 의심에 의심만 쌓아 가면서 그저 먹고 살려니까 입으로만 주장할 뿐이다. 이런 것들을 분석하기에는 너무 바쁜 필자이지만 그래도 후손들의 희생을 막기 위해서는 세계 최초로 행동으로 확인시켜 주겠다.

14

심리학이나 정신 분석학이나 철학 세계에서 아무리 많이 연구하고 자신 있어도 말과 동작으로 드러내지 않는 한 자기는 물론 세상에서는 하나도 확인할 방법이 없다. 예를 든다면 독자들이 경제 전문가다, 건축 전문가다, 미술 전문가다 하면 보이는 경제력과 건축물과 그림 등등으로 확인하고 인정할 수 있고 더 발전시키는 과정도 볼 수 있다. 그러나 필자가 제아무리 철학, 심리학, 정신 분석에 권위자라도 "아 ! 세상살이에 자신이 없다" 라고 하면서 방탕하면 세상 인류는 필자의 말과 행동만 보니 필자의 실력과 권위는 아무 소용이 없게 된다.

그러나 그 반대로 너가 철학, 심리학, 정신 분석에 전혀 아는바 없더라도 '야, 너무 기쁘고 이 찬란한 인생살이에 너무나 자신 있다.'하면서 자신 있는 행동으로 나오면 세상 인류에게 보이고 들리는 것은 무엇인가? 너의 떨고 있는 의식이 보이겠는가? 아니면 너의 말과 동작이 보이겠는가? 세상에서는 너의 말과 동작뿐이지 자신 없어 하는 너의 思考 따위는 세상에게도 인류에게도 필요 없지만 너에게는 더욱더 필요 없다. 여기까지왔으니 너는 필자의 세계 최초의 철학, 심리학, 정신 분석학의 극치로써의 의지 창조 행동 수련을 단 1%라도 감 잡을 것이다.

15

앞선 세계 인류의 무지로 인해서 또 미개척으로 인해 희생당하고 있는 너에게 문자와 행동을 통해 너를 희생시킨 범인을 파괴시키려니 구체적 표현을 피할 수 없다. 필자도 꿈에서는 노름도 하고 싸우고 죽기도 했었다. 그렇다서 생시에 그렇게 되나? 너도 얼마든지 확인했을 것이다. 너의 꿈속에서 너가 우주를 날아다니고 전투하고 죽었다서 생시에 그렇게 되었는가? 그렇게 되었다면 이 책을 읽을 수 있었겠나? 너의 꿈에 너가 몇 백만 명 앞에서 사자후로 부르짖었다서 생시에 그렇게 되던가? 생시에는 이웃들 한 사람 앞에서도 오금을 펴지 못하지 않던가? 필자가 꿈에서 말 못하는 바보 천치의 꿈을 꾸었다서 생시에 그러겠나? 꿈이란 현재 의식의 발로이다. 꿈이란 너가 다 기억할 수도 없고 기억할 필요성도 없지만 평생에 한가지도 기억할 필요 없는 것이다. 너는 지금도 현재 의식에서 너가 감지할 수도 없는 방대한 분량의 의식이 끊임없이 흐르고 있다. 너가 꿈에서 생소한 것을 보고 아무리 이상하다고 곰곰히 심취해 봐야 그것은 전부 너가 기억하지도 못하는 현재 의식에서 흘러간 의식일 뿐이다.

독자들은 필자에게 "그것을 어떻게 증명합니까?"라고 하겠지만 필자가 이걸 증명 못하겠나? 너가 한국어밖에 못하는데 꿈에서 스페인어로 말하는 일이 있는가? 너가 외국어는 영어밖에 못하는데 꿈에서 아프리카토어로 말한 일이 있는가 ? 말한 일이 있다면 그 부분을 말해 보라. 꿈에서 형체만 봤다면 우리는 현재 의식에서 상상으로 그 어떠한 것도 다 그려 볼 수 있다.

요사이는 해몽 책까지 나왔어. 물론 옛날에도 있었지만 무지한 작자들 병신 지랄 행동이다. 차라리 그럴 시간에 산에 가서 낚시질이라도 한다면 맑은 산소를 마셔서 건강이나 좋아진다. 의식은 시간과 공간의 제한을 받지 않으니까 무한대의 비상을 하나 의지에 예속시킨 의식 외에는 아무 소용이 없는 것이다. 이것도 행동으로 확인하자.

16

우리의 몸(유형체)은 1초에 기껏 전진 해봐야 겨우 5~10m이다. 의지의 행동으로 창조해 만든 로켓트가 우주에서는 최고 초속 1백 50km까지 달린다. 우리의 의식(무형체)은 1초에 얼마나 전진하나 ? 광속이 초속 30만km인데 의식은 무한정이다. 이런 의식에 의지와 동작이 예속될 수 있나 ? (《動》註) 의식에 의지와 동작이 예속되어서는 안되는데 인류 학문과 과학과 종교의 무지로 인류는 신적인 의지와 동작을 의식에 예속시켜서 이 세계에서 마음껏 창조력과 행동력을 발휘할 너를 말더듬이로 만들어 꼼짝 못하게 해버린다.

너 그 많은 몇 십년 세월동안 의식의 노예가 되어 더듬어 주었다서 그 의식한테 얻어 먹은 것이 무엇이냐 ? 아파트 하나쯤 ? 회사 하나쯤 ? 직장이라도 ? 뭐라고 ? 죽을 고생만 하고 죽기 직전이라고 ? 즉시 고발하라. 몇 십년 간 노임 착취당했다고 인력이 귀한 농촌에 가서 더듬어 주었던 세월만큼 머슴살이라도 했더라면 너는 그 새경이면 아파트 정도라도 샀을 것 아닌가 ? 그러나 그 범인 그 의식은 고발하는 창구가 이 세계에 한 곳밖에 없다. 또 그 말 더듬 범인을 징역 살릴 곳도 아니 화장시켜 버릴 곳은 역시 이 세계에 한 곳밖에 없어. 그 창구외에는 하나님도 힘이 없다.

너 혼자만 피해자가 아니다. 선진 국가에는 우리 나라보다도 훨씬 더 많다. 그래서 역시 선진국들은 파탄자도 자살자도 사회적 문제도 우리나라 보다도 훨씬 더 많다. 그야말로 정신 문제, 심리 문제는 심각하다. 말 더듬, 핸디캡, 콤플렉스, 자각 증세, 강박 관념, 수치심, 열등감, 절망감, 우울증, 자살 심리, 떨림, 망설임, 공포증, 노이로제, 기타 등등 헤아릴 수 없이 많다. 세계 인류 99.9%는 모두 문제에 시달린다. 여기에서도 말 더듬은 과연 큰 범인으로서 위에 나열한 문제들 전부를 소유하고 있다. 말 더듬증 자체가 과연 큰놈은 큰놈으로서 도저히 크게 되지 않을 수 없는 큰 범인이다. 인간은 물론 문제로 인해 다 발전하는 것이지만 극소수만이 위와 같은 문제를 자산으로 활용하여 발전하고 거의 대다수는 위의 문제를 부채로 활용하여 좌절과 체념으로 살아가고 또는 파탄으로 떨어져 버린다.(《動》註)

17

역사적으로 세계 인류에게 공헌하고 세계를 움직였던 인물들 중의 98%가 위와 같은 문제에 시달렸었고 98%중 70%가 밀더듬이였었다. 만일 이들이 필자를 만나 의식을 정복했더라면 얼마나 더 행복했겠는가? 한마디로 문제를 거치지 않고는 보석이 될 수 없고 성공을 할 수 없는 것이다. 끊임없이 갈고 깍고 다듬는 과정을 반드시 거쳐야 보석이 된다. 이 세 가지 과정 없이 보석이 될 수 없다. 너 역시 보석감으로 나왔는데 갈고 다듬고 깍아 줄 임자가 없어서 지금까지 덩어리로 꽉꽉 썩고 있는 것이다. 덩어리가 워낙 거칠고 딱딱해서 지금까지 세상에서 만든 합금강이나 초고급강으로 만든 바이트(칼)같은걸로는 평생 동안 지구의 바이트 전부를 사용해도 칼만 닳아지고 시간만 낭비이지 너가 제대로 깎이고 다듬어지고 갈려서 휘황 찬란한 진짜 보석이 되기는 어렵다. 너라는 큰놈이 너보다 훨씬 큰놈을 만나야 갈리고 다듬어질텐데 너보다 작은 관인 학원만 만나니 썩을 수밖에 없다. 너에게 소용되고 너를 깍아 낼 수 있는 칼은 세계 최초로 창조한 신적인 칼이라야 너를 사정 없이 깎고 갈고 다듬어서 이 세상에서 가장 빛나고 값진 보석이 되게 한다.

18

물론 사정 없이 깎을 때야 무진장 아프고 안 깎일려고 저항하는 진통이 있지만 이건 당연하다. 평생 깎아도 못 깎을 돌덩어리를 불과 두 주일 만에 깎아 버리는데 왜 고통이 없겠냐? 너 아프다고 필자가 사정 봐주면 너가 보석이 되겠나, 깎다 만 반팽이가 되겠나? 보석이 되는 과정에 반드시 깎아 버릴 것을 깎는데 인정 사정 있어야 되겠나, 없어야 되겠나? 어머니가 자식을 낳을 때 산고의 진통이 심하면 심할수록 그 자식을 귀하게 여기고 값지게 키운다. 아무리 어머니의 산고가 심해도 자식을 낳아야 한다. 아프다고 안 낳을 수 있나? 그러면 어떻게 되지? 산모와 아기가 같이 죽던가, 아니면 한쪽은 죽어야 한다. 한 쪽이 죽게 되면 둘이 죽는 것보다야 낫지만 비극이다. 어머니의 산고가 심하다고 애 낳는 것을 중지해야 되겠나? 아파도 분만을 시켜야 되겠나? 그런데 지금까지의 너에게 있어서는 산고의 진통만 계속 이어지고 있는 것이다. 왜냐하면 이 세상 인류는 너에게서 달변이라는 자식을 분만시킬만한 기술과 힘이 없고 너 역시 분만시켜 낼만한 의지와 행동력이 없기 때문에 즉 산모와 아기가 분만 과정에서 분만되지 않고 진통만 계속되는 것같이 너의 말더듬이 배에서 달변이 분만되는 도중에 진통으로 굳어져 버린 현상이라 같이 불행할 수밖에 없었다.

005
포용 · 도전 · 파괴 · 창조

01

어머니 뱃속에서 아이가 태어날 때 어떻게 나오나? 심각한 표정을 짓고 나오나, 미소 지으면서 나오나, 열심히 생각하면서 나오나, 어떻게 나오나? '으-아-아-앙!' 행동으로 울면서 태어난다. 그러면 세상에서 살 때도 주둥이로 지껄이고 행동을 하면서 살아야겠나? 입도 벌리지 않고 행동도 싫어했던 우리의 무식했던 조상들같이 잠잠하게 동물보다도 못하게 살아야 하겠나? 너 임마 아는 것 소용없어. 대가리 떼어 내버려라. 말과 동작만 있으면 돼. 인간은 태어날 때의 모양대로 입과 동작으로만 살게 되어 있다. 그러면 머리는 자동으로 좋아지게 되어 있기 때문이다. 그런데 너는 어떻게 사니? 입을 벌리고 동작했었나? 아니면 동작도 않고 입을 다물었었나? 뭣이? 입도 안 벌리고 행동에도 자신이 없다고? 아니 이 자식아 너 태어날 때도 그렇게 태어났나? 너 임마 태어날 때는 울면서 동작으로 발광을 했잖어? 너 이걸 부인할 테야? 너를 낳아준 너의 어머님에게 확인해 볼까? 자식, 말이야 부인할 수 없잖아.

지금은 너의 입과 동작이 태어날 때보다고 더 왕성해야겠나, 더 못해야 겠나? 입을 쫙 찢어 버리기 전에 서투르게라도 답변해라. 너는 이유없이 지금은 태어날 때보다도 더 강력하게 울부짖고 떠들고 지껄이고 행동으로는 기어 다니면서 살아야 한다. 지금은 어른이 되었으니까 너가 태어나서 기어 다녔던 방안보다는 훨씬 더 큰 대한 민국이라는 방안과 세계라는 운동장을 너 마음대로 지껄이고 기어 다니면 되잖아? "아니 홍 관장, 사람이 뭐 강아지인가? 기어 다니게?" '짜식, 정말로 입을 쫙 찢어버릴 자식 아니야, 이거'

필자의 세계 최초 신적인 표현과 행동 수련에 한가지라도 하자가 있다면 필자는 머저리 우리 선조들같이 책임 회피 안 한다.

02

단연코 목을 건다. 서울 한복판의 종로 경찰서에 가서도 몇 번 난리를 쳤다. 청와대에라도 협조 요청 해줄 테이니까 누구라도 실력으로, 행동으로 대결하고 확인시켜 준다. 세계 인류 전부를 상대로 라디오나 TV에 나가서 국회 청문회보다도 더 불꽃튀기는 실력과 행동 대결 장소도 제공해 줄 수 있다.

너가 대한 민국에서 지껄이면서 기어다니려면 자동차나 기차나 비행기나 배를 타야 되, 안 타야 되? 세계를 마음대로 기어 다니려면 고속 국제 열차나 점보 비행기를 타야 되, 안 타야 되나? 이걸 신적인 입장에서 하늘에서 볼 때 어떻게 보이나? 기어 다니게 보이나? 껑충껑충 뛰어다니게 보이나? 전부 다 기어 다니는 것이다. 필자는 기어 다니는 것에다 업는 것까지 겸했다. 승용차를 타고 다닌다는 사람도 있지만 필자는 분명히 승용차나 버스를 등에 업고서 기어 다닌다. 너가 대한 민국에서 세계에서 너의 일터에서 가정에서 열심히 기어 다닐려면 열심히 지껄여야겠나? 안 지껄여야겠나, 태어날 때 지껄이고 발광하면서 태어난 인류가 성장하여 살면서는 자꾸 입을 봉하게 하고 행동을 못하게 막는다.

너는 이 세상 인류의 썩어 빠진 무지와 무식을 무시해야 한다. 그래야 너의 입이 쫙 찢어지고 이 세상의 무식하고 무지한 모든 인류를 위해서 봉사할 수 있게 된다. 너의 입을 누가 봉해 버렸나? 너입 벌리면 누가 죽인다고 협박 공갈이라도 했나? 너의 입을 봉해버린 자가 이 세상이었었나, 바로 너였었나? 태어날 때는 분명히 아무런 하자가 없었는데 살다 보니까 그냥 써먹으라고 가지고 나온 비서이고 노예인 너의 사고, 사고, 사고가 범인이었다. 유형체의 세상살이에 思考가 그렇게 중요하다면 왜 思考하면서 태어날 일이지 어쩌자고 울며 발광하면서 태어났겠나? 심심해서 그랬겠나? 죽을 힘을 다해 겨우 분만시킨 어머니를 위로할려고 그랬겠나? 인간은 창조주의 속성이니 신적으로 확실하게 분석 확인하자.

<h2 style="text-align:center">03</h2>

어린아이가 태어나서 울지 않으면 어떻게 하나? 아직까지 신적 목적을 모르는 무지한 인류이지만 본능으로 그 어린아이의 두발을 잡아 꺼꾸로 쳐들고 엉덩이를 때린다. 그러면 그 아이는 농아가 아닌 한 자지러지게 운다. 왜 때리는 줄 아나? 사는 것은 지껄임과 동작이니까. "이놈아 살려면 지껄이고 움직여라."라는 신적 행동이기 때문이다. 성장해 가면서는 물론 더 지껄이고 더 움직여야 한다. 그런데 너는 왜 지껄이고 움직이지 않나? 태어나서도 안 지껄이고 안 움직이면 얻어 맞는데 너는 성장하면서 또 성장해서도 안 지껄이고 안 움직이고 있으니 너가 맞아야 되겠나, 안 맞아야 되겠나? 너에게 지껄이지 말고 행동하지 말라고 한 이 세계 인류가 너의 엉덩이를 때릴 자격이 있다고 보나?

입 벌리지 말고 동작하지 못하게 얼마나 많이 억제를 하기에 정신 문제, 심리 문제, 건강 문제, 인생 문제 등등의 많은 올가미로 묶어 버렸겠느냐? 얼마나 꽁꽁 묶었길래 괴롭고 죽고 싶어서 술, 담배, 히로뽕, 마약, 범죄, 향락 산업 등등이 이 세상을 주름잡겠나? 이 상태에서 너가 곧바로 유창하게 지껄여지고 강력하게 동작이 발휘될 것 같나? 너의 엉덩이 맞아야 되겠나, 안 맞아야 되겠나? 너가 스스로 너의 엉덩이를 때릴 수는 없다. 너의 엉덩이 누구에게 맡길 테야? 너를 똑같이 망쳐 먹은 세상인류에게 맡길 테야, 신적인 창조자에게 맡길 테야? 참으로 가슴을 치고 복통이 터져 요절할 일이다. 분해도 이렇게 분할 수가 없다.

어머니 뱃속에서 나올 때까지도 성공작이었던 너였는데 실패의 생활만을 일삼던 기성 세대가 실패작의 옷을 너에게 입혀 처음부터 단추까지 빗 잠그어 왔던 사실을 너는 너의 몸과 옷에서 이제야 발견했다. 옷을 잘못 입었기 때문에 기관지와 내장은 물론 머리까지 기능이 양호하지 못한 상태다. 몸을 새롭게 가동시키고 옷을 새롭게 입어야 되겠나, 그냥 둬야 되겠나? 너의 몸 구조를 다시 정립시키고 옷을 바로 입으려면 원위치되어야 하겠나, 원위치 안하고 그냥 덮어 씌우던가 껴입기만 해야 되겠나?

04

너는 당연히 이유 불문하고 몸도 복장도 원위치 상태로 되어서 다시 새로 맞추어 입어야 한다. 세상 때가 묻은 기능이 잘못되고 있는 몸에 잘못 입은 옷을 그대로 놔두고 덮어 씌우거나 화장시키지 않는 세계 최초의 필자이다.

너와 필자는 지금부터 즉시 행동으로 원위치 해보자. 너가 태어날 때 조물주가 뭐라고 했나? 신앙 따위 있건 없건 그건 알 바아니다. 입으로 울면서 동작으로 태어난 자체가 입과 동작으로 살아야 한다고 한 것 아니냐. 인류가 많이 보고 있는 성서에도 뭐라고 나오나? "일하기 싫거든 먹지도 말라고 했다." 일이란 무엇이냐? 입 벌리고 동작하라는 것이다. 먹지 말라는 것은 무엇이냐? 죽으라는 것이다. 즉 영원히 없어지라는 것이다. 유형체인 육체가 먹지 않게 되면 살 수 있나? 무지한 인류이지만 스스로 입 벌리지 않고 동작하지 않는 자들은 누가 죽이지 않아도 스스로 가난해지고 스스로 비참해지고 스스로 없어지고 스스로 자살하지 않던가? 이 놀라운 신적인 창조 원리를 우리는 지금도 사회에서 헤아릴 수 도 없을 만큼 많이 확인하고 있지 않나? 그런데 이와는 반대로 열심히 입 벌리고 행동 하는 자들이 못 살거나 불행하거나 건강하지 않거나 말을 못하거나 못되는 것을 본 일이 있는가? 얼마나 신적인 의지 창조의 진리 확인인가?

입 안 벌리고 행동 안 하니까 그런 못된 인류가 할 일이 무엇이 겠는가? 일 벌리고 동작하는 일의 두 가지를 안하는 인간이라는 무지, 무식한 새끼들은 동서 고금을 막론하고 남녀 노소를 막론하고 못된 개지랄을 할 시간밖에 없다. 즉, 思考할 시간, 실망할 시간, 슬퍼할 시간, 불평불만, 염병 육갑에 주색 잡기와 범죄와 도박 등등 뿐이다. 이 얼마나 놀라운 신적인 행동의 사실 확인인가?

05

바쁜 꿀벌은 슬퍼할 틈이 없다. 열심히 입 벌리면서 기어다니며 일하는 창조자들이 정신 문제, 심리 문제, 건강 문제, 인생 문제, 말더듬 문제로 시달릴 틈이 있겠나? 어디 방탕해 놀거나 염병할 틈이 어디 있겠나? 그러면「바쁘게 입 벌려 지껄이고 행동이 강 력하게 기어 다녀야 할 텐데.」라고 결심하면「그럴 환경이나 여건이나 명분이 있어야지.」라면서 또 망설여? 이 세상 머저리같은 인류들 이여! 분명히 행동으로 확인하라. 원위치에서 준비할 것은 아무것도 없다. 소리내는 주둥이하고 행동하는 몸, 이것만 있으면 된다. 이 이상도 그 이하도 필요가 없다. 思考에서야 필요한 것이 항상 많으니 사고로는 안된다고 했지 않았느냐? 동작에서는 더 이상 다른 것이 필요하지 않은 이유도, 이 무식하고 무지한 세계 인류여, 세상 차원을 초월한 신적인 행동으로 확인하자. 명심하라. 찬물 한 모금 더 마셔라.

인간은 누구나 다 이 세상에서 처음 산다. 공자, 석가, 예수, 마호멧 등등도 다 처음 살았던 것이고 앞으로도 이 세계에 태어나서 살자들 모두들은 다 처음 살게 된다. 거듭 거듭 사는 자가 있을 수 있겠는가? 있다면 과거, 전생에 살았던 기억이 있는가? 전생 기억이 있는 자라면 전생에서는 어떠 어떻게 살었었으니까 이번 생에서는 이러 이렇게 살아야겠다고 할 수도 있겠군. 허나 아깝게도 유형체인 사람으로서 사는한 두번 태어나서 과거를 기억하면서 사는 자는 하나도 없고 있을 수도 없다. 만일 전생을 기억해 가면서 산다면 살 마음이 생기겠나? 전생에서는 언제 어디에서 살다가 죽었고 자녀들은 누구누구와 결혼시켰고 지금 손자, 손녀는 어디에서 어떠어떠한 생활을 하고 있고 자기가 살았던 집터가 어디고 몇 살때는 어떤 병이 났었고 어떤 병으로 죽었었는데 자기 무덤이 어디에 있다는 것도 알 것이고 과거의 자기 아내나 남편이 누구누구와 또 재혼해서 산다는 것도 알 것이고 어디에서 자기 재산과 보물을 다 빼앗기고 범죄자에게 자기 목숨까지 주었는데 그 사건은 미궁으로 처리되어 버렸어. 그러니 이제 경찰에 가서 다시 본인이라고 밝히고 범인이 누구누구라고 증명할 수도 있겠군. 도대체 그런 세상 살 마음이 있겠나, 없겠나?

06

우리 인생은 누구나 다 처음 살기 때문에 어느 것 한 가지도 보았거나 해본 일이 없으니까 무엇이나 처음으로 하게 된다. 누구나 다 경험이 없던 일과 세상에서 처음으로 살고 경험하게 되니까 처음 하는 일과 생활에 자신 있겠나, 자신 없겠나? 경험이 없으니까 부모, 형제, 자매에게, 이웃에게 , 스승에게 선배에게 물어서 산다면 너의 인생을 사는 것인가, 타인 인생을 모방해서 사는 것인가? 그 타인은 과거에 전생의 경험이 있어서 너에게 말해주는 것이며 전생의 경험대로 사는 것인가? 그 역시 처음 사는 것이다. 분명한 사실은 우리의 조상도 우리의 부모도 이웃도 선배도 스승도 모두 다 한번 살았고 처음 살고 있는 것이다. 처음 사니까 그 누구도 자기 인생에 자신 없는 것은 사실이다. 그런데 너는 너가 너의 인생을 창조해 가지 않고 누구에게 예속된다면 되겠나?

그런데 불행하게도 현대 인류는 누구나 다 처음 사니까 누구나 다 자신 없는 인생이라는 사실을 망각하고 자기만이 자신 없는 걸로 잘못 이해하여 꼭 누구를 의지하려 하고 누구의 보호를 받으려 한다. 그러나 의지할 자 없고 누구의 보호와 사랑을 받지 못하는 것같으면 도대체 외로운 인생살이라고 하면서 방탕하거나 타락으로 빠지고 또는 불안하니까 말과 행동을 하지도 못한다. 불안한 사고(思考)로 말을 하면 실수할 것 같고 실수하게 되면 후회할 테니까. 후회하지 않기 위해 말도 행동도 실패하지 않기 위해 안해 버린다. 말과 행동을 안해 버리니 갈 곳이 어디겠나?

07

너는 너를 창조해야 한다. 그런데 창조하지 않고 누구에게 맞추겠나? 공자, 맹자, 마리아, 예수, 조상, 선생, 선배, 누구에게 맞춰야겠나? 도대체 너의 인생을 누구에게 맞출려고 태어났나? 우주보다도 더 큰 너가 동물만도 못하게 누구에게 맞추어 산다면 그런 인생이 밥먹고 살 필요가 있나? 누구에게 맞추는 연습하려고 태어났나? 다 필요없다. 너는 너 자신이 신적인 속성을 다 가지고 나왔으니 너가 신적인 너의 인생을 너가 창조해야 한다.

부모 인생은 부모 인생이고, 선생 인생은 선생 인생이고, 거지 인생은 거지 인생이고, 공자 인생은 공자 인생이다. 다 각각 그네들 인생일 뿐이다. 그들의 장점이 너의 장점이 될 리도 없지만 될 필요성은 더욱더 없다. 그들의 단점이 너의 단점이 되어서도 안되고 될 필요성 역시 없다.

너는 창조자이니 그들의 단점도 너의 장점으로 창조해 낼 수 있고 그 들뿐만이 아닌 이 세상 전부를 모조리 포용하고 오직 창조력이 그들에게와 세상에게 너로부터 발휘되어야 한다. 세상과 타인에게 반드시 너와 같거나 비슷한 공통점이 있어야 포용하겠다는 思考를 버려라. 너와같은 단점을 찾아내기 위해 상대방의 태도와 발음하는 입만 세밀히 응시하는 너의 思考가 너의 입과 행동을 나아가서 미래까지 모조리 파괴한다. 상대방의 의지와 창조력이 말로 표출되고 있는데 너는 가슴으로 상대방을 대하지 않고 사고로 허물 찾기에만 급급하니 얼마나 비참한가?

너와 인류의 무지를 행동으로 철저히 확인해서 파괴해 버리자. 너와 세상 인류가 타인들과 동물들 성격을 평가할 때, "야, 저 사람 패기 있다. 박력 있다. 달변가이다. 야, 저 동물 민첩하다, 사납다, 포악하다" 기타 등등 하면서 판단하는 것은 그 동물과 타인들의 안 보이는 사고를 짐작해서하는 판단인가? 타인들과 동물들의 행동을 보고 판단하는가? 물론 세상 인류와 너는 타인들과 동물들의 행동을 보고 판단한다고 할 것이다.

<h2 style="text-align:center">08</h2>

사고는 무형체이고 보이지 않으니까 성격이 될 수 없다. 너와 세상 사람들은 타인들과 동물들의 행동태도를 보고 성격이라고 평가하는데 너가 너의 성격을 평가할 때 너의 무엇을 보고 평가하나? 너가 타인과 동물의 행동을 보고 성격이라고 판단했으니 너가 너의 성격 평가를 할 때도 너의 행동을 보고 판단해야 하지 않겠는가? 그러나 너와 인류는 누구나 다 자기 평가와 성격 판단은 자기 행동을 보고 판단한 것이 아니고 자기 사고를 판단한다. 너와 세상 인류는 자기를 잘못 이해해도 한참을 잘못 이해하고 있다.

너는 오늘부터 너 자신을 언제나 너의 말과 행동 표출 실적으로 인정하고 판단하라. 너가 타인과 친구의 思考를 볼 수도 평가할 수도 없듯이 너 자신의 사고도 볼 수 없고 평가할 수도 없다.

이젠 오직 너가 너의 성격 평가를 잘 하고 너를 잘 인정하려면 행동을 해야 되겠나, 강아지 발바닥의 때만도 못한 사고를 해야 되겠나? 의지의 행동을 하면 되는데 이 행동을 너의 사고에 맞춰서

하려 한다면 너의 행동은 절대 모험이나 도전을 하지 못한다. 언제나 사고를 무시하고 행동으로 대하고 도전하면 너의 대가리에서는 언제나 혼란이 오지만 너의 가슴에서는 강력한 신적인 창조적 의지가 그 때마다 할 말과 할 행동을 시켜 준다. 그러니까 떨고 망설이고 사고에 고심할 필요도 없고 자각증과 강박 관념이나 미리 발음에 대한 공포가 평생동안 없는 것이다.

006
포용·도전·파괴·창조

01

독자들은 '하이테크'와 '로우테크'를 잘 알 것이다.

'자동차' 하면 미국이 본고장이요. 미국으로부터 전통이지만 이젠 한 마디로 로우테크는 안되는 것이다. 일본의 하이테크에 손을 번쩍 들어 버렸다. 일본이 "손 들엇"해서 손 든 것이 아니다. 창조 행동 앞에 쾌쾌 묵은 전통이나 로우테크는 허수아비일 뿐이다. 일본 역시 파괴된 잿더미에서 몸 하나 가지고 미국을 모방하여 부딪치고 부딪쳐서 이룩한 결과이다. 별것 아닌 하이테크를 감추는 이러한 일본 역시 얼마 안 가면 우리에게 손을 들게 된다. 모방은 언제나 추월 당한다. 우리 나라 기업 경영인들이 필자의 의지 창조 수련을 받으면 모방성의 思考가 의지 창조성의 사고로 바뀐다. 하이테크를 초월하는 창조라야 한다.

필자는 이 세계의 언어 교정 전문가들과 외국 각 대학의 언어 병리학 교수들과 우리 나라의 정신 심리와 언어 전문가들에게 마음 놓고 필자에게 와서 말 더듬 파괴 하이테크와 창조력을 확인하라고 한다. 창조적인 강자의 능력은 만천하에 봉사와 함께 공개되어야 한다. 전국민 의지 창조수련시키기에 바빠서 세계 최초 말 더듬 정복 수련은 1년에 두 번밖에 시킬 수 없다. 이 세계의 언어 교정 전문가들이 아무리 필자를 거쳐 가도 본인들의 인생이 창조자로 재탄생하는 것만은 사실이지만 필자의 창조를 모방해서 타인들에게 전수시킬 수는 없다. 무시해서가 아니라 이것은 공장에서 기능공이 기술자가 되어 후배들을 양성하는 차원과는 하늘과 땅차이보다도 더 엄청난 차이가 있기 때문이다.

02

이 세계 각국의 언어 교정소나 학원 따위 등에 다닐 때같이 한 두 푼 가지고 발발 떠는 자들은 받아 들이지도 않는다. 말 더듬 정복보다도 성공보다도 돈 몇 푼 아까워 하는 자들은 그 돈과 말더듬을 무덤까지 함께 싸 가라고 말이다. 돈쯤이냐 달변가로 창조되면 얼마든지 벌 수 있지만 말 더듬만큼은 이 세상 로우테크에 기웃거리는 한 희생만 기다린다. 필자 자랑이 아니다. 기절초풍하게 말을 못했던 필자가 세계 최초로 의식을 정복하여 말 더듬이 상대가 아닌 전인류를 상대로 신적인 의지 창조 수련을 시키느라 우리 나라에서 가장 많은 말을 하는데 그런 자는 지구가 생긴 이후 인류 역사에서 처음 있는 일이다.

이 세계 안 더듬이 중에서 가장 많은 말을 한다는 달변가들도 필자가 하는 말의 분량에는 따라올 엄두도 내지 못한다. 필자가 워낙 바쁘기 때문에 상담은 예약을 해야만 가능한데 상담료를 받는다. 시간이 많아 할 일 없이 죽치고 있는 로우테크환경이 아니다. 아무나 그저 만나 줄 시간은 평생 없다. 너가 병원에 가서 간단한 진찰 받는데도 필자에게 내는 상담료 몇 배가 든다. 별볼일 없는 사주 따위나 거짓말께나 늘어놓는 점(占) 따위만 볼려 해도 5천 원 내지 1만 원 이상이다. 필자가 철학관을 차려 놓고 역학을 논한다면 훨씬 더 정확하게 보아주고 복채도 더 받을 수 있지만 역시 기가 막힌 거짓말만을 해야 되기 때문에 필자는 철학관을 안한다. (《動》註) 기천원은 필자의 강사료에 비교하면 파격적인 봉사 요금이다.

독자들은 발명왕 에디슨을 잘 알 것이다. 에디슨이 백열 전등의 필라멘트 하나를 완성해 내는데까지 몇번의 시행 착오가 있었는지 아는가? 자그마치 999번까지 실패를 하고 마지막 천 번째에 가서 성공했다.

03

에디슨이 멍청하지 않다는 것은 이 세계 인류가 다 안다. 그런 에디슨이 실패를 한·번 두 번도 아니고 열번 스무번도 아니고 백 번 이백 번도 아닌 999번까지 실패를 했다니 말이나 되는가? 시행 착오할 때마다 에디슨의 思考는 실패를 예측했겠나? 머리 [思考]가 무슨 소용있나? 반복하는 행동 즉 시행 착오하는 행동을 통해서 다음 행동은 차차 발전하고 사고에서는 지루하지만 사고 따위에서 지루한 것이 행동과 무슨 연관 있나?

비서가 앙탈을 부린다서 사장이 비서에게 사장 자리 내주어야 하나? 종놈이 반항한다서 주인이 종놈에게 주인 자리 양보해야 하나? 얼마나 사장이, 얼마나 주인이 빌빌거렸으면 비서나 종놈이 사장 앞에서나 주인 앞에서 자리를 뺏을려고 했겠나? 사장과 주인이 아무리 몇 십 년 간 몇 백 년 간 5천 년 간이나 빌빌거려 왔을지라도 필자를 거치면 神的으로 강력하게 되니 그 못된 비서와 그 못된 종놈을 냉큼 모가지 자를 수도 있고 말 잘 듣는 개처럼 이끌 수도 있게 된다. 너의 의지와 동작이 얼마나 빌빌거렸으면 너의 사고가 너를 파괴해? 그러나 이젠 염려 마라. 필자가 이땅에 와 있으니까.

그래서 천재는 1%의 思考와 99%의 땀(행동)으로 이루어진다고 하는데 사실은 1%의 사고 없어도 행동으로 대하거나 비참함의 절벽에 동작으로 부딪치면 행동을 통해서는 돌파구가 뚫리게 된다. 사고에서야 비참한 절벽이지만 동작에 이끌려서 머리는 자동으로 행동을 확인하게 되니까 발전 안될래야 발전

안될 수가 없는 것이다. 사실은 에디슨도 말더듬이었다. 평생 타인들 앞에 서기를 거부했다. 몇 군데 대학에서 명예 박사 학위를 준다 했지만 학위 받는 장소에 가서 자신이 말더듬이라는 사실이 드러날 것과 답사할 것이 두려워서 모조리 거부했다.

04

불행히도 필자를 못 만나 의식 정복은 못 했지만 동작으로 발명하는 데는 극치를 이루었다. 필자만 만났더라면 에디슨도 달변가의 주둥이로 되어 세계를 누볐을 것이다. 너는 너의 성공을 위해서나 너의 어려운 발음 정복을 위해서 몇 번까지나 실패를 해보았는가? 또 몇 번까지 개망신할 각오가 되어 있는가? 실제로 어려운 발음 정복을 위해 몇 번이나 인류에게 도전 해봤는가? 다섯 번쯤? 열 번쯤? 오십 번쯤? 백 번쯤? 기억 해봐라.
"아니, 뭐? 한두 번도 안 해봤어? 뭐? 대가리에서 어렵다고 하니까, 망신 당할까 봐서, 실패할까 봐서, 창피하니까 안 해 봤어? 이 새끼 정말로 때려 죽일 놈의 새끼 아니야 이거! 이 세계를 주둥이 가지고 말아 먹을 놈의 새끼야! 환장을 해도 분수가 있어야지, 행동을 안하는데 네놈 새끼의 주둥이가 어떻게 열리나? 그리고 네 놈 새끼의 대가리는 어떻게 발전할 수 있겠나? 잘 나가는데 짜식이 또 필자 야마를 돌려! 새끼야! 말더듬은 행동하지 않고서는 안 되는거야. 행동도 모험 행동을 해야 하는 거야, 이 새끼야! 모험 행동도 에디슨의 필라멘트 완성같이 되풀이 행동을 해야 하는 거야."

05

높은 폭포 아래 바위에는 구멍이 패어 있다. 폭포수 아래 바위가 왜 패여 있나? 여러분도 잘 알다시피 물이 무슨 힘이 있나? 물같이 약하고 부드러운 것이 어떻게 바위에 구멍을 파느냐 말이야. 행동으로 분명히 확인하라. 바위가 패인 것은 연약하고 부드러운 물의 힘이 아니고 되풀이의 힘이다. 되풀이, 되풀이, 되풀이, 되풀이로 끊임없이 떨어지는 물이 반복되고 반복되어 그 탄탄한 바위가 깊숙이 패이는 것이다. 필자같이 말 더듬 때문에 강력하게 목숨을 건 도전 행동이 많이 되풀이 된 사람도 드물겠지만 말더듬에겐 되풀이 되는 도전(앞으로도 도전 실황이 많이 나오지만)의 힘에 의해 달변이 되게 된다.

신병 훈련소에서 훈련 4주째인가, 1천 인치 사격장에서는 실제로 실탄이 지급된다. M1소총 실탄으로 필자가 그때 자살하지 못한 이유는 첫 실탄 지급때는 조교들 감시하에 타켓트에 발사한 후 탄피를 회수하기까지 1대 1로 옆에서 확인하기 때문이었다.

독자들은 콩나물이 어떻게 재배되는지도 잘 알고 있다. 콩나물 시루 바닥은 구멍이 있어서 물을 붓기가 바쁘게 모두 다 흘러버린다. 그런데 콩나물은 쑤욱-쑥 잘 자란다. 물이 모조리 빠져버리는데도 왜 그렇게 잘 자랄까? 물을 주는 되풀이의 동작 때문이다. 너의 思考는 옹고집 쇠고집 완전히 강철 고집으로서 너가 생각해도 지긋지긋하고 평생 때려 죽이고도 두어 평생쯤 더 때려 죽일 옹옹옹옹고집이지만도 되풀이의 행동 앞에는 서서히 무너지게 되고 그렇게 되는 과정에서 너의 사고는 네 의지의 행동 앞에 찍 소리도 못 내고 너 자신 스스로가 놀랄 정도로 변하게 된다.

06

거리에서 응당 물어 볼 내용이 있어도 아무에게나 말 한마디 제대로 묻지 못하고 되도록이면 심리적 부담이 덜 될 것 같은 어린 아이들이나 여학생, 순진하게 뵈는 할머니 할아버지들을 선택하여 그것도 걸음과 호흡에 분위기에 타이밍에 그리고도 자기 표정 안 볼 때 맞추어서 말을 물어 볼려고 30분씩 한 시간씩 헤맨일이 말 더듬이들은 많이 있을 것이다. 그들은 너가 말더듬 이라는 사실을 알아차리지 못했으니까? 너는 심사 숙고했고 죽을 힘을, 정말로 죽을 힘을 다 내어서 물어보는 한 마디의 말이었지만 그로서는 너 하나에게 심각하지도 관심거리도 아닌 상태로 너의 말을 흘러가는 말같이 들으니 알아듣지 못할 것은 당연하다. 그 래서 그들이 너의 얼굴 표정을 안 보고 흘려 들었던 말을 다시 확인할려고 이제는 너의 얼굴을 보면서 "네~에?"하면 너는 이미 그들이 너의 얼굴을 보려고할 때부터 겁을 먹고 간까지 떨기 시작했다.

상대방이 너의 얼굴을 안 보면서 물어 주었으면 좋겠는데…. 참, 그런 운도 없다. 해맑은 눈동자와 미소로 너의 얼굴을 보면서 다시 말해 주기를 바라면 너는 딴청 부리는 듯한 태도로 말이 나올 때보다도 안 나올 때가 더 많아 너는 갑자기 말더듬이 티를 보여서는 안되겠으니까 갑자기 주머니의 보물이라도 꺼내는 양, 몸에 갑자기 가려움증이라도 생긴양, 엉뚱하게 굴거나 없었던 일행을 찾는양 두리번거리면서 말이 안 나오면 그냥 지나쳐 버 린다. 그리고 밤중이면 며칠간이고 끌탕중으로 思考의 노예가 되어 끙끙 앓는다. 잘하면 간첩 신고되어 되게 얻어 터지거나 방범 대원이나 경찰관들과 입씨름하느라고 혼쭐도 난다.

07

유순하게 보였던 할머니한테 말을 물었다가 오히려 더 놀랬던 일도 많을 것이다. 죽을 힘을 다해 표정을 안 보이면서 할머니에게 말을 물었는데 이 할머니가 잘못 들으셨어.(귀가 어두우니까) 다시 한번 젖 먹던 힘까지 다 내서 물었다. 그런데 이 할머니 갑자기 얼굴을 180도로 바꾼 표정에 핏대까지 세우고 토끼 귀 이상으로 쫑긋 귀를 세우면서 '뭐라꼬?'하고 반문한다. 이 때 너는 思考 에서도 반복할 힘은 없지만 성대 역시 꽉 막혀 버렸다. 너는 실망보다도 꽤씸한 분노까지 일어난다. 그러나 더 이상 말도 안되지만 더 실패하지 않기 위해서 어영구영 몸둘바를 모르는 태도로 엉뚱한 말 몇마디 지껄이면서 지나친다. 더욱 가관인 것은 이 할머니, 너를 부르면서 되물어 쫓아온다. 필자도 한사코 쫓아오는 할머니까지 봤으니까.

말에는 자신 없으니까 지도나 도표나 약도 보고 찾아가는데 말더듬이들은 귀신이 탄복할 정도로 잘 찾는다. 전화 한 통화면 될일을 말을 할 수 없으니까 3시간, 4시간, 반나절이고 한나절이고 며칠씩을 직접 허비했던 일이 많다. 너의 인생만큼은 위와 같은 일이 평생동안 없고 길을묻고 사람 찾고 장소 찾을려면 떳떳히 파출소나 경찰서나 동사무소나 복덕방에 가서 여러 사람들 시선을 응시하면서 당당하게 한 번 묻지만 대답을 해주는 자는 서로 경쟁이 되어서 여러 번 물어 볼 것도 한 번 물어서 한 곳에서 충분한 정보를 얻어내서 안 더듬이들보다도 더 당당한 달변가가 되어야 한다.

08

독자들께서는 김만철 씨 일가를 잘 안다. 하도 유명하게 된 사람이라 세계가 다 안다. 김만철 씨 일가가 일본 해상과 대만까지 거쳐서 우리 나라에 올 때까지 또 와서도 우리 나라에 정착하기를 적극 싫어했던 사람도 잘 알 것이다. 바로 김만철 씨 큰처남 최모氏이다. 김씨 처남이 나쁘다는 것이 아니고 오히려 당연한 것이었지만 이 김씨 처남 설득을 위해 일본 정부와 우리 나라 정부와 대만 정부 그리고 귀순 용사들의 노력이 족히 세계적이라 할 정도로 집중되었다. 그러나 설득되지 않았다. 결국은 김만철 씨 부부의 강요에 이끌리다시피하여 우리 나라에 오게 되었다. 김씨 처남이 대한 민국 정착을 거부했던 이유는 단순했다. 남한에서 태어나지도 않았었고 남한 실정과 경험도 없고 그가 남한에 대해서는 거짓 교육 받아 고착된 그의 思考 때문이었다. 물론 이북에서 그에게 교육시킨 자도 먹통인 것은 사실이지만 그가 어떻게 해서 일시에 전향했었나? 죽일 줄 알았던 그를 남한에서는 환영하고 자유를 주고 그가 이북에서 받은 30년 간 교육이 진짜인가 가짜인가 확인해 보라고 했다. 자기멋대로 자기가 확인하고 싶은 곳을 마음대로 가서 남한의 구석구석을 직접확인하도록 했다. 2일 간의 직접 확인 행동 앞에 30년 간의 거짓 교육과 사고는 여지 없이 파괴되어 버렸다. 독자들은 김만철 씨 큰처남이 "내레 이걸 미터 몰랐썼디."하면서 환하게 웃는 모습을 TV에서 보았을 것이다.

09

이 세계 어디에서나 교육에는 거짓이 있지만 경험에는 거짓이 없다. 이러한 행동 확인 앞에 안 무너질 거짓은 이 세계에 없다. 만일 김만철 씨 큰처남에게 자기멋대로의 행동 확인할 기회를 안주고 앉혀 놓고 남한이 좋다고 우리 나라 인구 전부가 다, 아니 이 세계 인류 전부가 그 한사람에게 가서 평생 교육을 시켜 보라. 그가 전향을 하겠는가? 빨갱이 사상을 더 고수하겠는가? 교육은 이렇게 엉터리이고 도움이 안 되는 것이다.

스스로 의지 창조 행동 하라고 내버려 두면 금방 획기적으로 발전이 오는데 무식하고 무지한 인류는 신적인 의지 창조는 하지 않고 자기 발톱의 때만도 못한 교육 따위에만 신경을 쓴다. 너의 말더듬이 교육이라야 깨지겠나? 의지 창조라야 깨지겠나? 뒈질놈의 사고로 해야 깨지겠나? 조물주도 꼼짝 못하는 행동으로 해야 깨지겠나? 말 더듬을 사고나 교육으로 교정하려고 하니 이 세계의 말 더듬 교정소들은 모조리 다 실패하는 것이다. 실패하면서도 신적인 차원으로 의식정복이 안되기 때문에 실패의 경험만 계속 쌓여 가는 전통일 뿐이지 해결은 못했던 것이다. 그런 로우테크는 평생 해도 헛수고이다. 하이테크를 초월하는 神的인 창조 행동이라야 한다. 이제부터는 차원을 높여 가자.

행동이 아무리 도전적이고 모험적이고 강해도 조건 반사적인 것은 아무 필요도 없다. 평생 해도 의식 정복 안 된다. 아무나 지도할 수 있는 것 아니다. 필자를 거쳐 나가서 어느 나라에서나 다 될 수 있는 일 같으면 필자가 왜 교육으로는 안된다고 하겠나? 교육으로는 상식 전달과 지식 전달은 된다. 그러나 神的인 의지 창조 행동은, 너를 위해서 또 다시 말하지만 필자를 거쳐야 신적인 의지 창조로 세계 최초인 너의 의식 정복이 된다. 너의 말더듬은 개념 변화 따위만으로도, 심경 변화 따위만으로도 절대 파괴되지 않는다. 자, 신적으로 차원을 더 높여 가자. 오직 행동으로 강력하게 −.

007
포용 · 도전 · 파괴 · 창조

01

개념 변화는 고정 관념도 마찬가지이지만 思考의 오해나 타인과 사회와 나아가서는 국가간의 분쟁도 순식간에 해결한다. 앞서의 김만철씨 처남은 자기 행동 확인을 통해서 남한에 대한 오해를 풀었을 뿐이다. 단, 개념 변화였다. 이것은 뇌 즉 머리, 사고, 의식, 지성, 지식에 속할 뿐이다. 인간이란 행동 능력에 한계가 있어서라기보다 더 능률을 높이기 위해서는 지식 발전과 개념 변화가 반드시 있어야 한다. 그래서 교육이 있어야 하고 연구 역시 불꽃튀기게 시행되는 것이다. 그래서 인간은 누구나 다 너와 필자 역시 교육과 개념 변화로 다 발전할 수 있고 이것은 방안에 앉아서도 할 수 있고 연구소에서도 할 수 있고 교육 기관에 다니지 않고도 할 수 있고 독일의 철학자 칸트같이 평생 자기 마을을 벗어나지 않고 여행하지 않고도 교수가 될 수 있고 발전할 수 있는 것이다.

독자들을 파괴한 말더듬증도 이렇게만 될 수 있다면 얼마나 좋으리요마는 세상에서 오직 말더듬증 이것 하나만은 믿음의 생활을 한다면서도 아직까지 신앙을 이해 못하는 종교인들이 들으면 불쾌하겠지만, 이것만은 이것만은 정말로 이것만은 이 말더듬만은 조물주도 어떻게 할 수 없다.

조물주가 사람은 창조했지만 말더듬증을 해결하지 못하는 걸 봐서 조물주도 말더듬이가 아니었나 보고 있다.(필자 註) 왜 하나님도 안되느냐(《動》註) 숙련공이 지식만 가지고 되나? 숙련공이란 지식과 환경과 꾸준한 행동과 자기 나름의 감에 의하여 숙련공이 된다.

02

그런데 말더듬은 이 숙련공같은 행동 가지고도 안된다. 실망하지 말라. 너는 이제 세상과 너의 부모 형제와 인류와 하나님을 원망하지 않고 너가 평생 실망하지 않도록 해주기 위해서다. 그런데 지금까지는 왜 안되었나? 지식 즉 개념 변화로 된다면 학식을 많이 쌓고 연구를 많이 하면 될 것 아닌가? 너가 공부하고 연구하느라고 나이 먹으면서 10년, 20년, 30년, 40년 지나가니까 말더듬이 해결되던가? 대학, 대학원을 나오고 박사가 되면 해결되던가? 스님이 되고 신학 박사가 되니까 해결되던가? 해결되더냔 말이야? 솔직히 말해 보라. 뭐, 해결 안돼? 자 그러면 思考, 지식, 지성, 의식, 학문, 종교 가지고는 안된다는 걸 어렴풋이 알 것이다.

미국에서만도 말더듬이들 중에서 자기 말더듬 한 가지 해결을 위하여 언어 병리학에 자기 인생을 다 바쳐 버리는 자들만도 수만 명이나 있다. 그러고도 그들은 평생에 대중들 앞에서 자신 있게는커녕 서투르게라도 강연 한 번 하지 못하고 인생을 마친다. 더듬는자들 말고 전문가들 중에서도 말이다.

그런데 하물며 우리 나라와 이 세계에는 얼마나 많겠나? 그들이 지식이 없어서냐, 돈이 없어서냐, 호흡 방법을 몰라서냐, 행동이 없어서이냐? 돈으로 된다면 말더듬 해결 못할 자가 누가 있겠나? 필자만도 30여 년 간에 족히 집 3채 값은 날렸다. 자살까지 하는 자가 도둑질인들 더 큰 범죄인들 못하겠나? 기계 하나씩 사서 해결된다면 말더듬이로서 기계 하나씩 사지 못할 사람이 누가 있겠나? 국민 학교, 대학교 어떤 공장을 몇 년씩이나 다녀서 해결된다면 말더듬 해결 못할 자가 이 세상 어디에 있겠나?

방금 했던 말도 바로 다시 할려면 또 안돼. 친구 앞에서 했던 말, 여자 친구 앞에서는 안돼. 술 마시고 가니까 조금씩 되던 말, 의식에는 더 비참하게 기억돼 버려. 어제까지만도 기똥차게 잘 되었던 말도 오늘은 또 안돼 버려.

03

자신 있게 말이 나올 것 같아서 자신 있게 가게에 갔으나 점원의 이상한 눈초리와 마주치자 꽉 막혀 버려. 뭐 드릴까요? 하는 점원의 눈 응시에 이미 말할 의욕은 우주 밖으로 날아가 버렸어. 말을 못하고 말하기 위해 죽어라 뜸을 들이고 있는 너의 모습을 웃음을 참고 응시하던 점원은 갑자기 지금 보지 않으면 평생 못볼 구경거리를 못 보게 될까 봐서인지 자기 친구나 옆 점원에게까지 재빨리 너를 좀 보라고 손짓하고 눈짓하는 모습을 보고 너는 좌절이 아니고 순간적으로나마 살인할 정도의 분노를 느낀 일이 그 몇 번이던가? 동·서양을 막론하고 事故도 말할 수 없을 정도로 많이 일어난다. 경험자들은 말 더듬이가 화내면 다 피하잖아. 더 이상 기분 거슬리게 하지 않을려고. 너의 입을 보고 무슨 말이 나올까 하고 한마디 한마디씩 거들어 주는 놈이 있는가 하면 대변해 주는 놈이 있어. 동정도 아니다. 행동으로 노력해서 되는 일이라면 말더듬이같이 집념과 고집과 행동 강한 자가 이 세계 어디에 있어. 그러나 말더듬이는 노력으로도 행동으로도 안돼.

그러면 뭐냐? 무엇으로 된단 말이냐? 독자들은 지금 주먹을 쥐고 분기하고 또는 실소하고 필자에게 증오심을 일으키는 자도 있다. 자식 말이야! 필자에게 당장 공격해 올 자도 있을 것이다. 개망신도 두 가지다. 발전 없는 비굴하고 처참한 개망신과 가슴 뿌듯한 개망신 둘 중 어떤 개망신을 당할래? 그러나 이런 행동 가지고도 해결할 수 없다. 그러면 뭐냔 말이냐? 독자들은 안방에서 또는 서점에서 분개하고 있다.

필자 같은 자들이 세계인구 전부라도 神的 인간으로 재창조 되어지는 키포인트는 강력한 의지 창조이다. 이제부터 그 의지를 행동으로 확인하자.

04

너를 위해서 이땅에 태어난 필자가 너 같은 자 그냥 놔두지 않겠다. 콱 씹어먹어 버리겠다.

강력하게 창조된 의지의 너라는 덩어리가 개망신 당하면서도 상대와 대중들의 표현과 행동에 구애 받지 않아야 하고 그걸 부끄럽다고 느끼는 너의 사고와 지성쯤은 발로 비벼 버려라. 너의 인격 같은 것은 썩은 생선 토막만도 못하니 그것 역시 비벼 버려라.

범죄만 아닌한 너의 행동과 세상의 반응을 모조리 포용하라. 행동할 때 오는 너의 비참한 의식 그것은 너가 아니니 그따위 너의 사고쯤 연상할 시간도 없어야 한다. 그야말로 너의 강력하게 창조된 의지 하나가 세상에 구애 안 받는 것은 물론이려니와 너의 思考와 동작에 구애 받지 않아야 한다. 방법 알게 된 지식으로 되는 것도 아니다. 주위에 너의 감시자나 조언자가 있다 해서 되는 것도 아니다. 그렇다 해서 너가 이제부터 어떻게 하겠다고 각오를 하고 혈서를 쓴다고 해서 되는 것도 아니다.

05

극단적으로 표현해서 이 새끼야, 너가 배를 갈라 죽는다 해도 몸만 죽는 것이지 너의 말더듬이 해결되는 것 아니다. 그만큼 너는 말더듬을 없애고자 하는 분기된 의식과 동작은 강하지만 의지의 지속은 안된다. 그래서 세계 최초로 너의 의지와 행동이 새로이 창조되어야 한다. 그 새로이 창조된 강력한 의지가 너의 주둥이를 포함한 몸뚱이 전부와 너를 이제까지 희생시켰던 너의 사고(思考), 의식(意識), 지식(知識) 전부를 사정 없이 무차별 공격을 해야 한다. 너 혼자서 안 되면 필자의 신세를 져야 한다.

너에게 세계를 말아 먹을 강력한 의지만 창조시켜서 그 의지 외에는 너의 몸뚱이 전부와 너의 사고·지식·인격· 등등을 영원히 파묻어 버리겠다. 누가 지껄였던가 ? '싹쓸이 ', 이 싹쓸이란 말은 이 세상에서 써먹을 곳이 한 군데도 없다. 있다면 단 한 군데 있다. 잘못 자란 나무 중에서도 가지 많은 바로 너에게 말이다.

싹슬이란 가지 하나 둘 베어 버리는 것은 아니다. 뿌리와 몸통만 놔두고 사방 팔방 가지 전부와 꼭지까지 모조리 베어 버리는 것이다. 뿌리와 몸통은 왜 두어야 하나 ? 몸통과 뿌리까지 처치하는 것은 살인이다. 뿌리와 몸통은 두어야 다음해부터 똑바로 올라갈 것 아닌가. 뿌리와 몸통은 근본으로서 어느누구나 다 같다. 공장에서 출고된 같은 스타일의 자동차도 결함 없는 것은 똑같다. 그 차를 소유하는 차주와 운전수에 의해 차의 용도와 성격이 달라진다. 너라는 인간 몸통〈자동차〉이 잘못 걸린 차주〈의지〉에 잘못 고용된 운전수〈의식〉 때문에 형편없이 사용하다가 고장나게 되었다. 神的인 공장에서 말끔히 수리되어 새로운 주인과 운전수를 맞아해야 한다.

06

사람이라서 모두 다 행복하게 성공하는 것은 아니다. 여자는 남편 잘 만나야 행복하다. 남자 역시 아내를 잘 만나야 한다. 어떤 사람들은 결혼해서부터 평생 '달동네'같은 데서 고생하고 어떤 사람들은 결혼해서부터 달동네란 달나라에 있는 동네로만 알고서 평생을 사는 사람들도 있다. 자동차도 차주와 운전수를 잘 만나야 교통 법규에도 잘 걸리지 않고 접촉 사고, 소형 사고, 중형 사고, 대형 사고 없이 제대로 미끈한 몸체를 보호 받으면서 제때제때 식사(점검, 오일 교환, 급유)하면서 세상을 기어 다닐 수 있고 자동차로서의 능력을 발휘하면서도 수명을 누릴 수 있다. 그러나 아무리 좋은 자동차라도 차주와 운전수 잘못 만나면 무리한 주행에 제때 식사도 못하고 뺑소니 사고 차도 될 수 있고 때로는 도난 당하여 주인이 찾아 줄 때까지 숨어다니기도 하고 또는 항상 사고에 시달리다가 접촉 사고나 소형 사고도 아닌 중형 사고나 대형 사고를 당하여 운전수는 북망 산천으로 가고 자동차는 폐차 처분되어 용광로 속으로 사라진다.

너는 어느 유형에 속하는가? 너도 훌륭한 뿌리에 훌륭한 몸통을 가지고 태어났으니까 그 뿌리와 몸통에서 강력한 의지가 쭉쭉 뻗어 올라 갔더라면 좋았었는데 도중에 의지가 약하니까 뇌〈사고〉가 의지를 지배해 버렸어? 그러니까 의지가 쭉 뻗지를 못하고 思考가 시키는 대로 옆으로 가지만 수없이 뻗었던 것이다. 너의 가지는 잠시 몸이 불편했다가 좋아지는 가지가 아니다. 잠시 병원에 입원하는 가지도 아니다. 몸의 지체 하나가 절단될 가지도 아니다. 이런 정도의 가지라면 너는 얼마든지 환영하고 문제될 것도 없다. 어떤 가지냐? 가지가 작아도 너의 몸통과 뿌리까지 파멸시켜 버리는 지독한 독극물 가지다. 주인과 사장이 강력하면 비서나 종들은 반항할 수 없다고 했다.

07

독자들은 자신들의 사고에게 많이 당해 왔으니 잘 알 것이다. 思考 때문에 쭉쭉 뻗지 못한 의지와 사정없이 무성하게 가지로 퍼져버린 사고가 너의 몸 하나에서 매일매일 치열한 전쟁을 벌여 왔었다. 오랜 세월이 되었다. 이 전쟁은 거의가 다 접촉 사고를 두려워한 뺑소니 행동 때문이었다. 가끔씩 도난도 잘 당하지만 잘 찾아오기도 한다. 도대체 너는 언제까지 사고 처리에만 묶여 있겠나.

의지를 막아 버린 가지 전부를 이젠 모조리 쳐내 버리자. 실패한 가지, 의심의 가지, 어느누구도 안 믿는 가지, 도대체 이 세상살이에 자신이 없는 가지, 발음하기는 죽는 것보다도 더 어려워하는 가지, 자기 자신마저도 안 믿는 가지, 자학하는 가지, 주기적으로 방문하는 파멸의 가지, 차차 임무 교대하는 특정 발음의 가지를 향해 행동의 포문을 열어 싹쓸이 무차별 공격을 하고 공중에서는 융단 폭격〈의지〉을 해서 너의 생애 동안에 자라난 하늘의 별같이 무성한 가지들에게 수분 공급을 막아 버려라. 그리고 이젠 하늘의 별같이 무성했던 가지들에게 안 뺏기는 그영양소를 한 곳으로만 쏟아서 神的으로 발휘하되, 무조건 반사적이어야 한다.

무조건 반사란 언제나 행동이 앞서는 것을 말한다. 안 해봤던 행동이 전제되니 시행 착오도 있다. 그러나 너는 이제부터 실패를 통해서 얻는 것이 더 많다. 과거에는 실패를 통해서 얻는 것이 없고 좌절만 했던 이유는 너의 전부의 의식과 생활이 조건 반사였기 때문이였었다. 즉 행동 전에는 한번도 빠지지 않고 미리 어려움과 실패를 생각하여 지쳐 버렸었지 않느냐.

자신을 가지고 해도 경험 없던 일은 시행 착오가 있기 마련인데 조건 반사로 망쳤던 너, 또 조건 반사로 되겠나? 타인들과 세상이 너의 의식을 본다더냐, 볼 수가 있는 것이냐? 무조건 반사가 절대 필요하다. 고삐 풀린 망아지가 절대 아니다. 너의 가슴과 마음은 하늘이요 부처요 조물주다. 그래서 너의 가슴 즉 神的인 의지가 너의 할 말과 동작을 모조리 해결해 준다. 세상 인류와 같이 말이다. 너는 앞으로 세상 인류보다도 더 나은 달변가로 되지만 아직은 세상 인류의 의식을 너는 오해하고 있다.

08

　세상 인류는 누구나 다 언제 어디에서나 무슨 말을 하기 전에 특정자 발음에 대한 불안 의식이나 심리 또는 동계가 없다. 단 자신감이 없다라거나 또는 표현력이 부족하다라는 스스로가 답답해하는 열등 의식이야 다 있지만 말을 하는 도중 곧 나올 말 중에서 어떤 자는 막힐 테니까 그 말은 다른 단어로 바꾸고 다른 마땅한 단어가 안 떠오르면 얼버무리던가 또는 그 말은 표정이나 제스처를 지어서 상대방으로 하여금 표현하도록 하자 하는 등등이 없다. 그러니까 일반인들은 자기들이 말을 하다가 간혹 더듬고 막히는 일이 있더라도 즉시 수정하고 그냥 잊어버린다. 그런데 너는 뭐냐? 말하기 전부터 말을 더듬지 않아야 되고 또 자기가 더듬이라는 사실 역시 상대방이 알아차리지 않아야 된다는 절대성의 집념에 집착하고 첫 마디부터 말을 잘 할려고 했다가 자기만 알아차린 실수나 의식의 불안 가지고도 3천 볼트에나 감전된 것처럼 되어 상대방이 의식이나 행동으로 비웃기도 전에 또는 비웃지 않아도 너가 너 자신의 의식과 행동까지 비웃어서 자신감은 3천 미터 갱도에 떨어져 버리고 나중에는 말 더듬증이 드러난다.

　이렇게 금방 드러날 걸 무엇 때문에 처음부터 절대 완벽을 바라다가, 댓가는 절대 파탄에 빠지나? 타인들 앞에서 절대로 실패하여 보지도 못하고 자기 파괴는 상장 회사 몇십 개나 망해 먹은 것처럼 처참해진다. 중요한 것이니 정리해 보자. 일반인들은 특정자가 정해져 있지 않고 말을 하다가 실수하는데 너는 말하기 전부터 실수할 것과 특정자가 정해져 있다.

09

　결단하라! 너를 정복할려면 조건 반사라야 되겠나, 무조건 반사라야 되겠나? 목숨을 걸어야 되겠나, 목숨을 안 걸어야 되겠나? 너 자신의 인생에 대해서 너 자신의 목숨에 대해서 부모 형제, 자매와 인류와 사회와 국가와 세계와 조물주가 개똥이나 무슨 힘이 있나? 쇠똥이나 무슨 책임이 있나? 이렇게 연약한 인류 사회이기 때문에 너의 행동과 봉사만을 요구하고 있다. 그런데 너는 이제까지 네가 보호해줄 인류 사회에 바라기만 했었으니 더 망했겠나, 망하지 않았겠나? 마음으로라도 대답해 보라.

이 얼간이야, 인류 사회 보호를 개똥이고 쇠똥인 사고로 해야겠나, 의지의 행동으로 해야겠나? 그래 이 자식아, 이 넓은 세상 인류에게 봉사할려면 너를 망쳤던 사고로 해야겠나, 그 사고를 깨 버려야 되겠나? 그래서 이 얼간이야, 너의 사고는 무차별 공격을 싹쓸이로 해 버리고 유형체인 이 세상과 인류에게는 말과 의지의 행동으로 봉사를 해야 한다. "봉사를 할려 해도 내가 완전해야……" 이 자식이 또 조건 반사로 육갑하네. 내 이자식을 어떻게 씹어 먹어 버릴꼬?……. 수신 제가 치국 평천하라는 무지한 선조들의 조건 반사로 또한차례 오천 년을 망해 먹을려고?……

에라, 이 자식아! 마시는 산소도 아깝다. 죽으라고는 않겠다 산소도 마시지 말라. 무조건 반사란 너 몸 하나만도 영원히 감사하다. 그 몸 하나 가지고 시작해라! 인간은 누구나 다 몸하나만 가지고 왔다. 필자는 뭐 특별한 것 가지고 태어났었는 줄 아나? 아무것도 안 가지고 태어났는데 세상에서 말더듬이 붙어 버렸었다. 세상에서 붙은 것 가져 가야겠나, 세상에다 반납해야겠나? 짜식들 욕심도 많지. 세상에서 벌어 놓은 것 못 가져가니 말더듬이라도 가져가겠다? 가는 세상은 다르니 세상 것은 세상에다 털어 버리고 태어날 때의 몸만 가지고 시작해라.

10

석가가 예수가 권력으로 물질로 배움으로 주먹으로 시작했었나, 오히려 그런 것들을 버렸나? 세상 것 다 털어 버리고 너 몸 하나만 가지고 세상 사람들 속으로 뛰어들어라. 너는 이제부터 무엇을 해야 한다는 것을 안다. 조건 반사로 너를 희생시켰던 부채(負債)인 너의 비서 즉, 종놈 이놈이 이제는 얼마나 좋은 놈인지 월급 한푼 안 주고 언제나 써먹을 수 있는 이 녹음기 사고가 이젠 재산이니 이놈이 과거에 싫어했던 것만 골라서 해도 너는 곧 성공하게 된다.

너는 너무도 엄청난 부자이다. 왜 부자이냐? 너는, 너의 강력하게 창조된 의지가 너의 思考란 놈을 공격할 때 세상에 드러나는 것은 모두 봉사이다. 행동 창조자이니 동작으로 확인하자. 과거에는 사고가 시켜서 말도 안하고 행동도 안했었는데 이젠 그때와는 반대로 말을 하고 행동을 해야하니 너가 얼마나 말과 행동을 많이 해야 하겠느냐? 평생 동안 너의 사고만 공격하라. 그러면 세상에는 평생 동안 봉사라는 결과만 드러나게 된다. 너의 그 줄기차고 세찬 주둥이와 그 강력한 행동은 이 세상을 구원하고도 남게 된다. 절대 세상과 인류의 신세를 지려고 하지 마라. 세상과 인류란 너의 봉사 대상일 뿐이지 신세질 대상이 아니다. 너가 애완 동물이냐? 병원의 환자냐? 아니면 불구자냐? 불구자도 가족들을 부양하더군! 장애자올림픽 때 보았다. 지체 불구자 정도는 회사까지 움직여……. 하체가 완전히 없는 자도 그 몸을 가지고 조금 불편하다고만 하면서 가족들을 부양하잖아? 너는 또 변명하겠지? "차라리 그들 같았더라면……" 뭣이? 이 자식아, 그들에게 확인해 볼까?

11

　세계 최초로 가장 강력한 필자가 적어도 지체가 한쪽 씩은 어장나 버린 10여 명에게 직접 물어봤었다. "당신들의 결함을 말더듬증하고 바꿀 수만 있다면 바꾸겠소?"했더니 한 명도 빠지지 않고 자기들의 불구를 말더듬과 바꿀수만 있다면 자기들의 전 재산도 다 내놓을 수 있다는 거야. 모두 다 헬렌켈러보다는 나은 장애자들이였지만 말이다. 그래서 필자는 그들에게 "전재산을 다주면 무엇을 먹고 살겠나?"했더니 지체가 한 쪽씩 없는 몸 가지고도 이 정도로 사는데 멀쩡한 사지에 말더듬증 정도는 전혀 능력발휘에 지장이 없겠다고들 말했다. 필자가 좀처럼 쇼크 받는 일 없는데 그 사람들 앞에서는 쇼크를 받았었다. 그리고 말더듬이들은 참으로 행복하다는 것을 처음으로 확인했다.

　필자가 옛날에 어렸을 때 이들을 한번만이라도 포용했더라면 얼마나 좋았었을까? 너가 사는 마을엔 웬 떠돌이가 와서 살 곳이 없으니까 너의 집 뒤에 허름하게 집을 짓고는 앞이 가로 막혔으니 너에게 집을 치워 달라 하면 너는 어떻게 하겠나? 인심 좋게 양보해서 치워줘야겠나, 아니면 용기 없고 패기 없고 싸우기 싫어했던 우리의 머저리 조상들같이 다툼이 싫다고 더럽다고 도망가겠나, 아니면 뒷집을 허물고 내쫓아 버리겠나, 혹은 화근을 없애 버리기 위해서 그 자를 죽여 버리겠나? 세상의 호구였던 우리 선조들, 고구려의 광개토대왕과 신라의 장보고외엔 외국을 공격 해본 일이 없다. 그 숱한 외침을 받으면서도 한 번도 이땅 밖에서 적을 격퇴시켰거나 이 땅에 적이 들어오지 못하게 하지 못하고 꼭꼭 이 땅에 적들이 쳐들어 와서 이 땅을 초토화시킨 뒤에 실컷 당하고 난 뒤에 내쫓거나 항복하거나 했었다. 물론 을지문덕이니 강감찬이니 이순신이니 기타 등등 인물들도 있었다. 늑장 부린 조정과 이들의 힘이나마 다행이였었지만 그들 역시 꼭꼭 이 땅에서 당한 뒤에 발동했었다. (《動》·《强》註) 어데서나 우리를 호구로 봤었다. 작아도 죽기 아니면 살기로 싸워 봐라. 제아무리 강자도 피해를 본다. 꼭 아첨하며 화친하고 항복하고 조공 바치고 공녀(貢女) 제공할 줄만 아는 얼간이 우리 조상들을 이 세상 어느누구가 가만두겠나?

12

　사람이란 할 일을 위해서는 목숨을 걸어야 한다. 특히 남자는 자기가 할 일에 목숨을 걸 줄 알고 할일을 했으면 또 죽을 곳을 찾아서 죽어야 한다. 그래야 빛이 난다. 할 일을 해 놓고도 죽지 못해서 또 죽을 곳을 찾지 못해서 나중에 비참하게 되고 재가 되어 후손들 앞에 골통거리가 되어 내가 왜 그때 죽지 못했던고? 하는 사례를 우리는 역사에서 숱하게 확인했다. 왜 그때 죽지 못했던고의 예를 우리는 초대 대통령에게서 봤고 죽을 곳을 제대로 찾아 자살한 이순신을 우리는 안다. 역사에서는 이순신 장군은 전사라고 말하지만 맞는 말이다. 가장 비참한 자가 행동을 통해 가장 강하게 되는 것이다. 고양이에게 쫓기던 쥐가 막다른 벽에 부딪쳤을 때"에라, 기왕 죽을 바에야!"하면서 도망시켰던 자기 사고를 무시하고 행동〈고깃덩어리〉으로 고양이를 역습하면 지금까지 공격해 왔던 고양이도 치명상을 입는다. 치명상을 입은 그 고양이 다음에 섣불리 쥐를 공격할 수 있겠나? 비참이란 思考 때문에 비참한 것이지 의지와 행동에서는 절대 비참으로 인정할 것이 없는 것이다. 적을 알고 나를 알면 백전 백승한다는 육두 삼략의 논법이나 손자 병법 논리는 무식하고 무지한 선조들의 수직성이다.

　나는 크고 너는 작으니 알아서 기어. 세상에 이런 병신같은 무식하고 무지한 원리에 세계 역사가 얼마나 개판이었으며 인류의 희생은 지금 현재까지도 이루 헤아릴 수 없다.

13

　그래 이 세계의 선진국·후진국 할 것 없이 모조리 이 병신 새끼들아! 큰놈은 처음부터 컸었다더냐? 큰 놈은 작은 놈서부터 시작 안 되었다더냐? 큰 놈은 안 깨진다더냐? 작은 놈은 크게 안 된다더냐? 크게 되고 깨지는 것이 사고냐, 행동이냐? 이 세계의 모든 인류라는 작자들이 모조리 이론을 위한 용기는 풍부한데 행동 실천을 위한 용기는 제로야. 이 선진국 작자들과 깨었다는 작자들아! 지구 역사 최초로 神的인 의지 창조 수련 받아 봐. 너희들이 얼마나 무식하고 무지한가를 땅을 치면서 한탄하게 될 터이니까.

　여러분들은 주위에서 조그만 놈 하나에게 큰 놈들이 꼼짝 못하는 사례를 본 일이 있을 것이다. "저 새끼 건드리면 조상까지 시끄러워!"한다. 그러면 그 조그마한 놈이 죽기 아니면 살기로 대드는 행동이 강해서 그런거야, 호구처럼 기분 잘 맞춰줘서 그런거야, 안 그러면 공자 왈, 석가 왈, 예수 왈 등등을 잘 지꺼려서 그런거야? 뭐야? 뒷집 짓고 앞집 치워 달라는 놈한테 집 치워주면 나중에는 너희 집 안방까지 기어 들어와. 그리고 안방까지 내 주어야 해. 그리고 마지막에는 너까지 종으로 부림 받아야 해. 물론 아내와 딸들은 공녀(貢女)로 바치고 말이다 "내 인생이야 뭐,……"이 자식, 또 아가리 놀려? 우리 조상들 5천년 간 이렇게 안 살아왔어, 앞집 놈 강해 봐, 어디 집을 치워달라 해. 감히 옆에 끼어 들지도 못한다. 언제나 목숨 걸고 덤비는 놈한테 이 세계의 어떤 놈들이 공격해 오나? 너는 머저리 조상들의 후손 아니여? 누구한테 입벌리는 거야? "지금은 그때가 아니잖아!"이 바보 새끼! 또 아가리 벌려. 지금은 이 새끼야, 더 당하고 있잖아? 너에게 神的인 행동으로 적나라하게 또 확인시켜 주마.

008
포용 · 도전 · 파괴 · 창조

01

너의 몸체가 먼저 태어났나, 말더듬증이 먼저 태어났나? 너는 神的으로 태어나서 먼저 집을 짓고 사는데 네가 부르지도 않고 반기지도 않은 말더듬이 너의 집 뒤에 집을 짓고 나서 너에게 도전해 오자, 너는 귀찮고 무서워서 치워주었더니 그 말더듬이, 너 같은 호구를 그냥 두겠어? 이젠 옮겨간 집까지 찾아와서 너의 안방까지 차지하고 너의 목을 잡아 흔들고 있잖아. 너는 지금도 목이 꽉 조여서 죽을 지경이잖아? 나라 뺏기고 집 뺏기고 재물과 자유까지 빼앗긴 선조들보다 나은 것이 너, 뭐 있어? 뭐가 있나 말이야? 너는 더 뺏겼잖아? 몸까지도 기절 초풍하게도 몸만이 아니다. 너의 의지와 힘까지 일까지 뺏겼잖아? 너 여기서 벗어 날려면 선조들 만큼만 행동해야겠어, 선조들보다도 더 강력해야 겠어? 선조들보다도 더 해야 된다면 이 세계와 선조들 방식으로 해야 되겠어, 이 세계와 선조들 방식 이상으로 해야 되겠어?

인생은 짧다. 선조들과 이 세상 인류같이 희생될 수는 없다. 필자가 선조들 차원만이 아니고 이 세계의 여하한 차원도 체험 하고 연구한 결과는 세계 차원도 완전히 초월해야 한다는 것이 었다. 초월할려면 모조리 버리고 창조하되 神的인 창조행동 외에는 지금까지의 세상 차원의 가지들을 잘라벌 힘이 없다. 말 더듬만이 아니다. 정신 문제, 심리 문제, 건강 문제, 생활 문제 기타 등등으로 뒷집 놈한테 시달리지 않는 놈은 이 세계에 하나도 없다.

02

선진 국가는 더 많이 시달린다. 국가와 세상과 과학, 의학, 종교의 힘으로도 어림없기 때문에 방탕해 버리고 알콜과 마약과 히로뽕과 향락의 노예가 되어 버리고 범죄로 빠져 악습에 희생된다. 개중에는 교도소에까지 가게 되어 우리 나라와 세계의 교도소들은 대만원이다. 뒷집 짓고 앞집 치워 달라는 놈들이 강하면 얼마나 강하나? 도대체 서양이건 동양이건 뒷집 놈한테 안 당하는 놈들이 하나도 없어. 왜, 그런 놈한테 신사적으로 대하나? 법이 무슨 소용이 있나? 법을 아는 뒷집 놈이 너를 잡아 먹을려 하나, 뒷집 놈은 당하지 말란 법이 있나? 뒷집 놈은 공격 받지 말란 법이 있나? 뒷집 놈 쳐버리는 것은 타인이 해야 하나, 너가 해야 하나? 그냥 쳐들어 갈 수도 있고, 너 역시 그놈 뒷편에 집을 짓고 앞이 막혔다고 치워 달라고 할 것 아니라 불도저로 밀어버려. 오직 너만이 그렇게 할 능력이 있다. 처음에는 누구나 안 해본 의지의 행동을 할려면 겁이 나고 두렵지만 겁이 나고 두렵다는 것 자체가 思考이지 너의 의지와 동작은 아니다. 너를 더듬게 해서 너 인생 파멸은 물론 생명까지 뺏어 갈려는 너의 그 의식에게 무슨 말라 죽을 놈의 인격이고, 교양이고, 문화냐?

지금부터 쳐 나가자. 비참을 가장 겁내던 너지만 그 비참을 정복할려면 그 비참에 도전하고 포용해야겠나, 회피하고 도망가야겠나? 미친 개가 무서우면 우리의 알량했던 선조들같이 미친 개를 피하고 도망가야 되겠나, 필자같이 여지없이 죽여 버려야 되겠나? 안 죽이고 너는 물론 자녀들까지 미친개 한 마리가 천수를 누릴 때까지 두려움과 공포증으로 살어야 되겠나? 그것이 봉사고 미친개에게 도움이 되는 일이냐? 죽여 버리겠다면 사고로 결심만 해야 되겠나, 말만 해야 되겠나, 행동으로 직접 공격을 해야 되겠나?

03

아무리 겁나고 무서워도 평생 겁내고 평생 무서워 하지 않기 위해서는 겁나고 무서워하는 사고와는 달리 행동으로 가서 죽여 버리면 너는 그 즉시 "내가 이런 따위를 무서워했었구나." 하면서 오히려 방금 전까지 겁내고 무서워했던 너의 사고가 얼마나 허 망한가를 너는 체험하고 어이없어 하게 된다. 세상에서 거짓이 없는 것은 오직 경험 한 가지 뿐이다.

교육에도 거짓이 있고 思考는 거의 다 거짓이고 신앙도 거짓이 있다. 자, 이제 행동으로 너를 파괴시켰던 미친 가지들을 쳐죽이러 가자. 하나하나마다 각개 격파이다. 하루 종일 행동하고 하루 종일 말을 할 내용도 사고에서는 일순간의 상상으로 다 끝내 버리지만 의지와 동작으로는 '말더듬이란'란 이 말도 직접 소리와 입 동 작으로 한 음 한음 발음을 해야 한다. 의지의 동작 표현, 표출에는 시간과 공간 초월이 없다. 바쁜 세상에 밥 먹는 것도 사고대로라면 배 가르고 밥 한 그릇이 퍼 넣어 버리면 되는 것이다. 이렇게 하면 되겠나?

이 책은 세계 최초로 이 세계의 말더듬이들에게는 생명이니 잘듣고 행동하라. 돼지지 않고 달변가로 창조될려면 말이다! 사고는 그야말로 이 세상 그 어떤 것도 사고대로 할 필요도 없지만 할 수도 없고 제기랄, 염병하게도 아무런 책임도 질 수 없다 그래서 아무리 급해도 대가리의 사고를 무시하고 밥은 한 숟갈 한 숟갈씩 천천히 먹어야 한다. 건강에 좋다고 빨리 먹으면 오히려 체해서 밥한그릇 가지고 하루종일 먹는 것보다도 더 손해가 있고 잘하면 입원까지 한다. 원해서 다 쏟아내고 퇴원했다고 또 밥을 빨리 먹으면 이젠 위장병까지 생긴다. 아무리 건강해도 밥을 먹을 때는 행동으로 한 숟갈 한 숟갈씩 떠 넣어서 씹어 삼키는 순서와 시간이 있다. 이걸 뛰어 넘을려는 너의 그 개 같은 발바닥의 때만도 못한 너의 사고는 너가 죽거나 살거나 아무 관계 없어. 의지의 동작으로 몸을 위해서 먹는 것이니 세상에서 가장 쓸모 없는 너의 사고는 무시하고 일이 급할수록 천천히 씹어 먹는 것이다. 말과 행동도 식사와 마찬가지다.

04

아는 것 소용없다. 너가 아는 것 박사 학위 3개쯤 된다해도 그따위 차원 가지고는 개똥 감도 안 되니 의지의 가슴으로 이 책을 읽어라. 개똥만도 못한 세상에 물든 너의 머리〈思考〉로 읽으라고 이 책 쓴 것 아니다. 말더듬 때문에 세계인류 역사 이후 세계에서 가장 말을 많이 하고, 또 잘하게 된 필자도 필자의 思考대로 말할 수는 없다. 의지의 동작으로 말하는 것이다. 의지의 행동으로 정복하지 않은 말이 나와 주길 바라지 말되 평생 바라지 말라. 오직 너의 인생 책임은 의지의 행동이 지는 것이니 의지의 동작으로 정복한 말만 믿게 되는 것이다. 세상한테 속는 것이 아니라 너의 그 개똥보다 못한 너의 그 사고한테 너가 속으니 말이다. 너의 의식이 너가 아니고, 말하고 행동하는 것이 너다. 어려움의 가지가 셀 수도 없이 많지만 전부 다 나열할려면 이 책이 일만 페이지가 되어도 부족하니 필자가 영원히 잊어 먹을 수 없는 개망신 당한 사례를 몇 가지만 기술하겠다.

05

필자는 어려서부터 누님이라는 말이 누님의 등뒤에서는 발광하는 행동을 통해 가끔씩 나오는데 누님의 얼굴을 보면서는 도대체 누님이라는 발음이 안되어 필자를 지극히 사랑해 주었던 누님의 얼굴을 보면서는 한 번도 누님이라고 불러 보지 못했다.

필자의 누님도 필자가 얼굴을 보면서 누님이라고 한 번쯤 불러주기를 무척이나 바랐던 모양이었다. 얼마나 바랐던지 필자가 20대(代)일 때 외출할려는데 바지의 실밥이 뜯어져서 방문을 열고 재봉틀을 돌리는 누님의 등뒤에서 '누님'이라고 부를려고 한참 떨면서 뜸을 들이는데 누님도 필자인 줄 알고 살며시 재봉틀을 멈추고 등뒤의 동생이 어떤 말을 할려고 뜸을 들이고 있구나. 조금 있으면 '누님'소리가 나면 그때 돌아다 봐야지……. 아직 소리가 안 났는데 미리 돌아다 보면 간질 병자처럼 떨면서 뜸들이는 동생이 무안해 할까 봐서 한참을 기다렸건만 그날따라 누님의 등 뒤에서도 '누님'이라는 소리가 필자의 입에서는 미칠 정도로 안 나왔다. 다른 때보다도 시간은 한 3배쯤 뜸을 더 들였는데도 말이다. 그토록 길게 안 나온 이유는 누님께서 재봉틀을 계속 돌렸어야 하는데 '누님' 소리를 듣기 위해 재봉틀을 멈췄구나라고 필자의 감지, 의식이 앞서자 더늦어지게 되었던 것이다. 누님께서는 그때만큼 기어이 '누님' 소리를 안 들으면 안 될 사정이라도 있었던지 여전히 재봉틀을 돌리지 않고 잠자코 계셨다.

06

말더듬이가 얼마나 의식의 노예인지 세계 인류는 자기 가족들 중에 인척들 중에 사랑하는 대상들이나 관심을 갖는 대상자들 중에 말더듬으로 고심하는 자가 있다면 필히 일독을 권하라. 어느누구라도 가정 교육과 자녀 교육을 위해 또 이웃봉사와 자기 표현력 개발을 위해서는 필히 필요하다.

필자 역시 누님 소리가 힘들면 그냥 "이것 좀 재봉틀에 박아줘." 하고 서투르게라도 말했으면 될 텐데 필자 소리 듣기 위해 누님께서 귀를 기울인다는 의식 때문에 죽어도 누님 소리가 안 나왔다. 좀 쉬었다가 하고 싶었었다. 누님께서는 더 이상 기다리지 못하고 필자를 돌아다 봤다. 필자는 그때 몸을 돌리면서 딴청을

부렸지만 몸은 온통 땀으로 젖었고 땅 꺼지는 듯한 한숨이 나
오면서 머리와 얼굴에서까지도 땀이 흘렀다. 누님 소리가 필자
입에서는 기어이 안 나왔었다. 세상에 이렇게 기가 막힐 일을 잊어
먹을 수 있겠나? 필자가 시간을 봤었는데 정확하게 8분 43초를
허비하고도 누님 발음을 못했던 것이었다.

말더듬이에게는 이런 말 한마디도 생사 문제이지만 안 더듬
이들에게는 전혀 신경쓸 것도 아니다. 의식을 정복 못한 의지와
동작은 아무리 강해봐야 의식의 노예로 자율 신경 하나 콘트롤
못하니 되겠나? 의식을 정복해야 창조된 강력한 의지로 교감
신경과 부교감 신경과 중추 신경까지도 모조리 자유 자재로 재
량껏 콘트롤하게 되는 것이다. 이 누님께서도 필자의 말더듬을
고쳐 주기 위해서 누님의 혼수 비용까지도 다 털었었다. 하여튼
무던히도 애를 쓰면서 필자를 도와 주었다.

07

부모님과 인척들과 심지어 고향의 국회 의원까지도 필자를
적극적으로 도와주었다. 말을 더듬어 본 경험도 없는 속칭 자기들
말로는 실적 한 가지도 제시하지 못하는 전문가들과 또 더듬어
본 전문가들을 포함해서 군대 가기 전 까지의 필자가 대한 사
람만도 23명을 대했었다. 그 당시 없는 살림에 부모님과 누님의
열성과 필자의 노력과는 달리 전문가라는 자들은 너무나 무지
했었다. 왜냐하면 교육적 차원으로만 대하지 창조자들은 아니었기
때문이다. 말더듬 파괴에서 가장 중요시 해야 할 일은, 교육이나
연습은 필요없다는 것이다. 이 세계의 어느 교정사들도 명심해라.
노고를 무시하지는 않는다. 그렇기 때문에 하는 말이다.

군대에서 참모 총장과 부대장 배려로 1962년과 64년 당시 군
대의 말 더듬이들 중에서 필자가 조사하고 만나 본 숫자만도

천여명 이상에게서 확인했지만 칭찬은 금물이다. 필자는 군대에서 세계 최초로 군(軍)의 도움으로 말더듬 파괴를 연구하느라고 군(軍) 당국에 막대한 누를 끼쳤다. 제대 4개월 전에는 더 이상 배려 받지 못하고 전방으로 쫓겨갔었고 제대는 전방에서 했지만 말더듬자의 칭찬 받는 표현은 전부 다 엉터리다. 이 책을 통해 독자들과 말더듬이들은 전문가가 되겠지만 말더듬 교정사들이 말더듬이에게 칭찬한다는 것은 말더듬이들에게 인생을 바치는 한 평생 있을 수가 없다. 성공한 자들에게도 칭찬은 금물이다. 말더듬 체험자라서 지도할 수 있는 것이 아니고 언어 병리학을 전공했다고 해서 전문가라는 호칭과는 달리 지도할 수 있다거나 실적을 얻을 수 있다는 것은 더욱더 아니다. 전통 가지고 되는 것은 더더욱 아니다.

08

선진국들의 실패만 시키는 전통들을 보고 있지 않느냐 말이야 ? 말더듬이가 교정사 앞에서 "이젠 자신 있습니다."라는 감사의 표현을 할 때 너가 진짜 말더듬 교정을 지도할 수 있는 자라면 그 놈을 한 대 갈겨 버려야 한다. 말더듬만큼은 의식 정복 못하는 한 자신 있다는 표현은 정확한 100% 거짓말인 것이다. 똑똑히들 알아 둬라. 대가리는 떼어 버리고 의지와 행동으로 알아 두란 말이다. 말더듬이 지도는 교육자들이나 의사나 성직자들의 차원과는 하늘과 땅차이 만큼이다. 누구나 다 알겠지만 의사나 교육자나 성직자는 자기의 경험이나 지식이나 정성을 환자나 피교육자나 피신앙인에게 시술하고 전달만 하면 또 정성을 부어주면 환부는 낫게 되고 지식은 전달되고 감화가 되는 것으로써 아무나 할 수 있는 것이다.그러나 말더듬 지도는 이와 같은 방식으로는 어림 반푼도 없는 천천만만에다.

　필자가 휴가 가서는 누님에게 기어이 얼굴을 보면서 '누님' 소리 한 번으로 선물을 대신하려 했지만 누님의 등 뒤에서 부르는 소리는 빨라졌을 뿐 끝내 하지 못하다가 제대 말년에 겨우 의식 정복 단계에 진입하여서야 누님 얼굴을 보면서 서투르게 '누님' 하고 불렀다. 생전 처음으로 얼굴 보면서 필자에게 누님이라고 불려진 누님께서는 그때 울었다.

09

　필자는 군대 생활에서 군부의 도움으로 말더듬 연구에 분에 넘치는 도움을 받았다. 그랬기에 오늘의 필자가 있을 수 있게 되었지만 2년 간은 전적인 자유 시간 보장으로 연구하고 몇 개 부대 도서관의 협조 아래 사례 및 자료 수집에도 특별한 배려를 받았다.(필자는 제대 후 몇 년 간 번 돈을 한 푼도 안 쓰고 방위 성금으로 냈다.) 사회에서 재벌급이라도 업두도 내지 못할 배려를 해주신 부대장은 필자 때문에 군기 문란이 생긴다 하여 참모들과 부관의 많은 진언도 받았던 것이다. 기지 사령관은 "저놈은 입만 열리면 앞으로 뭔가 할 놈이야" 하면서 참모들을 달랬었건만 필자에 대한 부관의 질시는 극에 달하여 부대장 눈을 피하여 필사에게 와서 "이 새끼아, 록펠러라도 너같이는 못 살아 너같이 군대 생활하는 놈이 이 세계 어디에 있나? 이 새끼야, 네가 산유국 왕자라도 되나? 이 개새끼야, 차라리 입원해! 입원시켜 줄 테니까. 입원하면 자유가 더 있다. 입원이 싫다면 제대해 이 새끼야. 의병제대시켜 줄 테니까. 지금 당장 결정하라. 두가지 다 싫다면 너 같은 놈은 자살이라도 해." 하면서 권총에 실탄장진까지 해서 자물쇠를 풀고 권총을 필자에게 던져 주었다. 필자도 폭발했다. 영창 갈 각오로 권총을 집어서 멀리 던져 버리고 사령관의 부관을 차마 때리지는 못하고 멱살 잡고 같이 옥신 각신하다가 엉켜서 딩굴어 버리기까지 했다.

10

다음 날 필자는 2년이 넘도록 배려 해주신 부대장님께 더 이상 누를 끼쳐 드릴 수가 없어서 후방에서 그 당시 가장 시설 좋은 마산에 있는 36육군 병원으로 수송부 찝차를 직접 몰고가 정신신경 전문의인 변용덕 군의관을 만났다. 이미 오래 전분터 각종 주류 실험, 알콜 실험, 마약 실험, 마취제 실험, 수면제 실험, 약품 실험까지 심지어 혀까지도 수술하여 시험 해본 필자는 당시 변용덕 대위에게 필자가 죽어도 좋으니 한 번 시험용으로 필자 몸을 써 보라고 한 시간여를 사정했다. 누구에게 했는 지는 알수 없으나 필자 부대로 전화 확인까지 한 변 군의관은 이윽고 무엇을 결심했던지 간호 장교를 불러서 몇 가지를 지시했다. 간호 장교의 안내로 베드에 누어서 안정을 취한 뒤에 변 군의관의 지시로 약명 미상의 주사를 두 대 맞고 이내 의식을 잃어 버렸다. 정확하게 한 시간 20분(나중에 시간 확인했음)만에 깨어난 필자는 의식이 약간 몽롱했다. 정신이 드느냐고 묻는 간호 장교의 물음에 약간 희미하다고 하면서 변 군의관을 불러 달라고 했다.

대화에 전혀 더듬증이 없었다. 의식이 몽롱한 상태에서도 참으로 신기할 정도 였었다. 의식에서도 말더듬을 느끼지 않았었다. "오! 깼구먼." 반갑게 대해 주는 변 대위에게 필자는 아까 주사가 어떤 주사냐고 물었다. 변 대위는 주사 약명을 함구했다. 변 대위와 필자는 10여분 간 대화를 했지만 필자는 정확한 발음으로 대화를 했었고 대화를 위한 전위적인 동작도 없었으며 의식에서도 말더듬을 전혀 느끼지 않았었다. 약간 희미한 상태였지만 군의관은 필자에게 "너는 이제 영원히 그런 상태로 말할 수 있다."고 했다. 입원하려면 하라고 했다. 필자는 거절하고 말은 잘되는데 도저히 부대까지 운전해 갈 수 있으려는지 매우 혼미했다. 간호 장교도 주사명은 모른다고 했다.

11

필자는 찝차를 어떻게 운전했는지 하여튼 마산에서 진해 부대까지 찝차를 운전해 와서 수송부에 찝차를 정차시켜 두고(평소에 수송부의 군용 차량은 아무 것이나 닥치는대로 몰고 다닐 정도로 자유스러웠었다.) 필자의 숙소에 도착했다. (필자숙소는 그 당시 군대 규율에 전혀 통제 받지 않는 독립 건물이었음) 필자의 기억으로는 필자 숙소는 독립 건물이었기에 독서하기도 좋고 소수 인원이 회식하기도 좋아서 장병들과 여군들도 자주 찾아왔었다. 그 날도 장병들 2명과 여군 1명이 필자 숙소에 와 있었다. 필자 역시 그들을 확인한 기억만 있을 뿐 그후는 그 다음날 아침 필자 개인 침대에서 깨어난 기억밖에 없었다. 사무실로 나와본필자는 필자 책상 옆 콘크리트 바닥에서 지린내가 나고 오줌이 고여 있는 사실에 놀랐다. 필자는 '아니, 이 친구들이 회식들을 하고 용무를 볼려면 화장실에 가서 볼 것이지 어느 짓궂은 친구가 필자 사무실에다 실례를 했나' 싶었다. 그래서 필자는 앞으로 사무실을 비울 때는 자물쇠를 채워야겠다고 다짐한 지 10분도 안 되었는데 어제 그 친구들 2명이 들이 닥쳤다.

12

그들 말로는 필자가 어제 사무실에 들어오자마자 자기들 2명과 여군 1명에게 뭐라고 중얼거리면서 사무실 벽에다 소변을 한참 동안 보고는 의자에 털썩 주저앉아 의식을 잃어 버렸다는 것이다. 그들 3명은 필자의 행동이 하도 이상하고 또 놀래서 어안이 벙벙하여 평소에 안 마시던 술을 마셨나? 해서 3명이 같이 필자의 숨소리 냄새까지 맡아 보았지만 술 냄새도 없는데 하도 이상하여 같이 응급 조치를 취할까 했지만 맥박이나 호흡은 정상이어서 3명이서 필자를 들어다가 침대에 눕히고 이상이 생기지나 않을까

하여 밤중에도 두번이나 필자에게 다녀갔다는 것이었고 아침 식사를 마치고 곧바로 필자에게 오게 되었다는 것이다. 필자는 그제서야 어제 변 군의관이 놓아 준 주사약의 영향인 줄을 알게 되었다. 군의관의 말대로 영원히 그런 생태가 아니라 이틀만 그런 생태가 되어도 살아 남을 자가 없겠다. 다행히 필자는 16시간 만에 정상이 되었다. 말더듬 의식도 역시 원위치 되었다.

독자들이여, 의식과 자율 신경 조절로 神的으로 창조된 너의 몸을 함부로 시험하지 말라. 분명히 명심하라. 의식이 지식을 포용했다서 우리의 신경이나 의지나 몸도 지식과 방법을 포용하는 것이 아니다. 무식하고 무지한 이 세계 인류가 또 특히나 말더듬이들은 지식과 방법 포용이 의식과 의지와 중추 신경과 몸에서까지 똑같이 포용하는 줄로 오판한다. 너의 思考에서 명령하고 손으로 주둥이 맛사지하고 목운동 많이 하고 심호흡한 뒤에 발음할려고 하니까 사고의 명령대로 성대와 입에서 발음이 잘 되더냐, 안 되더냐 ? 바보 새끼들. 말더듬은 지식을 소화시키는 것으로는 0.01%도 도움이 안된다. 이 책은 너를 세계적인 창조자로 만든다.

13

필자가 '누님' 소리를 못했던 것은 '누님' 이라고 안 했기 때문이었었다. 말이 나와 주기만을 바라는 자는 평생 안되고 죽었다가 깨어나도 안 된다. 너가 어디에다 듣기 좋은 말 만들어서 쌓아 두었었나, 녹음해 놨었나 ? 컴퓨터에 입력시켜 놨었나, 은행에 예금해 놨었나, 사채 시장에 빌려 주었었나 ? 그리고 이렇게 저장해 두었던건 뒤에 나오고 또 나올 수 있다. 그러나 세상 인류의 말과 필자의 말과 너의 말 역시 "나오는 것이 아니고 하는 것이다." 나오는 것이 말이라면 필자도 말을 영원히 못할 것 아닌가 ? 지금

이 시간까지는 잘 나와도 이 시간 이후에 잘 나올지 안 나올지 내일 모레는 나올지 안 나올지 미래를 살아 본 경험이 없으니까 과거 기억 때문에 불안하겠나, 불안하지 않겠나? 현재 말을 더 듬는 너와 똑같을 수밖에 없지 않은가? 시공을 초월하는 의식을 어떻게 믿을 수 있겠나? 그러나 필자는 세상 인류의 인식과 교육 방법과 너의 기대와는 달리 언제 어디에서나 말을 하는 것이다. 할려면 어떻게 해야 하나? 맡겨 두었던 것이 아니니까 의지와 동작으로 해내는 것이다. 무에서 유를 창조 해 내는 것이란 말이다. 그런데 너와 세상에서는 어떻게 하나? "녹음시켜 놓고.","저금해 두면","연습해 두면"되겠지 하고 열심히 연습하고 교육한다.

그래 너희들 그런 노력하니까 말이 잘 나와? 아주 잘—나오 던가? 인생살이가 연습이고 교육인가? 사회 생활이 국민 학교, 대학교 교육대로 공식대로 되던가? 사회생활에서의 대화가 학원 따위에서 연습했던대로 되던가?

14

필자의 '누님' 소리가 교육과 연습으로 된다면 20여 년 이상의 교육과 연습으로 왜 안되었었나? 나오기를 바랬었던 교육과 연습이었기 때문이었다.

필자같은 유창한 달변에는 우리 나라와 세계의 말더듬 교정 방법들이 전혀 도움이 안되었었고 오히려 노력과 돈과 시간 낭 비에 실망만 주었었음이 체험의 결과였다. 그랬기에 그 자체가 오늘날의 필자를 만들었으니 진짜 큰 도움일 수밖에 없다. 가지를 사정 없이 쳐버리기 위해서는 너의 몸 하나 가지고 서툴어도 나오기를 바라지 말고, 말하는 동작을 취하라.

유형체인 세상은 무엇이나 다 동작으로 만들고 창조하는 것이지 와 주거나 주어서 되는 것이 아니다. 나와주고 주어서 되는 것이라면 교육 못 받을 사람들이 이 세상 어디 있겠으며 받을 줄 몰라 못 받는 사람이 이 세상이 어디에 있을 수 있겠나? 그렇게 해서 받는 것은 받는 순간부터 너를 존재자로 무능력자로 만들어 더욱더 비참하게 만들어 버린다. 너는 이제부터 얼굴에 철판을 깔아라. 철판을 깔되 이 세상에서 가장 두꺼운 철판을 깐다. 철판이 두꺼우면 두꺼울수록 좋다. 철판을 깔으라니까 철공소에다 설마 철가면을 주문 하는 자는 없겠지. 의식과 의지와 행동의 철판 3개의 말이다.

거리를 걷다 보면 팔다리가 없는 사람이 시장 바닥에서 하체를 타이어 튜브로 감싸고 입으로는 조그만 구루마를 밀고 다니면서 간단한 소비 제품을 파는 것을 너는 본 일이 있을 것이다. 그들도 얼굴에 철판을 깔았던가? 너는 지금 그 얼굴로 그들보다도 더 한 일도 해낼 수 있어야 한다. 그들을 따라 다니면서라도 며칠 같이 자면서 행동 해봐라. 경찰과 시비가 붙으면 필자가 대변해 주마. 너는 5일이 못 가서 달라지게 된다. 아는 것은 소용없다. 思考에서야 차라리 죽는 것이 낫다 하겠지만 그렇다면 그런 놈은 죽어라. 단, 자기가 말더듬으로서 아무리 말더듬 고치기 위해서 라지만 필자가 하라는 행동은 할 수가 없어서 죽는다고 유서를 써 놓고 죽기 바란다. '아이구, 창피해서' ○○○○○의 이 새끼야! 너 지금 그렇게 사는 것이 안 창피하게 사는 것이냐?

15

○○○○○ 새끼야, 우리는 현재도 이 나라를 마음대로 움직였던 사람들이 어떻게 살고 있는 줄을 잘 보고 있다. 그들이 그렇게 못되기 위해서 그랬었는 줄 아나? 너는 하물며 잘 되기 위한 일인데 왜 망설여? 그래 이 새끼야, 그 사고에 지금까지 희생 당했으면서도 너가 그 사고에 봉사를 더 할 의무가 있다고? 너가 너의 사고를 무시하고 아예 깔아 뭉개 버리는 그런 행동을 네가

아니 할 명분은 너의 평생에 없다.

사느냐, 죽느냐? 둘 중 하나에서 안 뒈질려면 살아야 된다. 살려면 지금같이 살아야 되겠나, 성공을 해야 되겠나? 이 나라에서 손가락을 금시 꼽을 수 있었던 막강한 자도 거리에서 얻어맞고 교도소에 갇히는 사실도 우린 목격했다. 그 사고에서야 평생 가도 포용 못할 일이지만 동작으로 체험한 것은 순식간에 체념과 동시에 포용하게 되고 그보다 더 큰일을 당해도 순식간에 자기 합리화시킬 수 있게 되는 것이다. 사고에서는 가장 어려운 일이 행동을 통해서는 가장 쉽게 되는 것이다. 오래 갈 것 같았던 행동 체험 없는 너의 사고는 너가 생각해도 희안할 정도로 너가 놀래 자빠질 정도로 행동을 통해서는 빨리 바뀌어 버린다.

여자와 정치가는 못믿는다지만 변덕 빠른 너의 思考와 너의 심경에 비교하면 여자와 정치가는 조물주 정도는 된다. 너는 이제 범죄만 하지 말고 무차별의 행동을 미친 개처럼 하라. 언어로 개망신 당하기 위해서 하라. 성공은 잊어 버려라. 이 새끼야, 성공과 보람은 행동의 결과로 되는 것이지 인생에서 성공과 보람과 행복과 실패가 원인일 수 있나? 원인인 것을 봤나? 이 새끼야, 절대 원인일 수 없는 것이다. 대가리의 사고가 바란다고 되는 것이 아니고 행동의 결과가 실적이고 창조인 것이다. 이것이 神的인 창조원리다.

16

이 새끼야, 이유 달지 말고 무조건 실패를 많이 하라. 이 새끼야! 얻어 맞지 않고 얻어 맞을 줄 모르는 놈이 복서가 되는걸 봤나, 이 새끼야!

실패를 경험하고 실패를 포용하지 못하는 놈이 이 세상 천지에서 어떻게 성공을 포용한다더냐? ○○○○○의 쌍놈의 새끼야! 실패를 할 놈이 모험을 하지 않고 실패를 경험할 수 있나?

실패 경험이 쉬운 줄 아나? 이 새끼야, 실패 경험도 피·땀·눈물을 다 바쳐야 경험할 수 있는 거다. 그런데 성공은 실패보다 더 쉽겠나, 더 어렵겠나? 네가 말더듬으로 죽을 고생을 했다지만 너의 고생 따위는 실패 축에도 못낀다. 이 새끼야, 모험 행동이 자기 대가리의 思考에 맞추어서 하는 것이 모험인 줄 아나? 이 세계의 말더듬이 새끼들이 도대체 제대로 달변가가 되고 싶어하는 놈들이 거의 없다. 1억 8천만 명이나 되는 네놈 새끼들 행동이 그렇게 보이지 않냔 말이다. 이 새끼들아, 잘 들어라. 달변가가 되고 싶은 놈들이라면 목숨을 걸어라. 대가리에서 미리 예측한 일만하는 놈들의 행동이 모험이냐? 그 따위로 해 가지고 안 더듬이들 초월은 커녕 네놈의 주관이라도 제대로 표출할 수 있을 것 같냐?

모험은 무엇으로 하나? 思考에 맞추어서 행동하는 것이 아니고 무조건적인 행동을 통해서 그 결과로 너의 대가리가 놀라게 되고 그 결과로 너의 지식이 되고 실적이 되고 개인과 가정과 기업과 국가와 민족과 세계 인류의 모든 양상이 발전하는 것이다. 이 세상의 종교가 발전하지 못하는 이유가 무엇인지 아는가? 오직 대가리의 사고에만 맞추는 일로써 전혀 창조가 없기 때문이다. 대가리 사고의 노예로서 머리 숫자 많다고, 동물들 떼거지처럼 숫자 많다고 성공인 것이 아니다. 종교적인 차원에서도 한 차원 초월해야 神인가 개나발인가 하는 따위에 너가 축복 받는것이 아니고 너가 神따위들한테도 봉사하게 되는 것이다. 기가 막히게 어려운 발음의 가지를 평상시에 네놈이 가장 꺼려했던 사람들에게 눈 똑바로 뜨고 응시하면서 조금도 조심하지 말고 써먹어라.

<h1 style="text-align:center">17</h1>

등 뒤에서 말하지 말라. 옆에서도 말하지 말라. 한 사람보다도

여러 사람 앞이면 좋고 단체 앞이면 더욱더 좋다. 똑바로 눈을 응시하고 대가리의 思考 때문에 말이 안 나오면 이 새끼야, 행동으로 더듬어 버려 이 새끼야. 이 새끼야 더듬는대서 그 발음을 10시간, 백 시간, 한 달, 두 달, 더듬는 것 아니야 이 새끼야! 네놈 새끼 대가리의 사고에서는 언제나 큰 일 난다고 말하지 말라고 해서 말을 안 했었는데 새끼야, 정말로 큰 일 나는가 모조리 터뜨려 봐. 이 자식아, 모조리 터뜨려서 더듬건 더듬지 않건 그건 너의 대가리 소관이 아니야 이 새끼야! 오직 너의 동작으로 인류 앞에서 멸시도 자초해봐. 안 더듬이들이 아무리 비웃고 놀리고 손가락질 해도 이새끼야! 10시간, 백 시간, 1년, 2년 비웃을 수 있나? 너를 비웃고 손가락질 했던 안 더듬이들이 바로 너를 도와 주는 가장 큰 은인이야 이 새끼야! 미친 놈의 새끼야 은인들을 거부하고 도망 다니고 원망해? 이 새끼 환장한 놈의 새끼 아니야?

말더듬이 보고 말더듬이라고 하고 소아마비 보고 소아마비라고 하고 꼽추 보고 꼽추라 하는데 뭐가 잘못이냐, 이 새끼야! 이건 당연한 것이니까 너가 포용을 해야 너의 주둥이는 드디어 이 세계를 향해 포문을 열 수 있는 과정으로 들어가는 거야. 그런데 이 개민도 못한 세상 인류는 깜둥이 보고 백인이라 불러주고, 백인한테 깜둥이라 불러 주고, 코끼리를 강아지라고 불러 수고, 고양이를 호랑이라고 불러 주고, 말더듬이를 안 더듬이라고 불러 주기를 바란다. 너도 개만도 못한 인간이 될래? 무식하고 무지하기 짝이 없는 놈의 새끼들아, 자기를 언제나 포용하지 못하니 자기 육체의 결함과 마음에서의 결함의 이중으로 불행을 자초했던 개만도 못한 머저리들의 「동정 심리」 따위는 이 순간부터 영원히 날려 버려라. 너는 지금까지 너와 타인들의 그 개만도 못한 동정 심리 때문에 너무나도 엄청난 피해를 보아 왔었다.

너는 너의 인생에서 필요 없는 것을 너무나 많이 알았고 또 그것 때문에 너무나 많은 희생을 감수해야 했다. 네놈 새끼 소행으로 봐서 뒈져도 싸다.

18

하기사 필자도 4번이나 뒈질려고 했었으니까, 그러니까 네놈 새끼나 필자 놈이나 이젠 그 반대의 필요한 것을 너무나 많이 확인하게 되었다. 그런데 그 확인한 것이 뭐냔 말이다. 네놈 새끼는 행동으로 못 써먹고 필자놈 새끼는 창조주보다도 가치 있게 행동으로 써먹은 결과가 세계 인류 역사 창조 이후 최초로 세계를 주름잡는 사자 아가리가 된거다.

이 새끼야, 절벽에 부딪쳐서 네 몸뚱이와 너 대가리로 그 절벽에 부딪쳐서 절벽을 뚫고 나가라. 너 몸둥이와 대가리 가지고 절벽을 뚫고 나온 놈의 새끼가 이 세상에서 무엇을 못하겠나? 무슨 말인들 못하겠나? ○○○○○의 새끼야! 네놈 새끼 몸뚱이와 대가리로 절벽의 바위를 뚫을 수 없거든 우주 역사에 길은 한 가지밖에 없다. 이 새끼야! 쇠붙이나 망치나 콤프레서나 착암기나 T.N.T나 다이너마이트나 현대 중장비로 암벽을 뚫으면 네놈 새끼 주둥이는 영원히 안 열린다. 행동 전에 주둥이 벌리기 전에 순식간에 앞질러 버린 너의 대가리 思考에 구애 받지 말라. 너의 작은 행동과 너의 주둥이 한 번 벌리는 것이 우리의 5천 년 머저리 조상들의 사고보다 하늘만큼이나 더 위대하다. 너의 대가리 의식과 너의 의지와는 아무관계 없다.

행동과 주둥이로서 타인과 대중 앞에서의 한마디 표현을 세계를 정복할 분량에 비교하여 적다고 무시하지 말라. 네놈 새끼가 적다고 무시하는 그 조그마한 차이가 삶과 죽음의 차이이다. 네놈 새끼가 무시하는 그 조그마한 차이가 성공과 실패의 차이이다. 네놈 새끼가 무시하는 그 조그마한 차이가 말더듬과 사자후 차이이다. 조그마한 차이가 +와 −차이이고 조그마한 차이가 건

강과 병자의 차이이고 조그마한 차이가 달과 태양의 차이이고
손바닥 하나 뒤집는 조그마한 차이에 네놈 새끼 인생 문제가 걸려
있다. 이 새끼야. 이래도 조그마한 차이를 무시할 텐가? 이 새끼야,
말 한마디에 네놈 새끼가 죽고 살아. 또 조그마한 차이를 무시할
테야?

19

　자기의 적을 처치해 주는 자를 가장 신임해 주게 되어 있다.
정치에서도 정적(政敵)을 없애 주는 자가 제1등 공신이 된다.
너에게서 제1의 적은 누구였었나? 너의 思考 그 의식, 그놈이었지
않나? 너에게서 그 사고, 그 의식 그놈을 때려잡을 충신이 이
세상 천지 어디에 있나? 눈을 부비고 찾는다서 너를 너만큼 잘
아는 놈이 이 세상 천지에 너 말고 또 있겠나? 그러나 반드시
있다. 너를 너보다도 더 잘 이해하고 너의 그 사고와 의식을 여
지없이 정복하고 또 때려 죽일 수 있는 임자가 인류역사 이후 처음
으로 한명 있다. 그래서 너는 이제 성공 할 수 있게 됐다. 너의 사고
를 때려 잡는 것이, 내어 쫓는 것이 나가라고 해서 나가는 줄 아나?
면직시켰다고 순순히 물러날 줄 아나? 파면시켰다고 순순히
조용할 줄 아나? 요새는 학생들이 개판을 많이 쳐 교원들까지
학생들 모방을 했더구만 물론 교원들 자유를 빼앗자는 것이나
굶겨 죽이자는 것은 아니지만 왜 이렇게 창조적이지 못할까?
　너도 잘 알지만 너에게서 안 떨어질려고 말더듬도 너를 그렇게
괴롭혀. 너의 인생을 송두리째 망쳐 놓고도 모자라서 꿈속에서
까지 너에게 달라 붙어서 괴롭히지 않더냐? 너가 24시간 계속
해서 피우지도 않는 담배 버릇 하나만 버릴려 해도 쉽게 버려
지던가? 너를 기어히 붙들고 늘어지는 너가 어쩌다가 마시는
술버릇 하나도 물리치기가 쉽던가? 집 안에서 버릇 나쁜 놈 하나
버릇 고치는데도 온 가족이 동원되어 야단 법석 난리를 피운다.

그렇다고 그 버릇이 간단하게 떨어지던가?

20

못되 먹은 놈 하나 집에서 내어 쫓을려고 해봐라. 집안 물건 훔쳐가고 나중에는 가족을 해치는 놈이 있는가 하면 집에다가 불까지 지르는 놈도 있다. 이웃이나 직장에 사회에 국가에 있어서도 안 될 놈 하나 제거할려고 해 봐라. 그게 간단하던가? 우리가 6·29 선언 이후에 얼마나 많이 변화되고 있나? 무지무지한 투쟁을 하고 국가와 온 국민이 엄청난 진통을 거쳐 1차로 제거해 2차로 재판 과정에서 또 다시 3차의 진통을 거쳐 교도소에 보내고 교도소에도 사람이 사는 곳, 그 곳에 갇히면 그 곳에서는 조용하나? 세상의 축소판인 그 곳에서도 진통이다.

너의 思考. 그 의식 때려 잡을 자는 오직 의지와 동작뿐이다. 너의 사고에서 순순히 깨질려고 가만히 있을 것 같나? 너와 더불어 몇 년 간 또는 몇 십년 간 같이 살아온 말더듬증이 너에게서 순순히 물러갈 줄 아나? 어떤 것이나 다 상대적이다. 가정이나 사회나 국가에서 문제 해결 하나 하는 것 같은 차원이 아니다. 왜 아니냐? 정식으로 고용 계약 맺어서 고용했다가 기간이 만료되어 나가는 고용인은 이 세상 어디에서도 저항이 있을 수 없다. 문제는 너에게 침입한 말더듬 그 놈은 너가 고용 계약 맺어서 들어온 놈이 아니기 때문에 문제란 것이었다. 병균 역시 사람에게 계약해서 들어오지 않았지만 사람을 불구로도 만들고 병원에 몇 년 씩 누워있게도 하고 때로는 생명도 빼앗지 않던가?

집안에 침입한 절도범이나 강도범들과 대항을 할려면 어떻게 하나? 생명을 걸지 않고 되나? 그저 가만히 앉아서 당하겠다면 모든 걸 다 털어내 주고 강도범들 얼굴을 봤기 때문에 너의 목숨까지도 주어야 한다. 너나 너의 집안이 강해 봐라. 절대로 절도놈 새끼나 강도놈 새끼가 들어오지 못한다. 들어왔더라도 너가 강해

봐라. 그러면 찍소리 못하고 범죄꾼 새끼들 꺼진다.

21

너와 계약하지 않고 너에게 침입해서 너의 주인같이 안방 차지하고 몇 년 몇 십년을 너의 주인같이 군림해 온 그놈의 말더듬증 너를 쉽게 포기할 것 같나? 그놈이 끝까지 너 입 벌리는 걸 방해하고 너의 대가리 思考를 개망신시키는 행동을 끝까지 방해한다. 왜냐? 너가 입 벌리고 동작 취하면 자동적으로 강해지게 되어 있다. 기어이 너를 파괴시키지 못하고 내쫓길 극한 상황과 결정적인 순간일수록 저항은 지독하고 지독하게도 극심하다. 병균도 최후 순간, 전투도 최후의 순간이 저항도 공격도 강해지는 것이지만 결국은 행동 강한 자가 이긴다.

너를 파괴시킨 적, 천하의 적 그 말더듬, 그 놈의 사고 의식을 최후까지 때려 잡을 놈은 오직 의지와 동작뿐이니 너는 앞으로 너의 의지와 동작만을 전적으로 신임하라. 말더듬을 의지와 동작으로 때려 잡은 자는 이 세상에서 자동 케이스로 달변가가 되고 의지 역시 상상을 초월하게 된다. 이제부터 강력한 의지 창조의 무조건행동으로 돌진하자.

009
포용 · 도전 · 파괴 · 창조

너의 思考와 의지와 몸에게 경고한다. 너는 명심하라. 지금까지의 세상 차원에서의 명심이 아니라 뒈질 각오로 명심하란 말이야. 이제부터 너가 갈 곳은 사람 없는 곳이 아니다. 길 모퉁이가 아니다. 집 뒤편도 아니다. 숨을 곳도 아니고 화장실도 아니다. 너희 집 안방이 아니다. 너는 지금까지 거기에 왜 자주 갔었나? 그 곳에서 너를 반기는 자라도 있었었나? 그 따위 곳들에 가니까 안정이라도 되더냐? 그것도 너가 가고 싶어 가는 것이 아니고 도망 가? 뭣 때문에 도망가서 숨지? 자, 재차 네놈 생명한테 경고하노니 너는 명심하고 행동으로 확인하라. 도대체 너가 가는 곳곳마다에서 너가 얻는 것이 무엇이길래 그렇게 너가는 곳이 한정되어 있고 자주 가나? 도망가고 숨는 새끼들이 동서 고금을 막론하고 남녀 노소를 불문하고 명분이 있더냐, 없더냐? 도대체 명분이 있을 수 있겠나? 그것도 우리의 머저리 선조들같이 뒤에서 협박하고 쫓는 자나 있다면 그래도 봐줄 수 있을지 몰라.

01

그런데 이 세계의 1억 8천만 명의 말더듬이 새끼들은 한 놈도, 도망다니고 쫓겼던 명분을 제시하지 못해. 필자 역시 과거에 아무리 뒤를 돌아다 봐도 필자를 쫓는 자는 없었고 쫓을 이유도 쫓아올 상대도 쫓아올 가능성도 전혀 없었다. 타인에게 죄지은 일 없으니 쫓아올 자 없는 것은 당연하지 않나? 그러면 너는 아무도 모르게 완전 범죄라도 했단 말이냐? 그것도 아니지 않나? 세상에 도망하고 숨는 놈이 꿈속에서라도 잘 되는 걸 봤나? 잘 될 수 있나? 편안할 수 있나?

너는 권투 경기를 많이 봤을 것이다. 복서가 4각의 링 위에서 도망가 봐라. 도망갈 곳이 있더냐? 도망가는 복서의 동작만 봐도 보기 좋더냐? 도망가다가 코너에 몰리면 어떻게 되나? 순식간에 개구리가 되던가? 안되던가? 링밖으로 뛰어 내리면 어떻게 되나? 상당히 보기 좋던가? 도망가는 복서놈의 마음은 오죽 했겠나? 그래 이 자식아, 오죽 했건 오죽 안했건 도망간다서 도망갈 곳이 있더냐 말이야. 수많은 관중이 지켜보고 TV를 통해서 세계가 다 보고 있는데 도망 다니는 바보 새끼들 주심인들 관중인들 도와줄 수 없다. 도망가는 놈은 결국 비참해도 이중 삼중으로 비참이 겹쳐 참패를 맞이하는 것을 너와 우리는 보고 있다. 체급이 같은 상대에게 쫓아오도록 기세 제공을 누가 했나? 그 복서의 조상이 했나? 관중이 했나? 주심이 했나? 세상 인류는 의식 정복을 못해서 그 복서도 마찬가지로 그가 상대를 겁내는 것같이 상대방도 자기에게 겁내고 있다는 사실을 망각하고 있다. 고비에서의 부채를 자산으로 활용은 오직 너만이 사용할 수 있는 특권이다. 관중이 주심이 도울 수 없는 쫓기고 도망다니는 너에게 세계 인류 역사 이후 최초로 너의 도망 의식을 너의 도망 행동을 즉시 자산으로 만들어, 찰나 전까지 기세 등등했던 상대방을 보기 좋게 때려 눕혀 버리는 너의 링으로 만들되 이 세계를 너의 링으로 만들어 주겠다.

02

참패 당한 복서는, 쫓던 자라도 있었고 관중이라도 있어서 파

03

이트 머니라도 받는다. 그런데 너는 10원짜리 동전 하나 받을 수 없고 반기는 자 없는 쓸데없는 곳에 왜 가나? 언제나 너가 가는 그곳은 침묵과 좌절과 공포와 우울, 한숨 뿐이었지 않나? 너는 이런 것들을 언제나 확인하는데 이젠 익숙해져서 그곳에 갈때마다 너는 썩은 동태눈으로 허공을 쳐다보며 한숨만 쉬었지 않나? 그뒤 너에게 찾아오는 것 역시 너는 무엇인 줄 잘 알지 않나?

바람도 큰불은 더욱 크게 하지만 촛불은 꺼 버린다. 큰불로 태어난 너가 왜 촛불 행동을 하나? 세상이라는 거대한 땔감이 큰불인 너에게 제발 좀 모조리 태워 달라고 너의 행동을 그렇게나 많이 요구하고 있건만 너는 왜? 왜? 왜왜왜왜 그때마다 촛불이 되어서 사람이 없는 곳으로 차거운 살얼음 판으로 캄캄한 곳으로 병균이 우굴거리는 곳으로 한숨 쉴 곳으로 방탕한 곳으로만 가서 꺼져 버렸나? 그래 이 새끼야, 소리없는 염라 대왕 소리는 잘 들리고, 모조리 무차별 싹쓸이로 태워 달라는 이 세상의 아우성과 몸부림은 보이지도 않고 들리지도 않더냔 말이냐? 찬물 한 모금 마셔라.

04

세계 인류 역사 이후 최초로 말더듬는다는 이유 하나로 북망 산천에 새치기해 간 자들이 그 얼마나 많던가? 이제부터 말더 듬이는 조물주와 염라대왕과 저승 사자들에게 새치기해 가서 봐달라고 사정할 필요가 없게 됐다. 말더듬만이 아니야. 안더듬 이들도 그저 의식의 노예이기 때문에 조물주나 염라 대왕이나 저승 사자가 와서 살살 손짓하면 그저 빨리 거기 갈려고 환장한다. 새치기로 추월하지 않더라도 결국은 갈 텐데 왜들 그렇게 미리 설치고 환장들을 하나? 왜들 그렇게 하나? 아무리 조물주나

염라 대왕이 손짓해도 너의 의지와 동작이 강하면 어림없다. 思考의 노예만 되다 보니 의지와 동작이 세상과 인류로부터 차차 멀어지게 하고 그저 빨리 캄캄한 숨을 곳에 빨리 가고 싶어 방탕과 히로뽕과 아편으로 병으로 향락으로 자기를 약화시켜 버린다.

세계에다 포효하고 행동으로 뒤엎어 줄 우리들의 의지와 동작을 송두리째 앗아간 저 저승 사자들과 염라 대왕과 조물주라는 작자들을 용서할 수 있겠나? 너와 필자는 인류의 의지와 동작이 자기의 천수를 누리기 전에 말더듬과 무형체들의 노예가 되어서 자기의 부모, 형제, 자매들과 민족과 인류를 거부하고 또 다시 희생을 자초해 버리는 행동을 내버려 둬야겠나, 창조력을 확인시켜 줘야겠나? 세상과 우주를 이해할려 하면 누구나 다 이해할 수 있지만 자기 자신은 전혀 이해할 수도 없지만 이해할려 한다 해도 헛수고이다.

살아 본 경험이 없는데 어떻게 자신이 있겠나? 그래서 언제나 자신이 활활 타오르는 창조 행동만이 필요한 것이다. 죽을 때까지 활활 탈려면 의지와 동작으로 타야 되겠나, 정적인 思考로 타야 되겠나? 동적인 행동으로 하되 조그만 마찰과 조그만 바람에도 꺼져 버리는 촛불이 되어야겠나, 활활 타오르는 모닥불이 되어야겠나? 너는 모닥불이 되지 않겠다면 너의 주둥이는 찢어지지도 않지만 세상 살 필요도 없다. 뭐? 모닥불이 되겠다구! 그렇지! 모닥불이 되어야 세상을 덥히고 태운다. 그럼 지금부터 세상을 밝히고 세상을 덥히고 세상을 태우기로 하자.

05

세상을 태울려면 자기 먼저 타야 되나, 안타야 되나? 자기 먼저 더워져야 되나, 안 더워져야 되나? 자기 먼저 밝혀야 되나, 안 밝혀야 되나? 그런데 빛이란 것은, 열이란 것은, 불이란 것은 기가 막히게도 좋아서 자기가 더워지고 빛을 내고 타기 시작하면 대번에 3가지 가치가 사방 팔방으로 번지게 되어 있다. 불이란 것은 좋고 누구에게나 반드시 필요하다. 없어서는 안 될 것이다. 그래서 열과 빛과 불에는 누구나 다 모여 들게 되어 있다. 필요한 불이든 필요치 않는 불이든 어데서나 불에는 모여 들게 되어 있다. 필요한 불을 열을 내고 태우고 빛을 내는 자원으로 활용하기 위해 모여 들고 필요치 않은 불은 놔두면 세상을 망치기 때문에 꺼 버리기 위해서 모여 든다. 그런데 세상 천지에 너라는 불은 무슨 놈의 희안한 불인지 너라는 불을 보고 사람들이 모여들면 꺼져 버린다. 왜 꺼지나? 일어나도 분이 안 풀릴 판인데? 그렇다서 번지는 것은 상상도 못해. 제기랄 얼마나 작은 불이고 촛불보다도 더 작던지 거기다가 바람이 안 부는데도 꺼져 버려. 바람이 불어서 번져도 시원치 않은 판에 바람은 커녕 장애물도 없고 누가 불지도 않았는데도 왜 꺼져 버린단 말이냐? 이렇게 연약한 불을 가지고 어떻게 이 나라와 이 세계를 덥힐 수 있겠나. 빛을 발산하고 태우는 것은 고사하고라도 말이야.

06

선조들은 옛부터 계집하고 불은 쑤시면 번지고 불똥이 튄다고 했다. 이 나라 사내들이 그러면 5천 년 간 이 나라에 빛을 발산하고 덥히고 우리 민족의 가슴을 태워 왔었나? 이 나라를 망쳐 먹은 사내들이여, 스스로 덥히지도 못하고 빛을 발산하지도 못하고 타지도 못하는 얼간이 사내들이여! 필자도 마찬가지다. 너희들이 안 타기 때문에 세계에서 가장 재능있는 이 나라 여인들마저 그대로 같이 썩어 버렸던 것이다. 그런데 지금도 또 썩기만 하면서 세상을 포기할 테야? 너는 뭐야, 도대체. 너는 불이 아니란 말이냐? 안 쑤시고 가만히 놔두면 너 혼자라도 타야 할 게 아니야, 이 새끼야! 그런데 너는 왜 너 혼자도 못 타? 왜, 왜, 왜, 왜? 왜냔 말이야! 왜 너 혼자 몸도 따뜻하게 덥히지도 못하고 타지도 못하냔 말이다. 그러고도 어디에서나 꾸어다 논 보리 차대기마냥 축 쳐져서, 또 누가 뭘 먹고 너만 안 준양, 이것은 약과야. 남의 것 훔치지 않고도 도둑 놈이 제 발 저리는 것 이상으로 왜 제 발 저리고 안달이냐.

이유 없이 활활 타오르는 모닥불이 되어야겠냐, 안되어야겠냐? 모닥불이 되어야겠다면, 되고 싶지 않다 해서 이제까지 모닥불이 아니 된 너가 아닌데 어떻게 되어야 하나? 너 같은 놈을 누가 활활 타오르는 모닥불로 만드느냐? 누가 너 같은 놈을 이 나라와 이 세계를 활활 태워버릴 수 있는 강력한 모닥불로 만드느냐? 그 자는 바로 조물주가 우주를 창조한 이후 최초로 필자가 너에게 神的인 불을 붙여서 그 불이 활활 타오르는 모닥불이 되어서 오직 너만이 할 수 있게 되는 것이다. 그 불은 촛불이나 작은 불이 아니라서 절대로 안 꺼진다. 그 불을 보고 달려드는 모든 사람들에게 따뜻한 열과 빛을 주고 그 불이 가는 곳곳마다 세상의 무형체들을 사그리 태워 버린다. 너라는 강력한 불을 보고 쑤시고 덤비는 자가 있더라도 금새 번져서 너에게 도전하고 쑤셔오는 자들까지 송두리째 덥혀 버리고 태워 버린다.

07

어디에서나 너는 활활 타오르고 저항을 받고 부딪치고 도전하면 할수록 더욱더 번지게 되고 바람을 받으면 받을수록 그 바람 자체가 너를 더욱더욱 왕성하게 태우는 자산이 된다. 너는 과거에 하도 많이 꺼져 봤기에 안 꺼져야 함을 잘 알고 있고 어느 곳에서 더 열을 내야 하는지도 잘 알고 있다. 너만큼 너의 불이 안 꺼지고 어느 곳에서나 활활 잘 타야 되는지를 잘 아는 자는 이 세상에 없다. 그렇게 잘 아는 네놈이 어데서나 잘 꺼져 버리고 스스로마저도 안탔었으니 너가 너를 좋아할 수 있었겠나? 세상 사람들이 너를 좋아할 수 있었겠나? 인류 전체도 물론이지만 너 자신이 지금 당장 사는데도 너 몸을 덥힐만한 열도 내지 않으니 너의 의식이 너의 의지와 동작에게 '아이구~이 새끼야, 아이구~이 년아.'했어, 안했어 ?

불이란 것은 물과 흙만 빼고는 무엇이나 다 태워 버린다. 그러나 거대한 불은 물과 흙도 태워 버린다. 물론 물도 불을 먹어 버리지만, 人体는 흙과 물로 되어 있고 사는 것은 불로 사는 것이다. 너는 지금 너의 가슴에서 심장에서 불이 꺼졌으니 살 수 있겠나 ? 빨리 모닥불을 지펴야 한다. 그래서 너의 의지와 동작은 입으로 뿜어내는 불을 통해 세상과 인생을 요리하게 된다. 너는 세계 최고의 행동 과학자, 행동 철학자, 행동 심리학자가 반드시 되기 위해서는 불과 물을 너의 몸 가지고 요리하는 神的 전문가가 되어야 한다. 지금까지의 세상적 차원인 무식과 무지는 비벼 버려라. 지금까지의 너의 차원 가지고 神的차원을 지껄인다면 아가리 찢어 버린다. 세상에서 대가리 가지고 만든 박사 학위따위 몇 개 가지고는 판단할 자격도 없다. 물은 다음 장에서 드러내 확인시키겠다. 너는 너라는 몸[흙]에서 가슴과 심장을 통해 너의 몸 전체에 항상 열과 정기를 보내 후끈후끈 달아오르게 하고 입으로는 불을 뿜어 내어 세상 인류를 포용해야 한다. 너의 몸과 입이 가는 곳곳마다 너에게 접근하는 사람 사람마다 너로부터 열과 빛을 받게 해야 하고 세상 때가 태워지게 해야 한다.

<h2 style="text-align:center">08</h2>

사람과 동물과 대자연도 따뜻한 곳, 열이 있는 곳은 다 좋아한다. 그리고 모여 들게 되어 있다.

따뜻한 남쪽 나라를 김만철씨 일 가족도 생명을 걸고 찾아왔고 더 따뜻한 상하의 나라에는 사시 사철 관광객이 들끓는다. 이 불과 이 열과 이 빛은 한 가지 스타일로만 뿜어 내서는 효율성도 적고 또 한계에 부닥친다. 그래서 창조자가 되어야 한다. 고무줄과

스프링을 사용하듯 말이야. 세상은 용광로에 필요한 불, 도자기 굽는데 필요한 불, 제조 공장에 필요한 불, 가정에 필요한 불, 용접하는데 필요한 불, 쇠붙이 담금질(야끼) 하는데 필요한 불, 난방에 필요한 열, 머리 드라이하는데 필요한 열, 전기 장판에 필요한 열, 자동차 페인트 말리는 열, 세탁물 말리는 열, 남녀간에 포옹할때 필요한 열, 태양 빛, 달 빛, 백열등 빛, 형광등 빛, 레이져 광선 빛, 호롱불 빛, 반딧불 빛 등등 천차 만별이다.

　이렇게 천차 만별의 적재 적소에 발휘할 수 있는 창조자가 되어야겠나, 획일적이어야겠나? 국은 몇 도이고? 밥은 몇 도이고? 키스는 몇 도이고? 방안은 몇도이고 화장실은 몇도이고 기타 등등 세상 환경은 몇 도가 되어야 하는데 그 온도가 안 되면 실패하고 좌절하고 자살하고 해야 되겠나? 꼭 그 불, 반드시 그 열, 필히 그 빛이 안되면 왜 안 되고 그 이하이면 왜 안 되나? 왜 꼭꼭 그것, 그것만 되어야 하나. 그이상이면 왜 안 되고 그 이하이면 왜 안 된다는 거야. 창조자가 아니고 존재자이기 때문이다. 왜 그 이상도 될 수는 없단 말이냐? 왜 그 이하는 될 수도 없단 말이냐. 이 새끼야, 글씨로라도 대답 좀 해봐라. 너는 왜 그리도 획일적이냐?

　어떤 말은 노래식으로 하면 잘 되는데? 웅변도 리듬을 타고 하면 잘 되는데……이 새끼야, 그러면 술을 타고, 히로뽕을 타고, 마약을 타면 더 잘 되겠네? 아니, 파도를 타고, 바람도 타고, 비행기도 타고, 구름을 타면 더욱더 잘 될거고! 이 새끼야, 또 이 세계의 머저리 교정사들아! 이 따위로 교육하고 이따위로 연습하고 그 따위로 지도하니까 평생 못 고치고 평생 회원제 한다. 이 새끼들아, 너희들에게 공짜로 주어진 이 넓고도 찬란하고 살기 좋은 이 세상을 마음껏 살기 좋도록 창조하는 것을 포기하고 너희들 하나한테만 평생 인생 맡기고 살란 말이야? 빗나가도 분수가 있어야지. 우주 끝까지 빗나갈려고 환장들을 했어.

09

이 새끼들아 이 머저리들아 ! 세상살이를, 사업을 노래식같이, 웅변식같이, 파도 타기식같이, 드라마식같이, 연극같이 , 마취된 것같이 해야 되겠어 ? 그것이 思考의 노예야, 사고의 노예가 아니야, 창조자가 되어야 너의 주둥이에서 어떻게 불을 뿜게 되는지 행동으로 확인하자.

행동하는 놈이 볼 곳은 이 세상이다. 너가 볼 곳은 너의 대가리 사고가 아니야. 너의 의식을 볼려고 백년, 천년, 만년 지구와 우주 나이만큼이라도 발버둥 쳐 봐야, 볼 수도 없고 또 보고 알 수 있게 되어 있는 것도 아니다.

옛날부터 인류의 의식과 심리에서는 너무나도 지나친 무지로 인해서 또 할 일도 없었기 때문에 실체를 알려고 시도하다가 좌절했고, 현재도 그렇고, 미래에도 계속 헛수고만 이어지게 되어 있다.

그래서 조물주도 단, 의식을 의지에 예속시켜서 발휘만 할 뿐이다. 神이란 발휘만 해서 확인하는 것일 뿐이기 때문이다. 너도 神의 속성이니 창조주와 같이 발휘만 해도 되고 내버려 둬도 이제부터는 의지와 동작의 힘에 의해 지금까지 썩고 있었던 너의 뇌가 좋아지게 된다. 너가 보고, 너가 가고, 너가 부딪치고, 너가 떠들고, 너가 타고, 너가 태울 곳은 너의 눈 앞에 보이는 현실 세계이다.

10

너는 이제부터 너의 의식에서도 떠나야 하지만 너의 안방에서도 빠져 나와라. 너의 집에서도 나와라. 너의 안방에서 너의 집에서 너의 고장에서만 세상을 재패할 수 있나 ? 바다로 나오지 않고 우물 속에서 어떻게 바다를 제패할 수 있나 ? 의지와 동작으로 뛰어 나와라. 숙달이 될 때까지는 소리도 먼지도 많이 나게 된다. 접시를 많이 닦는 놈이 접시도 깬다. 안 깰 수 있나?

몸뚱이 가지고 나왔는데 思考에서 자신 없다고 행동 안할 수 있나? 용기없고 사람 죽여본 일 없다고 백병전에서 적을 찔러 죽이지 않고 너가 적의 대검에, 개머리판에 맞아 죽어야겠나? 겁나고 자신 없는 것은 너의 대가리의 사고이지 행동으로는 이유 없이 적을 무찔러야 한다. 그게 너가 살고 국가와 국민을 살리는 전쟁에서의 군인의 행동이다. 행동을 통해서 용기와 패기와 지혜는 순식간에 얻게 된다. 그러니 행동하지 않고 사고로 되겠나? 군인의 전쟁이야 무대가 한정되어 있지만 너의 전쟁은 한정이 없다. 대한민국 무대가, 세계무대가 누구 것이냐? 너 없는 대한민국, 너 없는 세계 아무 소용없다. 타인들만 대한민국과 이 세계를 자기들 무대로 삼고 너만은 대한 민국과 이 세계를 너의 무대로 삼지 말라는 법률 조항이라도 있다더냐? 설사 있더라도 거기에 매어 버릴 너가 되어야겠나?

너나 너의 부모, 형제, 자매나 직장이나 사회나 국가나 민족이나 세계는 모두가 하나같이 너의 思考따위에는 터럭만큼도 관심없어, 오직 너의 의지와 행동만 기다리고 있다. 이렇게 넓고 넓은 세상에서 너 하나만의 행동은 한강에 물 한 방울 정도이다. 물 한방울 이땅에 떨어져봤자 금방 스며들어서 흔적도 없게 된다. 그러니 이 넓은 세상에 많은 사람의 행동이 필요할 수밖에 없다.

11

너 하나가 백명, 천명, 만명의 행동으로 되게 할려면 너는 이유 없이 말과 동작을 해야 한다. 그래서 세상은 많이 움직이고 또 많이 움직이도록 움직일 말을 많이 하는 자가 대한 민국과 세계의 주역이 되는 것이다. 너 아닌 타인을 움질일려면 너가 말을 해야 되겠나, 침묵을 지켜야 되겠나? 타인과 인류를 움직일려면 귀에 들리는 소리만 해야겠나, 심장과 폐부를 움직여서 행동하게 해야 되겠나? 심장과 폐부를 찌르고 행동하게 말을 하려면 강해야 되겠나, 빌빌빌 해야겠나?

강할려면 처음부터 큰 그릇이 되어야 한다. 도공들이 그릇을 작게 만들어 구어내면 그 작은 그릇은 깨질 때까지 작은 그릇이다. 그러나 큰 그릇으로 만들어 내면 그 그릇은 깨질 때까지 큰 그릇이다. 대한 민국과 세계를 너의 무대로 만들어 뒹굴게 될려면 너가 큰 그릇이 되어야겠나, 작은 그릇이 되어야겠나? 말도 잘 할려면 실수도 많다. 일도 많이 하는 자가 실수도 많나, 적나? 말 실수하지 않기 위해서 말을 안해 버리면 벙어리는 실수 한번 하지 않고 사니까 벙어리는 좋겠네? 그래 벙어리가 부럽던가? 너는 한마디로 축구공이 되고 농구공이 되고 탁구공이 되고 테니스 공이 되고 골프 공이 되고 동네북이 되고 주색 잡기와 향락을 초월한 몸을 팔지 않는 남창이 되고 향락을 초월한 기생이 되고 작부가 되고 그야말로 남녀 공히 바보가 되고 미쳐야 한다.

미치라고 하니까 또 이 새끼 화내? 이 새끼, 목을 비틀어 버릴테다. 너 지금 바보보다, 미친 사람보다 더 똑똑하게 사는 것이여? 이 새끼야, 가장 큰 바보가 가장 현명한 자야. 연극에서 제일 어려운 것이 바보 역이다. 그런데 이 바보 역할은 아무나 못하는 것이다. 제일 똑똑하고, 현명한 자가 바보 역할을 하는것, 그러면 이 바보 역할 하는 자가 바보냐? 판단 말라고 했잖아.

12

과거에 대원군도 폐인 행동에 미친놈 행동까지 한양 장안이 다 알고 조선 팔도가 다 알도록 했었어. 자그마치 10년 간이나! 목적은 정치적 목적을 위해서였지만 그랬기에 죽음도 한 번 면했고 홍선군에서 하루 아침에 대원군으로 되어 산천 초목까지도 떨도록 했었다.

　너의 목적은 대원군의 정치적 목적보다도 더 큰 목적이야. 목적은 훨씬 더 크면서도 바보 역할의 시간은 상상을 초월할 만큼 짧다. 필자는 너를 만들어도 웬만하게 만들지는 않겠어. 임마! 너가 지금까지 어떻게 살아왔어? 살아온 것이 아녀. 개보다도 못하게 기어왔잖아? 세계에서 최고의 바보로 살아 왔잖아. 이걸 부인할 자있어?

　그런데 너의 이제까지의 바보 생활은 思考의 노예로서 바보 역이었었다. 목적을 향한 의지창조 행동의 바보 역이 아니였었단 말이야. 옥토에 씨앗을 심어서 가을에 풍성한 수확을 하는 현명한 농부의 바보 역이 아니였고 얼음 바닥에 돌밭에 자갈밭에 씨앗을 심어서 가을에 수확이 없고 오히려 더 피해만 입는 헛수고의 역할이었었다. 그래서 이제는 너의 사고를 무시한 의지의 동작으로 바보가 되어야 한다. 이제는 봄에 옥토에다 씨앗을 심고 가을까지 열심히 가꾸어 가을에 푸짐한 수확을 하는 현명한 바보 역학을 해야 한다. 이게 싫으면 뒈져! 뒈져! 뒈지라구! 그러나 너는 이 책만 봐도 절대로 죽지도 않지만 이젠 평생 실망도 안해. 그런데 너가 바보 역할까지 하면 어떻게 되겠어? 필자가 너를 크게 만들어도 보통 크게 만드는거냐?

13

　너는 이제 목소리도 커져야 한다. 음성이란 호흡했던 산소량이 노폐물로 나오면서 그 입김에 음성이 실리는 것인데 너는 흘음(吃音. 먹을흘, 소리 음)으로 숨을 다 내쉬어 버리고 숨을 마시면서 발음을 할려니 소리가 나오겠나, 들어가겠나? 목소리가 입밖으로 나와야 되겠나, 들어가야되겠나? 목구멍으로 들어가는 소리 가지고는 세상과 타인들을 움직일 수 없다. 너도 너 목소리에 질려있지 않나! 필자의 최신 자동단전 호흡대를 착용하면 평소 마시던 산소량의 4,5배 이상의 산소를 마신다. 그 호흡이 나올

때 너의 음성이 실려서 평소 목소리보다도 4,5배나 더 커져 세상사람들은 너의 목소리를 다 알아 듣게 되고 반문하지 않게 되며 점차 너의 목소리는 더 우렁차게 되어 몇 개 대대 정도라도 육성으로 거느릴 수 있게 된다. 그런 목소리를 가지고 너가 갈 곳은 너의 안방이 아니고 사람이 많은 장소이다.

너는 언제나 사람을 향해 공격을 해야 한다. 언제나 말과 행동으로 그들에게 봉사해라. 타인들에게 도움되는 행동이 너에게서 나와야 그들이 너 말을 들어준다. 칭찬이나 존경 받을 기대는 평생 갖지 말라. 이런 기대는 너의 빌어먹을 思考의 소관으로서 영원히 깨뜨려 버려라. 의지와 동작 소관은 아니기 때문이다. 반드시 말할 의지의 목적이나 의무가 있으면 필히 할 말을 다해라. 그가 거부하면 팔을 잡아라. 걷어차거든 너는 맞으면서라도 너는 너의 사고를 무시하고 행동으로 쫓아가면서라도 서툴어도 좋으니 입을 열어라. 요새같이 바쁜 세상에 누구든지 아나운서나 미남 미녀들의 말이라도 거리에서는 다 들어주지 않는다. 아무리 애걸 복걸 간청을 해도 다 들어줄 수 없는 현대 인류다. 한 시간에 얼마 드릴 테니까 내 말 좀 들어주시오 해도 액수가 적으면 실업자라면 몰라도 거의 들어줄 사람이 없다. 그런데 하물며 망신을 목적으로 하는 너의 말을 처음부터 끝까지 다 들어줄 사람이 이 세상 어디에 있겠나? 그러나 안 들어주는 것은 타인들 사정이고 말하는 것은 너 사정이다. 너는 범죄만 되지 않는 한 세상에서 가장 두꺼운 철판을 얼굴에 깔아야 한다는 걸 언제나 확인하라.

<h2 style="text-align:center">14</h2>

어떠한 희극 배우라도 말더듬이의 창조력에는 비교가 되지 않는다. 너는 그만큼 강력하게 창조자로 태어나는 것이다. 언제 어디에서나 제대로 개망신 당해야 직성이 풀리는 너의 성격으로 창조되어야 한다. 물론 창조 해주마. 가장 이기기 힘드는 것은

타인이 너를 뿌리친다고 해서 그것을 이기기가 힘든 것은 아니다. 너가 너를 비웃게 되어서 다음 번에는 누구에게도 도전하기가 어렵다고 생각하는 너의 대가리 그 思考를 무시하는 것이 가장 어려운 것인데 그것도 오직 너의 사고 따위로는 깰 수 없고 의지와 동작으로만 순식간에 깨 버리게 되는 것이다.

절대로 한가한 사람 잡지 말라. 바쁜 사람 잡아 놓고 따귀쯤 맞는 걸 감수하라. 비웃고 뿌리쳤던 사람들이 다음에는 태도가 180도 달라진다. 너의 동작과 창조력 여하에 따라 오히려 타인들이 너에게 봉사할려 하게 된다. 반드시 미소에 눈웅시하라.

인간은 자기가 하고 있는 행위가 부끄럽다고 생각하는 순간부터 능력 발휘도 안 되지만 비굴해지기까지 하는데 너는 다르다. 세상의 인류는 자기 思考를 무시하지 못하기 때문에 부끄럽다는 것이고 그 부끄럽다는 것은 오직 사고의 노예이니 너의 능력이 고스란히 썩어 버려서 스스로가 비굴해져 보이는 반대만 너는 입과 동작으로 행하되 사고를 무시했으니 믿음이 없어도 의지의 동작은 어떤 것이나 모조리 할 수 있게 되는 것이다. 사고만 무시하면 두려워 할 조심해야 할 이유 자체가 없어지고 부끄러워 할 망설여야 할 이유 자체가 없어지니 얼마나 즐거운 인생으로 비약하나.

15

반복되는 행동과 발음의 실수에도 하등 생각하거나 멈출 이유가 되지 않는다. 그것을 기억 하는 것은 사고인데 사고를 무시해 버렸으니 그런 의지와 동작으로 타인들에게 조금만 베풀어도 반응이 온다. 타인은 너의 행동만 보지만 사고로 기억하게 되고 그러나 너는 기억하지 않으니까 행동과 말을 아무리 해도 지치지 않는다. 그러니 너는 너 자신에게 만족 없이 계속 지껄이면서 의지의 행동을 창조해 가게 된다.

땅을 파건 사업을 하건 학업을 하건 직장에 매진하건 오직
사람들 가운데서 하라. 단 어디에서나 너를 가리켜서 어느누구
라도 말과 동작으로 너가 도전해 오는데는 질려 버렸다고 이름이
나버려야 한다. 처음에는 너가 사서 대접하지만 나중에는 그들이
음료수와 점심까지 몇 번씩 너에게 사주면서 회피할 정도로까지
되어 버려야 한다. 그때는 너가 성공된 것이니까 너가 거부할 때가
된다.

010
포용 · 도전 · 파괴 · 창조

01

말이란 로봇처럼 컴퓨터처럼 절대로 한 가지 스타일일 수가 없다. 환경과 대상과 상황과 목적과 의무와 기후 등등에 따라 언제나 발성 속도도 달라야 하고 톤도 달라야 하고 표정도 달라야 하고 제스처도 있어야 하지만 또 대다수 단체를 대할 때와 소수의 인원을 대할 때와 개인을 대할 때도 달라야 하고 또 회의인가 보고인가 토론인가 전달인가 기타등등 헤아릴 수 없을 만치 천차만별의 양상이 있다. 안 더듬이라도 이와 같은 면에 달통한 자는 이 세상에 한 명도 없지만 또 있을 수도 없다. 오직 있을 수 있는 것은 말더듬이만이 의식을 정복하면 이와 같은 면 전부에 달통하게 된다.

필자가 전 국민을 상내로 실시하는 3박4일 수평적 의지행동창조수련에서 일반인들이 50여 년에서나 평생을 살면서 체험하거나 체험할수없는 핵심들까지도 차원 높게 체험시켜 창조력까지 발휘하게 해낸다.

말더듬자들은 처음에는 자기는 위와 같은 다양한 능력 발휘보다는 우선 말이 서투른 일반인만큼이라도 되었으면 한다. 그러나 너는 명심하라. 너의 思考에서 표현력이 서투르게 보이는 안 더듬이만큼이라도 너가 말할수 있게 되려면 너는 너의 사고를 무시해 버린 얼마만한 행동 의지 과정이 있어야 하는 줄 아나 ?

사고에서의 모험은 아무 소용없다. 너는 오직 의지와 행동모험이라야 한다. 도박꾼들은 사고의 노예로 한 번 도박에 빠지면 자기 의지와는 전혀 관계없이 思考의 노예로 투자만 하는 자들이다.

살아 움직이는 사람들은 남녀 노소 마찬가지지만 매력적인 것을 향해서 또는 당장 필요한 것을 향해서 저절로 움직이게 마련이다. 다음 번에 이득을 취하기 위해서 지금 당장 매력이 있는 것을 포기한다는 것은 매우 부자연스런 것이다. 이것 역시 사고이다.

02

이 세계의 말더듬이들은 명심하라. '아는 것이 소용없다'는 것이 안 더듬이에게는 상식이지만 말더듬이에게는 생명이다. 어렵다는 것은 사고에서일 뿐이다. 시대성을 초월한 의지 창조 행동 수련으로는 순식간에 바뀌어 버린다.

행동을 하고 나서는 자기가 먼저 놀라 버린다. 절대로 타인이 먼저 놀랄 수 없는 것은 자기가 행동하지 않았기 때문이다. 너는 일반인들보다도 월등하게 될 소질을 가지고 태어났다. 지금까지는 임자를 못 만나서 단 너의 소질이 썩고 있을 뿐이다. 이젠 인류 역사 창조 이후 최초로 당대에 임자를 만났으니 이제부터 성공을 향해 발휘하는 것이다.

발음이란 환경과 목적에 따라 강철과 같이 강력한 말을 해야 할 때가 있다. 또 말이란 보석과 같이 치밀한 말을 해야 할 때가 있다. 절대로 나오는 것이 아니다. 절대로 하는 것이다. 또 말이란 음악과 같이 사랑스런 말을 해야 할 때가 있고, 갈채의 말을 해야 할 때가 있으며, 위로도 다양하지만 위로의 말을 해야 할 때가 있고, 격려의 말을 해야 할 때가 있으며, 속삭이는 말을 해야 할 때가 있으며, 말이란 또 어느 때는 타인의 심장과 폐부까지 후벼 파내 버리는 말을 해야 할 때가 있고, 때때로는 자기의 심장과 온 몸의 피가 들끓게 해서 해야 할 말이 있고 기타 등등 헤아릴 수 없을 만치 많은 창조력을 발휘해야 하는데 이러한 발음들 모두를 자유 자재로 한다는 것은 안 더듬이라도 어림없다. 그러나 말더듬이로서는 필자의 의식 정복 과정에서 한꺼번에 능력 발휘가 될 수 있게 됨을 확인하게 된다.

인생이란 생각에 맡겨서만 산다면 앞으로의 인생의 어려움에 까마득하지 않은 자가 없다. 다행히 행동으로 살면서 인간은 자기 행동 실적에서 자신감을 확인하고 얻게 되지만 대다수의 인간들은 그래도 思考의 노예이기 때문에 인생살이가 죽을 고통이라고들 말한다. 어리석은 작자들 같으니라구……. 말더듬이는 더욱더 심각하지만……. 이러한 지구의 인류가 자기 의식을 정복해 산다면 그 인생이 얼마나 행복하고 활기 있고 강력하겠나?

03

다행히 필자가 세계 최초로 기십 년 간 말더듬 파괴와 의식 정복하는 창조를 목적으로 목숨을 건 도전과 모험을 하다 보니 필자의 행복을 창조하고 그 실적으로써의 수련이 전세계 인류의 기대를 초월하여 최 단시일에 세계 최초로 인류의 의식을 정복할 수 있게 되는 것은 말더듬 한가지의 전적인 덕이다.

인간은 누구나 살아가는데 자기의 능력이 있고 없고 간에 두 가지중 하나를 포용하지 않으면 안된다. 이것이 잘 안되어서 전 인류는 자기 의식에서는 언제나 불행하지만. 즉 자기가 자기에게 이기느냐, 자기에게 지느냐이다. 이 전쟁은 인류 역사 이후부터 지금까지 또 자기 인생 시작부터 지금까지 한 순간도, 결코 한 순간도 휴전이 없었지만 현재도 없고 앞으로도 있을 수가 없다. 이 전쟁은 종식도 있을 수 없다. 세계 대전도 종식이 있었고 남북한 전쟁도 휴전이 있었고 이란·이라크의 8년 전쟁도 걸프전도 휴전이 있었다.

자랑하는 것이 아니다. 필자의 의지 창조의 神的인 수

련외에는 없다. 의학, 과학, 종교, 미신, 아무리 날뛰어 봐야 근본적으로 차원이 다른 걸 어찌하랴! 그래서 얼간이 인류들은 인생은 자기와의 싸움이라고들 말한다. 그러니까 얼간이들이지! 정복하면 그만인데 왜 싸워. 정복하고 포용하여 그리고 포옹까지 하여 평생 싸울 전력을 창조와 봉사에 돌리니 얼마나 능력자이냐. 얼마나 행복한 성공이겠나?

세상 인류는 이 두 가지중 하나를 받아 들이지 않으면 안된다. 받아 들여 놓고도 휴전이나 종전이 없으니 계속 전력 소모를 해야 한다. 이 둘중 하나가 이기는 것이든 지는 것이든 너가 원하던 너가 원하지 않던 너의 행동 하나로 되는 것이다. 그리고 이것은 영원한 너의 숙명이다. 그런데 세계 최초의 슈퍼맨 수련은 영원한 너의 숙명도 송두리째 바꿔 버리되 순식간에 바꿔 버린다. 강력한 의지 창조의 행동 하나뿐이다. 의식 역시 神的 비약은 물론이다.

04

예를 들어 조금더 구체적으로 확인하자. 세상 인류는 극소수를 제외하고는 50%의 부정성과 50%의 긍정성이 자기 思考를 지배할 때 대부분이 부정성으로 흐른다. 95%의 긍정성과 5%의 부정성일 때도 많은 인류는 부정성으로 빠지는데 말더듬이들은 1%의 부정성으로 99%의 긍정성을 총탄보다도 더 빨리 파괴하여 버린다. 그와 같은 사실을 증명시킬 수많은 확인 행동 예를 줄여버리고 필자의 예를 말한다면 필자는 어떻게 처리하냐? 간단하다.

1%의 부정성이 99%의 긍정성 깨버리는 것의 반대, 즉, 1%의 긍정성으로 99%의 부정성을 총탄보다도 더 빨리 파괴해 버린다. 더구나 창조자이기 때문에 뇌가 100% 부정성이라 할지라도 100%부정성인 필자 대가리의 사고에 필자의 의지와 동작이 반드시 이끌릴 의무도 없고 필요도 없고 필자 사명은 또 다르다. 필자의 100% 부정적인 사고를 필자가 확인했거나 창조한 것도 아니고

창조했다고 할지라도 100%가 될 때까지의 과거이고 현재이지
그 순간 후 미래에까지 영향을 줄 수 없다.

　모든 현상은 미래의 성공과 미래의 창조를 위해 깨지고 없어
져야만 할 현실이다. "기록은 깨지기 위해서 있다."는 말이 운동
경기에서만이 아니고 세상에서도 지금 이순간까지 최고가 이 순간
이후에도 최고일 수 있나? 아니 최고가 최하위로 되기도 하지만
순식간에 되기도 한다. 언제나 세상 차원은 추월당하는 것이고
파괴 되는 것이고 새롭게 창조되는 것이 현실인데 창조자에게
100%의 부정성은 단 아무 소용없는 思考일 뿐이다. 필자는 천%
만%의 긍정으로 창조해 버린다. 부정성이란 언제나 대가리 사
고에서의 사정일 뿐이지 의지와 동작에서는 재산이다.

05

　필자 사고의 부정성이 필자의 의지와 동작을 좌우할 힘이 있
느냐, 절대로 좌우할 힘이 없다. 사고가 의지와 동작을 움직인다는
것은 지금까지의 무식하고 무지한 세계 인류의 사고에 예속되어
왔었던 속물 근성이지 창조자에게는 하등 포용 대상 가치는커녕
일고의 가치도 없는 너무나도 엉터리 차원이다. 수직 관계의 예
속된 사고 차원이 神的인 창조성 앞에서는 전혀 명분과 의
무를 달리할 수밖에 없다. 그러면 이 세계 인류는 뇌의 삭용
즉 사고의 작용이 아닌 본능의 작용은 어떻게 하나? 하고 필
자에게 묻겠지만 이것은 더 쉽다. 사고와 지성을 향한 현대 교육과
과학과 종교적 차원가지고는 이해도 못하지만 몸으로 사는 세
상에서 의지 창조 수련을 받지 않고는 지구가 바늘귀로 나가는
것만큼이나 체득하기 어렵다.

　그래서 필자에게는 KBS TV나 MBC TV에서 세계 최초 의지
창조 슈퍼맨 수련 과정을 방영시키겠다고 수십 번을 요구해 왔
지만 전부 거절했다. 몸으로 직접 참여하지 않고는 체득할 수 없는

세계 최초의 수련이지만 MBC TV에서 하도 사정하기에 대기업체 단체수련 과정에서 100분의 1정도만 촬영하여 방영했다. KBS 제1 TV에서도 세계최초인 말더듬 무의식 완전파괴수련을 방영하겠다고 다섯번이나 요청해왔지만 필자가 시간관계상 거절했더니 나중에는 필자만이 세계에서 최초로 말더듬을 완전 파괴한다는 인터뷰 사실을 방영했다. MBC-TV 나 KBC 제1 TV의 열성에 감심해서 허락했다.

돈 안 들이고 TV에 광고 되니까 좋아할 그런 차원과 그런 수준의 필자가 아니다. 자랑하기 위해서가 아니다. 모든 인류에게 해당되지만 특히 이나라 정치인들과 지도층들과 교육자, 공무원, 방송인, 신문인, 언론인, 법조인과 행정부는 물론 입법부. 그들이야말로 너무나 많은 발전의 여지와 개선의 여지가 많기에 그들 역시 단체로 창조 수련을 받을 필요가 있다.

06

일반 국민들 입장에서는 3박 4일이면 건강과 지식과 지혜와 화술과 리더쉽이 세상적 차원을 초월하게 되지만 말더듬이는 일반인들보다도 차원이 훨씬 더 높다. 그만큼 더 크게 되어야 하기 때문이다. 아울러 그만큼 모험과 도전도 더 크다. 땅도 깊이파는 놈이 얻는것도 많고 사는것도 더 잘산다. 사실 인류와 국가는 땅파먹기라고 해도 과언이 아니다. 발전하는 국가일수록 땅도 더 깊이 판다. 물속도 더 깊이 들어간다. 이렇게 더 행동하니까 더 잘되고 더 잘살고 더 봉사하고 더 행복하다. 더 안 파고 더 깊이 들어가지 못하는 민족이나 국가는 더 못 살고 더 고생한다. 말도 마찬가지로 일반인들은 평소에 말을 잘하겠다고, 완벽하게 해야겠다고 결심한다거나 자기의 전 인생을 말 잘하는 데에 바치지 않는다. 그러나 말더듬이는 전 인생을 목숨을 걸고 말 잘할려고 치중하고 또 오직 발음에만 전력 투구하기 때문에 나중에는 안

더듬이들보다도 훨씬 더 말을 잘하게 되고 또 안 더듬이들의
대변자가 된다. 그런데 땅을 더 깊이 파고 물 속을 더 깊이 들
어가는 타인들과 선진국의 그런 노력만 가지고 말을 잘하게 된
다면 오죽 좋으리요마는 이 말더듬 정복만큼은 그런 노력과는
천지 차이만큼이나 다른걸 어찌하랴.

  노력이라고 같은 노력이 아니다. 방법이라고 같은 방법이 아
니다. 행동이라고 같은 행동이 아니다. 지도한다서 똑같은 지도가
아니다. 열 군데 열 다섯 군데 말더듬 교정소와 외국까지 가서도
별볼일 없이 의식 정복 차원까지는 감도 잡지 못하는데 왜 필
자에게 오면 한 번에 의식 정복이 되어 버리나, 차원이 같아 가
지고는 어림 반푼도 없다. 더군다나 지도 방법은 목숨도 걸어야
하지만 神的 차원이 아니고서는 안 되는 것이다. 세상 인류는
노력하고 땀을 흘리는 사람마다, 입에서 나오는 소리들마다 "마
음대로 안되는데"또는 "생각대로 안된단 말이야" 이런 표현들이
思考의 노예인가 창조자인가 사고에서 한계를 정해 놓고 하는
한 그는 임무나, 의무, 또는 과정 수행자이지 성공자가 된다거나
창조자는 못된다.

<h2 style="text-align:center">07</h2>

  말더듬은 절대로 교육 가지고는 정복할 수 없는 것이다. 희
망과 현실은 다르다. 희망은 思考요. 현실은 말이고 행동이다.
의무나 임무나 과정을 수행하면 아무나 출세할 수 있다. 출세해서
유명해지고 수입이 많아져서 문화 생활은 얼마든지 할 수 있는데
자기 의식 문제, 심리 문제, 건강 문제, 인생 문제, 말더듬 따위를
해결 못하는 현대인들에게 주택과 자가용이 있으면 행복하나?
동산과 부동산이 많으면 말더듬과 의식 문제가 해결 되나? 해결
된다면 왜 그들이 자살할까? 즉 자기 사고를 정복 못하는 현
대인들 중에서 말더듬이보다 나은 자들이 그렇게 많을까? 너는

말만 더듬는다서 벙어리보다는 더 출세했고 더 행복하나? 안 더듬이들의 입장에서 결함의 정도로 점수를 매긴다면 어느 정도 타당성이 있겠지. 그런데 분명히 기억들 하라. 어리석은 이 세상 인류들아, 말더듬이들은 왜 좌절하고 왜 자살하나? 벙어리는 왜 좌절하지 않고 왜 자살도 하지 않나? 벙어리가 비관해서 좌절하고 자살하는 것 봤나? 이걸 한 가지만 봐도 이 병도 아닌 말더듬증이 평생 고칠 수 없는 병보다도 결함의 정도가 그 비중이 더 큰 것이냐, 더 작은 것이냐?

결함의 정도를 가지고 등급을 매기는 것이 행복과 달변과 정복의 단계가 되겠는가? 분명히 병이 아닌 말더듬인데 병보다도 너는 더 훨씬 더 고통이 되는 것은 그만큼 너는 큰놈이 되기 전에 너에게 오는 큰 고통의 과정이다. 큰 놈은 공짜로 되는 것 아니다. 무식하고 무지한 인류가 말하는 것같이 하늘이 만드는 것은 더욱더 아니다. 하늘이 무슨 힘 있나, 개뿔이나. 5천 년 간 우리 선조들이 확인을 시켜 주었지 않느냐. 노력한다서 되는 것은 더욱 아니다.

08

오직 너가 神的인 창조자로서 창조하여 세상과 하늘에게도 너가 봉사를 해야 하는거야. 너는 그렇게 변해야 된다. 무엇이 변하냐, 세상이냐? 환경이냐? 너의 지식이냐? 너의 인격이냐? 모조리 다 아니다. 이 자식아, 그런 것 따위는 모조리 다 내팽개쳐 둬 버려라. 너는 오직 너의 의식을 정복해 버리는 변화 말이다. 이 변화는 불같은 너의 의지의 동작만을 요구한다. 앞서 불은 이야기했다. 불만 잘 다룬다서 해결 되는 줄 아나? 천만에다. 절대로 천만에야.

아니, 홍 관장! 의식만 정복하여 말만 잘하면 되지 기타 무슨놈의 군더더기가 그렇게 많이 필요하나? 이 ○○○의 자식,

강냉이가 쏟아지게 주먹 뺨을 쳐버릴까부다. 이 자식아! 전기도 +, -가 있다. +만 잘 다룬다고 빛을 낼 수 있고 열을 낼 수 있고 동력을 만들어 낼 수 있나? 자식이 하나만 알고 열개 백개는 몰라? 임마 천개 만개의 창조자가 되어야해. 네놈에게서 뻗어난 가지가 한두 개냐? 낮과 밤이 왜 있나? 지구가 왜 도나? 지구가 돌지 않고 가만 있으면 네놈 좋겠나?

세계 최초의 필자 역시 너에게 지금까지의 세상 인류같이 실패를 체험시켜야 겠나? 임마! 神的인 차원이라고 했잖아. 자식! 왜 꼬리를 붙이나? 임마, 꼬리를 붙이려면 또 대한 민국 방방곡곡 다 찾아다니고 실패한 후 모가지가 축~쳐져서 집 팔고 산 팔아서 미국, 일본, 불란서, 스위스, 영국까지 찾아가서 또 실패하면 될 것 아니냐. 그리고 나서 뒈져도 늦지 않고 임마 여자와 남자라는 극과 극을 반드시 합쳐 내는 동작이 없이 어떻게 가정 생활을 할 수 있고 아이를 낳을 수 있나?

홀수와 짝수를 모르고 어떻게 경제 생활을 할 수 있고, 먹는 구멍과 나오는 구멍의 행동 작용이 없이 어떻게 네가 세상을 뒹굴어 다닐 수 있나? 쇠를 잘 다루는 대장장이가 물과 불을 다룰 줄 모르고 되나? 무식한 대장장이라면 머리에서는 몰라도 된다고 하자. 그러나 행동으로는 숙달이 되어 있잖아.

09

너의 입에서 불을 뿜어 내어서 세계를 집어 삼킬려면 불의 상극이면서도 불의 원동력인 우리 몸뚱이의 80%를 점유하고 있는 물도 자유 자재로 주물러야 된다. 불을 자유 자재로 뿜어 내어서 세상 인류를 설득시키고 심장과 폐부까지도 파내어 버리게 될 때 너의 몸에서 가장 소모되는 것이 무엇이냐? 물이다. 한마디 한마디 발성할 때마다 인간 몸속의 수분은 그만큼 소모된다.

물과 불은 상극이면서도 전기같이, 홀수 짝수 같이, 남녀같이 상존한다. 인간은 참으로 위대해서 이 극과 극을 이용하여 매우 편리하게 사용한다. 물과 불의 사이에다 냄비라는 것을 동작으로 집어 넣어서 극과 극을 이용하여 맛있는 음식을 만들어 내기도 한다. 그런데 너는 지금까지 너의 가족과 또는 이 세상이 만들어 주는 음식을 먹을 줄만 알았지 너가 직접 이 물과 불을 내놓을 줄을 몰랐었다. 아예 내놓지를 않았었다. 너의 몸 전체가 거의 수분이면서도 말이야. 그러니 말을 못했고 지금도 못하지 않느냐?

흙과 식물 역시 물 없이는 무용 지물이 된다. 식물도 물을 먹으면 자기가 먹은 것보다 더 세상에 내어 놓는다. 아궁이도 불을 먹으면 먹은 것 이상의 댓가를 반드시 솥과 방안에 주거에 공장에 내어 놓는다. 솥도 자기 안에 들어간 것 이상을 인류에게 내줄 줄 안다. 공장도 자동차도 TV도 기타 여하한 문명의 이기도 모조리 다 자기에게 들어온 것 이상을 내어 놓을 줄 안다. 공중 전화도 돈을 넣으면 그시간만큼 사용할 수가 있다. 그런데 공중 전화가 돈을 먹기만 하고 전화가 안되면 그 전화를 고장난 전화기라 한다. 너는 고장난 전화기도 아니고 고목도 아니다. 가축도 인간에게 받은 것 만큼은 지불하고 나중에는 자기 몸까지도 인간에게 내어 놓는다.

10

사람은 분명히 지구라는 전세 집에 살면서 죽는 날까지 말과 행동으로 조물주와 지구에게 인류에게 집세를 지불하기 위해서 동작은 지구를 경작하고 입은 불과 물을 뿜어서 사람과 동물들을 움직이게 하도록 태어났다. 이것을 못하는 자는 소위 고장난 전화기다. 그런데 인간으로 태어나서 근본적으로 고장난 전화기는 말 못하는 농아자 하나뿐이다. 너는 반드시 입을 쫘—악 찢어서 그 입 가지고 민족과 세계를 움직여야 한다. 일하기 싫거든 먹지도 말라고 했다. 조물주한테 너가 농아자도 아닌데 너가 입을 안 벌리니 누가 너에게 죽으라고 하지 않더라도(먹지 말라고) 죽고 싶더냐, 안 죽고 싶더냐? 너가 입만 쫘—악 찢어지면 죽고 싶지 않겠다는 너의 의지가 이걸 증명하나, 증명하지 않나? 너의 입은 이 민족과 지구를 적시는 우물이다.

　너는 너의 우물을 너무나 뿜어 내지 않아서 썩고 있다. 너와 너의 주변은 메마를 대로 메말랐고 더욱더 메말라 가고 있다. 우물이 싱싱한 생수가 될려면 퍼내야 되겠나, 퍼내지 않아야 되겠나? 우물을 퍼내면 물이 줄어드나 더 잘 나오나? 우물이란 퍼내면 퍼낼수록 더욱더 잘 나오고 물이 깨끗해진다. 지하의 물맥이 쭉쭉 흘러야만 되는 것은 수도관에 물이 흘러야 하는 이치와 같다. 수도관에 물이 흐르지 않고 고여 있으면 물도 썩지만 그 수도관 자체도 썩고 만다.

11

　땅 위에서도 물이 고이면 썩는다. 허나 썩은 물이라도 흐르게 되면 맑게 정수된다. 너의 집에서 마을에서 우물을 보라. 퍼내지 않은 우물 썩던가, 안 썩던가? 우물이 썩게 되면 냄새가 나나, 안 나나? 썩어서 냄새나는 우물 어떻게 해야 되겠나? 메꾸어 버릴 테야?(너 죽어 버릴 테야?) 퍼내서 생수로 만들 테야? 죽겠나, 살겠나 말이다. 살겠다면 썩은 우물을 퍼내야 되겠나, 다른 우물의 생수를 갖다 부어야 되겠나?(연습이나 교육 따위 등등) 썩은 우물에 다른 생수 갖다 부으면 더 잘 썩겠나, 더 잘 안 썩겠나? 이 멍청아, 살겠다면 썩은 우물 퍼내면 될 것 아냐. 얼마나 우물을 안 퍼냈으면 우물이 썩어서 물을 먹지도 못하지만 썩었기 때문에 사용하지도 못하고 그 악취는 이젠 가정과 주위에까지 풍기고 있다. 썩은 물 퍼낼 때 행동이 있어야겠나, 없어야겠나? 명심하기 바란다. 몇 년, 몇 십년 간 썩어 있는 우물을 퍼내는데 어찌 편하게 퍼내겠나. 어찌 행동의 고통과 행동의 진통이 없겠나? 어찌 너의 입에서 저항이 없겠나.

10개월 만에 어머니 뱃속에서 자란 생명체가 10개월 간의 그 진통도 남편들 역시 보는 것만도 참아내기 힘드는데 만기가 되어 탄생할 때도 뼈가 늘어나고 살이 찢어지는 아픔이 있고 얼마간은 그 후유증이 있다. 그런데 이 자식아 10개월도 아니고 몇 년, 몇 십년 간 썩었던 너의 우물을 소방차 호스도 아니고 자동 펌프도 아니며 밑으로도 아니고 입이야. 입으로 퍼내고 쏟아내야 하는데 간단할 것 같나? 어떻게나 푸—욱 썩었던지 너의 현재 의식, 잠재 의식, 무의식까지 썩어 버렸어. 너의 미래까지 송두리째 망쳐버릴 작정이었었어. 이러니 너가 무의식까지 정복하지 않고 되겠어? 뭐? 그런데 현재 의식에서 교육이나 연습 따위 가지고? 자식이 헛지랄 할 일이 없어서 그 따위로 시간 낭비해? 너의 의지와 너의 몸 전부가 동원되어서 3차 세계 대전같은 염병 개지랄까지 다 떨고 떨어도 그게 떨어질려고 하나?

<h2 style="text-align:center">12</h2>

논에서 모심기 할 때 잠깐 사이에 너의 다리에 피만 조금 빨아 먹고자 달라붙은 불청객인 '거머리'를 뗄려 해도 좀처럼 떨어지지 않는다. 그러나 거머리 같은 불청객이야 배부르면 떨어지지 말라 해도 떨어진다. 그런데 너의 썩은 우물은 뭐야? 그토록 너를 망쳐 놓고도 생명까지 달라면서 무덤까지 같이 가자고 하니 빌빌빌 거리면서 퍼내야 되겠나, 강력하게 퍼내야 되겠나? 썩은 물을 강력하게 빨리 퍼내 버려야 맑은 물이 나오게 된다. 맑은 생수를 너만 먹어야겠나, 세상 인류와 같이 먹어야겠나? 우물 물을 자기 혼자서만 다 먹을수 있나? 자기 혼자만 먹을려면 많은 물이 소용없다. 우물 물을 자기 혼자만 먹겠다면 네 놈의 우물이 또 썩겠나, 썩지 않겠나? 혼자만 먹으려면 많은 물이 소용 없으니

우물 물을 퍼내도, 퍼내지 않아도, 또 썩게 된다. 너는 오늘부터 너가 썩지 않기 위해서도 우물을 계속 퍼내야 한다. 안 퍼낸다해서 우물 물이 절약될 수 있나? 퍼내되 너 혼자서만, 너의 집에서만, 너의 동네에서만 다 소모할 수 없으니 세상에다 퍼내야 한다. 세상에다 퍼낸다서 우물이 마르나? 임마? 퍼내면 퍼낼수록 잘 나오는 거야. 필자도 필자 입으로 하루에 20시간씩 달변을 퍼내도 싱싱하게 잘 나온다.

인류 사회에는 물이 있어야 한다. 너의 이웃과 직장과 사회와 민족과 국가와 세계에는 어디나 다 물이 생명이다. 너가 너의 우물 물을 퍼서 세상 인류와 대지에다 뿌려 준다서 세상에다 기대를 걸지 마라. 왜냐? 세상에다 기대를 걸면 세상이 너를 배신하기 전에 너 스스로가 기대를 건 너 思考란 놈한테 실망하여 물을 퍼내던 너의 주둥이를 스스로 닫게 된다.

세상에다 열심히 물을 퍼내는 사람이 몸이 약한걸 봤나? 몸이 약한 사람도 세상에다 열심히 물을 퍼내면(봉사하면) 건강해 진다. 절대 세상에게나 인류에게나 기대를 걸지 말라. 기대를 걸지 말고도 다 퍼내서 바쳐 버려야 되는거야. 너는 지금까지 썩은 우물에 집어 넣을줄만 알았지(먹을 줄만 알았지) 퍼낼 줄은 몰랐었다. 보리, 이 새끼야. 너가 썩지 않고 배길 수 있었겠나?

<h1 style="text-align:center">13</h1>

안 퍼내는 인류는 말더듬는 놈들만이 아니야. 안 더듬이들도 필자도 조물주도 안 퍼내면 돼지는 거야. 지구 역사 이후 가장 말을 많이 하는 필자도 안 퍼내면 그저 썩는거야. 위급한 수술 환자만 제외하고는 병원의 환자들도 필자에게 온다면 걸을 수 있는 환자들은 순식간에 치유도 神的으로 빨라지고 다시는 병도 안 걸리게 된다.

인류와 세상은 언제나 퍼내지 않고 내놓지 않아서 언제나 개인 문제,가정 문제, 직장 문제, 사회 문제, 국가 문제, 세계 문제가 되는 것이고 정신 문제, 심리 문제, 건강 문제, 말더듬 문제가 되어 돼진다고 난리들을 피운다. 이것도 神的인 행동으로 확인 해볼까? 노사 문제가 왜 생기나? 이것도 안 내놓는 것에서 생긴다. 일좀 더 해주고 회사 살림 공개해서 균등 분배하면 누가 더 달라 할 것이며 오히려 더 받을 것도 안 받겠다. 할수 있으련만 바보들이 의지 창조자가 안 되어 있으니 치고 박고 하면서 항상 응글응글 할 수밖에 없다. 학원 문제 이것도 안 내놓는데서 생긴다. 정치 문제, 국가 문제 모두 다 내놓지 않는데서 생긴다.

　나올 때 빈손으로 나왔고 돼질 때도 빈손으로 돌아간다. 그런데 사는 동안은 죽어도 안 내어 놓을려고 하기 때문에 즉 안 내어 놓을려는 것은 우물을 퍼내는 것이냐, 안 퍼내는 것이냐? 안 내어 놓는 것, 안 퍼내기 때문에 인류는 스스로 문제를 만드는 것이고 거기다가 퍼 담느라고 자기 우물에 부어 버리니 꽉꽉 더 썩고 있다. 안 퍼내는 것만도 돼질 지경으로 썩는데 퍼 담기까지 하니 자신 스스로만도 얼마나 미치고 환장할 일이겠는가? 그따위 대가리들과 마음으로 어떻게 행복하게 성공해서 살 수 있겠는가? 부처님인들 조물주인들 기절 초풍해서 달아날 판인데 더 퍼 담을 마음과 동작으로 도망가는 부처와 조물주를 쫓아갈려해?

14

　필자도 과거에 우리 나라와 세계를 적시고도 남을 필자의 우 물을 안 퍼내고 다른데서 퍼다가 오히려 필자 우물에 부었었으니 얼마나 잘 썩었었겠나? 지금은 우리 나라와 세계에다가 사정 없이 퍼내느라고 필자의 주둥이와 몸이 쉴 사이가 없다. 돈을 벌기 위해서도 아니고 명예를 얻기 위해서도 아니고 성공을 하기 위 해서도 아니다. 필자가 스스로 안 퍼내면 필자 스스로가 썩어 돼지기 때문이다. 사정 없이 퍼내니까 전혀 바라지도 않던 물질과 명예와 성공은 귀찮게도 달라 붙더구만.

15

너는 왜 퍼내지 않나? 누가 퍼내지 말라고 하던? 안 퍼내니까 행복해? 이 천하에 ○○○○○의 새끼야. 처먹기만 하면서 퍼 담을려고 혈안이 되어 가지고 퍼 담는 연습만 해? 이 새끼야, 너를 더 못 썩혀서 환장해도 분수가 있어야지. 세상 천지에 네놈 새끼같이 환장할 수 있겠나? 네놈 새끼 하나한테 식구가 이 나라에만도 4천 5백만 명이나 딸려 있어. 이 새끼야, 4천 5백만명 네놈 새끼가 책임지지 않고 뒈져 버린 조상들한테 맡길 테야, 태어나는 후손들한테 맡길 테야? 이 자식아, 피를 토하면서 퍼 내도 썩은 물이 모조리 다 나오고 맑은 물이 나올려면 한동안을 퍼내야 되는데 왜 퍼 담아?

1인당 GNP 일본도 못잡은 주제에 올림픽 한 번 치루었다고 이 천하에 ○○○○○의 새끼들이 거지가 거의 다 되어 버린 남미 (南美) 본을 받고 싶어서인지 환장해서 처마신다. 도둑놈의 새 끼들, 이 새끼들아. 남미는 땅이나 넓고 지하 자원이라도 있어. 방탕한 새끼들이 족히 한 천만 명쯤은 될 것이다. 네놈 새끼들이 남북 관세 대치된 상태에서 무슨 빽 믿고 그 따위로 개지랄들을 하는거야? 어째 그렇게 하니까 행복해, 더 불안해? 필자는 우리 민족과 이 세계의 어떠한 인류를 대하더라도 절대로 퍼 담도록 안한다.

창조주를 닮은 창조자로서의 神들이 퍼내는 것이지 어떻게 퍼 담을 수 있나? 지금까지는 이 세상 인류가 무식하고 무지했기 때문에 또 조상들의 思考의 노예였기 때문에 빗나 왔었지만 이젠 창조주의 속성대로 퍼내는 행동을 통해서 인류의 인생이 천지 개벽같이 뒤집어 지게 되는 것이다. 너 퍼낼래, 안 퍼낼래? 뒈

질래? 뭐? 퍼내겠다고? 그래 퍼내겠다면 됐다. 그러면 지금
부터 퍼내기로 하자.

011
포용 · 도전 · 파괴 · 창조

01

인간으로서 먹지 않는 자는 하나도 없다. 누구나 다 먹어야 하는데 그러면 먹는 이유가 뭐냐? 필자가 수많은 곳에 강연과 강의다니면서 여러분들 먹는 이유가 뭣입니까 하고 물으면 대답하는 답변들마다 "살기 위해서 먹습니다."하고 또는 "먹기 위해서 삽니다."라고 한다. 하늘로 머리 향한 사람으로서 이 두 가지 답변 외에 다른 답변을 들어 본 일이 없다. 아니 다른 답변이 나올수가 없었다. 그저 수직성의 노예들, 그저 조건 반사의 思考에 예속된 현대 인류의 입에서 神的인 슈평성의 비약과 무조건 반사의 창조성의 답변이 나올 수가 없었다. 답은 두 가지 다 틀렸다. 왜 틀렸느냐? 세상에 나온 너에게 묻노니 세상의 주인이 누구냐? 세상의 주인은 바로 너이고 너 자체가 주체인 한 이 세상 모든 것은 주체인 너에게 필요할 뿐이다. 그래서 먹는 것은, 주인이며 주체인 너가 '퍼내는데 필요해서 먹을 뿐이다.' 이 세상에서는 너 하나 외에 그 어떠한 것도 주체가 될 수 없다.

人体는 과학을 동원한 생물학적 측면과 神的인 차원의 유형체와 무형체로 나누어 분석하고 행동으로 확인해도 흙으로 만든 뇌와 육체에는 즉 유형체는 그 자체가 분해되기 전까지는 존속에 필요한 또 다른 유형체[먹이]가 필요할 뿐이다. 그러나 우리 인체가 유형체 하나뿐인가? 무형체도 두 가지다. 사고, 지성,

상상, 의식 등등 이것은 유형체인 뇌의 소산이라 먹이가 필요한데 진짜 무형체 즉 조물주의 근본인 영원한 생기인 자유 의지, 이 神的인 의지는 그야말로 이 세상의 유형체[먹이]가 조금도 필요치 않다. (《動》註) 그래서 유형체라는 것은 계속 퍼내기[생산] 위해서도 반드시 또 다른 유형체가 필요 하지만 그 자체 존속에도 필요한 것이다. 그러면 이와 같이 퍼내기 작용과 존속 작용이 유형체 자체의 자력(自力)인가? 천만에다. 영원히 유형체를 필요로 하지 않는 조물주의 속성인 의지 창조 작용이다.

02

창조라는 것은 무에서 유로 되는 것이 창조이고 유형체에서 유형체로 되는 것은 퍼내는 생산일 뿐이다. 의지[창조]가 유형체[뇌와 육체]를 퍼내는 걸 잘할 때 그 사람은 뇌가 좋아지고 건강이 좋아지고 신이 난다. 속칭 세상에서 말하는 '머리가 좋은 사람' 하는 것은 무형체인 창조성[의지]이 물질인 뇌를 퍼내는데 잘 써먹는 자를 말한다. 그런데 이 반대가 되면 어떠하냐? 영원한 창조[의지]자를 유형체 즉 물질인 뇌의 소산인 思考가 이끌려고 하니 의지의 반발이 그 사고 그 뇌를 가만히 놔 두겠나? 절대로 가만히 놔둘 수 없기 때문에 그런 자들은 평안과 행복을 자기 의지 아닌 곳에서 찾으려고 향락과 타락과 본능 발산을 위해 발광하고 절간과 성당과 교회당을 찾고 점(点)따위나 사주 팔자를 따지고 해서 영원한 창조주의 실체인 자기 의지를 배반해 버린다.

세상 전부가 자기에게 공격해와도 자기 의지 하나로 충분히 이길수 있고 창조까지 해낼 수 있는데 말이야. 너가 먹는 것이 필요할 뿐이라는 사실을 이해할 수 있겠나? 이해 안 되어도 괜찮다. 이해할 필요도 없다. 왜냐? 너는 물질인 너의 뇌가 이해하건 이해 못하건 의지의 행동만 하면 돌대가리라도 천재가

아니라 조물주의 속성인 창조자로서의 생활과 행복이 넘치게
된다. 그러면 아무리 돌대가리도 자동으로 좋아져서 자기 의지에
홀딱 반하게 된다. 여성들이 자기에게 반하게 할려고 아무리 아양
떨어 봐야 그건 대가리의 思考작용이고 의지에게는 배반했기
때문에 금새 연기가 되어 버리고 병들고 파탄되어 본전 생각에
방탕까지 하게 된다. 여자나 세상이 나빠서 그러는 것 아니다.
인간의 사고가 자기 의지를 배반했기 때문이다. 그 여자에게는
남자같은 의지가 없는 줄 아나? 자신의 의지를 배신한 구린내
보다도 못한 자신의 사고와 썩어 문들어질 육체의 노리개감으로
왜 자신들과 같은 의지를 소유한 남자들을 택하나? 왜 뇌[사고]
가지고 세상과 여자와 물질을 사랑하나?

03

神的인 의지로 아직 호적에 꼬리 달지 않은 녀석들은
자기 애인만 사랑하고 호적에 꼬리 단 녀석들은 아내만 사랑하
면서 이 세상과 인류에게는 퍼내기만 하면 되는거야. 인간의 의
지로 퍼낸 유형체인 자동차도 창조자[사람]의 의지대로 퍼내기
작용 잘하나 잘못하나? 자동차도 퍼내기 작용할려면 먹을것
[연료]이 필요하다. 먹을 깃을 사용하는 유형체인 자동차는 자기
아닌 인류에게 많은 편리를 제공한다. 공장도 마찬가지다. 인간의
의지가 머리와 몸을 사용하여 세상에다 대량으로 퍼내기 위하여
만든 공장[유형체]이 움직일려면 또 다른 유형체[원자재]가 반
드시 필요하다. 유형체가 유형체로 움직이는 결과는 창조자에
의지를 충족시켜 많은 퍼냄의 생산을 하여 다량의 유형체[사람들]
들에게 기여한다.
　세계에서 가장 차원 높은 행동 창조자, 행동 과학자, 행동 철학자,
행동 심리학자로 비약한 너가 이제 정립하고 결론을 내린다면

유형체 즉 물질(뇌와 육체, 뇌의 소산인 思考, 의식, 지성, 상상도 포함)인 너의 몸이 너의 무형체[신적의지]에게 예속되어야겠나? 예속되지 않아야겠나? 이유 없이 너의 의지가 너의 뇌와 몸을 예속해야 한다. 그런데 현대 인류는 빗나간 전통과 빗나간 교육과 빗나간 신앙으로 인하여 인류는 유형체가 神的인 의지를 예속하기 때문에 자기 자신이 풍지 박산이 되고, 그런 자의 가정과 환경 역시 항상 아비 규환이다. 그런 중에서도 어떤 미친 년 놈들은 고깃덩어리인 본능만으로 뇌와 의지까지 예속시켜 버리기도 한다. 그러니 그런 개새끼만도 못한 새끼들에게 가갸거겨라도 인식한 자기 지성과 인격이 가만히 있겠으며 神的인 의지 역시 가만히 있겠나? 그러니 그런 년 놈들이 갈 곳이 어데냐? 오죽했으면 2천 년 전에도 세례 요한이 광야에서 대중들을 향해 "이 독사의 새끼들아!" 했을까. 기분대로라면 총살감이다.

04

왜 먹나? '먹기 위해서 산다 하니까!' 더 먹기 위해서는 뇌의 노예가 되고 욕망의 노예가 되어서 경쟁이 되고 뺏고 빼앗기고 죽이는 짓밟는 범죄를 하고 파탄이 되고 탄압을 하게 된다. 왜 먹나? '살기 위해서 먹는다 하니까!' 더 잘 살기 위해서 뇌의 노예, 욕망의 노예가 안 될 자가 이 세계에 있을 수 있나? 왜 냐고? 이것 역시 필자가 행동으로 확인시켜 주마.

이것 역시 살기 위해서란 뭐가 살기 위해서냐? 유형체가 필요없는 의지가 살기 위해서냐? 물질이 필요한 유형체가 살기 위해서냐? 우리 인체에서 유형체는 무엇이냐? 뇌와 몸뚱이밖에 더 있나? 뇌와 몸뚱이가 전제되니까 물질이 필요 없는 신적인 의지와는 상극이 되어서 그때부터 갈등이다. 그래서 불교에서는 인생을 고해(苦海)라 했고 기독교에서는 수고하고 무거운 짐진

자들아라고 했다. 이것은 창조주와 같은 신적인 생기 즉 의지, 무형체에게 해당되는 말이 아니고 유형체인 뇌와 육체에게 한 소리이지만도 인류는 무지하여 조물주의 속성인 의지에다까지 한 소리인 줄 알고 오판하는 것이다. 십계명과 세계의 법률이 왜 생기는 줄 아나? 십계명과 이 세계의 법률과 우리 나라의 육법전서를 아무리 훑어봐도 창조주의 실체인 의지에 해당되는 내용은 하나도 없지만 앞으로도 있을 수가 없다.(지금부터는 있게 되었지만.) 십계명과 법이 생긴 원인은 "먹기 위해서 산다와 살기 위해서 먹는다" 답변을 하는 즉 뇌와 몸을 전제로 한 인류가 뇌와 육체의 노예가 안 될 자 이 세상에 있나? 그러면 뇌와 육체의 노예로서 神的인 자기 의지를 배반 안 할 자가 태초로부터 있을 수 있었나? 석가도 예수도 그 누구도 신적인 자기 의지를 배반 안한 자는 하나도 없었고 앞으로도 영원히 있을 수가 없다. 오해 없기 바란다. 절대 종교 비판이 아니다. 아부도 비판도 필요가 없다. 얕은 수준의 불교도들이라면 얕은 수준의 종교인들이라면 펄쩍 뛰겠지만 필자의 수련에서는 세계 최초로 이 점도 수련 행동으로 확인하게 된다.

05

조물주야말로 개선의 여지를 아낌없이 발휘하라고 물려준 우리의 의지로 조물주에게 봉사하기 위해서라면 제대로 깨질 필요가 있는 인류이다. 세계 인류가 지금까지 만들어 오고 있고 또 만들어 갈 법이란 무엇이냐? 이것 역시 神的인 우리의 의지에는 하나도 필요 없는 것이다. 유형체인 뇌와 고깃덩어리가 "먹기 위해 살고, 살기 위해 먹는다"고 답변을 하는한 神的인 자기 의지를 배신할 수밖에 없는 인류의 행동 생활 역사이다.

법이란 절대로 의지나 思考의 산물이 아니다. 법이란 단순하다.

유형체인 육체를 겨냥한 그 이상도 그 이하도 아니다. 왜 먹나? "사는데 필요해서 먹는다." 이 답변을 하는 자만이 행복한 자로서 극락 생활이고 천국 생활이다. 神的인 조물주의 실체인 의지가 유형체인 육체와 뇌를 거느려 퍼내는데 필요해서 먹는 먹이가 얼마나 되나? 많은 노동자들을 거느려도 모두 다 그들은 그들 몫을 행한다. "일하기 싫거든 먹지도 말라."는 이 말은 흙의 산물인 뇌와 육체에게 한 말이 아니고 조물주의 실체인 의지에게 뇌와 몸을 움직여 일 할려면 먹이가 있어야 하는데 땀흘려 일하는 자에게 먹이가 안 생기는 걸 봤나? 공산당같이 착취하면 자기가 일 한 것만큼 못 먹는다. "밭 가는 소에게 멍에를 씌우지 말라."고 했다. 동물도 일하면 먹을 것이 생기고 또 일하는 동물은 먹어야 한다. 민주주의에서 노동자들이 노임 투쟁 하는 것은 일을 했는데 일한 것만큼 받지 못해서 다시 말해 필요한 양이 안되니 떼어 먹지 말고 필요해서 먹을려는 양을 달라는 것이다. 즉 의지로 뇌와 육체를 동원하여 퍼냈는데 神的인 자기 의지를 배신하고 사고와 본능의 노예인 도둑 놈이 개입되어 뺏겼으니 찾아 먹자는 것이다. 神的인 의지가 뇌와 육체를 부려서 활동하는 한 절대로 먹을 것은 나오게 되어 있다. 사고나 본능의 노예는 많은 것을 욕심내나 의지는 반드시 필요한 것 외에는 소용없다.

06

배가 고파 밥 한 끼 달라는 사람들이 교도소에 가는 것 봤나? 무전 취식으로 몇만원 몇십만원어치 술에 안주까지 처먹으니 교도소에 보내지. 배고픈 놈이 몇만원어치, 몇십만원어치 술이 무슨 소용 있나? 배고픈 놈은 자기를 배신하여 일을 안해서 그러니 뒈지라고 했는데 뒈지지 않을려면 일을 해야지? 일하기 위해서 밥 한 끼 먹겠다는 건 어느 음식점에서도 다 들어 준다.

쌀 한 가마니 열 가마 또는 트럭으로 훔치니까 교도소에 처넣는다.
배고픈 놈이 한 끼 못 먹어서 배고픈 것이지, 열 가마 백 가마가
배고픈 배에 필요한 거야? 대가리 思考에 필요한 거야? 그러니
이런 도적 놈들에게 교도소가 필요해, 안 필요해? 측은하고 불
쌍해서 밥 한 끼 주니까 자기 가족 생각해, 자기 가족까지 생각
해주니까 자기 동네 사람까지 생각해, 자기 동네 사람까지 생각해
주니까 자기 민족까지 생각해, 자기 민족까지 생각 해주니까 대
통령 시켜 달래, 대통령 시켜 주니까 평생 해먹겠데. 춥다고 이불
속에 발 넣으라고 하니까 자기 좋아하는 줄 알고 배에 올라 타.
이게 뭐야? 그게 사고야, 그게 의지야? 의지는 먹을것도 입을
것도 자는것도 쉬는것도 돈도 명예도 권력도 다 필요 없다고
했잖아! 단 자기의 뇌와 육체 가지고 세상을 향해 입과 동작으로
퍼내는데만 필요한 양을 육체에게 공급해 줄뿐이야. 목표나 욕
심은 모두 다 사고와 육체의 짓이야.

너가 서울에서 부산까지 가는데 비행기가 필요하다. 절대로
비행기가 목적일 수 없다. 왜냐? 비행기 없어도 기차로도 갈수
있고, 고속 버스로도 갈수있고, 택시로도 갈수있고, 자가용으로도
갈수있고, 배로도 갈수있고, 말타고도 갈수있고, 걸어서도 갈 수
있다. 앞으로는 지하로 진공 터널이나 로켓트를 이용해서 2분 내지
3분에도 갈수있게 된다.

07

왜 먹나? 神的인 너의 의지가 흙에서 나온 뇌와 육체를 움
직이는데 필요해서 먹는 것이다. 의지는 절대로 출발선에서 思
考의 노예들인 경쟁자들과 같이 경쟁하기 위하여 출발하는 따위의
방법은 없다. 있을 수도 없다. 오직 세상을 자기 집과 경작지로
사용할 뿐이며 인류를 자기의 봉사 대상으로 그들에게 뇌와 육

체를 통하여 발휘해 주기만 하는 것이다.

끊임없이 발휘해 주는 의지에게 사고란 놈이 육체란 놈이 자기 욕심으로 가로채지 못하게 강력해야 한다. 사고와 육체란 놈이 어떻게 개입하냐? 조물주의 속성인 의지 인지라 워낙 커서 자기 하나 따위에는 매달리지 않고 오직 세상을 대상으로만 하는데 꼭꼭 그때마다 못된 놈의 흙의 속성인 사고와 육체가 자기 하나에게만 국한 시킬려 하니 그 의지가 그 사고를 괴롭힌다. 몸뚱이 역시 세상을 대상으로 발산할려는 광범위한 능력의 의지를 자기 하나에게만 묶어 버릴려하니 그 의지가 그 육체를 가만두지 않는다.

바다에서 생활할 거대한 고래나 상어를 좁은 우물에다 집어 넣으니 되겠나? 천하장사 씨름 선수를 국민 학생하고만 씨름 하라고 예속해 버리면 천하 장사 씨름 선수가 반발하지 않겠는 가? 한번 물어봐라. 아마 죽겠다고 할 것이다. 대한 민국 무대, 세계 무대에다 마음껏 퍼내어야 할 너의 神的인 의지를 왜 너라는 조그만 몸뚱이 하나와 머리 하나에다만 국한시켜서 너를 꼼짝 못하게 하나. 그러니 너의 입에서 죽겠다는 말이 안 나오면 비정상이지.

경륜을 무시할 수는 없지만 경륜도 초월하는 방법이 있다. 반대로 강물에서 뛰놀다가 바다로 갔다고 해보자. 세계 제패 할려면 우리 나라 연예인들과 말하는 것을 직업으로 하는 사람들은 모조리 자동단전호흡과 말 솜씨와 창조력과 행동력을 비상시키기 위해 세계 최초인 의지 창조 행동 수련인 슈퍼맨 수련을 받을 필요가 있다.

08

　사람은 늙으면 경험이 있고 젊은이는 패기가 있다. 사람이 이 두가지를 다 겸하면 오죽 좋으리요마는 사람은 그렇게 안되게 되어 있는지 또 이걸 교육시키는 곳도 교육시킬 자도 이 세계에는 없다. 노골적으로 표현해서 그런 실력자가 없다. 그런데 세계 최초로 의지 창조 수련에서 이것도 해결한다. 일반적으로 세계 어디에서나 청년들이 주장하는 것은 옳지 않다. 이유는 경험이 없기 때문이다. 그러나 그것을 주장한다는 자체는 옳다. 이 역시 슈퍼맨 수련을 받으면 20대 청년이라도 20대 패기에 50대, 60대, 70대의 경륜을 체험한 것 이상으로 발휘하게 된다.

　필자는 자신 있으니까 우리 국군 10만 명만 슈퍼맨 수련시키면 이북의 백만 대군을 이긴다고 했다. 정치인들과 국방부 당국에서 믿거나 말거나 필자 늙어 버리면 기회는 없어지게 되지만 그때 까지 미군이 주둔하게 될는지는 알 수 없다. 너의 말더듬 파괴는 패기가 왕성한 용감한 군인 정도의 패기 가지고도 어림 없다. 군인의 패기는 의무로도 명령으로도 얼마든지 발휘할 수 있고 확인할 수 있다. 말더듬 파괴 창조는 의무나 명령 가지고는 절대로 안 된다. 오히려 그 반대다. 목숨을 바쳐 적진에 돌격했던 일본의 전쟁 말기 때 '가미가재 특공대' 새끼들 보다도 몇 백 배나 더 의지가 강해야한다. 세계 최초로 너가 필자를 만나는데 그렇게 못할 이유는 너와 필자에게 없다. 너의 의지가 이제부터 어떻게 퍼내어져야 하는지 행동을 보자.

　어디에서나 더듬이라는 思考의 인식 작용과 사고의 직속인 교감 신경과 부교감 신경의 긴장이나 경련으로 다물어진 너의 성대와 입은 사고의 노예일 뿐이지 너의 의지와는 아무런 관계가 없는 것이다. 행동을 통해서 사고에서 겁내는 많은 사람들 앞에서 너의 사고를 개망신 시켜라. 너의 몸쯤 여지 없이 무시하라. 어차피 유명하게 되어지고 인류에게 봉사할려면 많이 보여져야 할 것 아니냐. 너가 점잖게 말하지 않고 마음으로는 죽고 싶다고 해봤자 너에게 얻어질 것도 없지만 인정 받을 것도 없다. 너는 무조건 의지의 행동을 해야 한다. 안 된다는 것은 사고이지 실패를 목적으로 하니까 계획도 평가도 있을 수가 없다. 이런 것은 역시 사고 작용이지 너의 의지와는 관계없다. 사고와 행동은 끊임없이 퍼내는 의지에게 결국은 예속되게 되어 있다.

09

필자의 체험이다. 필자는 어려서부터 군대 제대할때까지 '이모'라는 발음도 이모 얼굴을 보면서는 발음하지 못했었다. 필자에게는 세 분의 이모가 계시는데 한 분은 어머니 위였고 두 분은 어머니 아래였다. 어머니 아래의 이모 두 분은 그래도 쥐구멍에 볕들 날이 있듯이 이모의 얼굴을 보면서 이모란 말이 나올 때도 있었다. 그런 때는 이모들도 매우 좋아하셨지만 필자는 조금도 기쁘지가 않았었다. 왜냐하면 이모 얼굴 보면서 이모라고 발음 한 번 할려면 몇 년쯤 감수하는 것같은 정력 소모가 되기 때문이다. 그런데 '큰 이모'는 끝내 얼굴을 보면서 이모라고 불려 보지 못하고 옛날에 돌아가셨다. 십 년 감수가 아니라 이십 년 감수가 되더라도 군대 생활 당시 휴가가서는 '큰 이모'라고 한 번도 불러 드리지 못한 것이 가슴에 한이 되어 버렸다. 아무리 한 번 '이모님'이라고 불러 드릴려고 발작과 같은 뜸을 들여도 이모 앞에서는 불발이었다. 필자가 이모라고, 얼굴을 보면서 거침없이 이모님이라고 부르게 됐을 때는 제기랄, 큰 이모님이 돌아가신 뒤였다. 안 계신 곳에서 아무도 없는 곳에서 자기 혼자 발음 잘하는 것이 무슨 소용 있나. 강아지만도 못한 인간일 수밖에 없다. 얼굴 보면서는 서투르게도 부르지 못하는 주제에 완벽성은 하나님보다

더 강해서 사고에서의 말더듬은 더욱더 굳어질 뿐이었다.

얼마나 이모란 말이 안되었으면 어린아이들 어른들 할 것 없이 이모라는 말이 나오게 구실을 붙여 말을 시켜놓고는 그들의 입 모양을 쳐다본 일만도 수백 번 수천 번이었다. 아무리 타인들이 이모라고 발음하는 입 모양을 쳐다 봤지만 무슨 소용 있나? 말더듬 파괴는 보고 듣는 것도 소용없다. 왜냐하면 이모라는 '이' 자도 부르지 못하면서도 사고에서는 타인들의 이모란 발음보다도 더 똑똑히 부를수 있는 완벽성만 강했었다. 뒈질려고 환장하는 짓이였었다.

10

상황과 기분과 대상과 표정에 따라 되다 안되다 하는 것은 보통이지만 작은 이모 두 분들 앞에서는 그래도 일 년에 몇 번씩은 얼굴 보면서 이모란 발음이 되는데 왜 큰 이모 앞에서는 발음되지 않고 꼭 뒤에서만, 그것도 발광을 해야 나오지만 어떤 때는 뒤에서 거의 이모란 발음이 막 될려는 찰나에 이모가 딱 돌아서면 사고는 초긴장해 입과 성대는 동작그만 이었다. 그런때 필자의 온 몸은 꼭 도둑질하다가 들킨 모습보다도 더 비참한 모습이 되어 버렸었다. 큰 이모께서는 필자의 그와 같이 비참한 모습을 하도 많이 보셨기에 어렸을 때 필자의 얼굴과 입술과 행동을 보시고는 "알았다, 알았어."하셨다.

이런 때 역시 이 세계의 말더듬이들은 누구나 거의 같은 의식과 심리 상태로 기어이 발음을 할려다가 더 비참한 자기의 모멸감, 자학, 변을 보다가 그냥 일어선 어정쩡이, 목욕을 하다가 비눗물도 닦지 않고 옷을 입은 어정쩡이가 되어 비굴한 표정으로 비실비실하던가 그냥 얼버무려 버린다. 너도 이런 체험이 많았을 것이다. 너는 참 운이 좋다.

　필자는 필자 혼자서 이 세계의 말더듬이들 전부를 책임지라는 운명인지 국내와 국외의 말더듬에 관한 그많은 문헌과 사례를 수집해 봐도 솔직히 말해서 말더듬 자기 행동을 비관과 자학으로 대하지 않고 공감과 포용으로 수용하게 하는 그래서 정복하고 포용하게 하는 자료는 보지 못했다. 솔직히 말해서 자기 비참한 과거 의식과 악습을 그대로 기술해 낼 수 있는 의식 정복자가 이 세계에서 있을 수도 없었고 지금까지는 없었던 것이다. 덧붙여 말하면 이 책은 아직까지 세상에서 필자 외에 타인들의 재래식 내용이나 현상 따위는 추호도 참고하지 않았음을 밝혀 둔다. 너는 독서하면서 몸으로 확인하게 한다.

11

　유독 큰 이모 앞에서만 이모란 발음이 안 나왔던 이유는 큰 이모는 작은 이모 두 분들 보다는 조금 위엄이 있으셨다. 엄부 시하나 엄모 시하에 말더듬이가 많다. 동서 고금을 막론하고 여전한 사실이다.

　이 점에서 필자도 아버지의 위엄에는 언제나 주눅이 들어 군대갈 때까지도 '아버지'란 발음을 아버지 면전에서 불러 보지 못했었다. 아버지와 겸상을 좀처럼 하지 않았지만 어쩌다가 겸상을 했다 하면 언제나 설사를 했었다. 필자가 19세 때로 기억한다. 아버지께서 직장을 옮기시기 위하여 영광에서 광주에 가셨다가 6개월만에 오셨다. 어머님과 인척들과 형제 자매들 모두가 다 아버지를 부르며 아버지를 반겼다. 허나 필자는 아버지께서 오신다는 전갈을 어머니한테 들었을 때부터 아버지라는 말이 발음 안될 것은 우체통에 넣은 편지가 우체국으로 가는 것만큼이나 정확하기에 몸둘 바를 몰랐다.

이 세계의 1억 8천만 명의 말더듬이들이여! 아버지란 발음이 안되면 좀 어떠냐? 그냥 몸으로 반기면 안되나? 아버지라고 발음을 해야 한다는 자기 사고의 노예가 아버지를 반기는 행동보다 더 중요한 명분이 어떻게 될 수 있나? 이 세계의 1억 8천만 명의 말더듬이 들이여! 필자가 얼마나 비참하게 되는가를 확인하게 된다. 아니나다를까 "아버지"라고 부르지도 못하고 외톨이같은 필자에게 어머니께서는 "오랜만에 뵙는 아버지니까 방에 들어가서 진지 잡수시는 아버지께 아버지라고 불러 드려라. 아버지께서는 너에게만 아버지란 말을 듣지 못하여 서운해 하시는 것 같더라"라고 하셨다.

<h2 style="text-align:center">12</h2>

필자에게는 차라리 사형 선고가 낫지 아버지 앞에 가서 아버지라고 부르는 것은 저승에 가서도 안될 것 같았다. 필자는 속으로 '아버지를 부를 지 몰라서 안 불렀을까요? 속으로는 몇 천 번도 더 불렀답니다……' 필자가 이렇게 속으로만 어머니에게 답변한 것이 무슨 소용이 있나. 벙어리는 속으로 말 못하나? 정말로 큰 일이었다. 아버지 방에 들어가는 것이 사형수가 사형장에 끌려가는 것같이 되어 어머니에게 이끌려 들어샀나. 아버지께서는 의례히 필자 얼굴을 안 보셨다. 더듬고 뜸들이는 표정하며 중풍 걸린 것같은 행동 등등이 동작그만 된다는 걸 훤히 아시기 때문에 밥상 앞에서 아버지의 행동과 얼굴과 눈은 식사하시면서도 아버지의 의식과 귀까지 예의 필자에게 맞춰 놓고 필자 입에 주파수까지 맞추어 놓은 오케이 상태였다. 당시 필자 생각에 아버지께서는 저놈 입에서 '아버ー'까지만 나와도 얼씨구나 좋다고 아버지께서 대답하실 완전 대비 상태였었다. 어머니는 아버지께서 필자를 주시하지 않도록 간간히 말씀을 꺼내셨다.

즉 필자가 아버지라고 발음할 수 있도록 무드 잡아 주시는 것이었다. 그러나 필자의 상태는 불량 상태, 함흥 차사요, 벙어리 상태였다. 하여튼 방에 들어가서부터 땀을 흘리면서 세상에 안 더듬이들에게는 참으로 아무것도 아닌 것이지만 세상에 아버지란 발음 석 자를 만들어 내기 위해 갖가지의 전위 행동과 함께 필자의 의식과 심리와 행동과 주둥이에는 마지노 전선 공격이 시작되었었다. 그 당시 필자의 심정은 아버지라고 발음 한 마디만 하고 죽어 버려도 좋았었다. 얼마나 발작을 했는지는 몰라도 아버지께서 막 식사하실 때 들어간 필자였건만 아버지께서 식사를 다 하시고 숭늉을 마실 때에야 개미 소리같이 "아버지, 건강은 어떠시오."라고 말할 수 있었다. 정말 오십 년 감수는 했었을성 싶었다. 기쁘게 대답하시고 싶었던 아버지께서 더 지치셨던지 "응, 괜찮다."라는 것이었다. 그때 필자의 한숨 소리 감추는 동작을 우리 나라의 1백 50만 명의 말더듬이들과 이 세계의 1억 8천만 명의 말더듬이들은 잘 알것이다.

13

방문을 열고 나온 필자의 속옷은 땀으로 완전히 젖었었고 겨드랑이에서는 밖에서 까지 식은땀이 흘렀다. 그 당시 필자의 의식과 심리는 도대체 미래가 암흑이었다. 거기다가 절망과 비관은 바늘귀에 실같이 엄습했었다. 이 세계의 인류여, 여러분들의 가족과 자녀들 중에, 인척들과 이웃들중에 말더듬이가 있다면 필히 그들을 재인식하라. 하루에도 자살하고 싶은 충동이 얼마나 많은지 여러분들은 물론 창조주도 헤아릴 수 없는 것이다. 필자는 아버지 방에서 나왔지만 방안에서 두 분들의 하실 말씀이 너무나도 뻔했기 때문이다. 아버지 역시 오죽 답답하셨기에 "저것은 내자식이 아닌가 봐……." 어머니의 갖가지 변명에도 불구하고,

말더듬이는 귀도 밝다.

작은이모 앞에서는 '이모'소리가 나오는 것과는 달리 큰 이모 앞에서 '이모'소리가 안 나온것 역시 위엄 때문이었다. 18,9세 때로 기억한다. 어머니 심부름으로 큰 이모댁에 갔다. '이모'란 말이 안 나오니까 다른 말과 연결해서 하면 나올 수도 있기에 이모댁에 가서 필자와 같은 또래의 아이 이름을 부르면서 이모를 부를려고 했지만 결국 부르지 못하고 심부름말만 겨우 전했는데 이모란 말이 안 나왔기에 다른 말을 만들어서 또다시 한 번 해봤지만 역시 발음은 못했다. 말더듬이들이 만회시킬려고 잘 발음하는 척 할려다가 더 비참해진다. 이모께서는 고개 끄덕끄덕하시면서 매우 안쓰러워하는 것이었다. 도둑질하다가 들킨 모습에 떨떠름한 의식과 심리 상태 그대로 나와 버리면 여러 사람들이 모인 장소에서 필자를 겨냥한 비참한 얘기가 많을 것 같기에 상황이 바뀌면 나올려 했지만 상황이 바뀌지 않기에 "저 가요"라고 말하고는 대문을 막 닫는데 아니나다를까 이모께서 친척누나에게 "어떻게하면 자식을 저렇게 난다냐."하는 것이었다.

<h2 style="text-align:center">14</h2>

이렇게 당하고도……. 버린몸, 인생을 체념한 몸, 그래도 이 정도는 친척 앞이라 A급이다. 위엄있는 사람 앞일수록 말을 철두철미 잘해야만 한다는 완벽성이 강해져, 배구에서 시간차 공격할 때 타이밍 잡는 배구킬러나 된양 말더듬이 역시 동작과 발음이 순간에 이루어지게 하기 위해서 호흡은 정지 상태로 되고 가슴의 동계와 심장의 박동까지 없앨듯이, 의식과 심리와 행동까지 사린다. 아무리 시끄러운 환경과 분위기에서도 자기가 무슨 측량기사나 되는 양 거리 측정까지 할려니 발걸음이 몇 번씩 오락가락 한다. 가족들과 타인들은 말더듬 의식과 심리 상태를

이해할 수도 없지만 이해한다 해도 도움되지 않는다. 상대방이 이해한다고 하면, 자기에겐 무능자가, 구경꾼이 오히려 자기 심리를 엿보고 있는 것 같고, 또는 그에게 자기 심리를 도둑맞은 것 같아서 더 싫어지는 경우는 물론 증오심까지 북받치는 사례가 대부분이다. 그런데 상대방은 이런 때에도 말더듬이의 정신과 마음은 안 보이고 가련하고 측은한 동작만 보이니까 동정할려고 하면 이때 말더듬이는 화까지 낸다. 그러면 상대방은 놀라고 이상하다고 하면서 심지어 처음 당하는 사람은 말더듬이를 정신 병자로 보기도 한다. 대부분 어렵사리 한 말을 상대가 못 알아듣고 반문할 때 화를 많이 내지만 때로는 따귀로 응답하기도 한다.

현대인들은 누구나 주위에서 많이 당하는 일로써 말더듬이에게 도움은 줄 수 없으니 오해는 없어야 하고 또는 정신 병자로 보거나 범죄자로 오해하는 일은 없어야 한다. 이 책을 보는 독자께서 안 더듬이라면 독자에게 필자가 단언하지만 독자께서 지금 대하고 있는 주위의 말더듬이가 필자를 거쳐 가는 한 독자보다도 훨씬 더 말을 잘하게 되고 오히려 얼마안가 독자를 대변할 수 있도록 까지 된다. 안 더듬이인 독자께서 필자보다 더 나은 달변가가 되기는 거의 불가능해도 말더듬이가 필자보다 나은 달변가로 되는 것은 어렵지 않다.

15

역시 19세 때의 일이다. 아버지께서 영광에서 광주로 직장을 옮기시고 가족도 광주로 이사하고 나자, 아버지 직장의 사장께 서는 새로 맞이한 공장장을 위해 양조장 100여 명의 종업원들에게 회사 부근의 식당에서 회식을 시켜 주었고 회사 인근에 사는 직원 가족들에게는 점심으로 곰탕 한 그릇씩을 식당에 가서 먹어도 된다는 연락을 받았다. 그 당시 필자도 한 자리 끼게 되었다.

그러나 필자는 공부하느라고 단체로 가지 못하고 오후 늦게야 혼자서 가게 되었다. 가서 곰탕을 달라고 하면 되는데 '곰탕'이라는 발음에 자신이 없었다.

처음 간 넓은 식당에 식사 시간이 지나 버려서인지 식당 주인과 종업원들 4~5명만이 필자를 맞이했다. 필자는 빨리 곰탕이란 말이 어려우면 둘러리 말이라도 연결시켜서 곰탕 달라고 하면 되는데 그날도 필자 운명은 반드시 개망신을 안 당하면 안 될 운명이었든지 그들 모두가 필자를 주시했기 때문에 둘러리 말도 곰탕이란 말도 도무지 발음이 안 되었다. 심장을 멎게할 정도의 발걸음으로, 발음의 타이밍을 맞추느라고 들어갔다가 나오고 들어갔다가 나오고 하길 네 번이 지나자 다섯 번째에가서는 종업원들과 식당 주인도 필자를 의심하지 않을 수 없었다. 필자 체중의 2배가 넘음직한 주인아주머니는 처음부터 필자를 불쾌하기 짝이 없게 계속 꼬나봤기 때문에 이젠 곰탕이라고 발음할 의욕마저 없어졌다.

16

이윽고 건강한 종업원 한 명이 일어나서는 필자 팔목을 잡으면서 "너, 뭐야?" 필자의 이이없어하는 표정을 보자 그는 "너, 도둑놈 아냐?" 그러나 필자는 어찌된 영문인지 도둑놈 아니라는 말도 도무지 발음되지 않았다. 한참만에야 식당 종업원 팔목을 잡으면서 "너는 뭐야"라고 하면서 둘러리 말이 나왔다. 그것도 아버지 직장 '양조장'이라는 말이 안나와 '주조장'이라고 까지는 했으나 곰탕이라는 발음은 나오지 않고 입만 벌린 채 "오-오-고-고-……."곰탕이라는 발음을 할려는 필자의 입모양을 보자 종업원들은 일시에 폭소를 터뜨림과 동시에 표정이 곧 연민의 정으로 바뀌었고 거대한 몸집의 주인 아주머니는 필자의 머리

끝에서부터 발끝까지 위아래로 내리훑어보고 나서 필자 얼굴을 똑바로 보면서 "아이구나─ 시상에 저런 자식을 누가 낳았을까?" 하면서 혀를 차는 것이었다. 차라리 곰탕을 안 먹는 것이 백 번도 더 나을 일이었지만 그때는 종업원들 4,5명에게 둘러 싸여서 나올 수도 없었다.

그때 그 종업원들은 필자를 얼마나 가엾고 측은하게 봤던지 곰탕 한 그릇이 전부 고기로 채워진 것 같았었다. 고기로 포식은 했지만 식당 주인아주머니와 종업들의 얼굴은 보기 싫었고 다시는 그들을 보지 않았다. 그러나 필자로서는 영원히 잊어버릴 수 없다. 이 세계의 말더듬이들이여, 그걸 잊어버릴 수 있겠는가? 필자가 10여 년도 넘은 오래 전에 광주에 있는 기업체 몇 군데에 강연을 갔을 때 그 부근을 지나가다가 문득 그 식당에서의 개망신이 기억나서 한번 찾아봤으나 식당은 간 곳 없고 높은 건물이 서 있었다. 지금쯤은 8순이 넘은 할머니가 되었겠지만 기회 있는대로 광주경찰서에라도 수소문을 해서 그 할머니를 만날 수 있게 된 다면 금반지를 하나 해 드릴 작정이다. 필자를 너무나도 크게 개망신 시켜 주었기 때문이다.

<h2 style="text-align:center">17</h2>

필자를 달변으로 키워 준 대상을 꼽자면 아버지와 군대 생활이 가장 컸다. 필자가 20세 때로 기억한다. 큰 이모께서 찾아오셨다. 아버지를 만날 용무가 급하다면서 잠깐 집에 들른 필자에게 큰 이모께서는 빨리 양조장에 가서 아버지를 좀 오시라고 전하라는 것이었다. 이것 참 큰일이었다. 몸으로 하는 일쯤이야 세상에서 못 할 것 없지만 아버지란 말도 이모란 말도 도저히 안 되기 때문이었다. 큰 이모 심부름 안할 수도 없고 심부름 하자니 이모란 발음이 아버지 앞에서 나올 확률은 불가능 100% 정확했다. 도저히

안 갈 수가 없어서 필자 걸음으로 10분 거리인 양조장에 갔다. 아버지께서 사무실에 안 계시면 곡자실에 계실 것이 당연해서, 육중한 곡자실 문을 열고 들어가자 아버지께서 "너왔나?" "예", "……" "……" 용건을 묻지 않는 아버지의 뜻을 이 세계의 말더듬이들은 잘 알 것이다. 용건을 말 할려고 아버지의 등뒤를 돌면서 곡자실을 몇 바퀴 뱅뱅돌면서 개지랄을 떨고 있는데 물을 필요가 없는 것이다.

"지금 집에 기—기—기모가 와 있어요." "뭐? 기모? ———기모가 뭐디야? 기모가 머여?"하시면서 필자 얼굴을 보셨다. 아버지 평생에 기모란 말을 필자에게서 처음 들으셨겠지만 필자 입에서 답변이 나올 리가 없었다. 필자는 아버지 등뒤로 돌아가 노골적으로 표현해서 죽음을 통해서라도 이모라고 발음할려고 돌아갔지만 이모란 발음은 끝내 나오지 않았다. 필요 없이 아버지 주위를 몇 바퀴 돌면서도 용건을 발음하지 못하는 오늘날에야 세계적인 대달변가가 된 필자의 얼굴을 본 아버지께서는 "너는 내가 낳은 자식이 아냐."하시면서 필자의 얼굴을 보면서 나가라고 어깨를 밀었던 것이었다. 필자는 그 길로 집을 나와서 두 달 간이나 집에 가지도 않고 다니던 체육관에서 기거하면서 송장 같은 몸으로 공부에 매진했다. 나중에 들은 이야기지만 큰 이모께시는 아무리 기다려도 아버지와 필자가 오지 않자 3시간쯤 뒤에 학교에서 돌아온 여동생을 시켜서 아버지를 만나셨다는 것이다.

18

이 세상의 독자들이여, 그리고 말더듬이들이여, 차라리 벙어리 같으면 얼마나 행복했겠는가? 글자를 써서라도 금방 될일 아닌가? 그러나 이 세상 말더듬이들의 그 뒈질놈의 자존심인가 개나발인가가 그것도 허용하지 않는다. 말더듬이가 자살하는 이유를 이해할 수 있겠는가? 이해할 수도 없지만 이해할 필요도 없다. 말더듬이는 죽으면서도 자기 말더듬만은 숨기니까. 천하에 병신천치 새끼들 꿩이 공중으로 날지 못할 다급한 상황에서 숨을 때는 몸뚱이는 놔두고 대가리만 숨기는 식같이…….

이 세계의 말 더듬이들이여! 너희들 머리는 떼어 버리고 가슴으로 들어라! 너희들이 세계 어디에서나 실패하는 요인이 무엇인지 아나? 이 세계의 언어 교정사들 역시 가슴으로 잘 듣고 확인하라. 절대 너희들 모두를 무시해서가 아니다. 얼마나 한이 맺혔었고 얼마나 자신있게 너희들을 도와줄 수 있으면 이러겠나. 말더듬자나 지도자에게 다같이 더듬자의 현실을 포용시키고 포용시키는 것이다. 말더듬은 여기서부터 순풍에 돛을 단듯 풀려 가는 것이다.

이것이 神的차원으로 돌입하는 제1단계이다. 너희들의 흙에서 나온 머리 따위 가지고는 박사 학위 몇 개라도 절대로 되지 않는다. 그 정성이야 아깝지만 수확이 없는 정성은, 신적 차원의 1%도 안되는 것을 어찌하랴. 미국 방식, 영국 방식, 일본 방식 기타 각 국가 등등의 방식 가지고 무엇하나? 교육이나 지식은 머리와 책으로 가능하나 의지는 다르다. 교육을 받으면 받을수록 머리를 쓰면 쓸수록 의지와는 관계없는 사고의 노예만 되지 않던가? 안 더듬이들과 앵무새도 교육시킨 것은 잘 말한다. 그런데 말더듬이에게 안 더듬이나 앵수새같이 思考와 몸뚱이에 교육시켜서 되나? 교육으로 가능하면 말을 해야 할 것 아니냐? 그런데 말더듬이들이 교육 받고 연습한 것은 지금 당장도 사람들 앞에서 되지 않으니 그런 헛수고를, 그런 원망 받을 개지랄을 더 할 필요가 있나?

말더듬자들에게 어찌 창조가 神的으로 되지 않는 세상 교육과 지금까지의 미련했던 전통 따위는 불도저로 강력하게 밀어 버려라. 그래야 의지가 창조되고 그의지가 神的으로까지 비약한다.

012
포용·도전·파괴·창조

01

필자가 세계 최초로 의식을 정복하고서 神的인 의지로 필자의 과거를 돌아보니 너무너무 오랜 세월을 썩었던 것이 억울하기 한이 없었다. 민족과 국가와 군대에 어찌나 고마운지 항상 가슴이 들끓고 있다. 필자를 30여 년간 망쳤던 원수놈의 그 적, 그 사고가 이젠 이렇게 좋은 비서가 되고 은인이 될 줄이야? 자기를 가장 잘 알고 자기 약점을 가장 많이 아는 놈은 적이다. 그 가장 큰 적을 내 편으로 즉 자기 비서로 삼았으니 성공 안할 수 있겠나? 왜 필자가 필자를 좀 더 일찍 믿지 못했을까? 필자가 필자를 믿는 데까지 오랜 세월을 요한 것은 필자가 세상을 오해한 것이 아니었고, 필자가 필자를 오해했기 때문이었다.

세상 인류는 자기의 적을 미워한다. 오해는 여기서부터다. 세상의 어떠한 대상도 마찬가지이지만 자기를 미워하는 자에게 당하고만 있지 않는다. 자기한테 잘못이 있건 없건 말이다. 자기가 받는 미움 이상으로 반격한다. 강아지도 자기를 미워하는 자에겐 짖기도 하고 달려들어 물어 뜯어 보복하고 자기를 사랑해 주는 자에게 충성할 줄 안다. 개구장이도 미워하면 소란을 피워서 온 집안을 더욱 부산하게 만들지 않던가. 지렁이도 밟으면 꿈틀거리지 않던가? 너의 말더듬을 너처럼 지긋지긋하게 증오하면 너의 그 말더듬이 너를 더 빨리 파괴시키겠나, 너에게 굴복하겠나?

너가 너를 믿게 하는 데는 얼마나 걸릴까?

02

이 책은 말더듬 정복 단행본으로서는 세계 최초이지만 필자의 13박 14일 창조 수련 행동 과정의 30분의 1정도도 되지 않는다. 물론 세계에는 말더듬이에 관한 서적이 이웃 일본만도 꽤 나와 있다. 필자가 이 세계의 서적을 검토한 바에 의하면 전부 다 사고를 대상으로 한 것이고 의지 창조에 관한 것이나 神的인 차원까지 행동 구현된 것은 추호도 거론된 것도 없었고 또 노골적인 표현을 해서 그런 실력자들이 없었다.

이 책은 행동으로 직접 확인하는 창조 수련에 비교하던 네가 서운할 수도 있어서 필자 역시 너의 입을 좌—악 찢어줄 수 있는 능력과는 달리 아쉬움을 금할 수 없다. 그러나 너가 이 책을 통해서만도 지금까지의 세상적 차원을 초월하여 너는 확 터지게 된다.

강타강타 계속 터지다가 결정타가 어디에서 언제 터질지 너는 예측할 수도 판단할 수도 없다. 아직 너는 머리 가지고 이 책을 읽고 있기 때문이다. 링 위에서 권투 선수가 상대방을 몇 대 때리고 자기는 더 몇 대 맞으면 쓰러진다는 걸 아는 놈은 이 세상에 하나도 없지만 있을 수도 없다. 오직 행동으로 링 위에 선자 만이 자기 몸으로 확인할 수 있게 되는 것이고 또 그와 같은 사실을 발견하게 되는 것이다. 너는 지금 특등석에서 관전하기를 바라나, 링위에서 직접 성공하기를 바라나? 복서가 아무리 특등석에서 관전을 많이 해도 자기가 직접 링위에서 타이틀매치에 도전하는 것과 같나? 말더듬은 반드시 링 위에 서지 않고는 아무리 특등석에서 관전해 봐야 별도움이 되지 않고 오직 필자라는 링위에 도전해야 너의 주둥이가 터져서 쫙 찢어지던가 영원히 다물어지던가 하게 된다.

너는 이제부터 너의 말더듬을 포용하고 필자에게 도전하라. 너는 너의 말더듬 포용만 했지 포용은 못하고 있기 때문이다. 자식이 밉다고 해서 자식을 미워하면 자식은 또 너를 미워한다. 결국은 너가 더 손해보게 된다. 애인 밉다고 해서 아내가 밉다고 해서 너가 애인이나 아내를 미워하면 그 애인이나 너의 아내는 너를 사랑해 주나? 결국은 상대방도 너를 미워해서 같이 파탄된다. 손해는 분명히 먼저 미워한 너가 더 보게 된다.

03

의사로부터 사형 선고 받은 환자는 보통 생의 의욕을 잃는다. 얼간이들 하는 짓거리가 왜 이 모양이야. 의사나 환자가 필자를 통하여 창조자가 되면 두 사람의 오해는 영원히 없어진다.

너가 이 순간에 의사로부터 몇 개월 시한부인, 사형 선고를 받았다고 하자. 세상에 자기 죽을 날짜 아는 놈은 의사로 부터건 자기로 부터건 어떠한 형태로건 가족과 주위와 사회인들로부터 이해 관계가 끊어진다. 나아가서 좀더 노골적으로 말하면 그 존재가 거절 당하는 상황이 될 때 즉 그 자신이 죽음을 준비해야 한다고 될 때 너 같으면 어떻게 하겠나? 누구에게나 죽음은 순간에 찾아온다. 어떠한 병도 의지 창조로 해결할 수 있다. 산 만큼 산 인생을 제외하고는 말이다. 단 우발적인 사고 이외는 사람이면 누구나 죽는 날까지는 자기 가족들과 이웃들과 주변 사람들과 인간 관계는 변함 없이 유지되어야 하는 것이다.

자기 의지 하나 안 믿는 현대 인류라는 작자들은 자기 사고의 노예에서 벗어나지 못한 연고로 왜들 이렇게들 소란스럽나? 자기 자신에게 마저 멋대로 판단해 버리고 마는 유치한 세상적 思考 차원에 神的인 자기 의지는 사고의 자기를 외면한다. 가난이 싫다고 가난을 증오하면 더 빠른 파탄의 콩밥 신세가 빨리 찾아온다.

동서고금을 통털어 봐라. 가난을 증오해서 부자된다면 가난한 자들은 이 세상에서 있을 수가 없다. 증오하면 자기 몸까지 파탄되고 더 빨리 가난해지지 않더냐? 부자는 아무나 되나?

인류는 동서양이 마찬가지로 거의 전부가 자기 오해로 자기 신적 의지를 썩히고 있다. 목적을 갖지 않고, 목적을 갖되 신적 의지가 아니기 때문에 자기에게 모두 다 좌절하고 있다.

04

우리 나라 사람은 작고한 이모(李某)회장을 잘 안다. 이 분이 66세 때 위암 수술을 받았다. 죽느냐 사느냐의 대수술을 받기 직전에 이 분은 "내가 앞으로 10년만 더 살 수 있다면 할 일을 하겠는데"라고 했다. 이렇게 되면 의학의 힘보다도 자기의 신적인 의지가 발동하게 된다. 이 분이 66세에 대수술을 받고 정확하게 12년을 더 살면서 12년간에 해놓은 일이 66년 간 수술 받기 전까지 해놓은 것보다 더 엄청난 일을 해놨다. 대표적인 것이 반도체 산업을 이 나라에 정착시켰다.

모든 인류는 왜 그토록 시달리고 있고, 너는 왜 그토록 말더 듬으로 희생만 하고 있나? 더듬으니까 더듬는게 싫어서 낫겠다? 이건 어림 없다. 가난하니까 가난이 싫어서 부자 되어야겠다? 이것도 어림 없다. 아프니까 아픈 것이 싫어서 나아야겠다? 이와 같은 것들은 본능이지 목적이 없다. 그 본능을 어디다 사용할래, 목적이 있어야 할 게 아냐? 타인도 공부하니 나도 해야겠다? 타인도 대학가니 나도 대학에 가야겠다? 천만에 돈이 필요할 이유와 목적, 부자가될 이유와 목적이 있어야 하고, 공부할 이유와 목적이 있어야 하고 대학 다녀야 할 목적과 이유가 있어야 하고, 아무개는 강철같이 건강해야 할 이유와 목적이 있어야 하고 아무개는 말더듬을 정복해야 할 목적과 이유가 있어야 한다. 그 목적이 있어야 하되 그 목적은 자신만을 위한 것이라기보다도 이웃과 인류를 위한 것이어야 한다.

이 세계 인류는 명심하라. 너 자신만을 위한 목적일 때는 이 세상에서 해결 안될 것이 너무나 많다. 나와 이 세상 인류 모두가 인정하건 말건 인류 몸과 너의 몸에서 영원한 神的인 의지가 언제나 창조적으로 분출될 준비가 되어 있다. 그런데 너의 이상의 목적을 너 하나에게만 국한시켜 버려서 神的인 너의 의지가 분출되지 않고 있다. 절대로 될 수가 없다. 반드시 목적은 너 아닌 인류를 대상으로 해야 되는 것이다. 세상과 인류를 대상으로 한 목적이어야 그 목적(+)에 神的인 의지(−)가 神과 같은 수평적으로 + −는 극과 극이 만나야 스파크하여 동력[행동]으로 바뀌는 것이다.

05

세상은 전부가 극과 극의 두 가지 현상이다. 사람, 동물, 식물, 대자연 할 것 없이 극과 극이 아닌 것은 하나도 없다. 홀수 짝수, 암컷 수컷, 밤과 낮, 유 무, 生과 死, 어느 것 하나도 합해서 동작으로 안 되는 것이 없다. 남녀가 알몸으로 부딪치면 강렬한 클라이막스를 부인할 테가? 세상의 주인 조물주의 속성으로 태어난 인류가 세상을 경작할 목적을 세우면 神的의지와 결합하여 세상의 자원으로 된다. 그런데 너는 흙[뇌]과 몸만 결합하니 구워질 수가 없다. 아무리 도공이 흙과 물로 도기를 만들어도 흙과 물의 반대인 불이 없으면 그냥 무너진다. 그래서 너는 지금까지 머리와 몸 가지고 아무리 발버둥 쳐 봤자 상극인 의지가 없었으니 무엇이 되겠나. 반드시 너를 초월한 목적을 세워라. 즉 인류를 위한 알몸이라는 목적이 서야 너의 의지가 알몸으로 부딪쳐 동작 행동으로 나타나 너의 인생이 바뀌게 된다.

　부모가 자식을 사랑하는 목적이 강하면 그 부모는 세상 어떠한 것에도 구애 받지 않는다. 자식을 위해서 냉큼 물속도 불속도 뛰어든다. 자기 자신만을 위해서 마음껏 향락을 취하는 부모가 자식을 위하여 위험에 뛰어들 수 있나? 천만에 만만에다. 자기 본능과 자기 思考의 노예가 되어 물속 불속에 뛰어드는 것은 또 자살하는 것은 아무 소용없다. 아무리 되풀이를 많이 해도 소용없는 것이다. 고생을 아무리 많이 해도 방법이 빗나가는 고생 평생해도 소용없다. 큰놈과 같이 고생하면 조금만 고생해도 성공하는데 작은 놈과 같이 고생하면 평생해도 죽을 고생이거든.

　자기가 가지고 있는 것 전부를 자식에게 바치고 마지막에 하나 남은 자기 생명까지도 자식을 위해서 바칠 그런 부모는 비록 몸뚱이는 너와 비슷하지만 神의 생활을 하는 자이고 그런 자에게만 神的의지가 분출되는 것이다. 말더듬만이 아니고 이 세상 어떠한 것도 마찬가지이다. 너는 너가 반드시 말더듬을 파괴하지 않으면 안된다는 인류를 위한 목적을 세워라. 그래야 너에게서 神的인 의지가 발동한다. 너가 인류를 위한 목적을 세우지 않는 한 조물주도 무용지물이다.

<h2 style="text-align:center">06</h2>

　이스라엘의 지도자 모세의 말더듬을(구약성서 창세기) 왜 하나님이 못 고친 줄 아나? 살인을 하고 광야로 도망가 40년을 숨어서 생활한 모세란 놈은 하나님이 강력하게 시키니까 억지로 할려니 조물주께선 억지로 하는 놈에게 말잘하는 대변자(모세의 인척 아론《動》註)를 붙여 주어야 겠나? 안붙여 주어야 겠나? 너 같은 놈에게 자랑 할려고 필자가 이러는것 아니다. 만일 그때 필자가 세상에 있었더라면 조물주도 필경 모세를 필자에게 보냈겠지만 그러나 그때는 옛날옛적이었었다.

　세상 사업과 세상 학업과 세상 생활에서도 조건 없이 너에게 잘 해 오는 자에게 너도 마음 놓고 믿으면 마음껏 밀어 주나, 안 밀어 주나? 꼭 조건 따지고 또 조건 만들어 주어서 시켜야만 억지로 하는 자들, 또 그런 사업, 그런 학업, 그런 생활, 별 볼일 있던가? 힘이 없는 세상에서 오육십억이나 되는 인류가 득실거린다. 그들에게 너가 바래야 되겠나, 너가 주인으로서 창조자로서 해주어야 겠나? 임마, 의지란 것이 무엇인줄 아나? 피고 땀이고 눈물인 강력한 창조 행동이야. 이것이 너 인생 끝나는 날까지 세상에 끊임없이 분출되어야 한다. 이런 神的인 원리 하나 이해도 못하고, 이런 행동으로 이끌어 주지도 못하는 얼간이들이 무얼 한다는 말이야. 그런 따위의 주둥이와 그런 대가리가 너와 세상을 경작할 것 같나? 강아지도 시먹어서 얕보게 된다.

　조물주와 같은 神的인 의지로 태어난 너가 생활은 강아지만도 못하고 있으니 神的인 너의 의지가 지금도 너의 몸속에서 용솟음치고 있지 않나. 지금 당장도 너의 그 의지는 너의 몸속에서만 맴돌면서 폭포수같은 분출구를 찾아 헤매는데, 너는 이 새끼야, 무슨 의지 잡아 먹는 귀신인지 썩어 빠진 세상 차원과 너의 사고와 너의 몸은 그 의지의 분출구를 계속 막는 행동만 하고 있으니 너가 배겨날 수 있나? 니는 지체없이 너의 사고와 본능을 무시해 버리고 神的인 의지의 분출구를 만들어서 그 의지가 화산의 용암처럼 끊임없이 분출되게 해야 될게 아니냐? 神的인 행동으로 이 용암도 확인하자. 너는 지금 이순간 당장도 인류를 향해서 달변을 터뜨리지 못해서 괴로워하는 목적보다도 너 자신에게 시달리고 있어.

07

　이런 놈한테 조물주인들 세상인들 무슨 소용 있나? 자기만 생각하는 놈을 친구들이나 주위에서 어떻게 대하던가? 자기 생각만하는 어머니 아버지는 부부관계나 자녀들과 이웃들과의 관계가 어떻든가? 자기 생각만 하는 회사 사장 사업이 잘 되던가? 그래 이런 사장놈을 근로자들이 업어 주던가? 자기 생각만 하는 정치가들 부하들과 국민들이 잘 한다고 헹가레치던가? 왜 필자가 자살을 시도하고 시도해도 의지가 분출되지 않고 더 돼질 일만 생겼는지 알겠는가? 지금쯤 너는 감을 잡을 것이다. 세계 최고의 행동·의지·창조· 과학자가 되고 있는 너에게 감이 없을 리가 없다. 필자 자신을 포용하지 않고 필자 자신을 저주했기 때문이다.

인류를 위한 목적이 없었으니 화산의 용암보다도 더 거대한 필자의 神的 의지가 돼지면 30분도 못 되어 썩기 시작할 대가리의 사고와 본능의 덩어리인 몸뚱이를 내버려 두었겠나? "에이 ○ ○○○○ 새끼 돼져 버려라"라고 안할 수 있어? 너는 지금 너를 세계 무대에 올려 놓아 줄 너의 의지를 염라대왕에게 사자 보내 달라고 애걸하는데 사용하고 있어. 그래 이 새끼야 염라대왕에게 미리부터 아부하고 뇌물바치면 나중에 한 자리 준다는 약속이라도 받았나? 배신을 해도 분수가 있어야지 임마! 배신할려면 너의 대가리 사고를 배신해라. 이 새기야, 배신할려면 너의 몸뚱이를 배신해라. 아무리 세상의 몹쓸것만 긁어 모아서 확까닥 했다지만 임마 찾아갈 집은 너의 집으로 찾아가야 할 게 아니야. 왜 엉뚱한 집에 찾아가나? 왜 이 새끼야, 너의 몸뚱이나 너의 대가리만 노리는 집을 찾아가나? 그러고도 이 새끼야, 세상을 원망해. 아무리 번짓수를 잘못 찾는다지만 너의 집으로 들어가야 할 게 아니냐? 하기사 필자도 길을 잘못 찾아서 남의 집에 수십 번 들어가 얻어 터지고 거리에서 여러 번 횡사[자살]할 뻔도 했었 으니까 그러면 이제 좀더 너의 의지 [용암] 속으로 들어가자.

08

지구의 땅덩어리는 표피 [지각]로부터 50km정도 들어가면 그 안은 전부가 다 용암이다. 이 용암은 너의 神的인 의지와 똑같이 밖으로 분출되려고 지구의 껍질을 항상 노크하고 있다. 지구가 자전과 공전을 하지 않게 되면 이것은 순식간에 사방팔방으로 분출해서 지구는 불바다가 되는 것이다.(너가 행동으로 봉사 활동 안하게 되면 너의 몸과 사고는 괴로움 받는 이치 그대로이다.)

그래서 지구는 조물주의 뜻대로 불바다가 되어서 망하지 말라고 겉으로 터지지 못하게 스스로 자생할 수 있도록 지각을 단단하게 할려면 냉각시켜야 하기 때문에 자전과 공전이란 자생 자립 동작이다. 조물주는 세상의 주인인 인류가 이 용암을 한 곳으로 분출시켜서 인류의 에너지 자원으로 활용할 광범위한 자유 재량권을 주었다. 그런데 인류는 무지해서 이 용암을 아직까지 한 곳으로 분출시켜서 써먹을 놈이 없었었다. 세상 사방팔방에서 용암이 분출하면 지구는 끝장이다. 철, 석유, 석탄, 기타 지하 자원을 다 파먹으면 수소와 태양열과 용암까지 파먹게 된다. 어차피 불(용암)로 망하게 되는 것이다. 용암을 벌집같이 파먹다가 사방팔방에서 터지면 지구는 불태워져서 모든 식물과 생물은 잿더미가 되고 그 공해가 대기권을 덮어 태양열을 완전히 차단하여 빙하로 망하게 된다. 그런데 이 용암을 한 곳으로 분출해서 사용하면 지구 인류의 영원한 에너지 자원이 되는 것이다.

09

神的인 행동으로 더 분석 확인하자. 지구와 인류 역사 이후 너 [지구]라는 몸속 [지구속]에 맴돌면서 분출을 기다리는 너의 의지 [용암]를 한곳으로 분출시켜 써먹어야 겠나? 의지 창조에 무식하고 무지한 인류같이 지구를 부스럼으로 덮어야 겠나?(사

고와 본능으로 몸을 망침) 인류 역사 이후 최초로 지구속의 용암
[너의 의지]을 분출시켜서 써먹게 할 필자가 너에게 온 것이다.
더 이상 너의 의지가 너를 무용지물로 만들어 버리기 전에 너는
그 의지를 한곳으로 분출시켜서 너에게 준 이 세상을 경작해야
한다. 너는 아직도 확인할 것이 너무너무 무진장 많이 있다.

필자는 거대한 조직의 군대 조직에서도 필자 내부에 용암을
써먹어 봤다. 그 당시 현역 군인들 중 수만 명의 말더듬이들은
행동 시도할 엄두도 못 내던 일에　말이야. 그들은 어디에서나
자기 소속 부대의 자기 위치에서 자기 사고와 몸을 분산시키면서
의지의 부스럼만 만들고 있었던 것이었다. 지구 껍질을 파면 용
암이 나오나? 안 나오나? 조금 파다가 포기하는 놈은 깊이 파면
용암이 나온다는 걸 믿는 놈이냐? 안 믿는 놈이냐? 자기가 안
믿는다고 지구 속에 용암이 없는 것이냐? 이놈의 새끼야? 너
만큼만 파서 용암이 나온다면 너도 세상도 모조리 망해 버린다.

포기하니까 하는 일에 더 자신 없고, 그렇게 목적 없이 파는
놈한테 용암이 나오면 그 용암이 누구를 죽이겠나? 자기 혼자
사용하려는 놈에게 그 많은 용암이 분출되면 자기만 죽는다. 세
상과 인류가 사용할 목적에 써야 그 많은 양을 다 소화할수 있다.
자기는 조금만 사용할건데 용암이 분출되면 자기가 죽겠으니까
파면서도 용암이 분출될까 겁내는 놈들 이런 놈들 목적이 크나,
목적이 작나?

10

지구는 하나다. 그런데 이 세상에는 너라는 지구가 몇 개나 있나?
오육십억 개가 있다. 그중에 말더듬이 1억 8천만개쯤 있다. 1억
8천만 개의 말더듬이들은 왜들 자기 속의 용암[의지]을 썩히고
있나? 자기의 용암을 써먹을려면 자기를 파내야겠나? 퍼 담

아야겠나? 자기의 껍데기를 송두리째 파 내버려야 그 안에서
자기 의지가 분출된다. 너의 껍데기를 사정없이 깊숙히 파내야
한다. 너는 지금까지 너를 깊이 파내야 한다는 목적이 없었다.
반드시 인류를 위해서 어떠어떠한 일을 해야 하는데 그 일을 하기
위해서는 많은 사람들을 너의 주둥이로 움직여야 하는데 너의
주둥이로 움직이기 위해서는 달변가가 되어야만 하고 그렇게 해야
인류에게 많은 도움을 줄 수 있는 목적 말이다. 말더듬을 빨리
고쳐서 친구 아무개 앞에서 과시를 해야겠다. 말더듬을 빨리 고
쳐서 멋있는 여자를 꼬셔야 겠다. 말더듬을 빨리 고쳐서 과거에
망신 당한 곳에 가서 말 잘하는 척 해야겠다. 말더듬 빨리 고쳐서
말주변 없는 우리 선생님 대변자가 되어야겠다. 말더듬 빨리 고
쳐서 우리 고장의 빌빌한 국회 의원 대변을 해줘야 겠다. 말더듬을
빨리 고쳐서 회사 사장에게 따져서 봉급 좀 더 달라고 해야 되
겠다는 등등의 목적으로 말더듬을 정복하려 하면 천하에 이 바보
같은 새끼야.

11

　너 분명히 명심해라. 겨우 그런 목적이라면 너는 평생 말더듬
못고쳐 이 새끼야. 그런 소심한 목적 가지고 어떻게 용암인 너의
의지가 터질것 같냐?
　너의 의지가 얼마나 큰것인데 이쌍놈의 새끼야, 너 하나에게
맞춰? 이새끼야 너 하나에게만 맞추니까 그 용암 그 의지가 너를
잡아 먹어 버렸지 않느냐? 이 새끼야 꿈을 깨라. 꿈을 못 깨면
필자가 지구 역사 창조 이후 최초로 네놈의 새끼 대가리를 산산히
깨서 장사 지내 주마.
　필자도 군대 생활 다 마칠 때까지는 너와 같았었다. 우리 나라와
이 세계의 온갖 방법을 다 짓밟고 외국 전문가들의 도움까지

받을려고 고향의 국회 의원 힘과 군대의 힘까지 움직여서 고작 한다는 것이 필자 자신의 神的인 의지 발굴이 아니고 대가리 사고와 몸뚱이에다 얼기설기 더덕더덕 부스럼만 만들었던 것이다.

기를 써 가면서 젖먹던 힘까지 다바쳐 필자를 벗어나려고만 했지 필자 자신을 껍데기 벗기려고 포옹하려 하지 안했던 것이다.

12

이젠 본론으로 들어가자. 말더듬은 전부가 다 자기 오해에서 벗어나지 못해서인 것이고 필자 역시 30이 다 될 때까지 타인이 아닌 필자가 필자 자신을 오해했던 것이다. 필자가 좀더 일찍 달변가로 되지 못한 것은 필자 목적이 필자에게 국한되었던 결과로 필자의 세상을 뒤집을 만한 神的인 의지는 삼천포로 빗나가고 있었던 것이다. 이놈이 같이 병행해도 피땀의 과정이 있는데 말이야. 너는 아직도 멀었지만 또 확인하자. 유전 개발할 때도 사방 군데 벌집처럼 마구쑤셔서 뿜어 올리나, 한 곳으로만 집중 시켜 뿜어 올리나? 한 곳으로 집중시켜 빨아 올리려면 벌집처럼 쑤셨던 곳곳을 메꿔야 하나, 내버려 둬야 하나? 잘 메꾸는것은 물론 나아가서 다른 곳에 터지는 곳이 없도록 진짜 분출구 외에는 잘 보호까지 해야 되나? 안해야 되나? 해야 된다면 원유 파먹는 것보다 더 크고 깊은 너의 의지를 분출시키는 것도 한 곳으로만 집중시켜 분출시키기 위해서는 지금까지 들쑤셔 놨던너의 사고 와 몸뚱이가 엉뚱한 곳에서 의지가 터지지 않게 잘 보호를 해 야겠나, 내버려 둬야겠나? 내버려 두지 않겠다면 잘 들어라.

내버려 두지 않겠다는 것은 만신창이었던 너를 포용안하겠다는 거야, 포용하겠다는거야? 뭐, 포용하겠다는 거라고? 좋다. 포 용한다는 것이 바로 성공의 시작이다. 생전 처음으로 너는 이젠 너를 포용한 몸으로 너의 의지를 분출시키기 전에 먼저 확인 할 것이 있다. 용암을 분출시키기 위해서, 원유를 분출시키기 위해서는 기계가 필요하지만 용암이나 원유보다도 더 거대하게 세상과 인류를 경작할 너의 의지를 퍼내는 데에는 세상의 어떠한 기계도 기술도 소용없다. 이 새끼야, 이것까지 확인시켜 달라고? 그래 너 가슴속의 의지를 보여 주려고 인간이 만든 기계나 칼로 너의 가슴을 갈라줄까? ○○○○○의 새끼 아니야? 이 새끼야 너가 세상과 인류를 경작할려면 너 몸도 세계 최초로 건강해야겠나, 빌빌빌빌 해야겠나?

13

이 새끼야, 아무리 달변이라도 건강 없으면 말짱 도루묵이야. 너를 지구 역사 창조 이후에 세계 최초로 최단 시일내에 세계 최고로 건강하게 만들어 주는 필자가 ○○했다고 너 몸에다 쇠붙이를 댈? 너 몸 하나가 지구를 경작할 필자의 재산 목록 제1호인데 이 새끼야 인신 매매단에게 팔려가 뱃사람이나 남창이나 창녀 되어 봐야 신세는 뻔하다. 그러나 필자가 세상과 인류를 경작하는 경영인으로 너를 부리는 한 성공 못 할 자 이 세상에 없다. 조물주도 너 하나 볼려고 1만년이나 기다렸어. 그런데 필자가 너 몸에다 바늘 토막 한 개라도 댈 필요가 있겠나? 짜식 넝심하라. 너 몸 하나면 된다. 너 몸 하나가 이 세계의 주역이 된다. 네가 태어날 때도 그 몸 하나만 나왔잖아. 그 몸 하나에서 의지를 끄집어 낼려면 네놈에게 도전하여 껍질을 파괴하는 행동이 있어야겠나, 없어야겠나?

생산도 그렇지만 창조는 반드시 도전해서 파괴해야만 그 실적과 결과로 창조가 있게 된다. 이것을 무시하고 즉 이러한 과정을 거치지 않고 될려는 것이 너의 대가리의 思考이고 또 육체의 본능이라 이것들은 어디에서나 스스로 파괴되는 것이다. 임마 지구의 인류가 어디 외계에서 뭘 가져다 퍼 담는 것 봤어, 임마 !
먹고 사는 것도 지구 것을 파먹잖아. 너 몸에서 파먹어야 되겠나,
퍼 담아야 되겠나 ? 너 몸 하나에서 퍼내 가지고 너도 먹고 살고
세계 인류도 먹여 살리는 거야. 너의 가슴과 심장속으로 부터 너와
세계를 움직일 神的인 의지를 발굴 해 내기 위해 강력하게 도
전하자.

013
포용 · 도전 · 파괴 · 창조

01

생활도 사업도 기업도 문명도 과학도 국가도 근본은 몸 하나에서부터 시작이다. 인류 문명의 발상 자체부터가 몸 하나에서부터 시작이었었는데 금세기에 태어나는 놈들은 태어날 때부터 한 보따리씩 가지고 태어난 것처럼 길이 들어 있다. 기성 세대의 무식과 무지로 인한 책임도 있지만 신생 세대 역시 빌빌한 기성 세대에게 예속 되어서는 안 된다. 짜식들 기성 세대 등쳐먹을라고 태어났나? 짜식들아 기성 세대들이 용을 써서 10개월씩이나 배안에 담아 가지고 다니다가 태어나게 해준 것만도 감사해야 하잖어. 너희 엄마들이 너희들 잉태했을 때 고통 당하는 걸 너희 아버지들은 잘 안다. 오죽했으면 아버지들이 차라리 너희 놈들을 뱃속에 잉태했으면 했었겠나? 그만큼 너를 밴 너의 어머니의 고통을 볼 수가 없었던 거야. 천신 만고 끝에 분만하여 갖은 정성과 성의로 키워서 유치원에서부터 시작하여 고등 교육까지 시켜주면 이놈들아, 거기서부터는 너희들이 기성 세대 보호는 못 해 줄 망정 '홀로서기'를 해야겠어, 안해야 겠어?

02

지금 중·고등 학교도 홀로서기로 다니는 녀석들이 꽤 많다. 공부를 하건 사업을 하건 기술을 배우건 독학을 하건 홀로서기란 바로 神的인 의지 창조의 지름길이다. 현대 문명이 엉뚱하게 빗나가고 있기 때문에 현대 인류는 모두 다 조물주에게는 얼굴을 들지 못한다. 그러면 염라대왕 새끼 보기는 떳떳하냐? 뭐 큰소리라도 칠 수 있나? 바보들아, 지금부터라도 조물주 얼굴 똑바로 볼수 있도록 창조력 발휘하면 되잖아. 세계 인류의 힘으로 안되는 것을 세계 최초로 필자가 해내고 있지 않나. 조물주와 직접 친구가 되게 하여 주고 있지 않나. 행동은 하지 않으면서 개뿔만도 못한 과거에 왜 매이나? 인생이란 현재와 미래가 중요하다. 아니 전부이다. 조금 더 먹고, 덜 먹고, 조금 더 살고, 덜 사는 것이 중요하지 않고 어떻게 살아야 조물주의 의지를 이 세상에 창조적으로 발휘하여 세상의 주인 노릇을 하냐이다. 없었어야만 할 존재가 되어서는 절대로 안 되지만 최소한도로 손님으로 왔다 가는 존재는 안 되어야 한다. 행동 창조자는 이미 드러난 사례를 초월할 줄 알아야 한다.

우리 나라 재벌 기업인 중에서 현존하는 매우 막강한 인물이다. 이름을 K씨라고 하자. 이 분은 60년대 후반까지만 某무역 회사 간부로서 별로 이름도 없었다. 그런데 K씨는 60년대 말에 그렇고 그런(내용은 지면 관계상 약하니 알아서 짐작하라.) 내용으로 홀로 서기하여 수출붐을 탔다. 신바람에 돈바람까지 맞아서 70년대 중반까지 굉장한 부를 축적했다. 물론 많은 공장을 짓고 민족과 국가 발전을 위해 많은 인력 수급으로 경제 발전에 기여했다. 그런데 K씨에게 큰 문제가 생겼었다. 다름이 아니라 갓 창업한 기업이라 자체 양성한 임원이나 관리자도 없었고 시일도 없었다. 회사는 많아지는데 책임자는 아무에게나 맡길 수 없고 자체 양성시킬 필요가 있었다. 돈이 많다고 아무나 데려다가 임시방편으로 맡길 수도 없었다. 전투도 기성 부대가 잘하는 것이지 혼성 부대로 전투하면 많은 혼란이 온다.

03

그래서 K씨는 간부 사원들 중에서 적임자들을 골라 필요 인원만큼 선별하여 회사를 맡기기 위해서 급히 경영 수업과 훈련을 시키기로 했다. K씨는 70년대 중반의 어느날 부하 직원들을 기차에 태워 부산에 내려다 놓고는 일장 훈시를 했다. "너희들에게 오늘부터 2주일간은 특별한 임무가 부여된다. 본임무를 2주일간에 수행하는자는 나와 같이 일할 수 있으나 본임무를 2주일간에 완수해내지 못하는 자나 또 임무 수행을 않겠다는 자는 나와 같이 일할 수 없다. 오늘 이 순간부터 너희들은 2주일간에 돈 한 푼 없이 가족이나 인척들이나 아는 사람들에게 신세지지 않고 전화 걸지 않고 각개 행동하면서 너희들 몸 하나로 범죄만 하지 말고 품을 팔건 얻어 먹건 거지가 되건 재량껏 벌어먹으면서 걸어서 서울까지 와라. 단 자동차나 기차나 비행기나 배를 타서도 안된다. 반드시 두 발로 걸어서 벌어먹으면서 2주일 내에 서울의 회사까지 오되 오는 도중에 절대로 아는 사람 신세져서는 안 된다. 나도 너희들과 똑같은 행동으로 올라간다."면서 임원들 주머니의 돈과 귀중품과 전화 번호와 수첩등을 모조리 거두어서 서울로 우송하고는 K씨와 그들은 모두가 각각 뿔뿔이 흩어져서 서울까지 도보 원정 생활이 시작되었다.

04

생전 밥한끼 얻어 먹어보지 않으면서 일류 대학 상과를 나온 그들 중 몇명은 "더러워서 K씨 회사에 있지 않겠어."했고 "K씨 회사 아니라도 오라는 회사 얼마든지 있다. 나도 그만두겠다."면서 그냥 차를 타고 올라가 사표를 냈다. K씨가 사표를 수리했음은 물론이다. 이런 놈들은 인생 살이와 직장 생활도 절대로 주인적으로 안할 것은 뻔하다. 언제나 손님 역할만 할 뿐이다. 인간 생활과 전쟁을 능가하는 직장 생활과 과히 살인적인 국제 경쟁

무대에서 어찌 어려움이 없겠는가! 이런 놈들은 어려움이 닥칠 때마다 그 어려움을 해결해서 정복하는 것 보다는 "나 부모 재산 많아.","나 오라는데 많아."등등 하면서 어디에서나 사표를 내거나 도망갈 놈들이다. 이런 놈들과 고등 교육까지 시켜준 부모와 기성 세대와 대학 당국은 필자의 의지 창조 수련을 받아야 인간 지도와 창조와 교육이 무엇인지 행동으로 체득하게 된다. 도저히 필자가 아무리 봐줘도 이 세상 현상을 무시 안할 수 없다. 지식 전달하는 대가리의 思考만 가지고는 인간을 만들 수 없으며 더구나 의지 창조는 절벽일 수밖에 없다.

도망가고 사표 낸 놈들도 뒈지지만 않고 필자 수련 3박4일이면 천지개벽같이 재창조되어 우수한 경영인이 된다.

05

그런데 대다수는 서울까지 얻어 먹어 가면서 혹은 농촌에서 몇 시간씩 일하면서 서울까지 걷고 뛰고 달리면서 구두 뒷창이 빠지고, 발에 물집이 맺히고 발목이 삔 자, 무릎이 아픈 자, 좌 골통인 자. 우골통인 자(녀석들, 자가용 생각들 굴뚝 같았을 것이고 기업이 국민들에게 어떻게 대해야 발전 한다는 것을 조금이나마 알게 됐을 것이다.) 남의 집 헛간에서 잠을 잔 자, 상여 보관하는 초막에서 잠을 잔 자. 멀쩡한 놈이 배고프다고 얻어먹자고 하니 일손 빠쁜 농촌에서 수상한 놈으로 오해하여 뒈지게 얻어 맞은 자, 어떤 놈은 입술까지 묵사발이 됐고, 또 수상한 자라고 신고 되어 경찰에까지 끌려갔다가 경찰서에서 배불리 얻어 먹은 자, 하루나 한나절쯤 일 해주고 돈까지 몇 푼 번 자 등등 짧은 2주 일이었지만 이루 말할 수 없는 수모와 다리에 고통을 무릅쓰면서 거지짓까지 하면서 천신만고 끝에 서울까지 당도한 그들 각각에게 K씨는 회사의 중책을 맡겼다. 막대한 재원과 인원을 거느려 생산 판매할 총책 임무 수행자는 몸과 행동으로써 먼저 세상을 골고루 확인하고 자기 몸도 맨몸으로 다스릴 줄 알아야 한다. 기진 맥진하여 쓰러진 자에게 동정으로 주는 걸 받아먹은 자는 이 세상 어디에서나 별볼일 없다. 기진 맥진하여 쓰러질 때까지가 왜오냐? 그때까지 뭘 한거냐? 쓰러지기 전에 행동 창조가 있어야 하는 것이다. 창조를 위해서 목적 달성을 위해서 '내가 해야 해' 하는 의지가 끊임없이 분출되고 있으니 자기는 언제나 인류를 향한 목적이 행동이 제공되면 되는 것이다.

현재 그들은 한 사람도 빠짐 없이 K씨 그룹 계열 회사의 사장들이 되어 있다. 전부다 상장 회사들로서 같은 업종의 회사들 중에서는 최근 몇 년 간의 재무 구조를 알아봤더니 모두 다 재무 구조가 양호하고 노사 분규도 전혀 없는 거대하고도 튼튼한 회사들이었다.

<h2 style="text-align:center">06</h2>

몸뚱이 하나만 가지고 2주일 만에 얻어 먹으면서 부산에서 서울까지도 걸어 올라왔는데 자기들에게 주어진 회사 하나쯤 문제될 이유가 없었다. 반대로 사표 내고 그만둔 자들은 잘 되어 있느냐? 천만에다. 필자가 몇 명 확인까지 해봤지만 사업체 책임자가 된 자도 하나도 없었지만 떠돌이처럼 몇 군데 옮겨 다니느라고 이사급이 된 놈도 없었다. 몇 놈은 국외로 이민 갔더구만. 꺼리끼는 일을 회피하는 자는 더 큰 꺼리낌이 언제나 자기를 기다린다.

직장 생활이나 사업이란 한가한 자들의 취미 생활이 아니다. 자기의 전력 투구가 되어야 하고 생명까지도 걸어야 한다. 그리고도 행동이 지속적이지 못하면 더 강하고 더 지속적인 행동자에게 먹히거나 밀리게 되어 있다. 인간이 모여서 생활하는 곳에서는 언제나 경쟁이 되게 되어 있다.

07

그런데 이런 경쟁 시대 가운데서 자기의 의사 표현은 고사하고 자연인으로서의 필요 불가결한 용무 표현마저 하지 못하고 자기의 자존심이 도저히 허락하지 않는 손짓, 발짓, 몸짓까지 하지 않으면 안되는 말더듬이의 생활이란 1차로 사회의 생존 경쟁에서 희생 아닌 포기를 해야 하고 누구나 소유하는 자연인 본능의 생활에서마저 낙오 아닌 2차 포기 나아가서 타인과 접촉이 없는 자신만의 생활에서까지 자기의 의지를 꺾어 버리는 思考의 요인인 3차 희생의 결과는 말더듬과 개개인의 창조력과 행복 파괴는 물론 경제적인 측면에서도 사회적으로나 국가적으로도 실로 막대하다.

08

서글프게도 말더듬자들은 세계적 현상으로서 동서고금을 막론하고 거의가 다 두뇌가 우수하다는 사실이다. 이는 필연적인 사실로서 반드시 말더듬자들은 두뇌가 우수해지게 되어 있다. 타인에게 반드시 실수하지 않아야 하고 발음 때문에 또 지적 받아서는 안 되고 그리고 정상적인 사회 생활 포기로 전부의 시간을 자기의 말하지 않는 업무에 투자하게 된다. 인간으로서 자기 思考와 자기 의지가 체념할 이유(병이 아니기에) 없이 불행하게도 신체 장애도 아니기에 철저하게 자기 결함을 드러내지 않는 의식 장애로서 한 가지에 몰두하게 하기 때문이다. 이렇게 타인과 세상에게는 자기를 철저하게 은폐시키면서 스스로는 말더듬과 승부 없는 전쟁에 돌입한다. 자기 인생 전부의 시간에 결쳐 치열하게 싸우는 인간은 이 세상에서 오직 말더듬자들 뿐이다. 얼마나 철두철미하게 싸우는지 애인과 키스하면서도 부부 관계까지 하면서도 자기 동작과는 관계없다. 숨쉬는 시간 전부도 부족하여 잠을 자려고 누워서도 잠들기 전까지도 싸움이고 이것도 모자라 꿈속에서까지도 오직 말더듬 하나때문에 의식과 의지의 싸움이다. 육체가 잠을 자도 의지는 자지않는 것이기 때문에 뇌의 현재 의식은 휴식과 함께 수면을 취할 때도 잠재 의식과 무의식은 끊임없이 작용하여 의지를 괴롭힌다.

　이 세상의 흘음자들은 꿈속에서도 언제나 말더듬을 확인하고 있다. 이렇게 치열한 전쟁이 세상에 있을 수 있겠는가！ 국가간의 전쟁도 일시적이다. 하늘이 내려 앉더라도 순간이다. 어떠한 것도 지나가면 인간의 의식과 의지는 회복된다. 그런데 말더듬 이것 하나만은 다르다. 의식을 정복하지 않는 한 죽어도 따라간다.

09

　습관이란 사고나 철학의 인식 없이 이루어지는 것이고 의지를 빼앗은 사고가 말더듬 원인이기 때문이다. 체념할 수도 없고 체념하지도 않는 의지는 언제나 비참속에서도 행동시킬 몸이 없기 때문에 몸속에서만 맴돌면서 천지개벽이라도 해줄 구세주(모험 행동력)가 나타나서 분출구를 뚫어주길 고대하고 있다. 세상 천지에 이렇게 치열하게 계속되는 전쟁이 있을 수 있겠는가. 절대 휴전이 없다. 절대 완벽만을 지향하는 말더듬이의 두뇌가 우수하지 않을 수가 없는 것이다. 눈치챌 수도 없지만 눈치채너라도 객관적인 견지에서는 전혀 엉뚱한 짓일 뿐이다.

　그러나 세상 역사 이후 계속 되어온 세상의 전쟁이나 인류 개개인들의 모든 싸움은 神的인 차원을 꺼내지 않더라도 요인을 분석해 보면 인간의 의식과 의지가 발단인 것이다. 절대로 보이는 세상의 현상과 사물이 싸움의 동기의 요인이 될 수 없음을 확인하게 된다. 자기 사고가 세상과 자기 생활을 포용하지 않아 분노를 일으키면 자기 분노의 형태에 의하여 즉시 사고의 노예인 상대방이나 인류에게 사고이입(감정)이 되어 역시 형태로 나타나게 된다. 타인 역시 사고의 노예이기 때문에 환경과 객관자를 포용하지 않아 분노가 터지면 너 역시 사고의 노예이기 때문에 즉시 감인(感引)당하여 형태로 나타나게 되어 결국은 동기가 아니라 분노 대 분노 즉 사고 대 사고가 대립하여 세계 대전으로까지 됐던 것이다.

10

부부 싸움 역시 분석하면 사랑이 없더라도 생활 측면만으로도 검은 머리가 파뿌리가 될 때까지 모두가 다 포용할 대상들이다. 하물며 사랑함임에랴 말할 것도 없다. 연애할 때는 죽음까지도 대신 하겠다는 것도 사고였었고 결혼 후에 그런 열정이 식어버린 것도 사고이고 살다가 권태기라고 말하는 것도 역시 사고이다. 절대로 의지는 인류가 사고의 노예인 한에 있어서만은 의지가 요인일 수는 없는 것이다.

그래서 세상의 모든 싸움은 자기 思考 하나로부터 시작하여 자기 의지와 몸을 파괴시키는 것으로 끝난다. 적나라한 맨몸 하나에서부터이다. 부부 생활을 평생 연애할 때같이 할 수는 없을까? 그렇게 할 수 있는 방법이 이 세계에 있을 수 있을까? 지구 역사 이후 지금까지 이 방법이 없었고 있을 수도 없었지만 이젠 있게 되었다. 여하한 사랑과 종교의 힘으로도 어림 없는 것이지만 의지 창조 행동으로 의식을 정복한 부부는 가능하다. 이 점에 있어서도 말더듬자는 안 더듬이보다 훨씬 더 유리한 (너무나도 의지가 억제 됐었음) 입장에서 자기 의식 정복과 행복을 확인하게 된다. 도대체 의지 대 의식, 세상 힘으로는 도저히 불가능 할 것 같은 인식 역시 사고인데 너같이 사고에 집착해 똘똘 뭉쳐버린 덩어리를 이 세상 어느 누구가 너의 의지와 너의 행동을 통해서 너의 사고를 파괴하게 하나. 너가 판단해도 너와 똑같은 사람이 이끌어 준다면 될 것 같나? 천만에다. 어림 없는 천만에야. 숫자에도 구애 받지 않고 너의 사고에 예속만 될 뿐이다.
 필자 역시 너에게 예속되면 무용지물이다. 말더듬에 있어서만은
조물주도 너에게 힘이 될 수 없다고 필자는 분명히 말했다. 사고를
통한 기도의 응답 역시 너의 뇌이기 때문이다. 믿음이 사고냐?
의지 창조냐? 창조가 예속이냐? 모험이냐? 모험이 조건반사
냐? 무조건 반사냐? 필자가 너에게 예속될 것 같나?

<h1 style="text-align:center">11</h1>

 필자가 너에게 경고 하노니 죽을 각오를 해야 한다. 말더듬파
괴는 목숨건 모험만 필요할 뿐 그 외에는 모조리 헛지랄이다. 너의
의지와 몸뚱이를 죽이지 않고 너의 思考를 이길만한 힘, 그 힘을
발휘해 줄만한 건강, 그 건강이 지속될 행동력만이 너를 새로
창조하는 것이지 기분 맞춰 주고 말이 한두 마디 되는 것 그것은
바로 실패의 길이다.
 사탄과 사기꾼은 항상 달콤하게 온다. 인류가 만든 약도 효험이
있는 치료 약만큼 많은 통증이 생기게 하는 것도 없다. 입에 단
것은 분명히 몸에 해롭다. 너가 너의 사고에 속지 않기 위해서는
너의 사고를 정복하는 길밖에 없다. 너는 너의 사고를 정복하지
못하면 이 세상에서 아무리 성공해도 아무 소용없다. 사고로 인
하여 적나라한 너의 맨몸이 희생되었으나 반대로 성공 할려면
이젠 의지로 사고를 쳐서 너의 사고는 언제나 너의 의지에 반해서
이끌려야 한다. 과거에는 너의 의지가 사고를 정복 못한 결과로
말을 하지 않았는데도 피로가 많았지만 또 그런 피로는 전부가
기분 나쁜 피로였었는데 의식을 정복하면 왼종일 말을 해도 피
로가 없고 설사 육체적인 피로가 온다해도 기분 좋은 피로, 가슴이
뿌듯한 피로가 된다. 이렇게 빨리 되게하기 위해서는 강력한 의
지가 너의 사고를 공격해야 한다.

12

　말더듬이가 의식의 자각증과 강박 관념에서 벗어나고 꿈속에서도 말더듬이로 꿈을 꾸지 않고 달변하는 모습을 꿈속에서까지 확인하기 위해서는 너의 인격과 사고는 시궁창의 병균보다도 못한 것으로 완전히 짓밟아 버리는 강력한 행동이 습관화 되어야 한다. "심은대로 거둔다"와 같이 우리의 의식과 의지도 똑같다. 농토에 심는 것은 남이 훔쳐 갈 수도 있고 벌레가 먹을 수도 있고 천재지변으로 피해를 볼 수도 있으나 너가 너의 의지와 몸에다 심는 것은 누가 훔쳐 갈 수도 없고 방해할 수도 없다. 은행 예금 통장에 입금시키면 숫자로 확인이라도 할 수가 있지만 자기 의지로 의식을 쳐버리는 것은 너의 의식을 완전히 정복하기 전까지는 보이지도 않고 확인하기도 곤란하지만 빛이 볼 수도 잡을 수도 없으면서 세상을 밝게 하는것과 같이, 태양열을 잡을 수도 볼 수도 없는 것이지만 인간의 몸과 세상을 덥혀주는 것과 같이 너를 움직이게 된다. 너가 어떤 일 때문에 잠들기 전까지 야단 법석을 떨면서 난리를 치며 잘 때 그 행동 강약에 의해서 꿈에서도 볼 수 있게 되며 잠에서 깨어나면서도 바로 네가 잠들기 전의 행동을 기억하고 그 행동에 지체 없이 이어졌던 사례에서도 너에게 급한 것은 빨리 너의 의식을 정복하는 일이다.

13

　부정성의 思考로 20년을 살아왔던 사람이 긍정성의 사고를 20년 하면 부정성이 긍정성으로 상쇄되겠나? 천만에 어림 없다. 그 몇 배 40년이면? 60년이면? 천만에다. 20년, 30년, 40년을 그렇게 하면 지구는 누가 경작하나? 그런 헛지랄 할려고 태어났나? 사고로는 아무 소용없고 오직 의지의 행동창조로만 순식간에 상쇄시킴은 물론 더 강력해지게 된다. 선조들이 5백년, 천년, 5천년간에도 못했던 것을 현대 인류는 행동으로 얼마든지 만들어 냈고 또 해내고 있고 앞으로도 얼마든지 만들어 가고 있다. 소위 문명의 부산물 따위다. 그런데 너는 문명도 초월하여 세상의 문명 자체까지도 경작할 너를 재창조하는 것이다. 이미 필자가 최초로 해낸 것을 너는 더 빨리 해내게 된다. 소총 몇천발, 몇만발 발사할 것을 포는 한 발이면 족하다. 포탄 백발 천발보다도 고성능 폭탄 한개면 족하다. 고성능 폭탄 백 개 천 개보다도 핵무기 한 개이면 족하다.

반드시 도전, 파괴, 창조에는 강력함만이 필요할 뿐이다. 너의 행동이 약하면 타인아닌 너가 반드시 비웃게 되어 있고 일단 너가 너를 비웃게 되면 너는 여하한 행동을 하다가도 스스로가 상상해서 포기한다. 필자가 인도네시아의 수도 쿠알라룸프르라는 발음이 안 되어 자라날 때까지 급우들과 사회인들 앞에서 쿠알라룸프르라는 발음을 아무리 발음할려 했지만 번번히 실패했다. 곳곳에 찾아다니면서 말더듬을 정복하기 위하여 죽을 힘을 썼지만 세상이라는 나뭇가지는 너무나도 허약했다. 잡는 나뭇가지마다 뽑혀 버렸다. 한 손으로 돌뿌리를 잡고 있었기에 다행이었다. 발광하는 말(馬)을 진정시킬려면 강력한 힘도 있어야겠지만, 먹이를 먹일 능력이 있어야 한다. (《動》註) 먹이만 가지고는 어림 없다. 힘만 가지고도 어림 없다. 두 가지만 가지면 되나? 두가지 다 가지고도 환경과 사람들을 가리지 않고 쿠알라룸프르를 창조적으로 발음할 수 있도록 만들지는 못한다. 어림도 없다. (《動》·《强》註)

14

어린 아이 앞에서는 되는데 어버지 앞에서는 죽어도 안 됐다. 어머니 앞에서 되는 말이 경찰서장 앞에서는 발음할 엄두도 못 낸다. 순간순간의 임시방편의 해결도 않되지만 된다해도 이런 식은 뿌리째 뽑히는 나뭇가지와 같다. 너가 의식 정복 안하고 되겠나? 다행히 절벽 위에서 필자에게 튼튼한 밧줄이 몇 번 내려왔었다. 그런데 그 밧줄도 잡기가 바쁘게 먼지가 나면서 떨어져 버렸고, 어떤 밧줄은 잡고 있던 사람까지 낭떠러지 끝으로 딸려와 버렸고,도대체 안 떨어지는 밧줄도 없었지만 밧줄이 조금 튼튼하면 그 밧줄을 버텨줄 버팀대가 없었다. 설사 버팀대나 밧줄이 튼튼하여 필자가 낭떠러지 위에 올라왔다 한들 목숨은 구한 임시 방편은 되어 아이구 살았구나 한숨은 쉬겠지만 말을 창조해 낼 수 있도록까지 만들 수 있는 세상은 아니었다. 왜냐? 버팀대와 밧줄이 아무리 튼튼하여 필자가 마음 놓고 올라간다 할지라도 올라가는 필자의 思考는 '금방 또 떨어질 걸 뭐……' 한마디 한마디가 안 되어 매일같이 수십 번 수백 번씩 떨어지는 필자를 우리 나라와 이 세계는 안 떨어지게 하지도 못했고 또 안 떨어지게 할 능력이 없었다. 그런 도움을 기대했던 필자 자신이 한심스러 웠다.

15

가까스로 필자 몸을 절벽 위에까지 올려논 사람이나 세상은 필자를 구했다고 하겠으나 이 책을 읽고 있는 이 세상의 말더 듬이들은 잘 알고 있다. 그게 도움이 아니라는 것을……. 청년기가 다 지날 때까지 이런 헛지랄을 하면서 살았으니 참으로 한심스런 아니 백심 천심 만심스런 필자였다. 그러나 이것이 우주보다 더 큰 엄청난 재산이었음을 확인하게 될 줄이야. 강력한 기중기 역 할은 필자 스스로가 해야 했다. 행복하게도 필자는 필자 혼자서 그 낭떠러지를 기어 올라와 이 세계를 책임지라는 조물주 뜻이 었던지 온 몸이 피투성이가 되면서 기어 올라오기 시작했다. 얼 굴과 손바닥과 팔꿈치와 가슴과 배 무릎과 발끝은 피부가 닳아 터져 피가 흐르고 뼈까지 깎이면서 온 절벽을 피로 물들이면서도 사회와 군대의 힘을 빌려 혼자서 절벽위까지 기어 올라왔다. 그 야말로 상처뿐인 영광, 피로 얼룩진 과거였다. 손발과 온몸이 다

터지고 피투성이가 되다보니 너무나 피를 많이 쏟아(코피만도
4,5천번(《動》·《强》註)) 과학과 의학적 입장에서는 도저히 살아
갈 수 없는 필자의 몸이었다. 세상에서는 필자에게 병원에 입원
해라. 몸보신 해야 된다라고 적극 권했다.

그러나 필자는 빌어먹을 입원할려고 몸보신 할려고 그 죽음의
절벽에서 기어 올라왔겠나? 도대체 이 세상에서 화를 안낼수
있겠어? 목숨은 붙어 있으니 그 몸으로라도 필자에게 주어진
세상을 경작해야 했다. 필자에게 주어진 세상 하나 경작할려고
기어올라왔으니까 세상을 경작할려면 첫째가 말이다. 세상을 경
작할 놈이 세상한테 도전 않고 되겠나? 그 몸 가지고 도전했다.
과연 데모스테네스 (《動》 註.고대 희랍에서 태어난 반벙어리에
가까운 말더듬을 해결하여 그 당시 세계적인 대 웅변가가 되었
으나 나중에 자살)보다 피를 3,4배쯤 더 흘렸더니 그를 이해할
수 있었다. 그는 필자를 못 만나서 의식 정복 못 했기에 정치를
하던 중 정적 하나쯤 설득시키지 못해 외국으로 도망가 비참한
운명으로 인생을 끝냈다. 그자가 필자를 만났어야 의식을 정복
하여 진짜 웅변가가 되고 정적도 설득시켜 친구로 만들고 도망도
안 가고 자살도 안했을 것이기 때문이다. 앞으로 필자가 한10차
원쯤의 세상에 가면 그도 필자에게 올 것이다.

16

필자가 쿠알라룸프르라는 발음을 어떻게 정복했는지 주목하라.
필자에게 질문도 할 수 없는 너에게는 구체적이어야 하기 때문에
그렇게 해 주마. 주둥이에서 쿠알라룸프르라는 발음이 나와줄때
까지 기다려서는 그냥 뒈지는 것이 훨씬 낫다.

기다리는 자는 망해도 우리 조상들같이 비참하게 망한다. 세
상에서 그 어떠한 것도 다 연습을 통해 발전한다. 그런데 오직
연습과교육이 필요 없는 것은 말 더듬 한 가지 뿐이다. 연습해서

할려면 말더듬 해결은 비참하게 망하는 자보다 더 비참이 겹칠 뿐이다. 너가 무슨 동물이냐? 연습하게. 그래 이 새끼야 연습해서 하니까 사람들 앞에서 말이 잘되고 자각증과 강박 관념이 더 없어지더냐? 진짜로 말더듬 의식이 더 없어지더냐? 더 똑똑하게 기억이 되더냐? 너가 思考에서 내용이나 발음을 구상하고 구사할 수 없는 어린아이냐? 말을 배우는 갓난아기냐? 미친놈의 새 끼아냐 이 새끼 말이야! 필자가 또 말하지만 발음은 나오는 것이 아니고 '하는 것이다' 말이 나오기를 바라니까 안 더듬이들은 말주변이 없다고들 난리 법석이다.

말더듬이들은 안 더듬는 말이 나오기만을 바라니까 이 세계의 말더듬이들은 썩고 있는 것이다. 이 새끼야, 인류가 필요해서 먹는 음식물도 먹어 지더냐, 먹더냐? '먹었다'라고 하면 먹는 행동이 없어도 '먹었다'란 말이 있을 수 있겠나? 하물며 주둥이로 하는 발음은 말할 필요나 있겠나? 너 주둥이가 공장의 배출구인 줄 아나? 오토메이션화된 공장에서 제품이 끊임없이 나오는 것도 끊임없이 밀어 넣는 동작과 끊임없이 조립시키는 동작에 의해서 나오게 하는것이지 그냥 나오는것 봤나?

17

너가, 이 새끼야 교육받고 연습해서 집어 넣은 것이 그대로 나오는 것이 발음이라면 이 세상에 말더듬이가 한 놈이라도 있을수 있겠나? 안 더듬이들은 연습해서 집어 넣으면 녹음기같이 그대로 나올 수가 있다. 앵무새도 연습시킨 것은 그대로 나온다고 했잖아.

무식하고 무지한 세계 인류가 또 말더듬이 놈 새끼들이 분명히 확인할 것은 너의 의식과 안 더듬이들의 의식과 앵무새의 의식이 같아? 안같아? 이 때려죽일 놈의 새끼야. 지식도 집어 넣은 것은 너의 의식으로 얼마든지 나온다. 그런데? 그런데? 그런데?

그런데 말이야 말더듬만은 교육이나 연습으로 안되는 거야. 이유는 누차 기술했지만 말더듬이의 발음만은 안 되는 거야? 너 혼자있는 골방이나 산속이나 바닷가에서는 발음이 되는데, 사람 앞에서 안되는 것은 네놈의 새끼가 연습을 안해서 안되는 것이야? 의식을 정복하지 못해서 안되는 것이야? 네놈의 새끼가 대가리가 있고 주둥이가 있다면 당장 확인하라.

지금 당장 노래로 발음하면 되나? 안되나? 너가 지금 당장 노래한 발음을 사람들 앞에서 필자 앞에서 정상적인 대화로 발음하려 해봐라. 발음이 되던가? 안되던가? 안되지, 왜 안되나 이 새끼야. 안되는 이유가 뭐야. 네놈의 새끼 주둥이나 혀나 성대나 폐가 이상이 있어서 그러냐. 그런 곳에 이상이 있다면 노래 부를때나 너혼자 있는 환경에서도 발음이 안되는 거야. 그런데 너는 노래도 잘하고 너혼자 있는 환경에서도 조잘조잘 잘 했어.

18

어째 감이 잡히나? 안 잡히나? 이쯤되면 네 놈의 새끼 말더듬이 너의 대가리의 의식문제, 기여? 아니여? 네 놈의 새끼 의식 정복해야 되겠어? 안해야 되겠어? 너 혼자 있는 곳에서 누가 보고 누가 듣는냐고 말할 필요가 있나? 차라리 그런 곳에서는 너가 말을 더듬고 말이 안되어도 되잖아? 너 혼자만 있으니까? 말 주변이 없다는 안 더듬이들은 말주변 없는 이유가 뭔 줄 아나? 이들은 단순히 경험과 연습이 없을 뿐이다. 또 경험과 연습이 있더라도 거의 다 자기 의식의 노예이니 자신 없어 하는 자기 의식을 콘트롤 할 줄도 모르고 없앨 줄도 모른다. 그래서 안 더듬이들도 세계 최초로 필자에게서 의식을 정복해야 할 필요가 있다. 하물며 말더듬이인 너임에랴 말할 필요가 있겠나? 말더듬 정복에 가장 핵심적인 의식 정복 차원을 이 무지한 세계 인류는 지금까지 감도 잡지 못했던 것이다.

너가 지금까지 여러 군데 돌아다녔지만 의식정복에 도움은 커녕 오히려 더듬이 의식만 더 대가리 뇌속 깊숙히 고각시키는 행동이었을 뿐이다. 바보 새끼 돈까지 쓰면서 환장한 놈 아냐? 여기저기에 돈 주고 매달리고 가관이게도 외국에다까지 돈주면서 예속만 당할 테야? 외국의 말더듬 교정 기관들이 필자 차원을 이해하려면 몇 백년이 걸릴지 알 수 없다. 그래 임마, 그렇게 매달리니까 꿀물이라도 나오더냐. 잘 들어라. 너에게 꿀물 주는 놈들은 다 너를 망치는 놈들이다. 살던 돼지던 너 자유지만 어차피 세상에 태어나서 살 바엔 고기 값이라도 해야잖아. 고기 값만 할려도 지금의 너 상태보다는 더 나아져야 되지 않겠나? 더 비참해 지지는 않아야 할 게 아니야?

<h1 style="text-align:center">19</h1>

말더듬이들은 절대로 발음이 나올 수가 없는 것이다. 몇 번씩 발음이 나왔었던 과거의 추억을 산산이 짓이겨 버려라. 말더듬이들은 절대로 해야 하는 것이다. 절대로 너의 주둥이를 벌려 창조를 하여 뱉어 내는 것이다. 절대로 되어 지는 것이 아니다. 서툴러도 하는 말이라야 너는 앞으로 주둥이로 성공하게 된다. 그리고 너의 인생이 바뀌는 거야. 그런데 너로부터 말이 나오게 할려는 자들은 전부가 너를 망치는 자들이다.

동서양을 막론하고 발끈하고 화내는 어리석은 자들이 있겠지만 그 화내는 것 자체가 뭐야? 무식한 思考인 것이다. 그 자체가 바로 무식하고 무지한 증거니까 그런 자들도 필자에게 반드시 의식을 정복하여 이 세계에서 희생되고 있는 말더듬이들을 제대로 이해해야 한다.

이해만 할뿐이지 지도할 수 있는 것은 아니다. 너도 몇 번이나 헛수고를 해봤잖어. 앞으로도 또 그런 헛수고할래. 이 순간 후부터도 네놈 주둥이에서 말이 나오기를 바란다면 너는 평생 말더듬과 결혼한 놈이다. 여자와의 결혼은 이혼이라도 할 수 있지만 네놈의 결혼은 이혼할 수 있어? 발음이 너의 주둥이에서 몇 마디 술술 나왔다서 기뻐하지 말라. 너의 대가리 사고는 무지 무진장 간교하고 교활하고 사기꾼같이 더러운 것이라서 네 놈이 완전히 정복해 버리기 전까지는 언제나 미소와 손짓과 달램으로 너를 유혹한다. 더러운 제비족이 유부녀를 유혹하는 것같이 말이야. 더러운 창녀가 사내들을 유혹하는 것같이 말이야. 두 년놈 다 대가리는 썩어있고 몸들도 썩어 있는 것이다.

20

사기꾼도 처음에는 몇 번 신사적으로 너에게 약속도 잘 지키고 자기 간까지도 너에게 빼줄듯 한다. 그리고 나서 네놈이 그 더러운 사기꾼 새끼를 믿어 주게 되었을 때 그 더러운 사기꾼 새끼는 너를 깨끗하게 식사해 버린다. 그런데 흙의 속성인 네놈 대가리의 사고는 神的인 너의 의지를 빨리 흙속에 파묻어 버릴려고 사기꾼보다도 너에게 더 잘 하는 것을 너는 언제나 체험하고 있고 또 실컷 당했잖아.그러고도 모자라서 지금도 속아서 헛수고를 하고 있잖아.

그런데 이놈 (너의 思考)을 정복해 버리면 너의 인생이 얼마나 엄청나겠나? 사기꾼이 자기 정체 속속들이 드러나 버리면 세상에도 말 잘듣는 개도 많지만 네놈 대가리의 그 사기꾼같이 너에게 잘 해주는 놈은 없어. 어머니 보다도 애인보다도 마누라 보다도 더 잘해 주어서, 뭐 그렇게까지는 필요치 않지만도 네놈 발바닥의 때까지도 네놈 변 본 밑까지도 다 알아서 핥아주고 그 이상도 네놈이 시키면 너에게 해주는 종이 된다. 그런데 이 세상 인류는 아직까지는 무식하고 무지한 연고로 자기 의식을 정복하지 못했기 때문에 전부가 다 자기 의식한테 시달리고 있다.

그런데 세상 인류가 또 말더듬이가 필자를 통해서 자기 의식을 정복하게 되면 세상에서 자기 인생이 얼마나 빨리 행복하게 바뀌겠나? 이런 종을 神的인 차원이 아닌 이 세상에서는 만들 수가 없다. 이 세상과 우주에서는 네에게 이렇게까지 잘해 줄 정도로 너에게 약점 잡힌 상대가 있을 수도 없고 있도록도 안 되어 있다. 지구의 세계인구가 모조리 너의 종이라도 안 된다.

21

그런데 딱 한 놈 있다. 너가 태어나서부터 지금까지 너가 달고 다니면서도 너가 달고 있는 그놈에게 너를 매달리게해서 포—옥—싸악 망하게 해준 너의 뇌「思考」이놈 새끼를. 지구가 생긴 이후에 이놈같이 너에게 나쁜 놈은 없었다. 이놈 이상으로 나쁜 놈은 이 우주에 있을 수가 없다. 예수를 팔아먹은 유다나 너의 원수라도 이놈에게 비교하면 하느님이다. 너는 너의 대가리를 한번 쥐어 박아라. 아프다고 하지말고, 강력하게 쥐어박아라. 필자 안 본다고 사—아—알짝 쥐어박으니까 지금 너옆에는 아무도 없어서 너를 비웃는 자가 없지만도 너의 행동이 약하니까 네놈 대가리의 너 思考가 너의 행동을 비웃잖아. 너의 행동이 강해 봐? 너의 의지와 동작이 강력해 봐. 어디 그따위 네놈 사고가 너를, 비웃어. 오히려 너의 행동에 놀라고 반해 버리는 거야. 이놈(너의 思考)이 너를 비웃지 못하게 할려면 사람하나 개미 새끼하나 없는 곳에서도 너가 네놈 대가리에게 강력하게 해야 되겠나? 빌빌빌 해야 되겠나?

너가 매달려 사는 것이 아니고 너가 죽을 때까지 달고 다니는 네놈 대가리의 思考를 네놈의 종으로 삼으면 세계인구 전부보다 낫겠나? 못하겠나? 뭐 이제보니 나를 망친 웬수가 이놈이었나? 옳지 너 잘 만났다. 달리는 자동차에 머리를 박아버리거나, 교도소에서 이송 도중 도망쳐서 웬통 난리를 피웠던 탈주범들같이 권총으로 자기 대가리 쏴 버리면 자기 종으로 부려 먹을 수 있나?

없나? 이 놈을 최고의 종으로 부려 먹을려면 포용을 해야겠나? 안해야 겠나? 네놈 종 때문에 이제까지 희생 당했으면서 또 네놈 종 때문에 네놈이 죽으면 이중 삼중의 희생이냐? 아니냐? 이 자식아, 가장 큰적이 가장 큰 친구가된다고 몇번이나 말했어? 네놈의 가장 큰 적을 가장 큰 친구로 만들려면 이유 없이 무조건 포용하는 동작이 있어야 겠어? 없어야겠어?

<h2 style="text-align:center">22</h2>

여기 이놈에게 조건 붙이면 평생 안되는 거야. 이세상 모든 인류는 모조리 다 자기들의 대가리에다 조건을 붙이기 때문에 정복을 못하는 거야. 예를 든다면 재산, 명예, 학문, 공자, 석가, 마호멧, 예수 등등의 조건 말이야. 그러니 더욱더 괴로울 수 밖에. 너는 세계최초로 神的으로 조건 붙이지 않고 너를 포용해서 성공과 행복을 한꺼번에 갖게 된다.

그런데 너의 행동이 약하면 너를 희생시켰던 네놈의 대가리가 너의 행동을 받아 들이겠나? 안받아 들이겠나? 받아 들이게 할려면 너의 행동이 얼마나 강력하고 포용력이 커야겠나? 네놈 대가리의 그 사고가 깜짝 놀래 가지고 찍소리 못하고 굽힐 정도로 강력해야 한다. 이러하니 이나라의 정치인들에서부터 전국민을 포함한 학생들까지 필자에게 안올수 있이? 필자가 대우 받고 싶은 것은 추호도 없어. 이 세상 다 합쳐도 필자의 대가리 이놈만 못하니까.

거대한 산이 눈 앞에 있으면 큰 산인줄을 모른다. 멀리 떨어져야 큰 산인줄 안다. 현재 필자의 이 신적인 의지 창조수련이 세계 최초라서 현세상 인류들은 제대로 알아 볼 수 있겠나? 앞으로 5백년, 천년쯤 지나가면 알아보겠지. 허나 필자는 그런걸 바라지 않는다. 너만이라도 현재 성공하면 오케이다. 필자의 수련은 너와 이 세상 인류를 희생시켰고, 또 희생 시키고 있는 이 우주에서 가장 큰 네놈 대가리의 사고와 인류의 대가리들의 사고라는 원 수들을 향해서 강력하게 포용하는 도전이다.

014
포용 · 도전 · 파괴 · 창조

01

지금까지 너의 의지는 너의 몸과 같이 천하의 그 웬수놈의 때려 죽일놈의 네놈 대가리의 思考한테 실컷 소금에 절인 무우같이 유린 되어 왔다. 그야말로 풍지박산으로 시래기보다도 더 오징어 보다도 더 철저하게 더 납작하게 짓밟혀 왔었다. 그래 이 자식아 네놈의 몸과 네놈의 의지는 평생 네놈의 그 대가리 사고한테 당하기만 하고 그 쌍놈의 사고는 네놈 의지와 네놈 몸뚱이한테 절대 당하지 말라는 법이라도 있나?

세계 인류가 무식하고 무지하여 자기를 망쳐버리고 진짜 神的인 창조 의지를 그대로 썩혀버리고 조물주에게 배신은 물론 자기까지 배신하면서도 그 원인하나 해명하지 못했던 인류였었다. 너〈思考〉 이 새끼 한 번 죽어봐. 너〈思考〉가 뭔데 네 의지와 네 몸에 주인 노릇 했어? 너 이 새끼야, 너는 비서 아니야? 내 종이 아니냔 말이야?

너〈思考〉같은 놈의 새끼가 살살 꼬셔서 나에게 북망산천으로 빨리 가자고 그 얼마나 유혹했어. 이 놈의 새끼 태어날 때부터 의지와 몸에 이끌려서 개평으로 나온 놈의 새끼가 비서와 종 역할로만 써먹기 위해서 데리고 나왔는데 이 새끼 너가 내 주인 노릇을 해? 너는 이 새끼야 내 의지와 몸의 종이니 세상 경작에 바쁜 내가 간혹 잊어 먹는 것이 있으면 잘 보고 듣고 메모해 두었던 것 깊숙히 녹음해 두었다가 나에게 신호만 해 주면 돼.

너는 〈思考〉 그 이상도 그 이하도 아무 권한도 없어 임마. 어려서부터 살살 부드럽게 대해 주었더니 이 몸과 의지가 자기 〈思考〉것인 줄 알고 환장했어. 남의 것도 한방에서 계속 같이 쓰다보면 습관이 되어 자기 것으로 오인하게 된다. 한 몸에 붙어 있다고 해서 어째서 너의 의지와 몸이 너의 사고 것이냐? 사고가 몸뚱이 없이 의지 없이 숟가락 하나라도 집을 수 있으며 밥 한 숟가락 인들 입에다가 몰아 넣을 수 있나?

02

어머니 뱃속에서 세상에 나올 때는 내 울음 소리 한 가지 내 동작하나 기억해 두지 못한 무능자〈思考〉가 그후 조금씩 촬영기 역할, 카메라 역할, 녹음기 역할, 컴퓨터 역할을 시켜주고 여행을 좀 시켜주었더니 나중에는 주인을 종으로, 사장을 비서로 대하고 써먹는 인류의 엉터리 세상이다.

물론 옛날에도 전적인 思考의 노예로 살다간 머저리 같았던 인류들이었지만 현재나 미래에도 이 세계의 인간들은 자기 의식을 정복하지 못하면 그대로 자기 사고의 노예가 되어 가축이 사람에게 이끌리듯 끌려다니다가 흙으로 돌아간다. 어차피 사고나 몸도 흙의 속성인 흙에서 나왔다가 다시 흙으로 돌아가지만 세상에서 사는 동안은 하늘로 머리 두었다고 해서 이 못된 놈의 사고가 神的 의지의 속성까지 가로챌려 했겠지만 꿈을깨라. 이 천하의 개쌍놈의 사고야.

신의 속성으로 神的인 의지가 주인이 되어 사고와 몸을 마음껏 거느려야 한다. 너의 지금까지 생활에서 사고가 마음대로 더듬어라, 떨어라, 막혀라, 안나오니 바꿔라, 침묵해라, 하는데 의지와 동작은 이끌리기만 했다해서 의지와 몸뚱이는 전혀 무죄인 것은 아니다.

어떠한 연고이던 간에 대가리 사고의 신호대로 고분고분 이끌려 준 너의 의지와 몸뚱이 새끼도 공범이었다. 너를 지금까지 말더듬이로 지시한 너의 대가리가 4차원이나 10차원으로부터 또는 조물주나 염라대왕이나 저승사자 새끼한테 무엇을 얼마나 받아 먹었는지는 몰라도 개는 짖어도 기차는 가는것 같이 사고가 아무리 너에게 더듬으라고 짖어도 의지와 동작이 사고의 신호쯤 개소리로 알고 여지없이 무시해야 하는건데 너의 의지와 몸뚱이는 네놈의 사고한테 무엇을 얼마나 받아 먹었기에 그토록 사고에게 충성했나? 아무것도 받아 먹은 것이 없다고? 그게 말이라고해?

03

하루에 날품팔이를 해도 너 먹을 것은 받는다. 너 사고한테 완전히 예속 당해가지고 하루 10시간 12시간도 아냐, 20시간 아니 24시간 꿈속에서까지 사고의 노예 생활을 했어. 얼마나 받았나? 아니 몇 년 몇 십년 씩을 온 종일 밤까지 꿈속에서까지 그토록 더듬이 의식으로 실컷 부려먹고도 뻔뻔스럽게 임금이 없다고? 그건 분명히 말하지만 형사 고발감이야. 웃을 일이 아니야 임마. 네놈 사고를 노임 체불 악덕 사용자로 경찰에 고발해서 너의 사고를 가두어 버려라. 그건 사형감이야. 너의 의지와 동작도 공범으로 고발해서 다시는 네놈의 사고에게 철저히 예속되는 일이 없도록 하기 위해서는 한 번 콩밥을 먹도록 해서 찢고 찢겨지는 댓가를 치르도록 해야한다. 절대로 용서해선 안된다. 용서할 수도 없다. 네놈의 용서가 평생 말을 더듬는 것이고 사고의 노예가 되는 것이야. 무기징역이건 1년이건 2년이건, 집행유예이건, 반드시 댓가를 치르게 해서 다시는 사고의 노예가 안되되 평생 안되게 해야 한다.

그게 바로 평생 달변가인 거야. 세상을 뒤집는 사자 아가리이고, 죄는 밉되 사람은 미워말라는 것은 너를 지금까지 희생시킨 세상 차원이고 세계 최초의 神的차원인 필자의 차원은 과거의 파탄은 오늘의 창조라는 의지 행동으로 즉시 발휘해야 한다. 너의 대가리 뇌를 떼어서 고발 조치해 버리면 종놈이 없는 주인, 비서가 없는 사장, 실이 없는 바늘로서 반쪽만 가지고 이 넓은 세상을 너 혼자서 경작할 수가 없게 되니 마땅히 교수형 감인 네놈 대가리의 사고에게 한번 속죄의 기회를 주어서 신적인 네놈 의지에게 철저하게 충성할 기회로 이용해야 한다. 그렇다 해서 네놈에게 대가리를 고발해서 교도소에 가라고 할 수는 없잖아.

네놈이 교도소에 가면 이 세상과 인류는 누가 경작하나. 네놈이 이걸 모르고 너는 그저 무턱대고 죽겠다고 하고 죽을려고 했었는데 네놈 뜻대로 죽게 되면 죄없는 네놈의 의지와 네놈의 몸 뚱이는 억울할 수 밖에 없잖아? 단순히 공범 이었다는 죄명으로 주범인 대가리의 사고와 똑같이 교수형 당하는 것이 어디 법이야? 네놈 법이야?

04

네놈 대가리의 사고는 필자를 거쳐 정복을 해야 교수형감인 사형수(네놈 思考)가 네놈 의지와 육체에 살려 준 댓가로 충성을 해오니 네놈 평생에 네놈 주둥이가 얼마나 강력한 달변을 발휘하겠나? 네놈의 교수형감인 사고에게 예속되었던 마땅히 무기 징역감인 몸뚱이에게도 과거같이 바보 천치로 빌빌거리지 않고 깨끗하게 과거를 청산시키고 세계를 재창조하는 강력한 행동 창조에 전력투구하는 기회로 주어야 한다.

자 이제부터 너(현재)와 필자(옛날)를 희생시킨 우주에서 가장 큰 원수(말더듬이)를 향해서 포용하고 도전하고 파괴해서 창조하는 행동을 하기로하자.

쿠알라룸프르라는 발음을 사람들 앞에서 발음하기가 어찌나 어렵던지 필자는 평생 발음할 수 없을 것으로 단정해 버렸었다. (가장 쉬운 것이었었는데) 사실 어려움이나, 단정이나, 전부다 사고라는 놈이 범인인데 의식 정복을 위한 과정에서야 사람과 환경에 구애받지 않고 쿠알라룸프르를 안 더듬이들보다도 더 유창하게 발음하게 되었다.

필자의 의식 정복은 절대로 쉬운 곳에서부터 안했다. 그러기 때문에 언제나 비용과 시간도 줄일 수 있었다. 성인이었던 필자가 국민 학생 앞에서도 발음하지 못했던 쿠알라룸푸르는 혼자서 연습할 때도 서툴렀다. 이유는 역시 대가리의 思考때문이었다.

05

너 이놈의 사고! 천하에 이 ○○○○○의 새끼 너 한번 죽어봐라. 오징어보다도 더 몇 천 배 납작하게 되어 보아라. 너〈思考〉 그렇게 떨고 겁내면서 거부하는 너〈思考〉의 실체를 많은 사람들 앞에서 마음껏 공개해 버리겠다. 주둥이는 의지와 동작으로 작용하는 것이지 너 따위 신호〈思考〉는 강아지 소리라고도 인정 안한다. 한 번도 제대로 신호해 주지 못한 거리의 신호등은 있으나 마나이다. 몇 십년간을 언제나 이 천하에 ○○○○○의 새끼가 신호한대로 행동하고 발음할려 해서 교통사고 안난 일이 없었다. 때로는 너무나 철저하게 완벽을 기하는 방어 운전을 신호하기 때문에 좋은 자동차 〈육체〉를 가지고 있으면서도 달려 보기는 커녕 주행할 엄두도 내지 못하게 하였었다.

이 천하에 나쁜 놈의 대가리 思考 이○○○○○의 새끼는 너 같은 새 자동차를 언제나 그냥 폐차 시킬려고만 환장한다. 그러니 이 새끼야, 너가 네놈의 그 대가리 사고를 정복해야 되겠나? 정복하지 않고 폐차가 되어야 겠나? 이 새끼〈思考〉한테 너무나도 많이 속고속고 당한것이 하도하도 분해서 이젠 운행하되 가장 밀집 지역으로써 교통 경찰이 가장 설치는 곳에서 교통 경찰과 정면으로 부딪치기로 했다. 이때 이 새끼, 이 천하에 ○○○○○의 이 사고놈의 새끼 반발이란 이 세상 그 무엇으로도 표현할 수 없었다.

그러나 필자는 神적인 입장에서 사는 것은 의지와 동작이지 너〈思考〉따위는 이젠 아무 소용 없어. 인정도 안한다. 이 세상 사람으로서 안더듬이들 입장에서는 도저히 납득할 수 없는 일이라 납득 안해도 좋다. 대가리 사고에다 납득시켜 뭐 하나? 더듬이들 입장에서도 의지에서는 약간 감이 잡히기는 하겠지만 대가리의 사고로 이해할 수는 없다. 무식하고 무지한 네놈의 대가리의 사고로 이해하고 행동 할려면 너는 평생 안되게 되어있다. 그렇기 때문에 세계 최초이다.

06

필자는 '쿠알라룸푸르'를 이 세상에서 필자 사고가 가장 꺼리는 대상 앞에서 수백 번 수천 번쯤 발음할 의지로 대상은 그 당시 전라남도 경찰국의 성질이 불같은 총경 한 사람을 선택했다. 이 분을 잠깐 소개한다.

A씨라고 하자. 필자도 A씨 얼굴은 알고 있었으며 먼 발치에서 A씨의 행동도 몇번 보았지만 소문 역시 전남 경찰국 경찰들은 물론 전라남도 시 군 읍의 각 경찰서에까지 A씨의 기차 화통같은 소리에 불같은 성격은 정평이 나 있었다. 우리나라 경찰이 창설된 이후 지금끼지 A씨같이 성질 급하고 부하들을 거칠게 다루는 경찰 간부는 없었다고 경찰청의 간부들한테서까지도 필자는 확인했다.

A씨는 그 당시 상급자(경무관)들 이상 대할 때나 부드럽고 가정에서는 어떠했는지 몰라도 직장에서 부하들과 동료들 대하는 것은 주먹 세계의 왕초들 이상이었다. A씨에게 빰을 안맞은 서장들이 거의 없었다. 빰 맞는 이유는 경례 붙이는 자세가 나쁘다. 소리가 적다. 일선 서장이 본국에와서 하는 보고가 그 따위냐? 물론 욕이야 배터지게 먹고 짊어지고까지 가야하고 잘하면 쪼인트까지 까졌다. 안 더듬이인 일선 서장들도 보고할 때부터 떨

지만 보고 도중 안 더듬거리는 자는 거의 없다. 그때마다 불호령이 떨어진다. 얼마나 성질이 급한지 그 당시 경비 전화의 수화기를 들어서 즉시 교환양이 안 나오면 그 전화통과 전화선은 즉시 요절나 버렸다. 그당시 통신 경찰관과 전화 교환양들 한테서도 필자는 확인 했었다. 그당시 관용차 전용 운전수도 예외 일 수가 없었다. 언제 불호령이 떨어질지 몰라 배차 명령 대비에 항상 긴장하여 운전 도중에는 주눅이 들어서 입은 옷에 대소변을 실례한 일이 비일비재했다고 필자는 들었었다.

07

지금은 경찰의 대민 봉사 자세가 그 당시와 비교하면 굉장히 양호해졌다. 그 당시는 사찰과나 수사과나 감찰계에 국민들 신분고하간에 일단 불려가면 혐의가 있건 없건 무조건 반말이었다. 말 잘듣는 강아지처럼 부드럽지 못하면 양쪽 볼기짝 마사지쯤은 다행이었다. 그런때 필자는 필자 사고에게 가장 덜덜덜 떨 상대로 A씨를 택했던 필자 의지와 몸에 그때나 지금이나 감사한다. 사고의 도전, 파괴, 성공을 위해서는 뒈지면 금방 썩어 없어질 육체 이 까짓것 아낄 필요가 없다. 신적인 의지 행동 창조에 걸레보다도 더 신나게 써 먹어야 했다. 필자는 이유를 만들어 아는분을 통해서 A씨를 잠깐 만나 뵙자고 다섯번을 요청한 끝에 13일만에야 전남 경찰국 부근에있는 번화가인 충장로의 모다방에서 점심 시간후에 만나게 되었다. 그 당시 다방은 꽤 컸었다. 실컷 개망신당한 후에 마담 한테서 들었지만 손님들이 백여 명이나 있었다고 했다. A씨와 약속한 시간 20분 전쯤 다방에 도착한 필자는 긴장에 긴장, 완전히 초 긴장 상태였다.

이윽고 필자의 지인(知人) 박씨와 같이 다방에 들어선 A씨는 다방을 두리번 거리다가 박씨가 필자를 발견하자 필자 앞에 좌석으로 같이와 앉았다. 모자 채양과 어깨위와 가슴에는 금빛 계급장으로 번쩍번쩍 했다. 필자는 도살장에 들어온 소처럼 또 영하 몇 십도나 되는 추위에 떠는 태도로 더듬더듬 자신을 소개했다. 대번에 A씨의 눈의 커지면서 양쪽 눈끝이 쭈뼛 올라갔다. 그리고는 박씨를 돌아다보면서 "용건이 뭐야"라고 소리쳤다. 이순간 필자의 思考는 '아이구 이젠 죽었구나. 어떠한 말도 안나오니 빨리 꼬꾸라져 버리던가, 도망이라도 가버려라'라고 닥달을 했다. 그러나 이것은 필자의 사고일뿐 필자의 의지와 주둥이는 기어이 '쿠알라룸프르'를 발음해야 했다.

08

까짓것 총 맞아 죽을 각오까지 했다. 절대로 사고에는 좌우되지 않고 의지의 목적을 표출해야 했다. 독자들에게 필자는 그 당시 필자의 상황을 집필과 인쇄 여건상 녹음기 같이 전해주지 못하고, 화면 같이 전해 주지 못하고, 문자이기 때문에 그대로 표기하지 못함이 유감이다. 고로 필자의 당시 상황을 영상화 시켜 떠올려 보기 바란다. 박씨는 살며시 자리까지 비켜 주었다. "과장님께서는 쿠알라룸프르에 가보셨습니까?" 필자의 이 발음이 너무나 힘이 들고 서툴렀다. A씨가 팔자를 볼때는 한 마리의 동물이 형상만 사람이 되어 인간의 언어를 동물이 흉내내는 걸로 보고 들었을 것이다. 사람을 바로 보지 못하다가 사고를 무시하고 정면으로 A씨를 봤더니 필자 눈에서는 눈물이 그렁그렁 고였다.

필자는 대인 공포증까지 한꺼번에 싹쓸이 해 버리는 것이다. A씨 앞에서는 '쿠알라룸프르'만이 아니고 다른 말도 전혀 나오지 않고 안 된다고 필자의 思考에서는 난리였다. A씨가 필자의 한마디 발음을 듣는데 그 시간이 얼마나 지루했던지 A씨의 자세가 몇 번이나 바뀌는지 셀 수도 없었다. A씨는 필자와 면담할 시간이 도저히 없는 직책이였다.

09

허나 그것은 A씨 사정이고 필자는 죽어도 해야 한다. "음 가 봤지" 외국 이야기가 나오자, A씨는 필자에게서 무슨 커다란 정보라도 나오나 기대했던지 상상외의 답변이 나왔다. 필자는 '쿠알라룸프르 기후가 어떻습니까?" A씨는 대번에 살벌한 표정으로 "자네, 지금 무슨 소리 할텐가?" A씨는 벌떡 일어섰다. 이때는 A씨의 소리에 다방안의 손님들 중 상당수가 경찰 간부인 A씨와 필자를 돌아다보고 있었다. 그 당시 총경급의 고위 경찰 간부가 정복을 입고 다방에 가는 일은 좀처럼 없었다. 그래서 다방측에서도 알아서 모시고 있었다. A씨도 다방안의 많은 시민들을 의식했다. 필자는 호랑이 때문에 대우 받는 여우격이었다. 필자도 즉시 일어섰다.

필자 자신이 세계 최초로 개발 창조한 최신 완전자동단전호흡대로 인한 자세와 목소리는 A씨의 불같은 표현과 행동에 구애받지 않고 필자의 의지는 어서 분출만을 독촉했다. 「쿠알라룸프르에 저희 누님이 사는데 저도 쿠알라룸프르에 가기 위해서 쿠알라룸프르에 가본 경험이 있는 과장님께 쿠알라룸프르에…」 갑자기 철썩 소리와 함께 필자의 눈에서 번갯불이 번쩍했다.

"이 새끼 너 뭐하는 새끼야?" 박씨(朴氏)까지 다가 왔다. 다방안의 모든 손님이 A씨와 필자를 보고 있었다. 또 다시 만들 수 없는 이런 황금 기회를 필자가 포기할 리 없었다. 돌아서 가려는 A씨를 필자는 동작 빠르게 양팔을 붙잡았다. 즉시 구둣발 공격이 두번이나 들어왔다. 허나 필자는 까딱 않고 맞았다. 그 당시 필자의 이런 행동은 뒈지게 얻어 맞고도 유치장감이 될 만했다. 공무집행 방해까지 합치면 콩밥도 얻어먹을 가능성이 있었다.

10

그러나 총 맞아 죽을 각오가 되어 있는 필자는 그런것 쯤이야 했다. 필자는 세계최초 완전자동단전호흡대와 발성 자세는 다리와 뺨이 아픈 것 보다도 '쿠알라룸프르'발음의 사고를 무시하고 하니까 발음이 되어지는 것을 확인한 그 기쁨에 맞아 죽는 것에 구애받지 않을 의지였다. 이제는 A씨가 시민들을 의식하고 "앗따 바쁘단 마시, 놓게 내 앉을테니." 말더듬이 필자를 너무나 적나라하게 확인하고 욕설과 뺨따귀와 발길질 까지도 구애받지 않고 표정과 자세와 호흡과 목소리가 바뀌지 않는 필자 행동에 A씨나 박씨(朴氏)자신도 실로 어리벙벙해 버렸다. 다방 손님들에게는 좋은 구경거리가 되어 버렸다.

필자에게 보내는 연민의 눈빛에 필자는 思考 아닌 개선장군의 의지로 늠름하게 돌아다 볼 수 있었다. 필자가 개망신 안당하고 저사람들 한테 점잖게 보인다고 밥이 나오냐, 달변이 나오나? 또 개망신 당한다고 필자가 손해 볼 것이 무엇이냐? 필자가 개망신이라고 인정 안하고 성공이라고 인정하는데 명이 짧아지나, 집안이 망하나, 국가가 망하나? 모두 다 내 재산인데. 내가 보호할 내 민족인데 思考를 무시하니 그 가슴 뿌듯함이란 표현할 길이 없었다. 필자는 촌시도 시간을 허비할 수 없었다. 킥킥대는 손님들, 얼굴을 숙이고 웃는 손님들, 소근 거리면서 쳐다보는 손님들 앞에서 필자의 모습을 감추라는 필자 사고의 강요는 결사적이었다.

그러나 사고에 구애받지 않는 필자 의지의 행동은 그럴수록 더욱 떳떳하게 A씨의 얼굴을 응시하면서 사고에 구애받지 않는 필자의 발성과 태도는 목적을 위해 처음에는 바보짓해서 나중에는 뻔뻔스러움으로 그리고는 얄밉고 잔인하기까지 했으며 마지막에는 흡사 전쟁 영화에서 시가전하는 탱크같았다고 마담은 후에 뇌까렸다.

11

실패라고 인정하는 일은 거의가 없지만 절대로 선조들같은 항복이나 비굴함이나 비참함은 필자에게 있을 수가 없었다. 총을 맞고 배가 터져 창자가 흘러 나오더라도 창자를 움켜 집어 넣으면서 호흡이 끊어지면 호흡을 창조라도 해서 의지의 발성과 행동을 할 神的인 의지 창조 행동과 건강이 철철 넘쳤었다.

붉게 달아오른 뺨 그대로, A씨를 응시하면서, 필자의 '쿠알라룸프르'는 계속되었다. '쿠알라룸프르'공항 이름과 '쿠알라룸프르'공항에서 가장 가까운 호텔이름 '쿠알라룸프르'에서 가장 가까운 백화점 이름과 '쿠알라룸프르'인구 등등을 A씨의 눈을 응시하면서 '쿠알라룸프르'라는 발음을, 자그마치 22회나 했다. A씨의 경찰복장과 단추와 계급장까지 '쿠알라룸프르'제품인가 ? 라고 묻는 필자를 A씨는 말더듬이 정신병자로 봤던지, 나중에는 물끄러미 필자를 쳐다보면서 박씨(朴氏)에게 필자를 정신 병원에 한번 데려가라는 것이었다. 이 때는 필자도 저항이 없는 고지는 정복할 필요가 없었다. 마지막으로, '쿠알라룸프르' 정신병원이라면 기꺼이 가겠습니다란 말에 다방안은 폭소가 터졌고, 차값을 묻는 필자에게 마담은 배꼽을 쥐면서 '쿠알라룸프르'화폐를 주면 받겠다며, 마실 것을 더 권하는 것이었다. 다방에서는 필자에게 '쿠알라룸프르'씨 하면서, 차를 권하는 몇 사람 때문에, 다방안에서 별안간에 '쿠알라룸프르'는 필자 별명이 되었었다.

12

한 마디도 나오기를 바라지 않고, 오직 처음부터 끝까지 의지의 동작으로 발음을 했다. 며칠 뒤에 박씨(朴氏)로부터 들은 애기지만 A씨 역시 '그 쿠알라룸프르 자식 보통놈 아니야'라고 했다는 것이었다. 그 뒤부터는 어디에서나 '쿠알라룸프르'가 발음 안 되는 일이 없었다.

독자들에게 필자의 그 당시의 스타일을 그대로 보여 주지 못함이 안타깝다. 의식을 무시하지 못하는 개망신은 아무리 많이 당해도 우리 선조들같이, 전혀 발전이 없다. 그러나 의식을 무시하거나 또는 정복한 행동은 발전과 행복이 항상 넘친다. 세상의 모든 인류는 거의 전부다 포함 되지만, 감정 콘트롤이 안 되거나 서툴다. 심리학에 70년,80년 종사해도, 성직자로서의 생활에 일생을 바치는 자들도 필자가 체험하고 확인한 바로는 예외일 수가 없다. 상대의 행동과 표현에 한 시간 내지 두 시간도 버티지 못하고 상대방에게 감인(感引)되기 일쑤다. 원인은 간단하다. 세상과 타인을 의지로 대하지 못하고, 대가리의 思考로 대하기 때문이다.

13

소리와 얼굴에 핏대가 서 버리면, 누구나 말이 막히고 더듬을 수 있다. 그러나, 의식을 정복하면, 대화에도 행동에도 얼굴에도 피치는 올릴지언정, 핏대는 세우지 않는다. 피치는 의지요, 핏대는 사고이다. 이건 역시 의지 대 의식의 차이이다. 말을 많이 하면 원숭이도 나무에서 떨어지는 식같이 실수도 있다. 아나운서가 말하다 실수하는 것은, 사고의 과정을 거치는 사고의 표출이기 때문에, 반복되면 그 아나운서는 그 반복 횟수에 의해서 사고가 기억하여 자신감을 잃는다.

그러나 사고가 아니고 의지의 표출을 하게 되면, 의식하지 않다가 숙달되지 않아서 하는 실수이기 때문에 사고에서 자각하지 않게 되어 그런 실수나 그런 실수하는 자는 절대로 자신감을 잃거나 또는 의지가 약해지지 않는다. 즉, 실수를 통해서 숙련공이 되는 거와 같다. 그러나 대부분의 인류는 실수를 경험하면 숙련공이 되는 것을 포기해 버리는 얼간이들이다.

너의 현재 말더듬은 의식 요인이기 때문에 말을 안해도 괴롭다. 현재 이 책을 독서하면서 침묵으로 하니까 말을 더듬지 않고 있는데도 왜 괴로워해야만 하나. 이것이 의식 문제야, 기기(器機) 문제야, 기질(氣質)적이야? 너의 기기는 이 세상 안 더듬이들과 조금도 이상이 없이 양호하다. 이 새끼야! 의식을 정복해야 되겠어, 안해야 되겠어? 의식을 정복하면 말을 하면서 실수해도 전혀 고통이 되지 않는다.

14

세상은 누구나 다 맨몸으로 시작이다. 그러나 사고의 예속자 즉, 사고의 맨몸은 자기 실수로 인해서도 쓰러지지만 세상에도 좌우되어 쓰러진다. 그러나 의지의 예속자 즉, 의지의 맨몸은 자기 사고에 구애 받지 않으니까 자기의 실수와 시행착오를 거쳐 반드시 발전하고, 세상에도 좌우되지 않고, 세상의 여하한 풍파도 자기발전의 자산으로 삼는다. 의지의 맨몸과 사고의 맨몸 둘중에 어느 것을 택하겠는가? 불행하게도 이 세상에서는 아직까지 어떠한 곳에서도, 어느 나라에서도, 어느 교육 기관이나, 어느 단체에서도 이걸 교육 시키는 곳도 없지만, 이걸 지도하는 자도 없다. 지식과 말로만은 안되기 때문이다. 다행히 너는 말을 더 듬었다는 하늘같은 복덩어리 때문에 세계 최초로 세상 인류가 터득할 수 없는, 한 차원 높은 창조 행동 철학자, 창조 행동 심리학자, 창조 행동 과학자로까지 되는것이다. 세상과 인류 경작 차원은 맨몸의 의지이다. 이 맨몸의 의지를 다음 장에서 신적인 행동으로 확인하자.

015
포용 · 도전 · 파괴 · 창조

01

세계 최초로 가장 차원 높은 창조 행동 철학자, 창조 행동 심리학자, 창조 행동 과학자가 되는 것은 너가 지금까지 지구에서 보고, 듣고, 배워서 뇌를 통해 사고 했던 것과 또는, 동작으로 습관화 됐던 즉, 지금까지의 세상 것으로는 안된다. 섣불리 잔머리 굴리지 마라. 앞에서도 말했지만 너와 세상을 얕보는 것이 아니지만 박사 학위 몇 개 있더라도 그것 가지고야 아무것도 아니니 神的 차원을 함부로 뇌까리고 판단해서 너의 무식과 무지를 드러내어 스스로 파탄되지 말라. 필자의 神적인 수련에서야 당연히 판단은 재창조되지만 의식 정복과 의지 창조가 되지 않은 한에서의 판단은 어디까지나 너의 思考성의 예속으로 인한 판단이기 때문에 영원히 발전이 막혀 버리기 때문이다.

장님의 코끼리 판단도 시간과 행동을 통해서는 충분히 가능할 수 있다. 그러나 필자의 차원은 장님이 이 세상의 문명을 통한 학문과 소양으로는 바닷물 색깔을 알 수 없다는 것이다. 장님이 바닷물 색깔을 아는 것은 장님의 사고나 세상 차원의 교육 차원이 아니고, 오직 행동으로 눈을 수술하여 직접 바닷물을 확인하는 방법 외에는 없다. 맨몸의 사고를 신적으로 철저히 확인하자. 세계 인류는 물질이 뇌와 몸을 통하여 보고, 듣고, 만지고, 냄새 맡고, 혀로 맛보고, 몸으로 부딪히고, 몸으로 느껴 비교하여 판단하여 뇌와 중추를 통하여 세상에 발휘하고 몸으로 신호를 주어 생존을 한다.

02

물론 세계 인류의 경륜도 과학, 의학, 종교도 모두다 사고를 통해 접수되고, 조상들의 경륜 역시 사고로 접수한다. 이와 같이 인류는 태어나서부터 자라고 늙어서 흙으로 돌아갈 때까지 오직 사고를 통해서만 접수, 판단, 배출하는 것이 습관화 되었기 때문에 인간인 한 누구나 사고의 예속체임을 부인할 수 없다. 그래서 사고가 사고 접수, 사고 판단, 사고 처리라는 과정 이외에는 어떤 것도 믿으려 하지 않고, 또 보고 있는 것이라고 할지라도 사고로써 위의 과정을 거치기 전까지는 받아 들일려고 안한다.

필자는 분명히 너에게 묻는다. 위와 같은 현상이 습관화 되었기 때문에 그러는 것이냐? 아니면 그와같이 사는 것이 원칙이어서 그러냐? 둘 중의 하나의 답변은 어느 것도 다 옳지 않다. 둘중의 하나라는 예속은 수직관계이다. 수직 관계 예속이 창조인가? 일차 습관화 되었기 때문이라면 잘 된 것인지? 잘못된 것인지? 너는 판단할 수 있나, 없나? 이차로 원칙이어서 그렇다면 처음 시작이 누구였는지 아나? 그 원칙이 잘못 되어 있다는 것을 확인하기도 전에 너는 그 원칙에 의해서 현재 희생을 당하고 있잖아? 부인할 수 있어? 이 새끼야. 한마디로 말해 습관이고 원칙이고 간에 대가리 사고의 노예인가, 대가리 사고의 노예가 아닌가?

03

광범위 하고도 구체적으로 행동 확인하자. 사탄들과 사고의 노예들은 항상 행동으로 구현시킬 수 있는 실력과 행동 의지가 결여 되어 있기 때문에 논리성으로 자신들의 꼬리를 감추지만 창조주와 神的인 의지 창조자는 예속이 아닌 창조 행동에 바탕을 두기 때문에 항상 구체적인 구현을 제시한다. 이것을 세계 최초로 필자가 행동을 통하여 시도한다.

이 세계 인류는 처음부터 지금까지 얼마나 잘못되어 나오고 있는지? 행동으로 확인할 필요가 있다. 종교적인 입장에서의 수직성 즉, 조건 반사의 결과로 맞세야, 하는 따위의 무식하고 무지한 판단으로 신적인 수평적 의지를 창조는 커녕 감잡을 수도 없다. 종교 역시 뇌〈思考〉를 통해 창조 의지를 영원히 차단하여 흙의 소산인 뇌 즉, 사고에 예속시켜서 역사적으로 길들이는 되풀이 이기 때문이다. (《動》註) 지면이 많지 않아 안타깝지만 의식 정복 차원에서 간과할 수 없다. 세계를 곧 제패할 우리 대한 민국 국민들은 모두다 신적인 의지 창조자가 되어야 한다.

너가 지금까지 살아오면서 너의 인생의 전과정을 가장 많이 지배했던 것이 무엇이었는가? 물론 사고였음을 인정할 것이다. 어려서 자라날 때는 인생에 경험이 없으니까 불안해 하면서 사회와 가정에 이끌리느라고 자기의 神的인 의지를 발휘해 보지 못하다가 역시 사고의 노예였고, 늙으면 힘이 없어서 지내온 생활 추억에 시간을 허비한다. 늙은이 역시 사고의 노예이다. 오직 늙어서 힘이 없으니 행동할 수가 없다는 결론적 사실만 봐도 "내가 10년만 젊었어도", "내가 20년만 젊었어도", "내가 30년만 젊었어도" 이 말이 행동의 미련이야, 아니야? 누구나 다 죽기 싫어하고, 노인일수록 더 살기를 원한다.

04

더 살기를 원한다는 것은 더 행동하기를 바라는 거야, 더 생각하기를 바라는 거야? 평생 대가리의 사고를 사용하다가 늙어서까지 머리 쓰면 쓸수록 머리 아파서 뇌도 몸도 기운 없어지는데, 이 세상 어느 노인이 골치(思考)쓰고 싶은 자 있는가 물어봐라, 더 살기를 원한다는 자체가 젊어서 행동 안한 미련 때문에 건강과 기회가 주어진다면 이 세상 모든 노인들은 행동해 보길 고대 하는 것이다. 그런데 그렇게 될 수는 없으니 싫어도 추억에 젖어 사고하면 할수록 뇌와 몸에 피로가 쌓인다.

이 세상 젊은이들이여 열심히 모험과 창조 행동을 해야 겠나? 경험이 없다고 조상들한테 예속되다가 늙어서 후회할텐가? 너에게 예속과 사고를 요구했던 조상들과 인류가 너에게 도움이 된 것인가, 피해가 된 것인가? 대답 없어? 이 머저리, 더 神的으로 확인 시켜 주마. 불교를 한마디로 말하면 뭐냐? 無心이다. 세상 것을 다 버리라는 것이다. 버리라는 것은 너 몸까지 돼지라는 것이 아니고, 너의 대가리 속을 모조리 버리라는 거야. 대가리의 사고 자체가 즉, 뇌가 흙의 속성이니, 흙의 속성을 버리면 뭐가 남나? 신적인 의지와 몸만 남는다. 의지 가지고 사는 것이 조물주의 근본이기 때문이다. 대가리 사고만 버리면 의지는 몸에 필요한 것만 먹어 주고 행동하니까 동물같이 당장에 필요한 것, 먹고 사는 것 이외는 필요가 없다. 그 외의 필요성을 갖는 것은 사고일 뿐이다.

05

그런데 오늘날 불교인들을 필자가 비판 하는 것이 아니다. 사고없이 無心인 자 있나요? 있다면 답변해 보라. 왜 살생을 말라는데 살생하는 거야? 당신들 산속에서 처녀, 총각으로 인생을 버릴 때. 얼마나 많은 살생을 하는지? 필자가 계산 뽑아줄까? 당신들 자위 행위 자체가 사고의 속성으로 無心이 안되어 있는 살인이며 무심인 몸을 세계의 무대에서 인류를 경작하라고 즉, 중생 계도 하라고, 다시 말해 부처님의 의지로 세상 것을 다 비워 버린 뇌를 예속하여 육체를 「바쁜 꿀벌은 슬퍼할 틈이 없다」는 꿀벌 이상으로 인류에게 쏟을 때 자위 행동할 사고와 정력이 어디 있겠소?

　　필자가 우리 나라의 전 불교도들과 성직자 분들께 외치나니, 부처님의 無心과 의지를 건강을 부처님 가신 이후 세계 최초로 3박 4일만에 몸으로 보여드리고 있다오. 기독교, 천주교 역시 하나님의 속성인 의지가 하나님의 속성을 닮아서 이 세상을 경작해 달라고, 당신들을 보내준 것이라오. 몸과 머리는 흙의 속성이니, 버리라고 했고 오직 창조주 자신과 동등한 의지로 무심인 머리와 몸을 예속하여 창조자로서의 생활을 허락했는데 당신들은 안타깝게도 버리라는 머리와 몸으로 창조의 의지를 예속하여 창조력까지 막아 버리고, 수직성의 노예로 하나님을 울리고 있다오.

06

　　하나님과 예수의 의지는 절대 논리적이 아니고 오직 당신을 닮은 창조 의지로 자꾸만, 자꾸만 세상에 속할려하는 머리와 몸을 피와 땀과 눈물로 부리는 의지 창조의 생활을 해야만 그 것이 바로 천국이라 했다오. 인류가 얼마나 많이 몸과 대가리로 잔머리 굴리고 거짓말을 잘 하기에 예수가 글자 한자도 남기지 않고 오직 몸으로만 보여 주었겠소? 그런데 당신들은 의지 창조는 엄두도 못내고, 몸과 머리 가지고, 수평적인 의지를 배신하고 수직성에만 예속되어 매달리려하니 얼마나 많은 거짓말을 하겠소? 창조주와 예수가 화를 안 낼수 있겠소? 이 나라와 이 세계의 천주교인들과 기독교인들 그리고 성직자 되시는 분들께 고하나니, 필자가 세계 인류 역사 이후 최초로 창조주와 예수의 의지를 행동으로 3박 4일간에 보여 드리고 있소.

　　神的 의지란, 행동일 뿐이지 말은 소용 없다오. 어디서나 말썽꾼과 불청객들이 논리적이고 떠드는 것이라오. 필자에게 많은 성직자들이 다녀갔고 또, 계속 오고 있지만 건강을 위해서도 여러분들은 신분을 속이고 와도 필자는 이유 한마디 묻지 않는다오.

　　인류가 얼마나 사고의 노예인지 옛말에 '見物生心'이란 말을 아나? 눈으로 보니까 대가리에서 욕심난다. 이게 사고야, 의지야? 어어, 망설여? 의지인지 사고인지 모른다면 그걸 안 보았어도 욕심 났겠나? 평생 안 본다면 평생 욕심 내겠나, 욕심 안 내겠나? 그러면 눈으로 봐서 욕심 낸 것이니까 사고였다는 것을 행동으로 확인한 것이다.

07

그러면 이제 신적으로 들어가자. 평생 보는 것이 없고 생각 할 일 없어도 몸을 먹이고, 입히고, 재울려면 최소한도로 필요한 의지의 행동을 하겠나, 하지 않겠나? 눈으로 본 것을 사고하여 욕심 내면 의지가 필요해서 필요한 것 만큼만 활동하기 전에 욕심 낸 사고에 예속 되겠나, 예속 안 되겠나? 의식 정복 못한 자는 그대로 사고에 예속 되어 의지 본연의 신적인 필요 의지가 말살되어 버리는 것이다.

재미있는 이야기가 있다. '열 계집 싫어하는 사내 없다.'란 이말 역시 사고인가, 의지인가? 열 계집을 눈으로 안 봐도 욕심 나겠나? 보는 것마다 욕심 내는 것이 사고라면 백 계집인들 천 계집인들 욕심 안 날 리가 없을 것이다. 흙의 속성인 사고가 보는 여자마다 욕심을 낸다면 그 사고에 예속된 의지는 몸에 필요한 양만을 먹을려 하겠나? 몸이 감당할 수도 없는 욕심이 잉태한즉 죄를 낳고, 죄가 잉태한즉 사망을 낳느니라와같이 되겠어, 안되겠어? 너 몸 하나 가지고 너의 애인 한 명도 너의 아내 한 명도 제대로 性的 만족 시켜주지 못하고 있지않나? 의지는 신의 속성이기 때문에 육체의 활동에 필요한 것만을 처리한다. 사고는 흙의 속성이기 때문에 神의 속성인 의지까지도 빨리 죽여버리는 것이 목적이다. 그래서 갖가지 방법으로 의지를 빨리 죽여버리기 위해서 열계집이 너를 죽여버리는 것이 아니라, 너의 사고가 너를 죽여버리는 것이다.

그래서 조물주와 석가와 예수의 말같이 너의 사고를 죽여버리고 거듭 나라는 것은 의지 창조의 생활을 하라는 말이다. 회교권에서 일부다처제 하는 것은 흙의 속성인 대가리 사고의 합리화이지 神的인 의지가 아닌 것이다.

08

너의 말더듬도 의지에 필요한 말은 세상을 경작하는 중 사람을 만나거나 상황에 부딪쳤을 때 필요한 몇 마디 뿐이야. 이 몇 마디는 너의 신적인 의지가 가슴에서 다 해주게끔 되어 있다. 그런데 흙의 속성인 사고가지고 말을 하려하니, 이 대가리의 사고는 자기와는 다른 신적인 너의 의지를 빨리 죽여 없애버리려고 욕심을 내서 (사망 시킬려고) 사람을 안 만나도 발음할 상황에 부딪치지 않았어도, 너에게 말 욕심을 내게 하여 너를 고통과 파멸로 이끌고 있는 것이다.

너가 세계 인류 역사 이후 최초로 필자에게서 너의 말더듬이 필연적으로 정복되는 결론을 내리고 나아가자. 15장 처음에서 말한 맨몸의 사고는 지금 이 순간도 너에게 파탄과 고통이란 것을 확인하고 있다. 그래서 맨몸의 너의 대가리의 사고는 망해도 분명히 말하지만 본전이 안 된다. 사고자체가 신적인 의지를 괴롭혀서 빨리 망하자고, 빨리 죽자고 하는데 본전이 되겠나? 가만 있어도 괴롭고 고통인데? 본전 일려면 태어날 때와 같이 고통과 괴로움이 없어야 본전 아니겠나?

그래서 필자가 너에게 인류 역사 창조 이후 최초로 창조주의 속성 그대로 엄청난 능력을 창조하게 하고 있는 것이다. 어떤 종교는 너무나도 무식하고 무지한 표현으로써 명색은 神한테 맡긴다면서 자기가 포용할 세상을 향해 자기네 교리외에는 '보지도 말고, 듣지도 말고, 가지도 말라.'란 사탄 중에서도, 사탄 괴수같은 표현을 한다.

09

물론 무식하고 무지한 사고에 바탕을 둔 표현이지만 창조주에게 가장 배신적인 사고의 표출, 흙의 속성인 즉, 파탄 철학일 뿐이다. 왜 파탄 철학인가? 지면 관계상 너무나도 유치하여 한마디로 끊어버린다. 흙의 속성인 사고의 노예인 너가 이 세상을 살아가면서도 너의 사고대로 사나, 못사나? 너의 사고대로도 못살지 않냔 말이야. 너의 사고가 얼마나 잘못된 것인 줄 너는 안다. 그 아는 것도 별것 아니지만 그래서 불안하여 신의 속성인 너의 의지를 배신하고 매어 달릴 대상을 찾게 돼. 그런 너가 너의 자식에게 '이러 이렇게만 하라' 즉, 사고대로만 하라는 것은 철학도 아니고, 너의 사고일 뿐이다. 시간과 공간에 구애 받지 않는 무형체의, 이 세상에 너도 문밖에 나갈 수도 없겠지만 자식을 어떻게 문밖에 내 놓을 수 있나? 물론 품안에 안고서 평생을 살아도 아니, 일순간에도 무형체의 노예가 되어버리는 것은 너도, 자식도 막을 힘도 없고, 지혜도 없고, 지식도 없고, 방법도 없는데, 이점에 있어서는 잘 들어라.

너와 필자와 석가와 예수와 세상 인류를 만든 창조주께서도 힘이 없다. 동물도 자기 새끼를 강하게 만들려면 풀어 놓는다. 마음껏 포용, 도전, 파괴, 창조를 거쳐서 강하게 되는 것이지 병아리처럼 닭장 안에서 독수리만 피하다가 인간에게 먹히라는 너가 아니다. 그래, 이 자식아 병아리가 독수리에 안먹히는 것이 행복인가? 꼭 사람한테 먹히는 것이 행복인가? 어째서 독수리에게 먹히는 것이 행복이 아닐 수 있겠는가?

10

결국은 똑같이 먹히지 않나? 먹히기 전에 병으로 병아리가 죽게되면 행복인가 불행인가? 그래서 결론은 '보지도 말고, 듣지도 말고, 가지도 말라'는 자기 대가리 사고의 파탄자들도 필자는 포용하여 神的인 창조 의지를 확인시켜 준다. 얼마나 철저한 파탄과 사고의 노예인지 손톱만한 일 할때도 꼭 자기들이 믿고 있다는 사탄들 한테 물어 보고 하려니 얼마나 파멸인가? 사탄들만이 그걸 바란다. 창조를 물어서 하나? 그래서 맨몸의 대가리 사고는 망해도 본전이 아닌, 이중 삼중의 망함이다.

흙의 속성인 대가리 사고를 계속하면 후회와 두뇌의 고통과 아픔, 그리고 피로가 있나, 없나? 육체적 휴식과 먹음과 수면으로 회복 했다가도 충격을 받았었던 그때 그 생각을 하면 언제, 어느 때라도 의욕이 생겨, 안생겨? 행동력이 강해져, 약해져? 말더듬 개망신 당했던 것 또는 더듬어지고 막힐 것 생각하면 스스로 파괴돼, 파괴안돼? 생활의 의욕이 잘 생겨, 의욕이 안생겨? 물론 좋은 생각도 한다지만 그 자체가 사고야, 의지야? 도둑놈이 제발 저린다는 것도 그때 그 생각 기여, 아니여? 이래도 더 얻어 터질려고 헛소리 할텐가? 그러면 이젠 '맨몸의 사고'를 너가 결론 내려봐. 본전이 되는 거야, 본전이 안 되는 거야?

11

그러면 이제 더 깊게 늘어가자.

'맨몸의 의지' 창조주와 필자는 너와 이 세상 인류를 외모로 보지 않는다. 너와 인류가 아무리 神的인 속성으로 태어났지만도 인류의 무식과 무지로 사고의 노예가 되어 언제, 어느때, 어디에서나 신적 의지의 표출에는 그토록 무디고 무딘 너가 흙의 속성인 오관(五官)의 자극에도 실낱같은 꼬리만 보여도 환장해서 오금을 못 펴고 동분서주 한다. 이러한 너와 인류가 어디가 이쁘고 위대하다고 조물주와 필자가 보아주겠나? 이 세상의 도적놈들아!

12

　도적놈들 이라니까 기분 나빠? 이 새끼들 보아 주어서 도적놈들이라니까. 안 되겠어? 이 새끼야. 네가 도적놈만인가, 그 이상인가? 필자가 세계 최초로 행동으로 보여주마 '도적놈들아' 라고 한 말이 얼마나 많이 봐준 말인지. 너는 고마움을 금새 확인하고 필자에게 절까지 하겠지만, 필자는 너의 절 받지도 않지만, 받을 시간도 없다. 너의 부모님과 이웃들과 인류에게나 하라.

　조물주가 세상을 창조해 놓고 조물주 자신과 똑같은 너를 만들어서 이 세상을 너에게 맡겼다. 그저 너의 의지 하나 가지고 너 몸만이 아니고 너의 가족만이 아니고 세상과 세상 인류전부를 경작 하라고.그런데 너는 세상 전체에다 발휘해도 남을 창조주의 의지를 너의 머리와 몸뚱이 하나만을 위해서 준 것인양 너 혼자에게만 써 먹고 있는 도적놈이 아니라 날강도 할아버지 이상이다. 더 확인하자. 현재 세계 인류에게 골고루 나누어 주라고 조물주께서 너에게 이 세상 전체의 물질과 돈을 맡겼다.

　그런데 너는 그렇게 많이 받은 세상의 물질과 돈을 한 푼도 써 먹지 않고 잠재워두고 있으면서(여기까지는 좋다.) 너 자신에게 속해있는 神的의지까지 썩히고 있다. 마땅히 창조주의 속성인 창조자로서 세상 경작을 하여야할 너의 의무를 이행하지 않는 것은 형법에서는 직무 유기다. 너의 입과 몸뚱이를 발휘해서 세상 인류에게 나누어 줄 것을 나누어 주지 않는 것은 횡령죄다. 입으로 몸으로 세상과 인류에게 소리와 땀을 왜 나누어 주지 않고 너 하나에게만 쌓아서 썩히고 있나, 너가 썩히고 있는 신적인 창조의지의 잠재적 가치가 얼마나 되는 줄 아나? 돈으로 환산하면 천문학적인 액수이다. 형법에 횡령액이 50억 원 이상이면 무기 징역감이고 백억 이상이면 사형감이야. 너는 이것만 가지고도 대통령 빽이라도 안된다. 교수형에 처해질 수 밖에 없다.

13

　이런 자들이 이 지구에 너만이 아니여. 이 세계의 인구 전부이다. 의지로 듣기바란다. 사고의 기분으로 살았던 즉 죽었던 너를 완전히 살려낼 터이니 머리만 떼어 버려라. 머리로 들으니까 기분 나쁘지? 필자가 지금 머리로 말하는 것 아니여. 짜식들 성급한 사고의 노예들은 어떤지 아나? 백만원 줄 사람이 처음부터 백만원 줄줄 아나? 창조자는 1원서 부터 차차 올라가는 것이다. 건물이 아무리 급하다고 해도 지하층에서 부터 시작하여 1층, 2층…등등으로 마지막 층까지 쌓아올라가는 과정이 있어야 10층을 쌓게 된다. 급하다고 1층서부터 9층까지 쌓는 과정이 없이 10층만 지을 수 있어?

　자식, 아직 神的인 자기 의지 확인도 해보지 않고서 좋아 날뛰거나 또는 인생을 체념해? 어리석은 자식 아냐. 이 자식아! 죄를 짓고 형법에서 사형을 받더라도 자기 전재산을 바쳐서라도 살아 날려고 발버둥을 치고 있어. 너는 왜 벌써부터 형법에서 사형받은 자들과는 달리 사형을 왜 그렇게 자초하고 있나? 너만 잘하면 임마 너의 지금까지의 모든 부채가 한꺼번에 자산으로도 바뀐다. 너의 지금까지 입 벌리지 않고 유형체 몸으로 세상 인류에게 피땀을 나누어 주지 않은 너의 모든 직무 유기와 횡령죄도 모조리 탕감될 수도 있다. 그대신 조건이 있어 임마! 너가 의지의 창조자가 되면 神의 속성이기 때문에 조건이 없어지는데 흙의 속성인 사고와 몸뚱이에는 조건이 있는거야. 그러니 세상에 오만가지 잡다한 법이다 계명이다 윤리다 도덕이다 하는 등등의 잡다한 것들 모두가 다 너의 대가리와 몸뚱이 통제하자는 것이지 신적 의지 통제 하자는 것이 아니여. 가장 큰 것 한 가지는 더 확인해라 이 자식아. 세계 인류 모두가 다 마찬가지이지만 너도 이 민족과 이 국가에 많은 죄를 진 죄인이다.

왜 죄인인가 행동으로 보여주마.

응보형인 징역으로 때우지도 않는 아주 독종이다. TV를 통하여 전 세계에 보여줄 날도 멀지 않다. 남자나 여자나 같이 세상을 경작하라고 똑같은 창조주의 명을 받았다. 경작하다가 후손을 남기라고 종족 번식의 기능도 주었다. 그 기능은 밤낮으로 그것만 해서 말라 비틀어 뒈지라고 준 것 아니다. 여자들은 아직까지도 神的인 의지를 구조적으로 이행하고 있다. 그런데 태고때부터 보면 아담과 하와 이전부터도 문제는 항상 남자였었다. 우리 나라 역사를 행동으로 분석 확인해 보면 필자도 남자지만 우리 조상의 남자들은 참으로 바보 멍텅구리들이었었다.

용기는 커녕 전쟁한번 제대로 못하고 망쳐먹은 것은 꼭꼭 남자라는 작자들이었었다. (《動》註)세계사를 봐도 남자새끼들이 꼭꼭 다 망쳐먹고 책임 진 놈의 새끼들은 한 놈의 새끼들도 없었다. 하늘같은 자기 아내를 먹여 살리기는 커녕. 얼마나 병신 새끼들인지 현재도 신부감들에게 지참금을 요구하는 새끼들이 수두룩하다.

이 민족과 이 세계의 여인들이여! 당신들은 몸만 제공해도 하늘같은 대우를 받을 존제들이다. 멀리까지 안 가고 금세기만 봐도 그렇다. 얼마전에 뒈진 '일본의 히로이토 새끼에서부터 소련의 스탈린 새끼 독일의 히틀러 새끼 중국의 모택동 새끼' 언제나 하늘같은 여자들은 희생만 당했다. '하늘같은 남편'이라는 흙의 속성, 사고의 개나발은 이제부터는 영원히 없애 버리고 이세상 남자놈들은 자기 애인이나 아내를, 어머니를 평생 업고 다녀도 싸다.

14

조물주와 동등한 창조 의지를 소유한 남자놈들 참으로 위대하다. 우쭐하지마, 임마. 사정없이 쳐 버릴테니. 너희놈들 칭찬하니까 생선 토막 하나만도 못한 너희 놈들의 대가리와 몸뚱이 인줄아나? 神的인 의지를 말하는 거야, 임마. 그 의지를 신적으로 안 써먹어서 그러는 거야. 넓고 큰 이 세상을 경작 할려면 너의 의지의 힘으로 발산하는 정력이 쉴틈이 없는 꿀벌같이 세상을 쏴다니면서 세상 인류에게 봉사를 해야한다. 여자도 마찬가지고 자기 본능을 위해서는 동물과 같이 발정기 때에만, 사람 같으면 여성의 배란기 때에만 하면되는 것이고 그외의 정력은 밑으로 실탄이 발사될 양이 없을 정도로 세상을 경작하라는 것이었다. 그래서 일하기 싫거든 먹지도 말라. 즉 세상 경작이 싫거든 뒈지라고 했다. 뒈질 놈들은 그 짓하면 곧 뒈지니까? 그러니 일 안하는 년놈들 봐라. 하는 짓이 밤낮 그 짓만 해서 몸이 엉망으로 되고 있지 않던가?

세상과 인류를 경작하라고 너희들에게 준 신적 자유 의지를 어데다 써먹고 있느냐? 환장한 짓이 아니고 뭐냐? 그래도 여자들은 조물주의 본분을 지켜서 아직까지도 한달에 한번씩만 배란한다. 남자놈 새끼들은 여자들까지도 빨리 자기들같이 동등하게 만들어서 이 세상을 빨리 파탄 시킬려고 시도 때도 없이 어디에서나 여자들을 짓밟고 죽이고 팔아 먹는 인신 매매단 놈의 새끼들까지 있어, 이 하늘같은 여인들을 팔아 먹는 놈의 새끼들은 여성들이 그 놈들을 죽이고라도 뛰쳐나오라는 법이 생겨야 한다. 반드시 그렇게 되어야 한다.

15

서양놈들도 마찬가지여. 그렇게 되면 자기 뒈질려고 하늘같은 여자 팔아먹는 놈은 이 세계에 없을 테니까. 만일에 여자들이 남자들같이 가정과 직장을 팽개치고 마시고, 놀고, 춤추고, 헛지랄하기 위해서 남자 새끼들 유혹하고 팁주고 죽여 버리고 여자가 남자 미끈한 놈들만 붙잡아다가 술집이나 사창가 아닌 남창가에 개값에 팔아 넘겨서 20대의 미끈미끈 남자새끼들이 할일없이 화장하고 거리에 늘어서서 아가씨들과 아주머니들과 할머니들이 지나가면 "아주머니 놀다 가세요." "할머니 놀다 가세요" "한 푼 도와 주세요"하면 국가, 사회 경작에 바쁜 아가씨들이나 아주머니들이 할머니들이 「엣끼 이 개새끼야. 젊은 놈의 새끼가 할 일이 없어서 거리에서 여자들한테 몸 팔고 있나? 이 새끼야 그렇게 살려면 뒈져라」하면 좋겠나?

그렇게 했을때 만일 너가 안 더듬이 이건 미끈한 말더듬이 이건 미남으로서 그 당사자라면 좋겠나? 그러나 그짓 그만 둘려면, 너를 짓이기고 너를 개값 몇 푼에 팔아먹고 도망간 여자 때문에 빚 갚을 돈이 없어서 감시 받으면서 썩어가는 몸으로 흑인여자도 받고 AIDS걸린 서양년도 받고, 국제 매독걸린 년도 받는 남창 이라고 할 때 너 신세가 그런 신세라고 할 때, 이 개만도 못한 놈의 새끼야 너는 좋겠나? 물론 이 세상에서 사는 인간이라는 축에 끼는 너와 필자도 책임이 있다.

16

여자들은 神의 속성 의지가 너무나도 위대해서 이 세상의 머 저리 남자놈들 새끼들을 그렇게는 안 만들어. 언제나 문제는 남자 새끼들이야. 정치, 경제, 문화, 외교, 국방 등등 남자 새끼들이 제대로 하고 있는 것이 무엇이냐? 국민 1인당 GNP 만불도 안 되는데 GNP 2만 불이 넘는 국가들보다도 향락 산업과 염병할 놈의 사업들은 더 발전하고 있어. 도대체 이 땅을 무엇으로 만 들려고 그래. 이 살기 좋고 아름다운 이 세상을 지금 이순간도 파괴하고 있는 범인들은 꼭꼭 남자놈 새끼들이란 말이야. 그렇지 않은 놈도 가끔씩 있어, 여자들은 끊임없이 창조하고 건설하고 있는데도 말이야. 너 오늘부터는 너 애인, 너의 아내, 너의 어머니를 업고 다니면서 발까지 씻어 드려. 나발불면 세계 인류 역사 창조 이후 최초인 필자가 네놈의 아가리를 찢어 버릴테니까. 이새끼야 공처가 되라는것 아녀. 남자놈들이 왜 이렇게 해야만 하는지 왜 반드시 이렇게 하지 않으면 안되는지 필자가 좀더 神的으로 보여주고 확인시켜 주마. 결혼이라는 것도 노골적으로 표현해서 맞선을 본다.

17

궁합을 본다는 것은 사실은 모두다 SEX상대 고르는 것이다. 지껄이는 말들은 빛좋은 개살구같이 아들 딸 잘 낳고 살림 잘하고 따위 등등은 남자들의 경우에 있어서 거의 다 입에 발린 나발이다.

호적에 꼬리달지 않은 놈들은 잘 들어! 남자가 기절초풍하면서 피하는 여성들은 거의다 SEX상대가 아니다. 자기 SEX상대 되어봐라. 부모 형제 버리는 것만이 아니고 왕관도 던져 버리지 않던가? 솔직히 말해서 이것이 자기의 눈과 몸에 맞는 거야? 의지에 맞는거야? 이 세상 남자놈들이 질문에 변명을 뭘로 할까, 하고 안 망설이는 놈들 없겠지만. 알았어 임마. 결혼해서 처음에야 깨가 쏟아지지만 얼마쯤 살아봐. SEX상대로 낙인찍힌 상대만 대해야 하니 따분하기 그지 없다. 그래서 갖가지 체위가 개발되고 그것도 다 써먹고 나면 이젠 SEX때마다 남자는 다른 여사를 상상하면서 실탄발사한다. 여자 역시 다른 남자를 상상할테지.

18

이러하니 열 계집 싫어할 남자가 없다는 말. 맞기는 맞는데 이것이 너의 대가리의 思考인가, 神的의지인가? 이 새끼야 의지가 상대를 가리나? 의지가 미모를 가리나? 의지에는 그저 암컷 숫컷이면 된다. 미남 미녀를 고르고 이것 저것 조건을 따치는 것이 신적 의지야, 대가리의 사고야? 배꼽 아래는 똑같은 여자인데도 신적 의지 아닌 자기 대가리의 사고에 맞는 여자 찾느라고 인생으로서 얼마나 많은 시간과 정력과 금전이 투입되는지는 너도 잘 알 것이다. 이 새끼야 인생을 창조하지 않고 그 따위로 살려면 사람이 바닷가의 모래알보다도 더 많은 중국에나 가서 일평생 네놈 대가리의 사고에 맞는 여자를 고르다가 홀애비로나 늙어 뒈져라.

성직 사명은 참으로 위대하기는 하나 의식 정복을 하지 못한 인내로만 버티기는 그 만큼 자기 사명 완수에 영향이 미친다. 그래서 예수도 참을 수 없거든 돈을 주고서 발산하고 그래도 힘들면 결혼하라고 했다. 가부 결정은 본인들이 정하는 것이지만, 세계 어디에서나 공창제가 허용되는 이유는 세상 인류의 사고와 몸은 세상 경작보다는 자기 야욕의 노예에서 벗어나지 못하거나, 사고와 정력 소화 내지 처리 미숙으로 넘치는 자기 정력을 방출할 곳이 있어야 했다. 때문에 돈을 주고 하는 곳이 있어야 가정 생활을 하는 선량한 부녀자들과 처녀들이 희생당하지 않고 보호 받을 수 있기 때문에 큰 범죄를 없애기위해 헌법에 없는 작은 범법을 어느 나라나 알게 모르게 허용하는 것이다.

19

그러나 사고와 몸뚱이의 노예들인 이 세계의 남자들은 공창 제로는 양이 안 차 세상 경작 사업과 가정 생활의 혼란을 감수 하면서 까지도 사고와 본능을 충족시키기 위해 각종 향락산업을 양성화시키고 여성들을 유혹하느라고 자기 아내 하나에게 만족 하지 않는다. 빌어먹을 새끼들. 그러나 이런 빌어 먹을 새끼들 이라도 세계 최초인 의지 창조 행동으로 자기 의식을 정복하여 神的인 의지의 생활을 하면 자기 아내와 평생을 살아도 매일 밤을 신혼 첫 날밤 같이 대할 수가 있다. 자기 아내 하나 이외는 더 이상 필요가 없는 것이다. 남자란 자기 아내 하나에게만도 만족을 채워 줄 수 없는 나약한 정력이다.

그런데 한번 실탄 발사에 2억~5억 마리의 정자가 방출될 때 남자들의 에너지 소모는 실로 엄청나다. 이것을 대가리 思考의 노예가 되어 필요 이상으로 한달에 무절제하게 초과 발사하다보면 건강과 의지가 형편 없이 약해져서 사회와 가정에서 의지의 창조성과 생산성을 축내고 생명의 정자를 그대로 사멸시키고 스스로는 회복할 수 없는 노화로 치닫게 된다. 우리 민족의 40대 남자 사망이 세계 최고인 것은 우리 남자 놈들 20대 30대 일때 헛지랄 많이해서 그러는 거야. 문명의 에너지 자원은 땅과 태양으로부터만 온다. 이것은 어디까지나 생산 자원이다. 그러나 창조자원은 의지에서만 나온다. 태초 이후부터 남자들은 자기의 神的인 창조의지로 목적과 방법이 빗나간 사고와 본능을 통해 정자를 생산하여 무더기로 사형시켜 버리기 위해 신적인 자기 의지에게 대가리의 사고와 몸뚱이가 완전히 날강도짓하고 있는 것이다. 그래서 남자들은 자기가 자기에게 평생 동안 엄청난 범죄짓을 하고 있다.

20

여기에다 너는 말더듬 한가지를 더 보태서 너의 신적인 창조의지를 포기하고 사회와 세계의 경작을 포기하고 너에게 그 알량한 말더듬만을 발전시키는데 동원시켰던 너의 사고와 몸뚱이를 어떻게 처리하겠나. 사고는 세상 모든 것을 기억하게 하여 두고 두고 피해를 주는 것이지만 다행히 의지는 물질이 아니고 창조주의 속성이다.

의지는 물과 같은 성격이라 목적을 가지고 쓰기에 달렸다. 돈과도 같다. 목적에 따라, 쓰기에 따라 큰 물도 되고 작은 물도 되며 큰 돈도 되고 작은 돈도 된다. 분명한 사실은 너에게 사용하여 엄청난 범죄를 일으켰고 목적이 너였기 때문에 잃기만 했지 얻은 것은 없다. 지구 전체를 경작할 엄청난 너의 의지를 지구와 세상 인류에게 쏟아붓지 않고 너라는 작은 그릇에다만 쏟아 부으니 모두가 넘치고 터져 버렸다. 잃은것이 많고 얻은것이 없는 너지만 너는 가장 큰 사실 하나를 확인했다. 경험이라는 하나의 극점을 얻게된 너에게는 또하나의 극점을 창조할 수 있게 되었다. 더욱더 크게 확인한 사실은 너무나도 엄청나게 큰 사실은 너의 의지는 본전이라는 사실이다.

크게 쓰고 작게 쓴 너의 사고와 동작의 결과로 나타난 흔적만 다양할 뿐이지 너의 의지는 그대로이다. '맨몸의 의지'이거야 말로 참으로 위대하다. 본전이니까 망한 것이 없다. 망한것이 없으니 다시 행동할 수 있나, 없나? 다시 행한다는 것은 경험했던 극점의 반대가 역시 극점이니 목표와 행동이 분명하게 되는 것이다.

21

인간은 새출발할때 맨몸의 의지에서 자기 사고와 육체에 도전 한다는 사실을 망각하기 일쑤다. 자기 사고와 육체한테 망해봤 으면서도 말이다. 이유는 자기 사고와 자기 육체의 고통을 기억 하는 노예였기 때문이다. 목표는 사회와 세상이 아니라 의지의 동작으로 자기 사고에 도전하는 결과가 세상에 드러나는 결과 일뿐이다. 그래서 인류는 세상에서 아무리 성공해도 자기를 정 복하지 못하면 아무 소용이 없다.

세상은 오직 자기의 봉사 대상일 뿐이지 공격 대상은 아니다. 자기 사고에 의해서 일순간에 물거품이 되기 때문이다. 「맨몸의 의지」로 이젠 공격해 가자. 이 세상의 인류가 자기 공격에서 왜 실패하는지 아나? 자기 사고 공격에는 조건이 있을 수가 없다. 그런데 현대 인류는 어리석게도 언제나 자기에게도 조건을 제시 했기 때문에 항상 망했었고 항상 예속되고 있는 것이다. 무조건적 공격이다.

016
포용 · 도전 · 파괴 · 창조

01

황무지 개간에는 세계 어디에서나 가장 첫번째로 필요한 공격이 불공격이다. 두번째 공격은 물 공격이고, 세번째 공격이 너의 동작이다. 물과 불과 동작 이것 세가지만 있으면 세계 어디에서나 살 수 있고 문명이 발생한다. 인류 문명의 발생은 물이 많은 강을 끼고 시발했다. 이런 원칙에서 성공이라면 그 성공은 성공이 아니다. 본능 자연 생활이다. 동물들도 이렇게 하고 있기 때문이다. 필자가 너의 인생에서는 최초이지만 너에게 강력하게 요구하는 것은 '맨몸의 의지'에서 물과 불과 동작이 나와야 한다는 것이다. 세상 차원의, 있는 상태에서 조작해 내는 것은 이것 역시 누구나 다 할 수 있는 생산이다.

있는 것에서 있는 곳으로는 '맨몸의 사고'에서 구체적인 행동으로 다 확인했다. 맥가이버처럼 맨몸의 사고가 아니다. 너는 지금 적나라한 '맨몸의 의지'로 황무지에 서야 한다. 황무지도 '맨몸의 사고'에서의 경작은 한 2년은 풍성한 수확이 있다. 그런데 너의 황무지는 '맨몸의 의지'에서의 창조 경작이기 때문에 2년만의 풍성한 수확이 아닌, 매년 수확이 확산되는 양산이다. 생산, 창조의 차이인데 너는 생산할려하면 또 사고의 노예가 된다. 어떻게 할텐가? 思考에 집착하여 또 실패할텐가? 창조〈의지〉에 집착하여 성공할텐가? 창조에 집착할려면 너의 창조 의지 하나에만 매달려라. 이 창조 의지 하나에서 물과 불과 동작이 다 나온다.

02

부모, 형제, 자매, 사회, 국가는 너가 창조해 갈 때부터 봉사가 되니 잊어버리고 너는 오직 너의 창조 의지로 너의 뇌〈思考〉와 몸뚱이만 괴롭혀라. 어떻게 괴롭히냐? 너처럼 너의 사고와 너의 몸에게 괴롭힘받은 자는 이 세계에 없으니 너가 당했던 것 반대로만 해 줘라. 미움의 보복이 절대 아니다. 창조 의지가 미움으로 대한다면 파괴이기 때문에 너는 파탄된다. 왜 반대로 해야하나? 너는 비정상을 너와 세상 인류의 무식때문에 너를 오해하여 정상같이 농락되어 왔을 뿐이다. 그런데 이제야 정상으로 되는것이니 이젠 속지마라. 귀신도 속이는 너였지만 너의 대가리 사고 한테는 홀딱 속았던 너, 너의 의지는 신의 속성이라 이 책을 통하여 정상이 되어 두번 속지 않도록 된다. 광활한 허허 벌판 황무지 위에 너의 몸뚱이 하나에 우주 전체를 먹어 삼키고도 남을 神的 창조 의지가 있다. 너는 황무지를 불태우기 전에 먼저 너의 의지에 불을 붙여야 한다. 그리고 흙덩이인 너의 몸〈땅〉을 파서 지하수를 개발하고 끊임없이 옥토를 확장시켜 나가면서 세상에다는 너의 수확물을 뿌려야 한다.,

문제는 너가 황무지를 개척하여 옥토로 확장시켜 가는 것도 어려운 일이지만, 의지로는 하는 것이며(되는 것이 아님) 더 어려운 것은 수확물을 세상에 뿌리는 일이다. 세상 인류는 아직까지 의식을 정복하지 못하고 뇌〈思考〉의 노예 상태에서 벗어나지 못하여 자기 머리의 혼란 상태하나 해결하지 못하는데 너를 포용해줄 것일랑은 아예 바라지 말라. 너가 물과 불을 동반한 수확물을 세상과 인류에게 쏟아 줘도 너의 행동을 神的인 창조 의지로 받아들일 자는 거의 없다.

03

2천 5백년 전의 석가와 2천년 전의 예수도 인류한테 많은 공격을 당했다. 부모, 형제, 자매, 친구, 제자 등등 말이 좋다. 나발 불어 봤자 개코다. 석가와 예수가 당했다서가 아니라, 너는 석가와 예수와 같은 神的 의지이기는 하지만 이 의지의 행동이 더 강해야 한다는 것이다. 왜 더 강해야 하느냐? 너는 그들보다 더 분기 해야 할 말더듬이라는 커다란 자산이 한 개 더 있다.

창조주께서 예로부터 너에게 준 말더듬은 아니지만 유형체로서 태동을 거쳐 완숙 과정에서는 식물의 뿌리같이 곡식 줄기의 매 듭같이 대나무의 매듭같이 반드시 뿌리와 매듭이 필요하다. 유 형체의 세상에서 뿌리와 매듭이 없이는 금새 쓰러지고 만다. 천 둥이 울리고 지진과 폭풍우가 지나가도 땅은 그대로이지만 땅 위의 유형체로서 뿌리가 없고 매듭이 없는 것은 모조리 순식간에 없어져 버린다. 유형체의 세상 생활에 神的인 의지의 결합체로 서의 너의 쏟아 내는 실적과 인간 관계는 모두 다 매듭의 이어 짐이다. 너에게 주어졌고 또 창조해 나가는 모든 매듭은 어느 매듭 하나도 거기에 멈추어 버릴 매듭이 아니다. 부단한 매듭 창조를 위해 건축물이 층과 층을 높여서 대 빌딩이 되는 과정이다. 매듭을 거쳐 올라가는 빌딩은 누구를 위한 선물이냐? 너가 죽을 때 가져갈 수 있나? 어차피 너가 창조라는 유형체의 세상 현상은 인류를 위한 실적이 된다. 인류의 저항이 많다는 것은 너는 그 만큼 감사해야 할 재산이고 그 만큼 너의 의지에서 쏟아 내는 물 줄기와 불길이 강해 질 필요성이 되어 너는 큰 불이 되는 것이다.

04

너의 의지를 더욱 분출시켜 주는 재산으로서의 너의 말더듬은 이 세상 누구보다도 더 강력한 포효를 창조해 내라는 작은 매듭이다. 이 작은 매듭〈말더듬〉이 세상을 잡아 흔들 포효로 잡아 흔들 재료인데 너는 그 말더듬에 고맙지도 않나? 이 작은 매듭이 세상을 바꾸어 놓을 포효로 바뀌기 위해서는 너의 의지와 심장과 폐부가 분기 해야겠나, 분기 안해야겠나? 너같은 놈의 머리 따위는 떼어 내지 말고 포효를 쏟아 낼 때 써 먹기로 하자. 세상에 포효를 쏟아 내기 위해서 너의 주둥이는 불을 토해내야 겠나, 선조들같이 한일자로 다물어야겠나? 쏟아 내고 토해 내서 세상을 움질일려면 너의 의지는 지금부터 화를 내라. 화를 내야 싸울게 아니냐? 이 자식아, 주먹이 아니야! 의지가 화를, 세상을 변화시켜. 심장과 폐부에서 항상 쏟아 내는 너의 의지는 이유없이 너가 서있는 황무지를 오늘부터 태워나가 옥토로 만드는 것이다.

　뒈진 놈이 다시 살아 났으니 펄쩍펄쩍 뛰어야 되겠나, 꼬꾸라져야 되겠나? 다시 뒈질 때까지 이 세상을 마음껏 불태우고 파헤쳐서 옥토로 만들기 위해 너는 성난 호랑이가 되고, 성난 사자가 되고,성난 달변가가 되어야 한다. 물론 강한 물살과 강한 불길에도 저항은 있다. 그러나 물줄기 앞에 저항이 있다고 물이 멈추던가? 물은 돌아서 또다시 전진을 계속한다. 강한 불길 앞에도 저항은 있다. 그러나 불이 태울 수 없는 것은 이 세상에 한 가지도 없다. 있다면 너의 의지 하나 뿐이다. 유형체의 생활에는 누구에게나 슬럼프가 찾아 온다. 그러나 그 슬럼프를 정복하는 자는 극히 드물다.

　이 자식아, 이 따위는 세상 차원이여, 너의 차원에서는 도전자는 슬럼프가 뭔지 알 시간이 어딨어. 슬럼프가 찾아 올 시간까지 그런 한가한 시간이 어디 있겠나? 물론 사물의 기 존재 가치에서의 저항은 도전자가 언제나 받아 넘겨야 할 과정이고, 인간 역시 생존권과 자기 관념과 사상 즉 이 고정 관념이 타의에 의해 침해 받을 때의 저항이란 있기 마련이지만 이 저항 받는 것이 발전의 매듭이기 때문에 사고의 노예인 인류에게는 자기 통찰과 포용

과정의 시간이 필요하다. 물론 이것은 思考에서 심히 극난하여 인류는 거의 다 대가리 사고의 좌절에 빠진다. 그러나 너의 사고가 아닌 의지에서는 세상의 모든 저항과 장벽이 재산으로 변화 될 보물인 것이다.

세상의 모든 사물만이 아니라 인류 전체까지도 발전하고 창조해 가는 창조자는 자기 고정 관념에도 구애받지 않는다. 인간이 어떠한 태도를 취할 것인가에 대해서 과거의 것은 현재 자신에게 너무나도 가르칠 힘이 없다는 것을 언제나 확인하기 때문이다. 思考가 자기 의지에 창조의 실적으로 자기 思考가 자기 의지에 예속되는 사실 앞에 어떻게 자기 고정 관념이 남아날 수 있겠는가 ?

05

필자가, 인류와 조상들이 역사 대대로 불안하다, 위험하다 했던 요인들에 대해서 세계 최초의 행동 창조자 입장에서 도전 확인했더니 모두가 다 행동 체험이나 행동 확인이 아닌 뇌〈思考〉가 원인이었음을 확인했다. 의식을 정복하지 못한 세계 인류의 경륜과 무식과 무지 또 구정물통에 밥톨만도 못했던 사대주의 사상과 돼지면 금새 썩어 없어질 뇌〈思考〉에 예속되어온 우리 조상들의 모든 경륜이 필자에게 도움이 되지 못함은 너무나도 당연했다. 물론 이 점이 조상들을 더욱 빛내드릴 필자의 자산이 되긴 했지만 더군다나 말더듬 파괴 만큼은 이 세계의 어떠한 방법〈思考〉도 필자의 세계 최초로 의식 정복한 실적 과정에는 전혀 도움이 되지 못했음을 확인했다.

너는 어디에서든 활활 타오르는 의지로 인류에게 도전해야 한다. 너 자신을 비관 저주하면서 도망가고 숨는 행동은 너 일생에서는 없애 버려라. 범죄만 말고는 돼질 지경의 개망신도 각오하라. 思考에서 조금도 창피하다는 느낌이 전혀 없이 의지에서는 성공과 기쁨이 평생 용솟음치게 된다. 어리석은 사업가들,

어리석은 연예인들, 술을 마시고 히로뽕을 해야만 사업을 하고 춤을 추고 노래를 부르는 모양인데 세계 최초로 의식을 정복하면 몸 망치지 않고 시간 낭비 안하고 돈 낭비 안하고 평생 의지의 창조 활동과 연기를 하게 된다. 이 세계의 스포츠맨들 약물 복용하는 바보 새끼들 그것은 약의 노예가 되니 몸을 망친다. 의식 정복하면 이 놈들아, 육체 콘트롤도 자유 자재로 된다. 절대로 물질 따위로 너의 의지 분출을 막지 말라.

06

필자의 의식 정복 과정에서 오래된 이야기지만 하도 많은 사람을 공격하고 또 많은 사람이 모인 환경과 분위기를 말과 행동으로 변화시켜 봤기에 인류 사회에서의 생활은 어린이에서부터 8,90세의 노인들 모임에서도 말과 행동으로 환경 창조에 자신있다. 세계에서 이름 꽤나 있다는 연예인들과 레크레이션 지도자들도 의지 창조로 의식 정복하면 평생 실력 걱정 안하게 된다.

사람이 있는 환경과 사람이 모인 환경은 어디에서나 思考의 구애 없이 공격을 했었다. 신분 속이고 전화해서 장관 차관을 만나기도 했었고, 유명인들 역시 수십 명과 대담할 수 있었으며, 파출소에도, 경찰서에도 수없이 연행되어 파출 소장과 경찰관들에게 점심 얻어먹고, 폭소를 터뜨린 일은 밥 먹듯 했다. 정치인들 연회장에 끼어들어 분위기를 깬 일도 있고, 주먹 새끼들 세력권 다툼하는 술자리에 갑자기 뛰어들어가 술취한 피래미 새끼들과 떼거지로 싸움이 붙어 때리고, 얻어 터지기도 해봤으며 술취한 단체 취객들한테 자연 훼손한다고 호통치다가 떼거지로 달려드는 바람에 싸움이 붙어 치료비를 물어주고 도망친 일 등등 이루 헤아릴 수 없다.

어디에서나 필자가 의지의 공격을 한 것이기에 봉사의 대상들을 두들겨 팰 수는 없었다. 동물들에게까지도 공격했다. 사람의 말과 표정이 개들에게 이해되지 않았든지 사나운 개들의 공격도 몇 번 받았다. 다행히 민첩하게 개를 발로 주먹으로 쳐 버리고 목을 잡아버려서 물리지는 않았지만, 한번은 개가 영원히 잠들어 버려 개값도 물어줬다. 우마차에 옹기 그릇을 싣고가던 말을 잘 못 건드려, 말이 날뛰는 바람에 옹기 그릇이 다섯개나 깨져서 돈이 없어 가지고 마차주인에게 시계까지 풀어 준 일도 있다.

07

그리고, 전라남도 도립목장에 가서, 목장 관리인 말로는 1톤 짜리라는 뿌사리(거대한 수컷황소) 뿔을 만져 볼려고 거침 없이 접근했다가 뿌사리가 달려드는 바람에 필자의 의지한테는 안됐 지만 도망을 쳤다. 근처 방죽(물웅덩이)을 두어 바퀴 돌면서 관 리인을 불렀지만 필자가 뿌사리한테 받쳐 죽을 운명인지, 관리 인은 건물에서 나오지 않았다. 다급한 김에 필자는 연못으로 뛰 어들었다. 다행히 뿌사리의 공격은 막았지만 필자는 옷을 입은 채로 연못에서 헤엄쳐 버텼다. 한참 뒤에 건물에서 나온 관리인 왈, 자기도 무서워서 나오지 못했다나? 뿌사리의 고삐를 잡기 전에 공격을 받았기 때문에 필자의 몸으로 1톤짜리 뿌사리의 공격을 막을 수는 없었다.

오래전 일이지만 귀신이 가장 많이 나온다는 곳을 공격해 보 기로 했다. 동네 경로당의 삼십여 명의 노인들을 방문하고 귀신 나오는 곳을 알아봤다. 6.25때 낙동강 전투에서 피아간(彼我間) 희생자가 많았지만 인민군들이 낙동강 지역에서 인근 마을 양 민들을 반동으로 몰아 많이 학살하여 합장했다는 곳을 그 당시 전투에 참가했다는 노인과 함께 여비를 들여 낙동강 전투 지역인 경남 밀양과 창녕 부근을 답사했다. 산골짜기의 합장했다는 장 소는 이미 유골들을 전부 다 이장해 버려서 움푹 패인 구덩이였다. 필자는 노인을 보내고 인근 마을 사람들한테서도 확인했다. 움푹 패인 구덩이에 내려가 흙까지도 맛을 봤다. 별 느낌은 없었지만 귀신이 잘 나타난다는 새벽을 공격 시간으로 정했다.

08

마침 비가 내리고 있어서 기회는 더욱 좋았다. 필자는 근처 여관에 숙소를 정하고 비가 내리는 캄캄한 새벽 2시에 우산만 준비해 가지고 마을에서 2km나 떨어진 그 움푹 패인 곳에 가서, 30여분 간이나 들여다 보면서 맴돌았지만 귀신은 커녕 벌레 소리하나도 나지 않았다. 세계 최초 최고의 행동 창조자는 대가리의 사고가 아닌, 행동으로 우리의 5천년 조상들의 무식과 무지를 확인해 봤다. 오직 행동을 통해서 필자는 썩어 빠졌던 우리 조상들의 의식을 세계 최초로 정복했던 것이다.

행동으로 되고 보니 이 세계의 말더듬 파악에도 급하지만 말더듬이 숫자보다 몇 십배나 더 많고 필자만한 달변가가 없는 이 세상에서 사고의 예속성에 시달리는 우리 민족과 세계 인류의 예속성의 사고 파괴가 더 급했다. 그러나 말더듬이 너의 인생을 필자가 어찌 외면하겠나. 그래서 인류의 세계최초 의식정복과 인생 창조 수련일정을 할애하여 일정 관계상 1988년까지는 1년에 한번씩밖에 시키지 못하던 하루 20시간씩 13박 14일의 세계최초 말더듬 완전 파괴 수련을, 너무나 신청자가 많아 1989년부터는 연 2회씩(1월과 8월에) 실시한다. 여하한 신분의 고액 제시 특별지도 요구도 일체 사절하고 죽이지는 않지만, 목숨거는 자들을 우선순으로 엄격제한 마감하고 있다.

고급 호텔에서 많은 일정을 요하기 때문에 준비 관계상 열흘 전까지 마감한다. 필자가 자주 외국에 나가기 때문에 신문에 공고된 일정 외에는 별도로 일정 잡기가 불가능하다. 필자가 미리 밝혀 두는 바이지만 세계 최초인 13박14일의 세계적인 달변 창조 합숙 수련에 참여할 자들은 죽음을 각오하지 않는 놈은 즉시 퇴교시켜 버린다. 부언하지만 대통령 빽도, 조물주 빽도 안 통한다.

09

　필자의 무차별 공격 행동은 전국을 돌면서 계속 되었었다. 육체가 지친다고 의지의 표출을 안할수없다. 세상과 타인들은 필자가 지칠 때까지의 과정을 모른다. 최신 완전자동 단전호흡대 덕으로 지치는 일은 없었지만 도립목장에서 뿌사리 피하다가 위기의 순간 연못에 뛰어들어가 지친 몸으로 관리인을 부를 때 필자가 아무리 지친 물 속이라도 목소리는 내야 했다. 물속 모험도 해야 했다. 지치지 않았을 때의 능력 발휘는 어느 누구나 다 할 수 있다. 완전히 지쳐 파죽음이 되었을 순간에 능력 발휘자가 강자인 것이다.

　수영을 2km, 3km 하면서 30m, 40m 거리의 사람과 대화가 가능해지자 파도가 치는 바다에도 도전했다. 모험과 위험에 부딪치는 것같이 위대하게 자기 의지가 강화되는 것은 없다. 바다는 진해 앞바다와 마산 앞바다 돝 섬과 부산의 해운대, 광안리, 수영만의 해수욕장 등등을 이용했고, 가매미 해수욕장도 이용했다. 해운대 해수욕장에서 한번은 수상 경찰에게 잡혀 갈 뻔 했다. 수영만 쪽 앞에 큰 배가 정박해 있기에 그 근처까지 헤엄쳐 가서 큰 소리로 사람을 불러, 배 밑에서 말을 걸어 볼 욕심으로 도전했다. 물론 경찰의 수영객들을 위한 경계 수역을 훨씬 벗어나 버렸다. 필자는 큰 배에 거의 다 접근해 가는데 경찰 경비정이 갑자기 나타나서는 스피커로 제지하는 것이었다. 필자를 밀항이나 밀수범으로 보기 알맞았다. 필자와 경찰은 실랑이를 많이 벌였다. 바다 위에서 파도를 타면서 경찰과 10여분 간을 실컷 큰 소리로 말할 수 있었다.(수상 경찰관들이 필자의 의도를 어떻게 알리오！)

10

필자는 경찰 배를 타지 않고, 경찰 호위 받으면서 큰소리로 대화를 계속하며 헤엄쳐서 해운대 해수욕장 경찰 초소까지가서 수영 팬티 속까지 모조리 조사 받고 신분 확인 시킨 뒤 음료수 대접까지 받고 나왔다. 그때의 가슴 뿌듯함이란 이 세상 그 어떤 것으로도 표현할 수 없었다.

산에도 도전했다. 산에 오르면서 4~50m, 100m 앞사람과 뒷사람과, 큰 소리로 대화를 하면서 오르고 내릴 때, 안 더듬이들은 지쳐가지고 말을 전혀 못하는데, 안 더듬이들 10명, 15명씩을 번갈아서 지치게 했지만도 필자는 전혀 지치지도 않고 목소리가 작아지지도 않으면서 시종일관 대화로 일관했다. 인근의 다른 일행들로부터 소음 공해라고 저지 요청이 오면 또, 그들과 대화의 구실이 되어 그들과 대화하고 결국은 그들이 "마음대로 떠드시오. 우리는 갈테니"하면서 피하면 기어이 그들을 따라가 음료수를 사서 사과한다고 또 대화의 소재를 만들었었다. 등산로 하나쯤, 산 하나쯤 전세 내다시피 한 일이 한두 번이 아니었다.

한번은 진해시의 천자봉을 오르다가 도중에서 대화 상대가 된 일행 5명보다 먼저 정상에 올라가 100여m 아래에서 올라오는 그들에게 대화를 하는데 먼저 올라와 있던 해병 대원인가, 해군인가의 군인 2명으로부터 대뜸 쌍소리 욕설을 받았다. 필자가 이런 기회를 놓칠 이유가 뭐냐? 군복에 계급장을 달았으니, 정신 병자도 아니고, 취객이 아니기에 "욕한 놈이 어떤 놈이야? 너희 부대가 어디며, 부대장이 누구야? 너의 사령관이나 참모 총장까지 만나겠다" 필자에게 시비 거리로는 안성마춤이었다. "너 명찰 좀 보자."라면서 거침없이 도전했다. 민간인이지만 둘쯤이야. 한 놈이 명찰을 감추면서 도망치는 것을 필자는 150여m의 산비탈까지 기어이 뛰어 내려가서 붙잡았다. 쫓아가다가 필자가 넘어져서 다리가 부러질 뻔 했지만 강력한 의지의 행동 앞에 젊은

군인들은 너무나 약했다.

11

"지가 도망가 봤자 대한 민국이지" 필자는 최신 완전자동 단전호흡대의 위력을 톡톡히 이용했다.

우리 나라 군인들은 필자의 최신 완전자동 단전호흡대를 착용해야 할 필요가 있다. 필자는 그에게서 기어이 사과를 받고 산을 내려 올 때까지 그들은 필자의 말을 들어야 했었다. 말더듬이들은 싸울 때는 거의 말을 못한다. 안 더듬이들도 대부분 그렇지만 말더듬이야말로 화술에는 만능이 되어야 한다.

제주도의 일출봉에 올라 갔을 때는 여대생들 2명을 괴롭히는 건달들 2명을 목격했다. 많은 사람들은 못 본 척 했지만 필자가 목격한 이상 참지도 않지만 도전 구실이 되었다. 건달들과 옥신 각신 끝에 일출봉 관광객들에게 좋은 구경 거리가 되어 버렸다. 한 명을 쓰러뜨리고, 한 명 마저 공격 할려는데 제크 나이프를 켜들고 대드는 그의 칼을 막느라고 필자의 카메라는 박살이 나면서 필자는 손등에 칼을 맞았고, 필자의 카메라로 얼굴을 맞은 그는 얼굴이 찢어지고 이빨이 3개 나가 버렸다. 필자는 칼을 증거물로 뺏고 여대생 2명 외에 관광객 2명으로부터 참고인 협조 승낙을 받았다. 필자는 고발하지 않고 즉결 처분 해 버리려고, "이 새끼들아, 너희들 구속되어서 2년씩 콩밥 먹을래? 아니면 주먹질한 손과 칼든 손 하나씩만 부러지고 말래?" 사람이 많으니 내려가면서 말을 할테니 10분간만 여유를 달라기에 필자는 칼맞은 손을 관광객이 준 수건으로 싸매고서 두 놈들 허리띠를 양손으로 움켜잡고 내려오면서 그들 말인 즉 별(전과)이 2~3개씩 되는 놈들이었다. 이 새끼들 팔뚝을 부러뜨려 버리면 필자가 먹여 살릴 수밖에 없는 놈들이었다. 기가 막혔지만 너무나 바빴기에 카메라만 그들것으로 대체받고 그냥 풀어 주었다.

이상은 매우 오래전 필자의 도전 과정이었다. 너의 말더듬 파괴에는 너의 주둥이와 행동외에 다른 것으로 대치 시킬려 마라. 대치 시킬 방법은 조물주도 안된다고 했잖아. 너가 의식을 정복할 때까지는 네놈 대가리의 사고로 말하지 않고, 입술과 동작으로만 움직이는 거야.

12

동작은 시간이 걸린다. 그런데 네놈 대가리의 사고는 시간이 안걸린다. 이러니 네놈 대가리 사고가 개입하면 시간 걸리는 동작의 말을 허용하겠나? 그러나 누구든지 동작으로 말하되 동작의 힘이 바로 의지야. 행동이란 지능과는 별개의 것이란 사실을 너는 행동을 통하여 확인하고 있다. 너만이 아니고 전 일류가 다 그렇다. 사촌이 논사면 배아파 한다. 자기한테는 아무런 피해가 없는데도 말이야. 다시 말하면 사고의 노예들은 자기가 가지고 있는 것에서 기쁨을 취하는 대신에 타인이 갖고있는 것에서 괴로움을 취한다. 이 말도 우리는 행동으로 확인하자.

전혀 상식 밖의 창조 행동이 아니고는 말더듬은 해결하지 못한다. 말더듬이인 너에게 있어서 안 더듬이인 너의 부모, 형제, 자매들이 너에게 무슨 도움이 되던가. 그들의 판단이 너에게 전혀 관심거리도 되지 못한다는 사실을 너는 수많은 세월을 통해서 확인하고 있다. 무조건적인 행동, 신적인 창조 의지 행동을 너와 이세계 인류가 어떻게 감 잡을 수가 있겠나 말이야.

사촌이 논 사면 배가 아픈 것이란 어느 민족, 어느 사회나 마찬가지지만, 사촌이 아니라 삼촌 더 나아가서는 일촌간에도 치열한 법정 투쟁이 있고, 살인 사건도 나지 않던가! 정치, 경제, 사회, 문화, 윤리, 도덕, 신앙 등등 어떠한 면에 있어서도 행동 앞에서는 논리성이 무시된다. 또, 그러한 과정으로 세상은 발전하고 있지 않나?

너는 이 자식아 왜 타인들이 말을 잘하면 열등 의식에 더 휩

싸이나. 왜 더 완벽성에 집착해 버리나. 너는 왜 타인들이 너보다 말을 더 못하면 우쭐하나? 네놈 손톱 끝에 때만도 못한 의식 아냐? 너 때문에 세계 인류가 모조리 벙어리가 된다면 좋겠나? 이래도 행동과 지능이 같나? 또 주관성과 객관성이 같나?

13

말더듬 파괴는 상식으로는 안되는 것이고, 또 상식이 통해서도 안된다. 네놈 새끼에게는 말이야. 상식으로 말하고, 상식적이라야 이해한다는 타인과 세상이 행동도 그렇게 되던가? 세상이 상식으로 진행되더냐 말이야. 세상 만사가 상식 선에서 일어나던가? 너의 문제가 상식에서 생겼고, 너가 상식으로 말을 더듬게 되었나? 너가 지금도 상식을 벗어나기 때문에 말을 더듬는 것이냐? 인류가 상식 가지고만 사나? 너의 대가리 사고가 상식대로 이루어 지나? 그래서 상식대로 발음이 되고, 상식대로 행동이 되더냔 말이야. 천하에 형편없이 빗나간 네놈 새끼, 명심해라. 너는 지금 세상 차원을 초월하여 세계 최고의 행동 창조를 하여 인류를 초월하는 행동 창조자, 행동 철학자, 행동 심리학자가 될 단계에 들어선 것이다.

무식하고 무지한 인류는 문명을 이용하지만, 얼마나 철저한 대가리 사고의 노예인지 이 문명의 분노는 이 분노가 세상 인류를 이용하고 있지 않나? 사고의 노예가 아니어도 이렇단 말야? 이놈의 새끼, 이것도 필자가 세계 최초로 신적으로 확인시켜 준다. 네놈 새끼 대가리 사고가 분노하면, 되던가, 안되던가? 평소에 그렇게 잘 되던 말까지도 되더냔 말이야, 안되더냔 말이야? 이놈의 새끼 대답 않는 것 보니 네놈 주둥이에서도 세상 인류를 경작할 사자후가 나올 수 있겠다.

14

인간은 재미있게도, 참으로 재미있게도 둘 중에 하나야. 인류가 무식하고 무지해서 중간을 택할려 하나, 중간을 택하면 양쪽에서 같이 가만두지 않거든. 그러면 중간 말고 그 둘이란 뭐냐? 네놈이 의지의 행동으로 네놈 사고를 지배하지 않으면 네놈 사고가 네놈 의지와 동작을 지배하게 된다는 사실 말이다. 고요한 물웅덩이에 물방울 하나 '똑' 떨어지면 그 여파는 즉, 일파는 순식간에 만파로 확산되지 않던가? 너의 사고는 천파, 만파 보다도 더 빠른 순식간에 너의 생활은 물론, 너 인생 전체까지도 흔들어 엎어 버리지 않던가? 너의 말더듬 파괴는 어떻게 해야 되겠나? 상식으로 해야 되겠단 말이냐? 오직 신적으로 확인하라.

너의 말더듬 파괴는 상식이 통하지 않게 하라. 너에게 상식이 통해 가지고는 너는 발전도 못하지만, 말더듬 파괴는 영원히 어림없고, 의식 정복은 감히 상상할 수도 없게 된다. 너가 네놈의 눈을 통해서 한가지의 사물을 보면 네놈의 사고는 천가지, 만가지로 파장을 일으켜 네놈의 의지와 동작은 말라 비틀어 돼진 쥐새끼 한 마리 보다도 못하여 손가락 하나도 움직이지 못했잖아? 도대체 이러한 네놈의 사고에 또, 이렇게 무지, 무식한 상식만 요구하는 세계의 인간들에게 네놈 새끼가 무엇을 바랄 수 있겠어? 이 새끼야, 쓸데없이 개죽음 하지 않고, 안 돼지고 이 세계에서 누구 못지 않게 성공해서 행복하게 달변가가 되어 살려면 잘 들어라. 이 새끼야, 네놈 새끼는, 네놈 새끼에게 상식이 통하지 않게 하라. 지구 역사 창조 이후 최초로 국제슈퍼맨수련관장이 네놈 새끼에게 명령한다. 그러면 이제 부터는 상식 밖으로 나가 보자.

017
포용 · 도전 · 파괴 · 창조

01

일파, 만파, 너와 인류의 지금까지 사고에서의 일파, 만파가 이젠 의지에서의 일파, 만파로 바뀌어야 한다. 이 과정에 있어서 너와 인류는 물론 석가도, 예수도, 마호멧트도 의식을 정복해 본 경험이 없다. 사고의 예속자인 너와 인류가 창조 의지의 과정이나 결과를 감히 예측하고, 판단할 수 있겠나? 평생 꿀을 먹어 보지 못한 자가 꿀맛을 판단 하는 것과 같다. 사고의 노예는 언제나 마음대로 판단하고 결론도 내린다. 사고하는 뇌와 몸뚱이는 흙이기 때문에 그렇게 되어 있다. 아무리 흙의 속성으로 되어먹지 못할 만큼 무지한 인류라지만, 그 중에서도 혹을 하나 더 달고 있는 네놈 새끼라지만 신적인 의지 창조 행동 능력에 있어서만은 흙덩어리의 영역 밖이란 것을 알아야 한다. 조물주 소차도 인간 심판을 죽은 뒤로 미룬다고 경전인가, 성서인가, 코란경인가, 지랄인가에서도 그러지 않던가? 물론 여기에서도 오판이 개입 안된 것이 아니라는 사실은 사고의 격정력 결과와 의지의 격정력 결과는 엄청난 차이가 있는 것이지만, 의지와 사고 이상에다 영혼이라는 차원을 두는 인류의 오판은 무지한 인류가 자기 당대에 확인할 수 없는 영역인 줄 알고 그대로 무식과 무지의 오판에 예속되어 버려 꾸준히 이어져 내려오고 있다.

02

이것은 아무리 인생이 되풀이 되어도 누구나 다 전생을 기억할 수 없는 흙의 속성인 사고에 예속되어 있기 때문이고, 창조 의지 역시 운행 과정을 기억하게 되어 있지 않다. 불교에서의 無心은 사고와 몸의 주역이 될 의지까지도 포함된 것이며 예수도 오른손이 한 일 왼손이 할때는 오른손이 했던 일을 기억하지 말라고 한 것은 머리로만 기억하려는 인간들의 사고에 한 말이었지 의지에게는 필요성이 없는 말이었다. 의식의 정복 과정이었던 예수의 의지의 업적은 실로 방대하나 예수나 행적을 기록했던 제자들은 너무나도 무지하여 예수의 의지 파악은커녕 기록할 수도 없었고 다만 그들 몸으로 보고 느낀 행적만을 즉 思考만을 기록했을 뿐이다. 이것을 그때 당시 비디오로 촬영했다 하더라도 보이는 현상과 의지는 전혀 다르기 때문에 대가리 사고의 노예들인 제자들과 인류는 어림없는 판단을 하는 것이다. 즉 정치하는 정치가와 같이 살면서도 정치가의 의도를 전혀 모르는 이웃들과 같다. 비디오 촬영 한대서 정치가의 의지가 보일 수 있는 것은 아니다.

03

단, 철학으로서 사상은 말할 수 있지만 예수 자신도 스스로가 글을 썼더라면 얼마나 좋았을까하는 아쉬움을 갖는 인류이지만 의지 전달이란 글로써 되는 일이 아니다. 그래서 예수도 글을 쓸 수가 없었던 것이다. 소크라테스도 의지 전달은 안된다하여 글은 안썼다. 플라톤과 아리스토텔레스 같은 희대의 제자들도 다만 스승의 행적을 글로써 전달만 했을 뿐이다.

의지는 반드시 행동을 통해서, 사고의 행동이 아니라 사고를 예속하는 의지의 행동을, 이 의지의 행동은 반드시 자기 사고가 자기 의지의 행동에 또 실적에 반해 버려야 그때부터 인류는, 너는 행복과 성공이 보장되는 것이다. 이것은 오로지 세상속에 인류속에 파묻혀서만 해야 하는 인생 일대만의 神的인 창조 의지이다.

아무리 사람이 많이 태어난다지만 소크라테스가 될 수 있겠는가, 예수가 될 수 있겠는가? 그렇게 될 필요도 없는 것이다. 그들과 같은 의지의 입장이 어떻게 재현 되겠는가? 너가 이 책은 읽고 있지만 필자 당대만의 창조의 행동 수련에 참여하지 않는한 후세의 인류가 필자의 저서를 가지고 필자의 의지 창조 실적을 체험할 수 있겠는가?

단, 대가리 思考를 통해서 지식은 될 수 있고, 전달은 가능하다. 소크라테스라도 석가모니라도 예수라도 필자의 의지 창조력을 필자와 같이 생활하지 않는 한 어떻게 체득할 수 있으며 또 필자라서 그들의 의지력을 모방할 필요가 있을 수 없다. 오직 의지 창조의 행동자는 그 행동하는 당대의 실적만이 당대에 한한 결론이 되기 때문이다. 그러나 사고의 노예들은 언제나 행동전부터 시행사고, 중간사고, 결론 사고를 하기 때문에 행동이 나올 수도 없고 또 행동이 나오더라도, 또 행동을 하더라도 언제나 보고 확인했던 것이 아닌 불확실성의 사고가 한편에 자리잡고 있어서 언제나 행동이 약하다.

불확실성의 사고 때문에 잘못했던 형을 부모 앞에서 한대 때리라니까 동생놈은 형 눈치 보면서 때리는 시늉만 한다. 이건 누가봐도 형한테 동생놈은 의식과 의지가 더 단단히 예속되는 행위이다. 즉 선조들의 빌빌한 전철이다. 때릴 바에는 사정 없이 후크를 한대 질러서 아무리 동생이지만 다시는 얕보지 않게 해야한다. 보는 부모도 "야! 저놈 혼자 나가도 살 수 있겠다."라고 할 것이고 형은 "으흑~아이구 동생이라고 이젠 얕봐선 안되겠구나!"하면서 정신차리지 않을 도리가 없다. 동생놈은 "야~하! 나도 행동하니까 되네"하면서 자기 사고는 풍지박산 되면서 자기 의지의 행동에 반하게 된다.

우리 민족이 5백년 전, 1천년 전에 한번만 이렇게 했더라도 너와 우리가 이정도였겠나?

04

바보 천치들 중에서도 최 상급 바보 천치 뺨치게 바보 천치여서 언제나 불확실성의 思考를 위해서 확실한 행동을 단념했기 때문에 기대했던 것을 얻기는 커녕 오히려 가졌던 것까지 모두 다 잃었던 것이다. 이것을 네놈이 지금 그대로 본을 받아서 그따위 조상들에게 아부하고 있나? 발바닥 핥아 주고 있나? 네놈이 이렇게 안하면 조상들이 세계에서 가장 말 못하는 바보가 아니였다고 해줄까 봐서 그런 조상들 이어받아서 너는 말까지 더듬고 있나? 이 ○○○○○새끼야. 그래도 너는 조상들 보다는 잘났지만 왜 잘난지 아나, 이 새끼야? 그런 조상들에게 오직, 오~직 정말로 오~직, 너 한놈 새끼만이 조상들의 체면을 5천년만에 처음으로 세워줄 수 있는 놈이기 때문이야.

주둥이를 쫘~아~악 찢어야지 그 입가지고 되겠나? 이 자식아 이 인생들아, 기분 맞춰 주고 같이 병신 되는 것도 한도가 있다. 5천년 간이나 해주었으면 됐지. 얼마나 더 해줄려고 그러냐, 이 새끼야? 한 5백년 쯤 더, 한 천년쯤 더 해줄래? 뭐 필자가 너무해? 이 새끼야, 너무 한다고 하는 네놈의 대가리라면 책 덮어. 이 새끼야. 그런 대가리라면 이 책에 손멜 자격도 없어. 이 새끼야, 5천년 간 때묻고 찌들고 악취나는 개딱지 같은 토굴을 싹쓸이로 쓸어버리지 않고 어떻게 빌딩을 짓나? 빌딩 한 가운데에다, 고속도로 한가운데에다가 바보같은 조상님임네 인가, 뭔가 신주단지인가 하는 것들을 모셔 놓고 건설할래?

05

필자가 너같은 놈과 세계 인류 따위들의 비위 맞출려고 온 줄 아나? 솔직히 말한다. 지구 역사 창조 이후 최초로 神的인 의지 창조 행동으로 흙에서 나온 사고의 인류를 모조리 싹쓸이로 잡아 먹을려고 왔다. 식인종이라고 필자를 잡아 넣겠나? 세상에 식인종을 잡아갈 자가 있나? 이 자식아, 필자는 시시한 식인종이 아니야. 필자를 잡으러 오는 자들까지 모조리 잡아먹는데 필자가 어떻게 잡혀가겠나?

세상에 맛있는 음식이 많기도 많지만 가장 맛있는 음식이 무엇인 줄 아는가? 의식이라는 뇌세포 먹이가 가장 맛이 있다. 이 의식 [네 놈의 思考]을 잡아 먹을 수 있는 임자는 오직 네놈의 의지밖에 없다. 이 의지 가지고 너는 오늘부터 네놈의 의식을 잡아먹는 식인종이 되는 거야. 평생 네놈의 대가리 하나에 들어 있는 사고만 잡아 먹어도 다 잡아먹지 못한다.

그런데 네놈의 사고를 잡아먹는 것은 너무나 커서 한꺼번에 먹을 수가 없어. 아무리 급해도 밥 한 그릇을 한꺼번에 먹을 수가 없다. 급한 것은 사고이지 의지와 동작은 사고를 무시하지 않던가? 너는 한 숟가락 한 숟가락씩 먹기만 하면 된다. 의지와 동작은 밥 한 그릇보다도 한 숟가락이다. 인생 전체의 끼니보다 한끼 한끼 동작으로 먹어 치워야하는 것이다. 일파 없는 천파가 있을 수 있나? 일파 없는 만파가 있을 수 있나? 태풍도 눈 없는 태풍이 있나? 시발점 없는 완주가 있을 수 있나? 시발점 없는 세계 일주가 있을 수 있나? 박테리아가 한 마리라는 시초가 없었는데 확산이라는 결과가 있겠나? 나무 한 그루 한 그루가 없는데 숲이 있을 수 있나? 의지 창조의 동작도 이런 과정이 있어야 되겠나, 없어야 되겠나? 답변을 하라. 반드시 소리로 답변하라. 소리 안하면 입을 찢어 버리는 것만이 아니고 혀까지 잘라 버릴테니까.

06

분명히 의지와 동작은 이렇게 피땀의 과정이 있어야 되는데, 너의 그 개만도 못한 대가리의 思考는 과정이 없어도 되던가,

안되던가? 네놈 몸으로 화장실에 가지 않고도 용변이 해결되던가? 대가리의 思考에서는 은하계의 밖에다가도 용변을 보지 않던가? 대가리의 사고는 땀 한 방울을 흘리지 않고도 기와집을 짓던가, 못짓던가? 기와집을 지어도 이 세상 인류가 모두 달려 들어 몇 천세기를 지어도 못지어낼 멋진 기와집을 짓던가, 못짓던가?

도대체 그따위 대가리 사고가 너와 인류한테 무엇을 할 수 있고 무엇을 해왔으며, 그따위 사고에게 무엇을 기대할 수 있단 말인가? 너의 부모, 형제, 자매, 친척, 이웃, 선생, 교수, 친구, 민족, 인류가 모조리 대가리 사고의 노예니까 너도 그와 같이 사고의 노예가 되어야만 한다는 이유가 있나? 무식하고 무지한 그들 모두를 네놈이 책임지고 깨우쳐 줄 창조자가 반드시 되지 않아 야만 할 필연적 이유라도 있나? 그게 또 이유가 되나? 왜 思考로 창조 의지를 애를 써가면서 썩히고 있나?

필자는 도전과 공격을 옛날에 의식 정복 과정에서 워낙 많이 했더니 습관이 되어 버려서 지금도 어디에서나 사람과 환경을 구애받지 않고 반드시 해야만 할 일이라면 거침없이 한다. 너무 바쁠 때에는 할 수 없지만 말이다. 초청받은 곳이건 모임이건 공공 장소건 정치 집회장이건 여하한 화합의 석상이건 간에 우리 모두에 관한 일이라면 행동 유발과 제시 행동은 언제나 필자가 선도한다. 그래도 마찰은 없다.

07

오래 전에 대한극장에 벤허라는 영화를 보러 갔다. 옛날에 들어왔을 때 못봤던 명화였기에 모처럼 가족과 함께 기회를 만들었던 것이다. 벤허 상영 시간은 약 4시간이다. 2시간쯤 상영하다가 도중에 10분간 휴식 시간 주었다가 다시 상영한다. 그렇게 큰 극장에 사람이 빽빽히 들어 섰었다. 2시간 상영하다가 10분간 휴식 시간 주었으니 화장실은 대 만원이다. 앞으로도 2시간을 더 버티어야 하기 때문에 화장실에 가지 않아도 될 사람은 거의 없었다. 중지했던 영화는 10분 뒤에 다시 어김없이 상영되었다. 필자도 소변을 봐야 했다. 문제는 극장은 대극장인데 복도는 형편없이 좁았으며 길쭉한 복도에는 화장실에 갈 사람들로 꽉 차서 발도 끼워 넣지 못했다. 극장 안에서 복도로 끼어들 수가 없었다. 그래서 입구 쪽으로 나갔으나 극장 출입구까지 화장실에 갈 사람들로 꽉 차 있었다. 영화는 다시 시작할 시간이 되었다.

그러나 화장실 손님은 줄어들지가 않았다. 이쯤되자 도대체 화장실이 어떻게 되어 있기에 이렇게 사람이 줄어들지 않나? 필자가 이런 걸 봐 줄 이유가 없다. 극장 주인을 필자가 사위 삼은 것도 아니고 또 진짜 사위 삼았다고 할지라도 이런 걸 봐주면 안된다. 필자는 지체할 이유도 없었다. 필자는 뒤에서부터 큰소리로 "내가 극장 주인인데 화장실 문제 즉시 해결하겠다"면서 양해를 구하느라 소리소리 치면서 비집고 들어가서 화장실에 들어가 보니 극장 안이 큰 것과는 달리 형편없이 좁았던 복도 꼬라지하고 거기가 거기였다. 대변칸 몇 칸 있고 소변기는 4개쯤으로 필자가 기억한다. 이러니 아래층 관객만도 7-8백 명은 되었는데 10분 간에 용무를 볼 수가 없었다.

극장측에서야 항상 4시간씩 상영하는 영화관이 아니니까 괜찮다고 변명하겠지만 관객들 입장에서는 처음이지만도 4시간을 참고 버티기는 어렵다. 허나 극장측에서는 4시간만 지나면 극장 밖에서 인산인해를 이룬 관객들과 바꿔치기 하면 그만이다. 화장실을 이용하건 말건 말이다. 화장실에 소변기는 몇 개 안되는데 청소용 걸레 빨도록 만든 칸막이는 매우 길었다. 수도를 틀어놓고 남자들 5-6명이 서서 용무를 보기에 안성맞춤이었다. 필자는 생각할 필요도 없이 눈으로 보면서 청소용 도구를 모조리 꺼내고 수도 꼭지를 틀었다. 바닥으로 물은 흘러서 구멍으로 빠진다.

필자는 지체하지 않고 "자 여러분 여기서 용무를 보세요"라고 그랬더니 "아니, 그럴 수가 있나요.""문화인들이 그래서 됩니까?" 이따위 잔소리들이 사방 군데서 필자에게 들어왔다.

필자가 이런 멍청이들은 그냥 두지 않는다. 서울시와 대한 민국과 이 극장이 누구 것이겠는가? "아니 당신들, 영화 보지 않고 화장실에서 대기 하다가 나갈 테야? 내가 극장 주인인데 여기에다 빨리빨리 보시고 영화 관람하세요."라고 강력하게 소리쳤다. 그래도 머저리 5천년의 조상들의 노예들은 머뭇머뭇 망설였다. 필자의 동작은 이러한 안 더듬이들을 따귀라도 때려부칠 동작으로 앞쪽의 신사들과 경찰관 몇명을 잡아 끌어다가 소변보라고 강력하게 세웠더니 그제서야 이 작자들 겸연쩍어 하는 자세와 표정으로 용무를 보는 것이었다. 필자는 이유 없이 입구도 확 밀어제껴서 출구가 있도록 했다.

<h2 style="text-align:center">08</h2>

필자가 워낙 바빠서 극장 주인은 필자에게 되게 당하는 것을 면할 수 있었다. 화장실 대기자들은 쑥쑥 줄어들게 되었다. 필자 역시 복도를 지나 영화 시작된 극장 안으로 들어 갈려는데 복도 중간쯤에서 필자를 부르는 소리에 돌아다 보았더니 필자와 잘 아는 모 대학 교수였었다. 2-3분 전에 필자가 소리치면서 사람을 비집고 들어올 때는 필자가 새치기하는 줄 알고 모른체 했었는데 나중에 보니 필자 때문에 대기자들이 쑥쑥 줄어드는 것을 보고 우쭐했다는 것이다. 대가리 사고의 노예는 나이가 적으나 많으나 배움이 있거나 없거나 역시 사고의 노예이다.

유치원, 국민 학교, 중 고교를 거쳐 대학, 대학원을 나오고 박사가 될 때까지의 과정에서는 위에서 지도해 주는 자가 있으니 잘 따라오다가 박사가 되어 사회에 나오면 가르쳐주고 지도해 주는 자가 없고 자기 혼자해야 되니 자신이 없어서 낙오자가 되어버려. 이와같은 현상은 무지한 현대 교육이 오직 대가리 思考의 예속으로 오직 수직적이기 때문이다. 하루 빨리 수평적이고도 세계 최초 神的인 의지 창조 수련이 전 국민에게 보급되어야 한다.

09

80년代 중반 어느 해 겨울이었다. 필자가 강서구에 모 국민학교로 아침 일찍 민방위 교육 훈련 1시간짜리를 받으러 갔었다. 밤사이 눈이 내렸었고 그날 아침에도 눈이 내리고 있었다. 운동장에는 발이 빠질 정도로 눈이 쌓여 있어서 일찍 온 참가자들이나 오는 자들 모두도 눈을 맞지 않으려고 학교 처마 밑이나 가건물 처마 밑으로 모여들고 있었다. 이윽고 시간이 되자 동사무소 민방위 담당자가 학교 마이크를 이용하여 운동장에 집합해 달라고 했다. 너무나 행동력과 원기가 약했다. 의무적으로 하는 것도 항상 적극적인 행동과 창조성이 발휘되어야 한다. 여기저기 처마밑에 있던 참가자들이 사방 군데서 날씨도 춥고 눈도 오니 "그냥 통지서만 거두시오"하면서 모이지를 않는다. 참가자들 대부분도 집합을 싫어했다. 참석 인원은 나중에 들었지만 천 여명이 넘었다. 민방위 담당자가 몸이 좀 불편했던지 표현력이 약해서 그런지 통솔력이 말이 아니었다. 필자 역시 매우 바쁜 사람인데 단 몇 분이라도 어영구영 할 시간이 없었다. 해가 서쪽에서 떴으면 떴지 필자가 이런 상황을 방관할 수는 없다. 필자는 대뜸 눈 덮힌 운동장을 달려 교탁으로 뛰어 올라갔다.

10

담당자에게 마이크를 받아 들고는 "여러분! 여러분! 나를 10초만 봐주세요. 나도 여러분과 똑같이 바쁜 사람이요. 종로에서 택시를 35분 간 업고 왔어라우.…(폭소가 터졌다).…우리가 춥고 눈이 쌓였다고 생활을 포기하고 전쟁을 포기할 수가 있나요?

포기 할 사람 있으면 손을 번쩍 들어보시오. 손든 사람 없다면 우리 다같이 입다물고 집합합시다. 기왕 집합할 것 시간 낭비 5분했으니 빨리 집합합시다. 동작이 느린 사람은 먼저 집합한 전체를 고의적으로 괴롭히는 것이요. 각 동의 통장님들은 자기네 통의 대열 위치를 앞 쪽에서 잡아주시요"라고 강력하게 외치고는 마이크를 담당자에게 주었다. 처음에 강력한 소리로 해서 주목시킨 뒤 한번 웃기고 또 강력하게 말하여 필자가 마이크를 잡을 때부터 시작해서 전체를 집합시키는데까지 소요 시간이 정확하게 3분 40초 걸렸다.

세상은 어디서나 네놈의 표현과 행동을 기다리고 있다. 필자는 강력한 달변으로 하지만 너는 서툴러도 해야한다. 더듬이가 안 더듬이로 된 뒤에나 타인들 앞에 나서겠다고 생각하는 놈들은 차라리 뒈지는 것이 훨씬 낫다. 너는 당장부터 행동을 하지 않게 되면 네놈 새끼 사고가 얼마나 빨리 너의 사고를 합리화시켜 주는지 너는 잘 안다. 행동에 사고가 끌려다니게하고 발음에 사고가 이끌리게해서 언제나 네놈의 사고가 혼자서 너의 입과 몸뚱이에게 의지에게 자극을 줄 틈이 없어야 한다.

상황과 환경에 따라 너가 의지의 동작으로 입을 벌리면서 비록 서툴게라도 대가리 사고에 구애받지 말고 발음을 몇 마디라도 한다면 대 성공이다. 너가 말 몇 마디를 의지의 동작으로 발음하지 않았는데 매끄럽게 나왔다고 하자. 너는 이런때 더 철저한 네놈 사고의 노예가 된다.

11

세상에서는 유리보다 더 매끄러운 것도 없지만 유리같이 깨지기 쉬운 것도 없다. 그런데 묘한 것이 유리는 사람이 조심만 하고 보호만 하면 절대로 안 깨진다. 그런데 말더듬은 보호하고 조심하면 해결 되더냐, 해결이 안 되더냐? 조심하고 보호하면 할수록

감추어야 하고 안해야 하고 특정자에 대해서 자각을 해야 하며
강박 관념을 초월한 강박 정신병으로까지 시달리게 됐던 체험이
없다고 부인할래? 타인들 앞에서나 대중들 앞에서 발음을 해야할
입장인데 어려운 발음과 특정자가 자꾸만 너를 괴롭혀도 절대로
너는 사고의 노예가 되어서 발음을 바꾸거나 침묵을 지켜 버리지
않기 위해서는 세계최초 의식정복밖에 없다.

너는 언제나 사고의 노예이기 때문에 어려운 발음이 또 다른
특정자로 바뀌게 되고 시도 때도 없이 일상 생활의 발음 전부가
어렵게 되어버린다. 대화의 필요성을 느끼지 않은 자연스런 상
태에서 갑자기 말 몇 마디가 재치있게 나올 때가 있다. 너도 이
와같은 경험이 여러번 있었을 것이다. 재치보다 더 멋진 것도
없지만 재치처럼 변덕스러운 것도 없는 것이다. 너는 재치있게
말 몇 마디가 되어지면 그와같은 경험의 발음에 매력을 갖게
되기도 하지만 너가 직접 입을 통해서 발음해 내지 않은 말은
언제나 오히려 더 위험하다. 어느땐가 너에게서 재치있게 나왔던
발음을 사람 앞에서 너가 다시 발음할려 해 봐라. 발음이 잘 되
던가? 이세계의 말더듬이들은 전부가 다 말이 입에서 술술 나
오는 걸로 오해를 하고 있다. 안 더듬이들도 물론 마찬가지다.
나오는 걸로 오해를 하고 있기 때문에 극소수를 제외하고는 말
주변이 없다고 표현력이 없다고들 한탄한다.

<h2 style="text-align:center">12</h2>

안 더듬이들도 달변가가 될려면 발음이 나오기를 바라지 말고
발음을 해야 하는 것이다. 지금 이 순간부터 너와 이 세상 인류는
그런 오해를 영원히 풀어 버려라. 이 세상 누구든지 말을 하는
것이다. 대가리 사고의 예속은 신경까지 마비시켜 목과 후두와
성대, 입까지 초 긴장시켜 뻣뻣해져 버린다. 해결 방법은 반드시
극과 극이라는 사실을 명심하라. 대가리 사고 예속에서 파괴 사

고와 창조 행동으로 되는 것은 오직 의지 한가지 뿐이다. 현대 과학과 의학과 종교에서는 대가리 사고는 대가리 사고로 해결할려 하고 또 이 방법 외에는 다른 차원이나 방법은 상상도 하지 못하고 있는 무지의 현상이다.

  +에 -라는 극과 극이면 어떠한 용도로로든 생산과 창조는 보장되건만 아직까지 말더듬 문제만큼은 세상 인류 전체의 무식과 무지 때문에 +에 +만, 혹은 -에 -만이니 평생가야 해결 되겠나, 안되겠나? 말더듬만이 아니고 심리 문제, 성격 문제 등등도 세상 인류는 무지하여 더욱더 곤경에 빠지고 있는 실정이다. 선진국 가들의 국가적 차원에서도 아직은 무식하고 무지하여 필자의 차원까지는 꿈은 커녕 상상도 하지 못하고 있다. 동양과 서양을 막론하고 제로이다.

13

  옛부터 우리 민족은 행동으로 확인을 해야 직성 풀리는 민족이다. 이것이 의지의 창조로 이렇게 됐더라면 세계 제패는 옛날에 했겠지만 의지 창조로가 아니라 사고의 예속으로 하기 때문에 언제나 의지 창조와는 거리가 먼 것이다. 옛부터 쌀을 몇 되만 사도 꼭 싸전에서 쌀을 만져보고 씹어 보고 산다. 시장이나 포목전에 가서 옷감을 한 감 사도 꼭 그 옷감을 만져 보고야 샀다. 장 맛도 물 맛도 꼭 맛을 보고 말을 했다. 술도 마셔보고 판단했으며 여자도 남자도 행동으로 만져보고 정복을 해야 직성이 풀린다. 그런데 자기 사고는 왜 의지의 확인 없이 믿나?

  현대 인류에게는 이 말 역시 아주 생소할 것이다. 가장 중요한 꿩과 알은 자기가 가장 먼저 정복해야 할 사기꾼[네놈의 사고] 한테 고스란히 주어 버리고 자기 [자기 의지]에게는 겨우 꿩털밖에 안 준다. 말더듬이인 너만 그러는게 아니야. 우리 민족이 모조리 그랬고 지금도 그렇고 앞으로도 그렇게 할 것이며 세계 인류라서 예외가 아니야. 철저한 대가리 사고의 노예야.

14

잠깐 여행중에 만난 나그네(思考)한테 어떻게 너의 인생을 책임져 달라고 할 수가 있나, 너는 창녀고 창남이냐? 어떻게 손님한테 너의 인생을 책임져 달라고 하나? 그러니까 손님한테 매일같이 되게 얻어 터지잖아. 터지면서도 몰라? 말이나 되나? 나그네한테 자기 가진 것 안가진 것 모조리 갖다 바치고 수발해 주고 또 노력까지 제공하고 나중에는 생명까지 제공해 버리는 정말 한심스럽고도 어이없는 인류이다. 이런 머저리같은 인류들 중에서도 너는 A급이었잖아. 그러면서 가관이게도 나그네한테 불만이야? 계속 바치면서 불평 불만이 뭐야? 뭐 손님이 자기 생각같이 안해 준다나? 변덕이 칠면조보다도 훨씬 더 잘 변한다나? 뭐 손님이 도적놈 할아버지뻘 된다나? 이 새끼야, 세상 천지에 너 맘대로 해주는 손님이 어딨어? 너 하나 짓이겨 버리고라도 자기 욕심 채릴려는 것이 손님 아니야? '○쟁이 자기욕심'이라고 했잖아! 어디가서나 모조리 확인해 봐. 손님이 주인한테 맞춰 주는 곳이 어디에 있는가. 술집, 유흥가, 호텔, 식당, 다방, 극장, 놀이터, 병원, 학교, 절, 성당, 교회, 공공기관 어느 곳 하나도 손님이 자기 필요를 충족하지 않겠다는 곳은 하나도 없다.

그런 손님 [思考]한테 너는 잠시 써비스만 해야 되겠나? 손님이 올 때마다 그 손님에게 너 인생을 다 맡겨야 되겠나? 손님이 너 맡을 능력이 있나? 너의 사고가 너를 맡아 책임져 줄 힘이 있냔 말이야. 한마디로 말해 네[의지]라는 주인에게 오는 손님 [뇌세포 숫자만큼]은 언제나 너가 써비스해서 즉시즉시 보내버릴 대상들이다. 그런 능력 없는대상들에게 너가 너무나 큰 것을 바랬기 때문에 죽도록 당한거야. 조금이라도 감이 잡히나?

15

神的으로 더 확인시켜 주마, 이걸 가장 말썽 없이 한 사람이 석가였다. 그저 편안하게 앉아서 그 많은 손님 [뇌세포 전부의 의식]을 모조리 사그리 싹쓸이로 깨끗하게 처리해 버렸다. 그 반면에 세상에 의지 창조의 행동 실적은 없었다. 자기 평안만을 위해서 가족을 내팽개친 평안은 창조일 수가 없다. 그런데 예수는 손님들과 마찰이 좀 심했었다. 결국 손님들한테 죽었지만 주인이 강력하면 손님들이 어디 이 따위로 대할 수 있겠는가? 써비스 받겠다는 손님들은 어디에서나 성질이 급하다. 이 세상 어디나 다 마찬가지다. 세상에서 모든 말썽은 주인이 손님 처리를 순간 순간 잘못하기 때문에 생기는 것이다. 정치, 경제, 외교, 국방, 예술, 교육, 범죄 등등 마찬가지다.

그래서 어디에서나 주인들은 말도 행동력도 써비스도 건강도 지식도 최고가 되어야 한다. 그런데 지구 역사 창조 이후에 이걸 불과 며칠만에 한꺼번에 충족시키는 곳이 없었지만 이젠 우리 나라에서 필자가 여지없이 해 내고 있다. 우리 나라와 세계 각 국에서 필자의 神的인 의지 창조 행동 수련을 모방할려고 혈안이 되어서 염탐하지만 필자 몸이 직접 쪼개질 수 없는데 어느 나라의 심리학 박사라서, 철학 박사라서, 교육 박사라서, 의학 박사라서, 신학 박사라서, 과학자라서 필자를 모방할 수 있겠는가? 필자의 목적은 많은 인류가 필자를 모방하여 세계 인류에게 신적인 의지 창조 행동력을 백화점의 상품같이 보급되기를 바라지만 이것이 대가리 사고로는 안되기 때문에 유감일 수 밖에 없다. 오직 국 제슈퍼맨수련관은 이 세계에서 필자 하나에게 당대에만 한정 됐을 뿐이다.

16

미국 하버드대학은, 한국의 서울대학은, 영국의 옥스퍼드대학은 인류가 존재하는 한 존속된다. 그러나 국제슈퍼맨수련관은 필자 육체의 기능이 끝나면 그만일 수밖에 없다. 절대 교육적 차원이 아니니 당대에 성공할 자들은 행동으로 참여하여 의식을 정복하지 않으면 안된다. 너의 말더듬과 이 세계 인류전부의 개개인들의 문제도 한결같다. 의식 정복을 못하면 사고가 의지를 파탄시키고 나아가서 영원히 희생시켜 버리는 2천년 전이나 현재나 똑같다. 너는 이제 감이 조금 잡히겠지만도 네가 날뛸려면 아직 멀었다.

이 책 한 권을 너가 다 통달하면 인류역사 이후 최초 최고차원은 되지만 임마, 잘들어. 필자가 너를 세계 인류의 최고로만 만들려고 이러는 줄 아나? 임마, 성공을 가만히 앉아서 대가리 사고로만 하는 성공을 누가 못하나? 성공은 절대로 가만히 앉아서 할 수 없다. 술 한 잔 마시고 날뛰는 새끼들, 아편 한 대 맞고서 세상이 자기 것이라고 뇌까리는 새끼들, 술 쳐마시고 자가용 몰면서 황천길 추월하는 새끼들, 아직 젖비린내도 안가신 코를 가지고 본드 냄새 따위나 맡고 하늘 나라에 왔다고 지껄이는 피래미 녀석들, 또 기도나 자기 암시 따위 하고서는 구원 받았다고 성공했다고 날뛰는 새끼들, 순산 최면으로 성공했다고 날뛰는 새끼들, 환상을 보았거나 느끼고는 조물주계시 받은 것처럼 날뛰는 새끼들, 또 무형체에 빙의되어 홱까닥 해버리는 새끼들, 또 할일 없이 산속에 들어가서 핸드 플레이나 몇 십년씩 치다가 내려와서는 도사입네 하는 새끼들, 참 병신들 종류도 많다.

17

이 따위들한테 비하면 너는 행운아다. 성공은 조물주의 속성과 똑같은 너의 의지로 세상 것인 육체를 피땀으로 움직여 해야지 세상 것인 사고에 좌우되어 이와같은 병신 환자가 되어서는 안

된다. 분명히 너는 몸으로 성공을 확인해야 된다. 의지의 동작으로 피땀 흘리지 않는데 어떻게 평안이, 어떻게 성공이 되나. 평안도 성공도 행동으로 만드는 것이다. 의지 창조 행동으로 의식을 정복하지 않았는데 어떻게 네놈의 주둥이에서 달변이 쏟아져 나오겠나? 조물주가 할 일 없는 실업자인줄 아냐? 네까짓 의지의 피땀 행동 창조 안하는 놈들에게 특권주게?

이 병신같은 지구의 인간들아! 아무리 너희들이 대가리 사고의 노예라지만 창조주를 욕하고 神的인 네놈의 의지를 모독해도 분수가 있어야지. 네까짓 놈들의 지구 인류에게 필자의 의지가 분기 안하게 되어있어? 지구 역사 창조 이후 아무리 최고로 포용력 좋다는 필자이지만 네놈들을 더이상 봐줄 수 있겠나? 어째 너무나 억울하지 않나?

너에게 잠깐 왔다가 꺼지는 네놈 대가리의 사고[손님]한테 공연히 쓸데없이 너의 인생을 맡겼었고, 또 맡길려고 하고, 현재도 맡기겠다는 네놈의 그 구역질나는 못된 심사가 너무나 한심스럽지 않나? 서울역에 가서 역장을 봐라. 손님들이 아무리 많이 드나들어도 역장은 손님들을 내버려 둔다. 손님들 스스로가 자기 갈 곳의 표를 사서 시간 맞추어서 기차타고 가면 그만이다. 역대합실에 들어왔다 가건말건 표를 사건 말건 역장이 간섭할 것도 없고 관심 둘 필요 없어도 손님 스스로 다 알아서 가고 오고 한다.

18

대한 민국에서 사람이 가장 많이 모이는 서울역의 역장이 아니라 조그만 시골의 간이 역도 역장이 손님에게 간섭할 것이 없다. 제도와 조직체 속에서 역장은 자기 할 일 따로 있다. 그런데 네놈의 새끼는 시골의 간이 역장도 아니야. 사람이 가장 많은 서울역의 역장으로서 네놈의 할 일은 안하고 왜 쓸데없이 그 많은 손님들을 네놈이 일일이 다 응대하고 있나? 하루에 만 명이 오건 십만

명이 오건 내버려 두어도 되는데 너는 천하의 개망나니 역장의 종이라도 되는듯이 서울역에 오는 손님들마다 한 명도 빼지 않고 일일이 응대하면서 꼴불견이게도 네놈의 몸을 맡아 달라고까지 애원하고 있어. 그러니 그 손님들마다 서울역장인 너에게 「이 따위가 무슨 역장이야! 역장이 거지만도 못하잖아! 이 새끼야, 이 따위로 살려면 뒈져라!」라고 손님들마다 역장을 깔보고 얕보고 짓밟고 비웃는다. 지금 현재도 너는 그 많은 손님들한테 그 따위로 여전히 매달리는 서울역장이다. 어쩌 서울역장[네놈 사고]으로 몇 년 몇 십년 지내면서 그렇게 매달리니 너 맡아 주겠다는 손님 한 명이라도 있었어? 너 맡아 줄 손님 한 명이라도 있었냔 말이야? 앞으로도 더 할래, 사정없이 끊어 버릴래? 하루에 너한테 오는 손님[思考에서의 말더듬 상상]이 서울역의 손님보다 더 많더냐, 더 적더냐?

<h1 style="text-align:center">19</h1>

너는 이제 많건 적건 모조리 싹쓸이로 내버려 뒈도 괜찮다. 내버려 두어도 그 손님들은 다 돌아가게 되어 있고 손님들끼리 싸우거나 범죄를 해도 역전 파출소에서 다 해결한다. 역장은 너 할일만하는 것이다. 그런데 너는 왜 일일이 너의 사고에 간섭하나? 思考로 오는 것마다 일일이 다 말로 연결해서 자각 증세, 강박 관념, 되는 말, 안되는 말, 바꿀 말, 빼버릴 말, 손짓이나 발짓할 말과 몸짓할 말 등등 이루 헤어릴 수 없을 만치 많은 것을 왜 모조리 간섭하나? 그래, 이 새끼야! 이런 일, 이런 역장 생활 앞으로도 얼마나 더 할래? 왜 너의 神的 창조 의지를 그렇게 헛수고로 쏟아버리나. 그러면 너는 서울역장으로서 "그런 행동이 필요 없다는 것을 낸들 왜 모르겠소? 나의 본분은 알지만 행동이 그렇게 안되어 지는데?"라고 변명하면서 "나는 역장으로서 지금 본분을 중지하고 이런다오"할 것이다.

　그러면 네가 여기서 확인할 것은 네놈이 안다는 것은 소용이 있었나,소용이 없었나? 너 아는 것은 아무 소용이 없다는 증거로서 너의 그 역장으로서의 진짜 업무 수행을 하기 위해서는 필요없는 손님 접대라는 의지의 행동을 중지시켜야 겠나, 더 해야겠나? 너의 헛수고를 중지시키지 못한 너의 의지와 행동이 사고에 예속되었기 때문이냐, 아니냐? 너의 의지가 강력했더라면 너의 사고에서 제아무리 손님 접대하라고 해도 너의 의지와 행동은 콧방귀도 안뀌게 되는 것이다. 너는 여하한 思考라도 싹쓸리로 쓸어버릴 강력한 의지 창조가 있어야 겠나, 없어야 겠나? 너무너무 억울하지 않나? 참으로 억울하고 억울하지 않을 수 없다.

20

　너의 몸의 가장 높은 곳에 붙어 있어서 그 높은 놈이 진짜 너인 줄 알았는데 알고보니 시궁창에 벌레만도 못한 버릴 것들이었으니 그 버릴 것들을 빨리빨리 쉽게 날려버리라고, 바람에 공기에 즉시즉시 씻겨 버리라고 가장 윗쪽에 두었단다.

　그런데 네놈의 그 사고란 놈은 의지로 빨리빨리 써 먹어 날려버리지 않으면 그 자체가 썩어서 몸까지 망치게 하는 괴물이란다. 자기와의 싸움이란 즉 의지와 사고의 싸움에서 몸속을 거치지 말라고 위에다 둔 것이야. 위에서만 썩어 날려 버려야지 몸속까지 거치면서 썩으면 의지까지 발산 할 수가 없다. 몸속을 거쳐 나오는 오줌이나 변은 너의 몸에게 기여라도 했고 변으로 나와서는 땅에 거름이라도 된다.

　석가와 예수가 보여주었지만 너는 그들보다 더 강해야 돼. 사고를 강력하게 날려버리지 못하고 너의 몸 속과 의지에까지 침투한 사고의 잔재를 이제부터는 너의 의지와 행동을 통해 몸 밖으로 날려 버리는 강력한 동작을 해야 한다. 얼마나 철저하게 너의 몸속을 침투해 왔고 얼마난 끈질기게 너의 의지에까지 자

극을 주었든지 지금 현재도 네놈의 思考 신호 한번에, 말더듬 상상
한번에 모래밭에 올라온 고기같이 너는 팔딱팔딱거려. 이제 다시
물속으로 뛰어들어 갈려면 물속에서 뛰어 나올 때보다도 조건이
더 좋나, 나쁘나?

조건이 더 나쁜 상태에서 뛰어 들어가야 하니 뛰어 나올때
보다도 더 강력하게 행동을 해야 되겠나, 그냥 힘이 없다고 모
래밭에서 자살을 해야 되겠나?

<h1 style="text-align:center">21</h1>

어떻게 할래? 모래밭에서 편안하게 자살하는 것이 좋아?
천하에 ○○○○○의 놈의 새끼야. 모래밭에서 죽고 있는 네놈
들을 필자가 그냥 놔두지 않기 위해서 이세상에 왔다. 이유 없이
네놈은 필자에게 뒈지게 얻어맞고 팔딱팔딱 몇 번만 몸부림치면
태평양으로 들어 가게 된다. 이 새끼야, 태평양으로 들어갈 놈의
새끼가 필자에게 올 때 어떻게 와야 되겠나? 행동으로 와야
되겠나, 행동으로 오지 않고 대가리 思考로만 와야 되겠나? 이
새끼야, 필자가 너같은 놈을 태평양에 데려갈 기회가 많지 않다.
자식, 필자에게 올 때는 태평양에 갈 놈이니까 얼굴 똑바로 들고
와, 이 새끼야! 일굴 똑바로 들고 오지 않으면 네놈 뺨따귀가
성하지 못할 테니까. 몸에 좋은 약은 입에 쓴거야. 몸에 나쁜 깃은
설탕같이 달콤해, 이 새끼야!

너를 실패시키는 놈들은 사기꾼처럼 달콤하게 대한다. 무형체가,
사기꾼이 너에게 접근할 때 어떻게 하던가? 달콤하게 접근하
던가, 쓰디쓰게 접근하던가? 이 새끼야, 혐의가 있어가지고 경
찰이나 검찰에 갔을 때 달콤한 대우 받으면 너는 콩밥먹어, 임마!
그러나 경찰에서 검찰에서 욕을 먹고 뺨따귀라도 맞으면 콩밥
신세를 면하게 돼, 이 새끼야! 네놈 새끼, 어머니 몸 밖으로 나올
때 달콤하게 나왔어, 아프게 나왔어? 이 새끼야, 네놈 새끼가

어머니 몸 밖으로 나올때 부터 달콤하게 나왔다면 네놈 새끼 지금 숨쉬고 살 것 같아? 미친놈의 새끼 말이야, 왜 이 새끼야! 달콤한 것만 그렇게 오래도록 바래가지고 너를 망치고 이 대한 민국과 이 세계를 왜 황무지로 썩혀? 네놈의 새끼를 책임질 수 없고 태평양 바다에다가 던져 넣어 줄 수 없는 자들은 모래밭에서 팔딱팔딱 거리면서 곧 뒈져가는 너에게 달콤하게라도 대해 주겠나, 대해 주지 않겠나?

22

뒈질놈들한테는 어디에서나 살려 주고 도와 줄 자신이 없기 때문에 노골적으로 표현해서 실력이 없고 행동력이 없기 때문에 달콤하게 대해 주는 거야, 이 때려죽일 놈의 새끼야! 이것도 세계 최초로 필자가 神的인 행동으로 확인시켜 주마. 부모가 자식을, 스승이 제자를, 제대로 성공시킬 자는 고통을 주던가, 고통을 안 주던가? 병원에서 가망성이 없는 환자에게 의사가 달콤하게 대하나, 혹독하게 대하나? 사형받을 사형수한테 간수들이 달콤 하게 대하나, 혹독하게 대하던가? 총살 당할 죄수한테 헌병들이 달콤하게 대하나, 워카발로 쪼인트 까나? 인류 역사 창조 이후 최하로 머저리 같은 네놈을 데려다가 불과 13박 14일만에 이 대한 민국과 이 세계를 네놈의 새끼 무대로 만들어서 마음껏 아가리 벌리면서 살 수 있도록 만들어 줄 세계 최초의 가장 강력한 필자가 어떻게 달콤하게 네놈의 새끼를 대할 수 있겠나?

이 천하에 ○○○○○놈의 새끼야! 어머니 뱃속에서 너의 집 안방으로만 태어나는 데도 왼통 집안이 떠들썩했는데 네놈의 새끼가 이제는 뒈진 송장에서 대한민국과 이 세계 무대로 태어 나는데 어머니 뱃속에서 태어날 때보다도 더 조용하겠나, 한 지 역과 대한 민국이 왼통 떠들썩하겠나?

네놈의 새끼가 주둥이로 밥을 먹고 사는 놈이라면 답변은 명확하잖아!

23

　네놈의 새끼! 어머니 배 밖으로 나올때 울부짖고 발버둥 치느라고 너와 너주위를 의식했었나, 의식 못했었나? 물론 의식 못했었고 의식할 수도 없었다. 네놈이 너의 방안에 기어다니기 위해서 태어날 때도 너 자체와 주위를 의식하지 않을 만큼 네놈의 사고를 무시 했었는데 네놈의 새끼가 너의 방안이 아닌 너의 집이 아닌 대한 민국과 이 세계에 태어나는데 네놈의 새끼 대가리 思考를 의식해가지고 어떻게 태어날 수 있어? 어디가나 사고의 노예인 교육이나 연습하느라고 열 군데·열 다섯 군데 일본, 미국, 영국, 불란서, 스위스 기타 북구에 몇 년씩·몇 십 년씩 돌아다녀? 네놈의 새끼가 미쳐 환장하지 않고서야 그런 헛지랄을 또 해야 되겠나?

　이제부터 네놈 대가리와 몸뚱이에 배어 들어서 송두리째 썩어 있는 네놈의 의식을 강력한 의지의 행동으로 태워 날려 버리고 神的인 의지를 창조해 내는 행동에 들어가자.

018
포용 · 도전 · 파괴 · 창조

01

너[의지]는 너의 뇌 [사고 · 상상 · 지성 · 의식(思考 · 想像 · 知性 · 意識)]와 몸으로부터 찾아 먹을 것이 너무나도 많다. 너는 반드시 찾아 먹지 않으면 안되게 되어 있다. 너가 호인이라서 또는 바보라서 내버려 두면 되지 않겠나 하는 나태 역시 용납하기란 참을 수 없도록 너는 만신창이가 되어 있다. 너가 제 아무리 신의 입장에서 보아주고 싶어도 보아줄 수 없는 괘씸한 사실은 이제까지의 너의 인생을 산산이 파괴시켜 놓고도 어서 빨리 神的인 너의 의지까지 죽여버리고 몸뚱이까지 빨리 썩혀 버리는 것이야. 평온하고 행복한 인류 국가 창조에 불철 주야 몸바쳐 성공을 보장받은 너에게 난데없이 게릴라[말더듬]들이 침투해 들어와서 너의 국가 안과 밖을 사그리 파괴하고 있는데 네놈이 일어나지 않을 수 있어? 너가 더이상 방관할 수 있겠난 말이야. 너는 머리끝이 하늘로 솟고 피가 거꾸로 솟는 온몸의 전율과 의지의 분기가 하늘 끝까지 닿아 버려야 한다.

기업체의 노동자가 사용자에게 돈 몇 푼 더 달라는 이런 분규가 아냐. 너의 사고와 너의 본능에 대한 너의 의지의 분기는 너의 의지의 폭발은 너의 창조 의지의 공격은 몸을 던져 총칼 앞에 대들었던 학생들 보다도, 국가와 국민을 위해 몸을 던져 적 탱크 밑에 깔렸던 전쟁 영웅들보다도, 부딪치고 부딪치고 부딪쳐도 파괴되어 버리건만 끊임없이 밀려오는 저 대양의 파도보다도 더 강력해야 한다. 그리고도 끊임없이 도전이 계속되어야 한다.

02

일파 만파 공격이 태풍의 눈처럼 커지기 시작해서 온 지역을 휩쓸어 버리는 거대한 태풍의 회오리처럼, 한마리의 세균이 순식간에 몸 속과 온 지역을 덮어버리는 박테리아 균같이 공격과 도전이 표출되어야 한다. 거추장스럽고 애통건지인 네놈새끼의 대가리 사고는 아무 소용이 없다. 움직이고 도전하고 공격하는 네놈 새끼의 神的인 창조 의지 하나만 있으면 된다. 이 창조 의지 하나를 자산으로 주위와 지역과 사회와 국가와 세계라는 황무지가 옥토로 변화되어 간다.

우선 너 하나에서부터 공격해가자. 박테리아도 하나에서부터라고 말했다. 만파도 일파로부터이다. 백층 건물도 지하층을 거쳐 1층서부터이다. 백만 대군도 한 사람의 병사로부터이다. 공격은 무조건적이다. 공격은 무차별 공격이다. 정복은 싹쓸이로 해야 된다. 너의 의식 공격은 처절하고도 처절하게 해야 한다. 세균이 잠식해가듯 오직 너의 입으로 불을 뿜고 행동으로 공격해서 봉사라는 실적으로 세상을 덮어야 한다. 그래서 너의 활동 무대가 커지고 너를 필요로 하는 이 넓은 세상은 너의 것으로 살기좋고 아름다운 세상이 된다. "적을 알고 나를 알면 백발백중 이긴다." 했던 선조들은 확실히 바보였었다. 작은 놈이 도전과 공격 전에 큰놈을 알게 되면 공격을 할 수 있겠나? 그냥 예속되어 버리고 마는 것이다. 이 말은 큰 놈이 작은 놈을 공갈 협박하여 부려 먹는 방법이고 주먹 센 놈이 주먹 약한 놈을 부하로 써먹기 위한 무식하고 무지한 자들로서 평생 당하기만 했던 개만도 못했던 자기 합리화이다.

03

중국이 처음부터 저렇게 컸었나? 旧 소련이 처음부터 저렇게 컸었나? 미국이 처음부터 저렇게 컸었나? 부자가 처음부터 부자였었나? 필자 역시 군대가서 관등 성명을 공터에서도 외치지 못했던 말더듬이가 얼마 안되어 공장 책임자를 거쳐 2,3천 명 통솔을 거쳐 3만여 명 앞에서 외치고 TV방송국에서 외치고 2만 명, 1만5천 명, 1만 명, 8천 명, 5천 명 사람과 환경을 구애 받지 않고 이 나라에 어떠한 안 더듬이들 보다도 훨씬 더 숙달된 달변을 터뜨리고, 현재는 우리 나라에서 가장 말을 많이 하고 가장 많은 강사료를 받으면서 백여 명 이하를 위한 강연 요청에는 강연 갈 시간이 없어 사절하면서, 종로 한복판에다가 커다란 사무실 차려 놓도록 처음부터 되어 있었나? 누구나 처음에는 자기 하나에 서부터 시작한다. 적을 알고 자기를 아는 놈들은 확실히 천하에 평생 대대로 남의 종살이 밖에 못한다. 그런 자들 한테서 어떻게 창조력이 발휘되겠나? 그러나 이젠 세계 최초로 필자 수련을 통해서 해낼 수 있게 된다. 과거나 현재의 인류들 대가리로는 적을 알 수도 없고 자기도 알 수 없다.

공격은 어떻게 해야 되는지, 조상들과 세계 전략가들 이상 되고 싶거든 의식 정복 방법밖에 없다. 그러나 세계 인류는 지금도 무지의 소치로 대가리 사고에다만 열성적으로 투자한다. 우리 민족도 마찬가지다. 대가리에다 투자하느라고 가산도 팔고 빚까지도 사양하지 않는다. 가장 중요한 의지에다 투자할 줄은 전혀 모른다.

04

세상에서 성공하는 률을 보라. 의지에다 투자한 자들은 거의다 성공하고 인류 사회에 봉사한다. 그러나 그들이 자기들의 성공

요인이 사고를 초월한 의지의 행동이란 걸 모른다. 왜냐하면 사고의 노예이기 때문에. 머리에다 투자한 자들을 보면 세상에서 빛을 보기 전에 자기 자신의 대가리 사고에 얽매여 방황한다. 이 세상의 말더듬이들도 모조리 후자에 속한다.

과학과 의학의 눈부신 발달로 세계 어디에서나 돈만 있으면 몸의 상처는 쉽게 치료할 수 있다. 그러나 의식 문제는 돈으로, 과학으로, 의학으로, 어떤 것으로도 어림없다. 특히 말더듬 의식은 세계 어디에서나 돈가지고도 해결하지 못한다. 신경성 노이로제 한 가지 만도 세계에서는 치료가 거의 불가능하고 장기간 시달린다. 이 세계에서는 왜 안되나? 의식을 정복 한다거나 또 의지 창조가 제로이기 때문이다. 오직 의식 문제 해결은 의지 창조 행동 뿐이며 이 의지 행동 창조 만이 의식을 세계 최초로 정복하는 것이다. 의식이 눈으로 보고 귀로 들었다 해서 지식은 될지언정 자기를 움직이는 의지가 될 수 있는 것은 아니다. 또 지혜가 되는 것도 아니다. 의지가 눈과 귀로 강해지는 것이 아니다. 반드시 목적이 있고 또 피땀이 병행되어야 한다.

05

인생이란 누구에게나 노력하는 것은 매우 중요하다. 이 노력은 의식의 노력인가, 의지의 노력인가의 차이는 하늘과 땅 차이이다. 몸 하나의 노력만으로 효율을 높이는 데는 한계가 있다. 한차원 높이는 데는 한 차원 높은 개념 변화도 있어야 한다. 이때 자기의 기존 사고의 논리로 볼 때는 이러한 개념 변화는 틀리는 것 같지만 피땀을 병행한 의지의 행동 실적과 과거 논리의 재배합으로 확인하게 된다. 의지를 통한 개념 변화, 이것은 머리에서의 소산이 아니고 의지를 동반한 뜨거운 가슴의 소산이다. 즉 의지의 개념 변화는 분쟁 및 대중과 국가와 민족간의 분쟁 및 갈등도 해결하게 된다. 이러한 차원까지 너는 사고할 여유가 없다. 이것은 의지의 동작으로 도전한 결과로 주어지는 것이기 때문에 너에게서는 일체 결과에 대한 사고가 전제 되어서는 그냥 그 사고에 예속된다는 사실을 지금까지 행동으로 체험해 왔다.

너는 입을 열어 공격하고 행동함에 있어서 반드시 사고와 동작이 일치 되는 확신이 있어야만 행동할려 하지 마라. 그런 확신을 가지고 그렇게 공격하고 행동해서 기대한 결과가 나왔다고 하자. 이것은 너의 대가리 사고의 노예로서 너의 의식 정복에는 또 의지 창조 행동에는 전혀 도움이 되지 않는다. 안더듬이들이 그와 같이 하면 사고에 예속 되면서도 자신감은 약간 가질 수가 있지만 너의 대가리 사고에서 각본대로 행한 것은 너가 행하면서도, 해놓고 서도 너 자신의 가슴에서는 희열이 없음을 안다. 사고의 각본은 의지 강화나 의지 창조에 도움이 되지 않는다. 다만 세상 차원 으로서 사고에만 교육이 될 뿐이고 인류와 너가 지금까지 실패해 왔던 대로 연습일 뿐이다.

<h1 style="text-align:center">06</h1>

인생은 연습이 아니고 완전히 창조이다. 너가 태어나서 울었을 때 세상 사정과 옆사람 사정 봐주면서 울었나, 사정 안보고 울 었나? 옆사람 사정 봐주고 어머니의 해산 고통을 봐주기 위해서 울음을 그친 일 있었나? 태어나면서 사고 했다면 울음소리가 계속 나왔겠나, 멈추어 지겠나? 너는 태어날 때 이것 저것 아 무것도 구애 받지 않고 마음껏 입과 동작이 발광해 버렸다. 그저 힘이 빠질 때까지 신나게 울어 버렸다. 어머니의 해산 진통을 가시게 하는데도 너의 울음 소리가 한몫 단단히 했다. 다만 너는 그때 눈뜰 기운이 없어 눈을 감고 발광했지만 너는 지금부터는 눈을 뜨고서 지껄이고 발광하는 행동을 해야 한다. 태어날 때는 지쳐서 소리를 그쳤지만 너는 이제부터는 평생 지치지도 않게 의지와 호흡도 바꿔준다. 눈을 뜨고 외치고 발광을 하되 너는 너의

사고에 구애되지 않아야 된다. 사고가 너의 할 말과 동작을 시키는 것이 아니고 네놈의 가슴과 의지가 너의 할말과 동작을 시켜준다. 너는 네놈 대가리의 사고만 무시하면 된다.

가슴과 의지에서 퍼내는 말과행동은 범죄가 아니다. 머리에서 나와야 범죄가 되고 스스로 상상하다가 포기시키는 것이다. 사고하면 말과 동작이 쉬워야 하니 죽는 것이다. 발음이 완벽하게 안될 것 같으니까 포기해 버리는 것이 이유가 되나? 세상 사물과의 대결에서나 또는 너의 의식과 의지의 대결에서 양쪽이 팽팽한 순간에 어느 한쪽이 포기해 버리면 다음에 정복할 기회는 없어지고 마는 것이다. 이미 대결 상태로 버틴다는 것 자체가 사고에서는 그 과정을 기억했기 때문에 과정을 기억하지 않고 꾸준히 바라기만 하는 의지를 그대로 예속해 버리는 결과이기 때문이다. 너는 의지가 약해서 그렇게 더듬는 것은 아니다.

<h2 style="text-align:center">07</h2>

단, 사고에 의지가 예속되어 있다는 것 즉, 바꿔져 있다는 것. 그리고 그 의식의 상처를 의지 아닌 의식 스스로는 해결할 수 없어서 너의 그 양호한 의지와 몸은 묶여 있을 뿐이다.

이 새끼아, 필자에게 올 때는 죽을 각오를 하라. 세상에서 통용됐던 너의 그 알량한 의식, 살아가지 못하리라. 어떠한 상황과 여하한 사람 앞에서도 언제나 너의 의지에 재를 뿌리고서 상황 악화에 발음 의지를 송두리째 파괴했고 지금도 너를 마음대로 우롱하고 청춘과 노인의 환상을 주고 천국과 지옥을 연상 시키면서 천사와 악마의 화신으로 행복과 불행과 달변과 눌변을 자기의 특권인양 희비 쌍곡선으로 상상시켜 주고자 네놈의 생활 전부를 빼앗고 있는 네놈 새끼 대가리의 그 사고, 결코 살아남지 못하리라.

인생으로 태어나 고기 덩치 값이라도 할려는 너의 의지에 발음의 호기를 제공하면 무슨 천벌이라도 받게 되는 것인지? 시원스런 발성 호기 한번 주지 않음은 물론 헛점 한번도 보일려하지 않고있는 네놈 대가리의 그 의식, 능지처참 되리라. 비참하게 매장 될 네놈의 의식에 사정하고 매달려 바랬던 네놈의 의지와 몸뚱이 역시 피땀과 눈물을 면치 못하리라.

08

타이틀 매치에서 상대방이 때리기 좋도록 자기 몸을 대주는 선수가 이 세상에 있나? 절대로 네놈이 때리기 좋게 몸을 대주는 복서는 이 세상에 한 명도 없지만 있을 수도 없다. 그러나 그런 선수가 있기를 바라는 것은 네놈 대가리 의식만의 책임 없는 자유이다. 그러면 상대가 헛점을 안보인 대서 너가 그에게 맞아주기 좋은 헛점을 제공해서 네놈이 그에게 K.O.되어 주어야 겠나? 부인할 텐가? 아니, 상대방이 너에게 때리기 좋은 곳을 때려서 K.O.시키기 전에 너는 미리 기권을 했지 않았냔 말야? 그것도 한두번이 아니여, 몇년 몇십년씩이나 해왔다. 분명히 너와 필자는 또 행동으로 확인하자. 헛점을 안보이는 상대방이 완전할 수 있나? 빈틈없다고 의식하는 너의 사고대로 상대방이 꼭 너를 눕힌다는 보장이 있나? 절대로 그런 보장 없다. 상대방에게 빈틈이 없고 강하게 보이면 보일수록 너는 자신이 없어져야겠나, 헛점과 빈틈을 만들어야겠나? 만든다면, 그헛점과 빈틈은 무엇으로 만드나? 너의 행동이 만드는 것이다. 서로 간에 움직일 때 다같이 헛점을 드러낸다. 너의 의지와 몸은 언제나 밥만 먹고 숨만 쉬는 고깃덩이가 아니여. 이 자식아, 동작으로 너는 공격을 하여 너도 살아야 하지만 관중들에게 눈요기도 시켜야 하고 너가 먹고 마시고 숨쉬고 걸어다니는 이 세상에다 세금도 내야 한다. 빈틈 없는 상대방에게 헛점과 빈틈을 만들기 위해서 너는 동작을 하겠나, 하지 않겠나? 공격과 행동을 통해서 너와 인류는 누구나 다

헛점을 노출한다.

더 비약하자. 헛점을 찾아서 또는 빈틈이 노출될 때를 기다려서 공격하는 놈이 강자냐, 약자냐? 이 따위 작자가 되어서 무엇하나? 또 머저리 조상들 시묘살이나 하다가 영양 실조로 뒈지게? 너는 이유없이 상대방에게 빈틈이 있건 없건 그것은 추호도 문제가 되지 않는다.

09

너의 무대, 링위에 상대방이라는 대상이 주어진 이상 상대방에게 너의 무차별 가격이 무조건적으로 행해져야 한다. 너의 의식과 의지와 동작의 기능 상태와 조건 여하를 불문하고 상대가 기권하거나 K.O.당하지 않는 한 너는 상대를 죽여도 아무 제재를 받지 않는 4각의 링이다. 오직 공격, 행동하는 너의 의지 일변도에 너의 의식은 방해가 되기도 한다. 어떻게 방해가 되나? '상대에게 K.O.당한 자기의 비참한 모습, 그리고 너에게 얻어맞는 상대도 행복하게 살아야 한다는 상상 등등으로' 상대의 공격이 너를 파괴시키는 것이 아니고 이따위 너의 사고가 너를 K.O.패시키는 것이고 너는 지금까지 그런 K.O.패를 눈물을 씹으면서 숙명적으로 자청했던 것이다. 다음에는 승리한다는 0.0001%의 보장도 없이 말이야.

그런데 진짜로 주어진 너의 무대는 이 세상이야. 주먹으로 공격해서 피로 끝내는 작은 링이 아니야. 오직 입과 동작으로만 공격하고 마무리는 봉사 행동으로 덮어야 하는 너무나도 큰 세상 링이야. 피와 땀과 눈물의 행동 의지만 필요한 것이지. 네놈 대가리의 사고 따위는 의지와 동작의 종 역할 밖에 할일이 없어. 어린 아이가 울면 어머니는 젖을 물린다. 어머니 젖을 입에 문 아이는 젖을 먹느라고 울 수가 없다. 너는 바로 이 어린 아이같이 입과 동작이 발광하다가 배고파 지면 먹을 때와 그리고 잠잘 때를 빼고는 지껄이고 봉사하는 행동에 몰입 해야 한다.

10

　너가, 너한테 인정받으려 해도 피땀을 흘려야 하는데 하물며 세상과 타인을 움직일려면서 피땀 한 방울 안흘려? 손가락 하나 까딱 안해? 그렇게 할려하니 어린애들 앞에서도 발음이 안나오지. 의지로 창조해 내지를 않으니 어린이들도 상대를 해줄려 하지 않는다.

　절대로 만만한 상대만 고를려고 하지 마라. 그건 모조리 대가리 사고의 노예로 전부 시간 낭비다. 어린 아이가 자기 또래 속에서만 울고 발광하나? 모방도 금물이다. 문자 그대로 사고의 노예이다. 어린이들이나 만만한 상대 앞에서는 실수해도 괜찮고 조금 의젓한 사람 앞에서 실수하면 누가 잡아 먹기라도 하더냐? 성공은 만만한 상대 앞에서만 하는 것이냐? 도대체 성공을 어디에서 해야 되나? 어린이들 같은 만만한 상대만 골라서 이야기하고 나면 너의 의지에서는 언제나 먹구름이지만 너의 의식에서도 개운하던가?

　실수와 실패를 겁내는 것은 사고이지만 생활과 발음은 의지의 동작이 해야한다. 너의 의지와 입은 思考대로 능변이나 달변을 발성해 본 경험이 없다. 경험이 없던 것을 할려니 서투르겠나, 유창하겠나? 서툰것은 당연하지만 너의 의식에서는 서툴다고 너를 또 파괴 공작한다. 그러나 의지와 몸이 생활하는 세상에서는 너의 서툰말과 행동이 필요하고 또 이것이 달변으로 숙달된다. 서툴다고 너의 행동을 포용하지 않고 서툴게 발음하지 못하게 하는 너의 사고는 너를 죽여 버리는 흙의 속성으로 뇌세포 불과 몇개이다. 너의 의지와 동작에는 아무 소용이 없는 것이다. 너는 너의 의식을 정복하기 전까지는 사고가 너를 포용해주길 바리지 말라. 헛수고이기 때문이다. 결사적으로 반항만 한다. 너의 의지와 너의 행동이 너를 포용해서 시간시간마다 강화되는 것이다. 정복되면 결사 반대했던 적이 절대 지지로 된다.

11

　너는 절대로 어려워 했던 상대들에게 도전하라. 두려운 대상도 너에겐 없지만 필히 상대를 고르지 말고 도전하라. 너의 의식에서 전혀 꺼리낌이 없어져야 한다. 너가 포용하는 너의 발음을 평가하는 자가 있으면 너의 의지 창조에 무식하고 무지한 개소리로서 너보다는 못한 사고의 종들이니 너가 떳떳하게 포용해 주어야 한다.

　너는 이젠 쉴 시간이 없다. 5천년 간이나 쉬어버린 조상의 공백을 메꿀 자가 이세상 천지에 너말고 누가 있나? 너와 우리에게 이런 기회를 준 조상들은 참으로 위대하다. 너는 이젠 평생 쉬지 않고 말과 행동을 강력하게 계속할 수 있는 세계최초, 최신 완전 자동단전호흡대도 필자가 만들어 놓았다. 너의 몸을 의학과 과학에 맡겨서 하루에 20시간씩 활동할 수 있도록 만들려면 그 조건과 시일이란 사고를 거쳐야 하기 때문에 실로 어림없다.

　그러나 세계 최초이지만 필자에게선 시간 문제이다. 대가리 사고 아닌 의지의 행동으로 확인시켜 버린다. 또 행동으로 확인하게 된다. 그리고 너도 필자 이상으로 신적인 창조 의지의 달변과 행동이 너의 입과 몸에서 끊임없이 쏟아져 나와 이 사회의 원동력이 되게 한다. 절대 너의 입에 맞는 떡을 이 세상에서 바라지 말라. 절대로 너의 눈에 꼭 맞을 환경을 이 사회에서는 바라지 말라. 이 세상에게 바라면 이 세상에게 창조해줄 너의 창조 의지 행동 능력이 소멸되어 버린다. 너의 입에 맞는 떡도 너의 눈에 들어올 환경도 모조리 너가 의지 행동으로 창조해야 한다. 너가 이제 어데서나 창조성을 발휘하기 위해서는 사고로써의 임무자에서 행동으로써의 임무자로 바뀌어야 한다. 사고로써의 임무자란 사고의 예속자였고 행동으로써의 임무자는 의지의 행동 창조자를 말한다. 너는 세계 최초, 최고의 행동 창조자로 되고 있기 때문에 이것도 신적으로 확인하자.

12

　우리는 이 사회에서 '권한'이라는 말과 '권력'이라는 말을 많이 들으면서 지내왔다. 대통령하면 막강한 권한과 권력이 떠오른다. 우리는 이 권한과 권력이 얼마나 엄청난 차이가 있다는 것도 몸으로 확인했다. 권한을 가진 자와 권력을 가진 자의 차이가 하늘과 땅 차이만큼이나 컸었음을 우리는 지나간 역사에서 확인했다. 권한은 가지고 있었지만 권력을 가지지 못했던 대통령은 너무나 무력했다. 너가 말더듬이 대통령이라면 둘 중 어느 것을 택하겠나? 권한? 권력? 마땅히 대통령에겐 권한과 권력이 있어야 한다. 그러면 지금부터 너가 말더듬이 대통령으로서 권한과 권력을 행사해 보자.

　조직체에서 공적으로 행사할 수 있는 직권을 부여 받은 너가 유효 적절하게 직권을 행사하는데도 조직이 움직여 주지 않을 땐 권력이 없는 너의 허탈감을 무엇으로 표현하겠는가? 대통령으로서 국민들에게 고발 하겠는가? 명령이 전혀 이행되지 않아 명령 한마디 못하는 이런 대통령 해먹고 싶겠는가? 국민들과 부하들을 볼 면목이 있겠나? 아니 가족들 얼굴을 제대로 볼 수 있겠는가? 너 자신 스스로가 견딜 수 있겠나? 권력을 행사할 수 있는 돌파구가 마련되지 않는한 대통령 자리에서의 너의 비참을 너 스스로라도 수용할 수 있겠나 말이야? 자리에 앉기도 낯 뜨거운 대통령, 권력이 없는 존재자로서의 대통령, 사고로써의 임무자, 의지의 언어 표출 한마디 못하는 너가 이제부터는 행동으로써의 임무자로 바뀌어야 한다.

13

　의지의 행동, 의지의 행동, 의지의 행동을 창조해 내는 것은 오직 너 스스로가 만들어야 한다. 권력, 즉 행동을 만들기 위해서는 오직 도전과 의지 창조 행동 하나뿐이다. 절대 주어지는 것이 아니다. 주어지는 것은 보전, 유지할 힘이 없는 것이다. 발전, 보전, 유지시킬 수 있는 자는 오직 쟁취한 자만이 가질 수 있는 특권인 것이다. 너가 언어 표현과 달변을 피와 땀으로 발음하여 의식을 정복하고 습관화 시키지 않았는데 언제 어느 시대, 어느 때에야 너가 달변을 표출 하겠나. 신적 행동으로써의 임무자로 바뀌는 데는 질서와 과정을 요구하는 사고와는 달리 곧바로 의지로 행하면 된다. 행하면서부터 확인되는행동 실적만 너는 확인해야지 일생을 파헤쳐도 확인할 수 없는 네놈의 사고는 이제부터는 거론하지도 말자. 사고로써의 임무에서 행동으로써의 임무자로 즉, 존재자에서 역할자로 바뀌는 과정도 조건이 없다.

완전히 신적으로 무조건적이다. 의식의 질서도 없고 파괴의 질서도 없으며 과정을 거칠 행동의 질서도 없다. 도전의 질서도 없고 창조의 질서도 없다. 곧바로 포용만 하면 되는 거다. 너가 자연스럽게 밥을 먹고 싶으면 먹고, 먹다가도 그만 둘 수 있는 재량권을 너는 사고를 무시하고 발휘만 하면 된다. 필자가 행동 체험한 사례를 말하겠다.

오래 전에 필자가 관계하는 기능공 1백50여 명의 제조업 회사에 필자가 잠시 책임을 맡아 있을 때였다. 점심은 모두가 같은 시간에 공장의 흰쪽 편에다 3줄로 낮은 식탁을 놓고 서로 얼굴을 마주보는 3열 형대로 앉아서 식사하게 돼 있었다.

14

각자가 식판에다가 밥과 국과 부식을 필요한 양만 급식 받아 가지고 가서 식탁 안쪽부터 자리에 앉아 식사를 하고 각자가 식판과 잔밥을 주방 입구에서 처리하게 되어 있었다. 어느날 필자는 그날따라 점심을 빨리 끝내야 할 일이 있어서 먼저 식사를 배식 받아 가지고 모두가 가장 앉기 싫어하는 3열 중 가운데줄 안쪽 끝으로 들어가서 식사를 끝냈을 때는 식탁 모두에 1백 50여

명 전부가 앉아서 식사를 하고 있었다. 필자는 식판을 들고 양편에서 식사를 하는 가운데를 걸어서 맨끝 사람의 등을 지나나오는데 건축 기사 한 사람이 밥을 몰아 넣은 상태에서 재채기가 갑자기 나왔던 모양이다.

건축 기사는 다급한 찰나지만 밥을 먹고 있는 자기 앞사람에게 터뜨릴 수는 없으니 손을 들고 상체를 뒤로 돌리면서 눈을 감은 채 '에-취'하고 터뜨려 버렸다. 배식장을 목표로 급히 나오던 필자의 왼쪽 다리의 양복 바지에 건축 기사의 한입 몰아 넣은 밥과 김치가 그대로 뱉아져 버렸다. 요란한 재채기 소리와 함께 건축 기사의 세찬 밥풀 세례를 받은 필자는 거의 동시에 "아이쿠, 미안합니다!"해 버렸다. 아직 눈물이며 콧물을 손으로 훔치면서 눈을 든 건축기사는 그제서야 필자의 양복 바지를 보고는 얼굴이 새빨개져 버렸다.

<h1 style="text-align:center">15</h1>

씹다만 밥과 김치와 젓갈류가 계란이 바위에 작열한것 같이 필자 바지에 왼통 천연색으로 들러붙어 있었기 때문이다. 재채기 소리도 요란하게 컸지만 필자 목소리도 매우커서 1백 50여 명이 모두다 돌아다보고 일어나서 필자 바지를 보더니 순식간에 웃음과 폭소가 터져 버렸다. 눈물과 콧물을 닦다만 건축 기사에게 "○기사 이것은 조물주에게 물어봐도 분명히 내 잘못이니 사과 말고 식사하게. 300원이면 바지 세탁하네. 나 볼일 보고 세탁 맡길테니 염려말게"

필자도 말해 놓고 필자 사고에서는 필자 행동에 놀라면서 포용했으며 1백50여명도 그날 식사 도중에 웃어서 소화도 잘 됐고 짜증들도 며칠간이나 내지 않았다. 환경 창조는 의지의 동작으로 창조하는 것이지 대가리의 사고는 혼란스럽기만 하다.

019
포용 · 도전 · 파괴 · 창조

01

창조자는 의지로 자기를 믿지만 파괴자는 사고로 자기를 안 믿는다. 말더듬이는 행동하기 전에 또 발음하기 전에 언어에 대한 대가리 사고로 자기 불안, 자기 포용 미숙이 더듬증 시초부터 의식 정복할 때까지 일생을 계속한다. 늙어서 까지도 의식 정복 못하면 언어에 대한 불안, 공포, 자기 불신이 계속된다. 막상 상황과 환경에 부딪치면 자기를 불안케 했던 어려운 발음은 사용할 필요도 없음을 확인할 때가 많지만 상황에 봉착할 때 까지의 과정을 휩쓸었던 불안과 자기 불신의 사고는 뇌속 깊숙히 그대로 남아있게 된다.

안 더듬이들은 어디에서건 불안 요소가 해결 되면 그냥 원위치 내지 안도의 숨을 내쉬지만 말더듬이는 특징 발음에 대한 불안이 자기 생애 동안 계속 되면서도 다음 상황이나 다음에 전개될 모든 행동과 발음 내용에 대하여 의식에서 발성 가능성을 전부 노크해 점검한다.

성장하면서 보는 것, 듣는 것, 배우는 것, 思考하는 것이 많아짐과 동시에 의식 불안과 심리적 불안은 점점 더 가중되지만 자기의 불안과 고통은 자기만이 감추어야 할 세계적이며 절대적인 보물이라도 되는 것처럼 자기 머리 깊숙히 자기 가슴 깊숙히 은폐시킨다. 부모, 형제, 자매도 이웃도 친구도 그 누구도 자기 의식과 자기 심리를 엿보지 못하도록 철저히 몸을 사린다. 눈에 보이는 것마다 발성 가능성을 누구도, 귀신도 모르게 자기의식에서만 타진하고 태연한 척 하지만 의식과 심리와 얼굴 표정의 변화는 실로 눈물겹다.

02

그러하니 보이는 것마다 불안 덩어리요 적(敵)이다. 생각하는 것도 모조리 의식하면서부터 특정자 발음 가부를 타진한 후 어려운 발음의 경·중을 선별해 두어야하기 때문에 피로에 지친다. 그래서 생각을 해도 파탄이다. 세상 범사의 여하한 소리를 들어도 모조리 자기 발음 가능성 여부로만 신경을 써야 하기 때문에 의지와 몸은 대가리 사고의 노예로 쉽게 피로해 지고 만다. 안 더듬이들이여 ! 말더듬이의 의식과 심리를 볼 수 있다면 자기와 달라도 너무나도 판이하게 다름을 확인하고 놀라게 될 것이다.

보라 ! 너의 인생이 어떠한 인생이 되어야겠나 ? 인간이 고통과 고행을 거친다 하지만 말더듬이 같이 정신적 심리적으로 무진장으로 당하는 것은 실로 분하여 참을수가 없지 않겠는가 ? 그래서 잃은 것을 찾아 먹자고 했지 않은가 ? 정신적으로 심리적으로 가장 편안하고 행복한 열매를 따 먹을 자격은 오직 너에게만 있는 지상 최대의 선물이다. 그런데 너는 현재도 계속 고통을 당하고 있나, 고통을 정복하고 있나 ? 분명히 확인할 사항이지만 너가 당하는 것은 아무리 많이 당해도 아무 소용이 없다.

우리 조상들이 오천 년 간이나 당해왔던 것보다 더 무용지물이다. 이 상태로 더 썩던가, 반드시 필요한 일로써 정복하던가이다. 반드시 정복해서 가장 많이 당한자만이 가장 강력한 창조자요 달변가로 신세가 만수무강 해져야 한다. 안 더듬이들은 자기 인생의 행복과 각기 사업 분야에 도전하는데 말더듬이는 아직까지도 전혀 발전 보장이나 발전의 기미도 없는 헛수고에만 자기 인생 전체를 다바쳐 암투하고 있다. 그것도 숨어서 말이야.

03

안 더듬이들은 울분이 쌓일 때 가슴을 치고 땅에 뒹굴고 하늘을 향해 한바탕 울부짖고 나면 속이라도 시원해진다. 그러나 말더듬이들은 이 경우에 있어서도 안 더듬이들과는 하늘과 땅 속 지하만큼이나 다르다. 발음에 대한 철천지 원한과 울분이 쌓일 대로 쌓여 가슴을 치고 땅에 떼굴떼굴 뒹굴고 하늘을 향해 실컷 욕이라도 해 울부짖고 싶지만 말더듬이는 그냥 조용히 죽었으면 죽었지 그런 행동은 안해. 못하는 것이 아니라 안하는 것이다.

안해, 안해, 안해! 얼마나 똑똑하고 얼마나 자기 은폐에 천재적인가 확인해 볼텐가? 못한다면 행복한 인생이지만 안하는 이유는 그런 행동 과정에서도 발음이 안되고 발음이 전혀 안 나와서이다. 또 자기 말더듬이 노출 될 불안감과 울부짖을때 울부짖는 말 중 본능 발음의 표출 중에서도 발음의 가능성 여부가 즉 어떤 자는 막히고 어떤자는 어렵고, 어떤 발음은 무엇으로 바꿔야 할텐데, 그러면 본능 발산으로써 울부짖는 말이 안되고 자기의 울부짖는 모습을 누구 누구 A도 B도 C도 K도 지켜볼텐데 그들이 보면 A는 자기를 어떻게 볼 것이고, B는 어떠 어떠한 얼굴 표정으로 볼것이고, C는 자기를 지켜보다가 너무나 애처러워서 어떻게 외면할 것이고, K는 자기가 말더듬 때문에 그러는 줄 알고 어떠어떠한 말로 위로해 줄 것이고 등등등등등. 등등이 하나 둘이 아니여, 10개 20개도 아니여, 일파 만파의 이유 때문이야. 그래서 세상의 모든 인류와 동물들까지도 살다가 답답할땐 한바탕 울부짖거나 한바탕 싸우기라도 해서 모든 것을 풀어 버린다.

04

그런데 지구 위에서 숨쉬고 살면서 한바탕 울부짖지도 한바탕 싸워보지도 못하는 동물은 오직 말더듬이 뿐이다.

울부짖는 말을 더듬고 막힐것 같으니 자기 말더듬 노출을 더

꺼리고 세상 천지에 자기 말더듬이 다 드러나 버렸는데도 불구하고 자기 은폐에 천재, 천재, 천재, 천재 초천재인 말더듬이가 울부짖지 못하는 것이 아니라 정신 병자로 되지 않는 한 울부짖지 않는다. 정신 병자란 말이 나왔으니 잘 됐다. 세상에서 말더듬이가 정신병자로 된 예를 본 일이 있는가? 필자가 현재까지 이 세계에 드러난 수집한 자료와 탐문한 바로는 말더듬이가 정신 병자 된 예는 없다. 될수가 없다는 것보다도 거의 안되는 것이다. 정신병이란 의식의 창녀, 창남으로서 의지가 결여된 즉 주인없는 사랑방인데 의지 문제로써 말더듬이가 정신병이 필히 될 수 없는 이유는 의지의 집념이 강하기 때문이다. 그렇다고해서 의지 강한자는 모조리 말더듬이가 되는 것은 아니다.

말더듬이 치고 의지 강하지 않는 놈은 이 세상에 하나도 없다. 비록 그 의지가 의식의 노예로 되어서 180도로 빗나가고 있지만 의지 강한 놈만이 말더듬이로 되는 것이다. 이렇게 강한 네놈이 말더듬 하나에다 해결도 아닌 바닷가에서 모래알을 세는 식으로 필요없이 네놈의 의지와 동작을 소비하고 있으니 인류 역사 창조 이후 최초로 神的인 의지를 행동으로 창조하여 네놈 행동과 의지와 발음까지 재창조해 내는 필자가 네놈을 방관하고 있겠나?

05

이제부터 너는 '말더듬'이라는 말자만 듣거나 보거나 사고에 떠 오르기만 해도 자극을 받고 흥분하고 배척했던 네놈의 의식과 심리를 이젠 100.% 완전히 포용하고 포옹하게 된다. 내 쫓으면 또 오지만 내 쫓는 너는 평생 내 쫓지도 못하고 평생 동안 내쫓는 행동으로 평생 동안 희생만 당한다. 병이 아니니 이젠 너가 맞아들여서 보물로 써먹어야지. 그놈이 너에게 지상 최대의 보물이 되어 줄려고 모래알처럼 많은 사람들에게 가지 않고 너를 택하여 왔는데 너가 기를 쓰고 목숨을 걸고 배척하니 사랑이 원한으로 바뀌어서 '예끼 이자식, 이년 너 한번 죽어봐. 너 끝까지 나를 맞아들이지 않으면 너 하나쯤 이 세상에서 성공시킬 말더듬이라는 보물을 너 목숨 뺏는데 쓸거야.' 하면서 너의 포용과 포옹을 요구하고 있다.

이걸 이 세상 인류와 너는 모르고 있고 헛지랄들만 하고 있어. 사랑에 배신 당한 처녀가 원한을 품으면 5,6월에도 서리가 내린다고 한 말은 말더듬증이 너를 사랑하는 것에 비교하면 개발에 워카도 아녀. 말더듬이 너 목숨을 지금까지 살려준 것만도 감사해. 이걸 배척하면 너 같은 것은 말 할 것도 없고 조물주의 힘과 이 세계의 힘 다 합쳐도 네 놈이 박대하는 그 말더듬은 해결 안되는 거야. 네놈의 무덤까지 따라가는 지상·천국·지하의 최대 손님을 너와 이 세상의 인류는 잘못 이해를 해도 분수가 있어야지. 태초부터 잘못 이해하고 있었어. 너는 이제 아무 소리 말고 집 단장하고 몸 깨끗히 하고 말더듬 손님 공손하게 맞아들여, 이 자식아. 그 손님이 너를 세계 최고로 성공시켜 줄테니까. 이 자식아, 손님 접대 잘 해가지고 손해 보는 것 봤어? 손님도 너가 오라고 원해서 맞이한 손님은 별볼일 없어.

06

밤손님이나 너에게서 뺏을려고 침범한 범죄꾼 새끼들도 필요 없어. 이 황무지 세상에서 너를 얼마나 알뜰하고 가치 있게 잘 써 먹을려고 했기에 특별히 네놈을 점 찍었겠어? 홍부의 손님 접대 알지? 홍부의 일생을 변화시켰잖아. 놀부의 강제 손님은 놀부를 파탄시켰고 손님은 제비로서 비록 전설이지만 너에게 온 말더듬 손님은 사실이잖아. 상처받은 말더듬 손님은 너에게 홍부의 제비 손님 보다도 훨씬 더 큰 대 손님이야. 너가 바래지도 않았고 강제로 모신 손님도 아니잖어. 바로 이게 천재 일우의 기회야. 상처 받은 손님을 모셔 들여 포용하고 상처에 도전하여 상처를 파괴하고 새로운 창조주의 창조성이 드러나니 너가 성공 안 할 수 있겠어? 필자도 87년 말엔가 손님(대한민국 5000년 한국 인물사. 우리 나라 역사 편찬 위원회 위원.)을 박대했었다. 특별히 우리 현대 역사에서 정치, 경제, 사회, 문화, 교육, 과학, 의학 등등의 분야별로 공로자를 역사 편찬 위원들이 선정하는데 우리나라 역사에서는 필자가 행동 철학 부분과 말더듬 파괴 분 야에서는 최초로 필자만 선정됐으니 역사 편찬 위원들이 수집한 자료이외의 자료가 있으면 보내 달라는 것이었다. 필자는 너무나 바빠서 필요 없다고 교관들을 시켜 다섯번이나 거절해 버렸다.

07

그러나 역사 편찬 위원들은 우리 나라의 5천년 인물사에는 아무나 수록되는 것이 아니며 반드시 세상에 업적이 드러난 사 람들에 한해서만 역사 편찬 위원들이 인정한 수많은 대상들 중 에서도 특별히 선별된 대상만 수록되는 것이니, **필자가 거절하 더라도 국가와 민족을 위하는 일로 역사 편찬 위원들의 결정은 바꿀 수가 없다면서 편찬 위원들이 수집한 내용으로 수록시키 겠다는 마지막 통고가 왔다.** 필자는 바빠서 교관에게 알아서 하 라고 했더니 교관 역시 필자의 말대로 역사 편찬 위원들의 전화에 그렇게 답변하고 전화를 끊어 버렸다. 그후 몇 개월 뒤에 우연히 확인 된 바 큰 손님은 언제나 박대 받기 마련이고 또 박대를 이겨 낸다. 금년(1992년)에는 大韓民國功勳史 발간위원회에서 前국무 총리 명의로 필자가 대한민국 공훈사에 수록된다고 알려왔다. 자랑은 아니지만 박대라 할지라도 이겨내기로 했다. 석가도 이겨 냈고 예수도 이겨 냈다. 네놈이라서 못 이겨낼 이유있나? 지금 까지는 몰라서 박대했지만 이젠 확인하게 되었잖아. 너에게 온 최대의 큰 손님으로서 너의 말더듬을 또 박대해서 너가 영영 돼져 버릴래? 이제라도 따뜻하게 포용하고 포옹해서 성공할래? 확실히 조물주의 세상도 인간사도 거저 되는 것 하나도 없다. 하물며 성공을 거저 시켜 주겠나?

이제부터는 네놈이 때려잡아 죽일 듯이 배척했던 네놈의 죄가 있으니 네놈 새끼 한 일이 있으니 정색을 하고 맞아들이는 것도 쉽지 않겠지. 그러나 그것은 네놈 대가리의 사고야. 이 자식아, 행동으로는 간단한 거야. 손바닥을 뒤집는 것같이 간단한거야. 그렇지만 무지한 인류나 네놈의 새끼는 아직도 사고의 노예이기 때문에 도망갔다 뉘우치고 돌아오는 자식같이 찍소리도 못하겠지? 자식과 남편 버리고 도망 갔다가 만신창이가 되어 돌아와서 회개하는 년같이. 물론 그 책임은 남편놈한테 더 있지만 말이야. 이걸 포용하는 것이 쉬운줄 알어? 포용 방법이 서툴러서 다시 더 비참하게 깨져 버리는 일 봤어, 안 봤어? 또 보고 있어, 안보고 있어? 그런 경험 있어, 없어?

<h2 style="text-align:center">08</h2>

주먹 새끼들, 전과자 새끼들, 사업에 자신없는 사업가들, 자기 실력에 불만인 교수들, 박사들, 과학자들, 정치인들, 고위 공무원들, 학자들, 교육자들, 군지휘관들, 직장인들, 학생들, 연예인들, 건강과 성공과 행복 창조에 자신없는 현대인들 모조리 다 세상 한탄말고 하늘과 땅과 인류가 냉대한다고 지껄이지 말고 神的인 의지 창조수련 받아봐. 모조리 다 다시 태어나게 된다. 사회를 어떻게 포용하는가, 인류를 어떻게 포용 하는가, 이 세계를 어떻게 포용하는가를 의지와 몸으로 확인하게 된다.

너와 이 세상 인류는 아직까지 너와 인류가 그토록 배척했던 말더듬을 어떻게 포용하는 줄도 몰라. 더군다나 포용하는 것은 상상도 못해. 자식들 가장 큰 보물을 안고서 자살하는 놈들이 있어. 물론 얼마나 큰 보물이길래 같이 죽을까마는. 이 새끼들아, 네 놈들이 가장 똑똑하게 될 재물을 세상에다가 써먹어야지 가지고

가면 어떻게 해. 이제부터 그 엄청난 보물을 포용하고 포옹까지
해나가자.

집나간 자식이 또 처자를 버리고 집 나갔던 사내놈이 살아서
돌아오면 가족이 부모가 형제들이 이웃들이 어떻게 포용해야
하나? 모두모두 작대기 들고 달려들어 죽일놈이라고 하면서 다시
내쫓나? 아니면 공권력을 동원하여 최루탄을 쏴서 쫓아 버리나?
아니면 112에 신고해서 잡아 넣어 버리나? 아니면 이유없이 맞아
들여야 겠나, 또 싸워야 겠나? 쫓아 버리지 않고 맞아들인다면
맞아 들이는데 조건이 있어야 겠나, 조건이 없어야 겠나?

09

조건이 붙는다면 자식이 여편네가 남편놈이 또 다시 죄의식에
빠지겠나, 죄의식에 안빠지겠나? 뒈지지 않고 겨우 숨이 붙어서
기어 들어온 자식이 여편네가 남편놈이 또다시 죄의식에 빠진다면
또 파탄이 있겠나, 파탄이 없겠나? 다시는 파탄이 없도록 할려면
다시는 죄의식에 안빠지게 해야 하니까 맞아 들이는데는 이유없이
조건없이 포용해야 한다. 용서와 포용은 조건없이 해야하는 것
이다. 조건있는 용서, 조건있는 포용은 용서가 아니고 포용이
아니다. 네놈과 이 세상 인류는 꼭 조건을 내 세우니까 일들이
안된다. 남북한도 손톱만한 것도 꼭 조건을 내 세우니까 아무것도
안된다.

가장 잘못했던 자식을 연인을 남편을 이유없이 우주같은 의지의
동작으로 포용하고 바다같은 가슴으로 포옹해 줘 버려. 천하에
불효 자식이라도 개망나니, 여편네고 사내놈이라도 하늘같은 너의
의지와 바다같은 너의 가슴에 안겨서 또 말썽 피울 수 있겠어?
꼭 꼭 못된 놈의 인간들이 썩어빠진 대가리의 사고로 조건을
붙이고 꼬리를 달기 때문에 안되는 거야. 포용과 포옹은 네놈
대가리의 개똥만도 못한 사고로 하는 거야, 가슴으로 하는 거야?

네놈 새끼와 인류는 포옹은 대가리의 사고와 주둥이로만 하고 너의 뜨뜻한 가슴의 행동은 포옹을 안했잖아. 포옹과 포옹은 행동 의지로 해야지 대가리로만 하면 무슨 소용있나? 이놈의 새끼 형편없는 새끼 아니야? 이 새끼야 처음에 네놈의 의지와 동작으로 포용해 주지 않으면 나중에는 포용하기가 더 어렵다는 걸 왜 모르나? 연애는 누구나 식은죽 먹기다. 거짓말만 번지르르하게 잘 하면 되니까. 그런데 결혼도 생활도 거짓으로 할 수 있나?

10

책임은 처음도 나중도 포옹 안 해주는 너한테 있어 임마. 산전 수전 다겪고 다시 너한테 돌아온 그 자식은 너의 여편네는 너의 사내놈도 가만 두어도 너의 발바닥이라도 핥아 줄 준비가 다 되어 있다. 네놈 새끼는 이유 없이 그를 쫓아내지 않는 한에 있어서만은 이유없이 포용하고 포용해주되 처음부터 끝까지 변화가 없어야 된다. 네놈 새끼 눈치까지 보면서라도 네놈에게 잘해줄 준비가 되어 있는 거야. 그런데 네놈의 새끼는 왜 꼬리표도 짧은 것이 아녀. 온 동네 사람들에게 다밟힐 기다란 꼬리표를 왜 다나? 이 새끼야, 꼬리표 길게 달려고 네 자식이 네 여편네가 네 남편이 들어 왔겠나? 이 새끼야 똑바로 확인해라. 이 천하에 ○○○○○의 새끼야. 교수형에 처해지고 총살형을 당하는 죄수들에게도 「죽음으로 너의 죄를 무죄한다」라고 하면서 꼬리표가 안 붙는데 네놈의 새끼는 왜 같이 포용하고 포용해 줄 대상에게 꼬리표를 다나? 세상에 꼬리표를 달고서 네놈에게 짓밟힐 자가 이 세상 어디에 있겠나?

흙으로 돌아가 네놈 사고에서도 그런 것은 싫어 하잖아. 네놈이 처음부터 끝까지 포용하고 포용만 해줘봐. 다시 도망 가라고 떡해놓고 빌어도 안 도망가. 너에게 기가막힌 보물 덩이어리가 된다. 자, 그러면 진짜로 들어가자. 너에게 온 지상 최대의 선물 말더듬증

이것이 어떤 것인지 아나? 네놈의 그 얼굴, 그 눈, 그 마음 가지고 이 책 읽지 말고 목욕이라도 하고 와서 찬물 한 모금 마시고 이 책을 가슴과 의지로 읽어라.

11

천하에 개 발톱에 때만도 못한 네놈의 思考로 읽지 말라. 병도 아닌데 너에게 와서 네놈이 그렇게 죽겠다고 발버둥을 치면서 모진 박대를 가했지만도 안떠나는 이유를 알아야지 눈을 떠, 임마! 그 만큼 너에게 큰 보물이기 때문이야. 말더듬이 병이라면 이 세상에 그 어떠한 병이라도 너 한테나 이 세상한테 그런 박대를 받고 며칠 만에 박살 나지 않을 병이 없다.

자식이나 마누라나 남편은 집에다 두고 포옹해 주지만 말더듬은 얼마나 큰 보물인지 너와 24시간을 같이 붙어 다녔잖아. 이 보물을 이렇게 엄청나게 큰 보물을 너는 가치를 모르고 써 먹을 줄을 몰랐어. 너가 죽을 지경이 되지 않고 배겨 날 수 있었겠어?

역시 큰 놈은 대접을 못 받아. 선지자는 고향에서 환영을 못 받는다는 성서따위의 말이 아냐. 말더듬이 너에게는 얼마나 큰 놈인데 너한테 문전, 문안 박대를 당하니 그 놈이 꼭꼭 따라다니고 너는 항상 그놈과 같이 다니면서 쫓고 쫓기는 철저히 도망다니는 네놈의 신세, 필자의 과거와'똑같을 수밖에 없었다. 포용해 버리면 그놈이 너에게 능수 능란한 청산 유수보다도 더한 달변을 줄 보물인데 말이야. 지금까지 너를 천하의 병신 만들었던 그 자식, 그 마누라, 그 남편이 너를 역사적인 인물로 만들어 준다.

12

너의 생명까지 뺏고자 했던 그 말더듬을 너가 포용과 포옹만 해 주면 너의 의지와 가슴에서 지금까지 사무쳤던 그 한을 얼마나

잘 풀어주고 폭포수 같은 사자후로 이 세상과 인류에게 얼마나 많은 봉사하겠나? 너는 얼마 안가서 이 세상의 어떠한 안 더듬이라도 발음으로는 너를 못따라와. 너가 말을 잘할려 하지 않아도 세계 최초로 의식을 정복하면 한이 맺힐대로 맺힌 네놈의 가슴이 더 잘 해 준다.

네놈의 그 시궁창 보다도 못한 네놈 대가리의 그 思考로 잔머리 굴리지 않아도 너의 의지와 너의 가슴이 할 말을 다하게 된다. 다시 돌아온 자식에게 다시 돌아온 너의 아내에게 다시 돌아온 너의 남편에게 다시 확인하게 된 네놈 자신에게 과거보다도 더 큰 재량권을 주어야 하나, 아니면 과거에 가졌었던 재량권마저 빼앗어 버려야 하나? 회사에 도전하여 파업했다가 다시 조업하게된 근로자들에게 보다 나은 대우를 해 줘야 겠어, 안해 줘야겠어? 인생에서 성공의 시작은 이때부터이다. 좋아서, 잘해서 잘해주는 것은 이세상 누구라도 다 한다.

성공은 경영은 달변은 쾌씸한 조건에서 대가리 思考 아닌 의지로 해 낼때 진짜 강자이다. 쾌씸한 환경에서도 성공하는 사람이 그 반대 양호한 환경에서는 성공을 더 잘 할수 있어, 없어? 말썽피웠던 자식이, 순간의 향락에 도취되었던 마누라가, 제 멋대로 외입했던 남편이, 자기 뒈지라고 화형식까지 했던 근로자들이 씹어 뱉어 버리고 싶도록 쾌씸하더라도, 죽이고 싶도록 지겨울지라도, 그때가 너에겐 가장 성공을 크게 할 기회요 하늘이 주는 챤스이다.

13

그런데 네놈의 새끼는 사고의 노예가 되어서 안돼, 절대 안돼! 인간으로서 이것만은 보아 줄 수가 없어. 도저히 안돼 하는 놈들, 그래 너 멋대로 한번 해봐. 한번 멋대로 혀보랑께, 맘대로 해서 가정 망하고 공장도 망해서 너 혼자 자식도 되고 마누라도 되고 노동자도 되어서 한번 생활해봐. 필자 수련 안 받고 성공해 낼 수 있겠어?

용서와 포용은 조건과 이유가 없다. 무조건적이고 사그리, 싹쓸이 포용에 포옹까지 가슴으로 따뜻하게 느끼도록 해 주어야 한다. 왜 이렇게 해 주어야 하나? 이렇게 해 줄 이유는 너의 심장과 가슴은 쇠 덩어리라고 오해하는 그들에게 너의 가슴과 심장도 그들과 같은 피가 흐르고 있음을, 또 따뜻함을 그들의 가슴에 확인시켜 주어야 한다. 그리고 그들에게 대우도 그 전보다 월등한 대우를 해 주어야 한다. 더 잘해줄 이유는 너를 위해서보다는 너가 그들을 박대하면 그들은 이젠 회개할 기회도 없는 스스로 파탄에 빠져 너까지 자동으로 파탄된다.

여기에서 오해 말것은 그들이 너를 파탄시키기 위해서가 절대 아니라는 것이다. 포용과 포용력이 없는 네놈이 문제인 것이다. 너에게 있어서 말더듬은 말썽 많았던 자식보다도 바람 피웠던 마누라보다도 외입했던 남편보다도 너에게 화염병을 던진 근로자들보다도 훨씬 더 괘씸하고 원한이 사무친다. 너는 이때가 너와 세상 인류가 조물주에게 가장 큰 영광과 성공을 창조할 기회다. 이런때 너에게 창조 의지를 발휘하라고 조물주와 세상과 인류는 기다리고 있는 것이다.

14

너가 이 세계 최초의 행동 의지 창조자가 되어야 할 이유를 좀 더 행동으로 확인하자. 노골적이고 神的으로 확인하자. 자식은 또 낳을 수도 있다. 마누라도 다시 얻을 수 있다. 남편도 다시 얻을 수 있다. 종업원들도 다시 구할 수 있고 회사도 다시 만들 수 있다. 너의 말더듬은 일생에서 다시 맞이 할 수 있겠나? 대가리 思考의 노예인 세상 인류의 통념으로는 "세상의 무슨 논리가 이럴 수 있겠소?" 하겠지만 이런 자들이 있다면 그런 자들은 평생 대대로 자기 思考의 노예에서 벗어나지 못할 자들이다.

너가 너의 의지에서야 말더듬을 확인하지 않았지만 너의 의지는 얼마나 많은 세월을 의식과 달리 반대로 저항 속에서 희생 하면서 도약을 바라고 달변에의 예리한 칼날을 연마해 왔던가? 너가 지금까지 살아 오면서 너의 의지와 행동을 너의 그 말더듬보다도 더 제약한 대상이 있었나? 너의 아내나 자식이나 남편이나 사업이라도 그 어떤 것이라도 너의 말더듬 이상으로 오랜 세월 동안 너의 의지와 동작을 그토록 예리하게 연마시켜 준 것은 없었고 앞으로도 있을 수는 없다.

15

너는 너의 이 말더듬 하나 포용과 포옹이 너 자신은 물론 자식도 아내도 남편도 회사도 종업원들도 민족과 국가는 물론 세계까지도 다 포옹하게 되는 것이다. 너에게 그토록 나빴던 것도 너가 포용하는데 이 살기 좋고 아름다운 세상과 인류를 포용 못할 리가 없는 것이다.

필자나 너가 좀더 일찍 이런 차원을 의식과 의지와 몸으로 체득할 수 없었던 것을 세상과 조상들에게 감사해야 한다. 왜냐 하면 너와 필자가 이 나라와 이 민족과 세계 인류에게 창조주의 대행자로서 봉사 행동을 의지로 행할 수 있도록 기회를 만들어 주었기 때문이야. 그러면 다음장 부터는 너의 말더듬을 어떻게 포옹해 줘야 하는지 의지와 행동으로 확인하되 神的으로 확인 하자.

020
포용 · 도전 · 파괴 · 창조

01

너는 너의 말더듬 의식을 조금만 더 진실로, 조금만 더 일찍 포용했어도 그토록 많은 세월과 정력을 헛되이 소모하지는 않았을 것이다. 너는 그래서 재산을 더 쌓았다는 것이다. 피땀과 눈물을 바치지 않은 영광은 결코 영광일 수 없고 불명예 일 뿐이다. 너가 지금까지 말더듬 의식에게 그토록 오랜 세월 동안 잘 못할 수 있도록 해준 그 말더듬 의식, 또 초지 일관의 집념과 행동 의지의 집착이 너로 하여금 이 사회와 이 국가에서 너를 위대하게 만드는 재산이 될 줄을 너가 이제야 알게 되었을 것이다.

너에게 너무나 오랜 세월 동안 잘못했던 말더듬, 이웃과 민족에게 너무나도 고의적으로 인간 행동을 포기하게 했던 말더듬. 인생으로 태어나 누구나 다 자기 장래를 설계하고 또 목적과 목표를 정하고 그것을 성취하기 위하여 나름대로 자기를 불태울 수 있는 인간으로서의 기본 생존권과 창의력까지 송두리째 앗아가 버린 말더듬에게 너는 잘못을 했어도 너무너무 잘못했으니 너는 이제부터 노골적으로 사과를 해야 한다. 사과도 일대일의 사과나 숨어서 하는 사과는 아무 소용이 없다. 모든 세상 사람들 앞에서 공개 사과를 해야 한다. 그 숱한 세월 동안 잃었던 너의 것을 모조리 사그리 싹쓸어 먹는 것이다.

02

　의지와 동작이 없는 오직 의식뿐인 사고에게 정면 도전하여 인생의 가장 기본 무기인 언어를 사용하지 않고 사람들 앞에서는 무조건 표현을 거부해 버려. 동물과 별차이 없이 생활해온 너 思考의 말이라면 무조건 어렵다, 막힌다, 망신 당한다는 등등의 의지와 동작의 정면 거부로 발음을 하지 않아 너의 뇌[思考]는 옛날부터 표출을 하지 못해 쌓일대로 쌓여서 너의 의지와 몸에게 불만이 많다. 너의 의식의 불만을 너의 의지와 동작은 포용해 줘야겠나, 무시해 버려야 겠나? 의식은 시간과 공간을 초월한다. 그런데 의지와 동작은 시공을 초월할 수 없다. 피땀이 반드시 있어야 한다. 지금까지 둘이 싸운것 만으로도 너의 세계가 결딴나 버렸는데 또 싸우겠나, 포용을 하겠나?

　책이란 행동 과정과 모험이 없이 한자리에서도 다 읽어 버릴 수도 있기 때문에 독서만 하는 자는 어느 누구라도 의지와 동작은 사고에 예속되기 마련이다. 그래서 이 책을 읽는 여러분들도 즉시 향상된 의식은 손가락 하나 발끝하나 움직이지않는 자기 행동과 자기 의지에게 세상의 별천지를 요구한다.

　세상살이가 절대 힘든 것이 아니다. 의지와 동작에게 時空 초월을 요구하는 의식을 포용하고 포옹헤서 사과하고 달래야만 의지와 동작이 시공을 창조하기 위해 표현하고 행동하는 것에 예속된다. 방탕한 자식과 마누라와 남편을 그리고 분쟁을 일으켰던 근로자들을 개 잡듯, 돼지 잡듯, 뱀을 때려 죽이는 식같이 대했으니 그들이 너의 평안과 성공을 가만히 방관하고만 있겠나? 너를 순식간에 망할 수 있게 하는 그들을 너는 이유 없이 포옹해 달래야 한다. 왜 달래야 하나?

03

못된짓 했던 자식놈은 너에게 무엇이 옳은 일인지 자기가 어떻게 해야 좋아지게 되는지 훤하게 알고 있다. 더욱더 나빠질 방법도 잘 알지만 너에게 효도할 준비도 다 되어 있다.

파업을 일 삼았던 근로자들도 자기들이 어떻게 하면 회사가 발전할 수 있다는 것을 훤하게 알고 있다. 회사를 더욱 망하게 하는 방법도 잘 알고 있지만 또 회사를 위해서는 월급이나 보너스까지도 반납할 용의도 가지고 있다. 그런데 문제는 그들이 아니라 그들을 포용하고 포옹하지 않는 너에게 있었다. 범인은 너였다. 너는 그들에게 조물주로부터 받아온 의지와 동작으로 무조건적 포용과 포옹이 없어서 그들은 너의 따뜻한 가슴을 요구하고 있다. 말더듬 의식을 너는 이제까지 한번도 포용하지 않고 포옹해 주지 않았으니 그놈이 너에게 지금도 얼마나 반발을 하고 있나? 이 자식아, 포옹해 달라고 그렇게 발버둥치는데 네놈의 새끼는 개잡듯, 돼지 잡듯, 뱀을 때려 잡듯 대했으니 얼마나 승부 없는 전쟁에서 환장하게 헛지랄을 많이 했어? 그러니 이제 필자가 네놈의 새끼를 개 잡듯, 돼지 잡듯 안할 수 있겠어?

지구에 인간이 태어난 이후 너라는 세계 최고의 강자를 개 잡듯, 돼지 잡듯 해줄 수 있는 자가 이 세상에 있을 수 있겠나, 없겠나? 네놈이 아무리 바란다고 할지라도 네놈과 똑같은 육체를 가지고 태어난 인간으로서 네놈에게 그렇게 대하면서 이끌어 줄 수 있는 자가 인류 역사이후에 한명이라도 있었다면 필자는 필자 말에 책임을 진다. 단연코 필자 목이라도 떼어 준다.

04

다시 한번 더 강조하지만 이 세계의 전 인류가 총칼을 들고서 너를 쏘아 죽이겠다고, 찔러 죽이겠다고 하더라도 네놈을 움직이지는 못해. 네놈의 목숨은 죽겠지만 네놈의 神的인 의지를 움직이지 못한다 말이야. 이 천하에 ○○○○○ 의 새끼야, 너 같은 놈에게 필자의 자랑이 아니야. 미래에도 네놈의 심리와 의식을 수용 통찰하면서 네놈 새끼의 행동까지 포용하고 포옹해 줄 수 있는 자는 태어날 수가 없다고 장담한다. 임마 ! 이유없이 너를 포용하고 포옹해. 태어나서부터 지금까지 너의 의지와 동작을 한번도 달변으로 속시원하게 터뜨려 보지 못한 네놈의 의식과 심리는 웬통 달변에의 불꽃과 용암으로 꽉 차 있다. 순식간에라도 폭발해 버리고 말것 같은 너의 의식과 심리는 지금쯤은 어떻게 해야 네놈의 능변과 달변으로 재창조 될 수 있는가를 어렴풋이나마 감지하게 되었다.

너는 이제부터는 네놈의 말더듬과 대립하지 말고 포용과 포옹만 해 주어라. 너를 망치게한 자만이 반드시 너를 성공시킬 수 있는 것이다. 성공의 열쇠(Key) 역할은 매우 간단한 것인데 한집에서 어차피 공존 공생할 부부가 서로간에 Key를 잡고 있었기 때문이었다. 어느 한쪽이 다른 편을 포용하고 포옹해 주는 것이 희생인 줄 아나 ? 오직 강자만이 할 수 있는 특권이다. 너가 너의 자식이나 애인이나 아내나 남편보다 근로자들보다 힘이 더 있다해서 강권 발동해 보라. 사이만 더 벌어져서 발동할 때부터 끝날 때까지 또 끝나서도 후유증이 없넌가 ? 나아가서 다음에는 나무토막이 되던가, 안 되던가 ?

05

그러나 한쪽이 상대를 조건 없이 우주같고 바다같은 가슴으로 포용하고 포옹해 보아라. 너에게 상대방은 몸과 간까지도 다 빼주고 하나뿐인 목숨까지도 기꺼이 던져 준다.

여기에서 우주 같고 바다 같은 포용과 포옹의 동작이 약자인가 ? 또 네놈에게 안겨서 몸과 목숨까지도 다 바쳐 주는 자가 꼭 약자란 말인가 ? 그렇다고 해서 아무거나 다 어떤 자나 모조리 포용하고 포용하라는 것이 아니야 임마！ 너는 지금까지 살면서 네놈의 가족보다도 더 가까운 말더듬을 단 한번이라도 포용하고 포용해 준 일이 있어, 없어？ 뭐？ 임마！ 없어？ 그런놈의 새끼 주제에 말더듬을 어떻게 정복해？ 뭐 달변을？ 이 자식아！ 뭐 달변이 무슨 상품이고 장난감인줄 아나？ 돈으로 물질로 사는 것인줄 아나？ 너같은 놈에게서 어떻게 달변이 터지겠나？

의지의 행동은 도둑놈같이 살면서 대가리 思考의 뜻대로 달변을 원해？ 너는 너의 말더듬에게 잘못을 해도 너무너무 오랫동안 잘못을 많이 해서 네놈의 현재 의식만이 아니고 네놈의 잠재 의식과 무의식에까지 너무나도 많이 소문이 퍼져들어 갔어. 너무나도 많은 상처를 받았어. 그렇게 깊숙히 깊숙히 상처받은 거대한 말더듬이 현재 의식에다 사과하고 포용하고 포용한다서 그렇게 어마어마하게 커다란 네놈의 잠재 의식과 무의식까지의 상처가 얼씨구나 반갑다고 나올것 같나？ 임마, 병 같으면 수술해서 상처 꿰매고 보호하면 금방 낫는다. 그래도 네놈 새끼의 잠재 의식과 무의식과 심리 깊숙한 곳까지 치명상을 받어버린 상처가 그때의 고통이, 그기억이 이 세상에서 어떠한 걸로 낫게 할 수 있냐 말이야.

06

세상에서의 생활과 교육이나 연구는 전부다 현재 의식에서 이루어진다. 그런데 잠재 의식과 무의식까지 포용하고 포용해서 정복해 낼 수 있는 자가 이 세계 어디에 있겠는가？ 현재 의식이라는 사고의 노예자가 말더듬 경험이 있다 해서, 지도한 경험이 있다해서 잠재 의식과 무의식까지 정복한 자가 이 세계 역사에 단 한명이라도 있어본 일이 있었나？ 또 있었다면 인류 앞에서 장시간씩 강연을 하는 자가 이 세계 어디에 있는가？ 이 세계의 어디에가도 자기 집에나 아니면 게딱지만한 장소에서 사람 두서너 명씩 대하면서 잡담같이 지도하는 방식이나 발음 따위로 인류 앞에 설 수 있는 달변가가 되겠다고 또 환장할테야?

전쟁에서 최전선을 수색하던 첨병이적의 관측병 몇 명을 죽이고는 전쟁에서 승리했다고 날뛸 수 있나? 현재 의식에서 말 몇마디 되니까 그것이 성공이냐? 진짜 전쟁 승리는 지휘 본부까지 완전히 소탕하고 지휘관의 기(旗)까지 손에 넣고 적국으로부터 완전히 항복을 받아내야 진짜 승리인 것이다. 현재의 의식에서 뇌세포 몇 개 점령 하는 것, 그런 썩어빠진 차원의 노예들이 어떻게 잠재 의식을, 무의식을 이해할 수 있겠으며 또 정복은 감히 상상할 수나 있겠는가? 神的인 본론은 너의 현재 의식만이 아니라 잠재 의식과 무의식까지도 일치 상태에서 항상 창조 의지의 발음이 행동으로 한두 마디 표현이 아니라, 다섯마디 열마디만의 겨우 표현이 아니라, 사람과 환경을 전혀 구애받지 않고 백 명이건 천 명이건 세계의 전인류 앞에서라도 모든 세상의 인류를 포용하면서 한 시간 두 시간만이 아니고 하루 24시간 전부라도 사자의 포효같은 발음이 네놈의 주둥이에서 폭포수같이 표출되어야 한다.

07

앵무새같이 말 연습이나 교육시켜서 되풀이하게 하는 것이 의식 정복이 아니다.

말더듬에 있어서 교육이나 연습은 절대 창조가 아니다. 앵무새는 교육 받으면 교육 받은 것만 말을 한다. 그런데 말더듬이는 아무리 교육하고 연습해도 사람 앞에서는 안되지 않던가! 평생을 너, 말더듬이로 교육 받으면서 연습하면서 평생 실패 할테야? 아니면 세계 최초로 필자에게 13박 14일간의 피·땀·눈물 바치고 神的인 의식 정복을 해서 평생 달변가가 될테야? 네놈이 그토록 몇년 몇십년간 감추었던 그 깊고도 깊은 잠재 의식과 무의식까지 필자가 잡아 먹어야만 네놈은 의식을 정복하게 된다. 쓰레기와 세균은 반드시 털어 내고 햇빛에 쬐어 살균을 해야 한다. 고름도 칼로 째고 드러낸다. 비밀과 보물은 분명히 감춘다. 어느땐가는 드러나는 것이고, 또 들어내서 써먹기 위한 것이지만 너의 그토록 지독할 정도로 생명을 걸고 철저히 감췄던 그 말더듬은 분명히 너에게 얼마나 큰 보물이기에 세상의 어떤 보물이라도 그 어떠한 비밀보다도 더욱 철저하게 감췄었다. 감춘 이유가 뭐야? 정치 문제, 세상 문제 감추는 것이 영원히 감추어지던가, 나중에 드러나던가? 포용하지 않고 감추었다가 나중에 드러나면 그 여파가 더욱 크던가, 작던가? 네놈의 새끼도 지금까지 그토록 오랫동안 싸 덮으면서 감추었던 이유가 있어야 할 것 아니야? 그렇게 감춘 이유가 뭐야? 알았어 임마. 그렇게 감춘 것이 고스란히 사라질 줄 알았더냐?

08

세상의 모든 범사는 감추고 죽고 시대가 바뀌면 사라질 수도 있다. 그런데 네놈의 말더듬은 감추고 감추니까 1년이 가고 5년이 가고, 10년이 가고, 20년이 가니까 사라지던가? 의식 정복 못하면 무덤까지 따라가는 것인데 왜 이 자식아 쓸데없이 여기저기 외국까지 돌아다니면서 현재 의식에다 부스럼만 만드나? 네놈의 새끼가 30년, 40년, 50년, 60년, 70년, 평생 말을 더듬으면서 세계 각국의 교정소 따위들을 돌아다닌다고 네놈의 잠재 의식과 무의식이 정복 되더냐 말이야? 쓸데없이 현재 의식을 긁어 부스럼 만들지 말라. 너의 그러한 행동은 더욱더 부스럼의 씨앗으로만 잉태시키는 것이다.

술집의 호스티스나 창녀나 남창인 제비족 녀석들이 화장하고 미끈하게 단장하고 다닌다서 그들 몸속도 깨끗하고 아름다운가? 오직 그들의 화장과 단장은 더러움일 뿐이다. 그들이 화장하지 않았다서 그것이 아름다움인가? 그런 미친년들과 그런 미친놈의 새끼들에게서 아름다움은 무엇인가? 행동도 생활 터전도 영원히 바뀌어 버려야 한다. 단속망을 피하고 숨는 따위는 우리의 5천년에 머저리 조상들과 똑같이 오히려 더 그 쓰레기 생활에 매이는 것이다. 너는 이젠 그만 감추고 보따리를 풀어서 모조리 날려 버릴 때가 되었다. 네놈이 어려서 친구 사탕하나 훔쳐 먹은 것도 지금까지 기억하는 의식인데 몇년, 몇십년씩 학대하면서 차곡차곡 쌓아 저장한 그 부채더미 그 말더듬 산더미를 너의 몸에다 짊어지고 어떻게 달변이 나오겠나? 다행히 그 많은 부채를 달변으로 풀어 먹을 수 있는 神的인 창조자로 바뀔 때가 왔다.

09

창조주와 같은 창조 의지를 무한정으로 소유한 너는 무한정으로 쌓아 놨던 말더듬을 이제 무한정의 달변으로 헐어내는 달변 창조의 명수로 바뀌는 것이다. 쌓아 놨던 말더듬 더미에서 한 톨도 허비하지 말고 모조리 헐어내 이 세상 인류에게 달변으로 나누어 주어야 한다. 이렇게 엄청난 보물을 감출려 하면 너는 즉시 불안과 죄의식에 빠진다. 네놈의 새끼 부인할 수 있겠어. 감추는 자는 결점이, 비밀이 세상에 드러날까 봐서 말이나 행동이 자신있게 돼, 안돼? 사람과 세상에 자신있게 나설 수 있어, 없어? 감추던 것을 모조리 털어 내버려야 결백하고 떳떳하게 몸도 의지도 쭉 펴서 세상을 활보하게 된다. 너는 이제까지의 너의 감추었던 의식을, 털어내는 너의 의식을 너의 의지와 행동이 사람들 앞에서 공개하고 포용하면 할수록 포용까지 하게 된다.

너는 이와같은 사실을 오직 의지의 행동 창조를 통해서만 확인하게 된다. 네놈의 의식은 너의 행동을 확인하고서 어안이 벙벙해지게 되나, 너의 의지의 행동은 그때부터 분기한다. 너를 너가 무제한적으로 감싸주어야 한다. 타인들이 너에게 해주는 칭찬의 말은 그때부터는 독소가 되는 것이니 추호도 기대해서는 안된다.

의식 정복 과정에서 살인적이라고 할 수 있는 독소는, 타인에 대한 기대와 타인으로부터 오는 칭찬이다. 너는 명심하라. 세계 인류 전부를 다 네놈이 책임 져줄 놈이야. 조물주의 창조 원리는 흙에서 나온 세상 만사는 창조의 근본인 의지 행동이 포용하면 모두다 안기게 되어 있다.

10

아무리 퍼붓던 者도 품에 안겨서는 감추었던 것까지 다 털어내 버린다. 오래전 옛날부터 너에게 안겨서 세상과 인류에게 마음껏 사자후를 터뜨리고자 했던 너의 의식이 그토록 두렵고 무서워서 회피하고 도망다니다가 이제 막다른 절벽에 부딪쳤다. 최후의 절벽에서 최후의 동작으로 강력한 분기가 이루어진다. 도망만 다니느라고 너무나 도전과 행동을 하지 않은 너, 이젠 의지의 화를 내고 피를 쏟아라.

너무나 행동을 안했잖아? 너무나 말을 안했잖아? 너무나 참기만 했잖아? '되는 것을 안한 것이 아니다'라고 하겠지만 이것은 사고이다. 의지의 동작으로 상황에 부딪히면 동작을 통해서 개념 변화와 함께 사고는 비상한다. 행동하는 의지, 모험하는 행동, 창조하는 행동에 포용 안될 대가리 사고는 없다. 네놈의 사고는 너에게 그걸 바랬다. 그러나 너는 네놈의 대가리 사고와 네놈의 의지와 몸마저도 너무나 실망 시켰었다. 그러니 네놈이 네놈을 좋아할 수 있었겠나?

최후의 결과까지 그렇게 많이 보고도 아직도 발동하지 못하는 너. 오직 모험하는 방법밖에 없는 것이다.

11

네놈이 진짜 최후의 결과에 부딪쳤건, 아직까지 최후의 결과를 경험하지 못했건 인생으로 태어나 **최후의 결과를 빨리 맞이해서** 달변의 경지로 들어 섰렸거든 피땀과 눈물은 물론 목숨까지 각오하고 죽을 각오로 필자에게 도전하라. 죽을 각오를 안하겠다는 놈들은 평생 필자 앞에 나타나지 마. 말더듬만 꽉 껴안고 무덤까지 가면 되니까, 그러나 뒈질 각오로 오는 놈들은 필자가 네 놈들을 죽이면 세계 제패를 어떻게 하겠나? 네놈의 주둥이도 이민족과 세계 인류에게 사자후를 터뜨릴 입으로 짜—악 찢어주리라.

네놈의 신적인 의지 창조 행동이 하늘 끝까지 찌르고도 남을 것이다. 네놈 새끼의 목소리가 대한 민국 땅 덩어리를 울리고 세계 인류의 귀창까지 때릴 수 있도록 네놈의 혀까지 쭈~욱 빼 놓으리라. 터뜨려라! 터뜨려라! 네놈의 목소리가 대한 민국이 진동하도록 ……. 광란하라! 광란하라! 네놈의 행동이 전 세계 인류을 분기시킬 수 있도록 …… 뚫어 버려라! 뚫어 버려라! 우리나라 전 국민의 심장과 폐부가 확 뚫리고 창자 속까지 확 뚫리도록, 기뻐하라! 기뻐하라! 너에게 주어진 이세상 모두다 너의 것인데 네놈 것이 아닌 줄 알고 도망만 다녔었지 않나? 으하하하~ 으하하하~. 웃으면서 도전하라.

세상은 알아야만 이기는 것도 아니다. 세상은 돈이 있어야만 이기는 깃도 아니다. 세상은 명예가 있어야만 이기는 것도 아니다. 세상은 권력이 있어야만 이기는 것도 아니다. 세상은 힘이 있어야만 이기는 것도 아니다. 세상은 믿음이 있어야만 이기는 것도 아니다. 세상은 건강이 있어야만 이기는 것도 아니다.

12

그러면 뭐가 있어야만 이기나. 이 천하에 ○○○○○ 쌍놈의 새끼야. 이 새끼야. 생명을 걸고 잘 들어, 이 새끼야. 세상은, 세상은 이 세상은 말이다. 봉사의 말과 봉사의 행동이 강해야 이긴다. 이 지구와 이 우주를 확 뚫어버릴 정도로 강해야 된단 말이다.

오직, 오직, 오~직 행동 강한 자가 처음부터 최후까지 이기는 것이다.

그런데 너는 이젠 발음과 동작이 신적으로 강하게 될 터이니 이 세상이 누구 것이 되겠나? 말과 동작에 한이 맺힐대로 맺힌 놈은 이 지구 위에 너 말고 누가 있나? 하늘과 우주와 땅위와 땅속과 10차원의 세계를 뒤집어 봐도 너처럼 말을 못하고 행동을 못하여 말과 행동에 한이, 한이, 한이 많이 맺힌 놈은 없다. 미쳐라! 미쳐라! 말과 동작을 못하여 머리 끝에서부터 발 끝까지 한이 맺힐대로 맺힌 네놈 새끼가 미치지 않고 어떻게 이 세상과 인류에게 푸—욱 빠질 수가 있겠나? 미치되 이 새끼야 철저히 미쳐라! 철저히 미쳐!

몇 년간 몇 십년간 폭풍우 속을 계속 헤매이지만 풍랑은 더욱 거세어져 배가 난파되기 직전이다. 지칠대로 지쳐버린 너의 이런 상황에서 미쳐야만 새로운 힘이 솟아나 폭풍과 풍랑을 겁내지 않고 제대로 키를 잡는다. 어차피 바다에 떠있고 태풍과 풍랑을 피할 수 없는 너, 이제 부턴 제대로 키를 잡고 태풍과 풍랑에 강력하게 도전하라. 어리석은 선장은 망망대해에서 피할 수 없는 폭풍과 풍랑으로부터 너처럼 도망치다가 배와 함께 몰사한다. 망망 대해에서 폭풍과 풍랑 앞에 도망하면 폭풍과 풍랑이 뒤에서 배를 때리고, 옆에서도 배를 때려 순식간에 배와, 배에 탄 모든 사람은 침몰되어 버린다.

13

배는 물도 바람도 폭풍도 정면에서 받아 넘기게 돼 있다. 세상 만사 우주 법칙이 정면 대결로 부딪치고 싸우게 되어 있다.

사람도 앞을 보고 정면에서 눈을 응시하면서 모든걸 다 봉사하고 정복하게 돼있다. 배나 사람이나 도망치다가 꽁무니와 측면 공격 받고 침몰 안되는 예가 없다. 언제나 폭풍우와 풍랑은, 이 세상에서 그 누구보다도, 여하한 기상 전문가보다도, 예언자보다도, 점쟁이보다도, 더 잘 예측하여 도망가기 명수였던 너. 그래, 이 새끼야! 그렇게 도망 잘 다니니까 지금은 폭풍우와 풍랑을 이길 수 있어, 없어? 뭐? 이길수는 없고 또 도망갈 수는 있다고? 이 새끼야 지금까지 그렇게 많은 세월 도망다니고도 부족해서 더 도망다녀? 살인죄를 범하고도 15년만 도망다니면 죄가 소멸된다. 도둑질 하고도 7년만 도망다니면 죄가 소멸된다. 너 이 새끼 솔직히 말해봐라. 너가 7년만 도망다녔었나? 아니면 15년만 도망다녔었나? 뭐? 이보다 더 도망다녔다고? 누구 물건을 훔쳐서 그렇게 도망다녔나? 누구를 죽였기에 그렇게 도망다녔나? 누가 그렇게 너를 쫓던가? 피해자가? 어떤 피해자가? 경찰이? 검찰이? 아니면 전 국민이? 누구냔 말야? 누가 너를 쫓았어? 필자가 세계 최초로 네놈 새끼 뒷 조사를 자세히 해 봤지만 네놈을 쫓는 자는 이 세상에 하나도 없었어. 앞으로도 있을 수가 없어. 그리고 네놈 새끼가 훔친 것도, 살인한 것도 없었어. 네놈 새끼가 그렇게 두려워 했었던 이 세상과 인류는 네놈에게 전혀 관심도 없었다.

<h1 style="text-align:center">14</h1>

그런데 너는 훔친 것보다도, 살인한 것보나도 더욱디 철저히 불안한 마음과 태도로 도망다녔다. 차라리 죄라도 짓고 도망다녔다면 그건 희망이라도 있다. 잡혀가서 콩밥 먹고 나오거나 또는 도망다녀도 시효 기간 지나가면 끝나버리니까, 그러나 너는 그렇게 많이 도망 다녔으나 아직도 도망은 끝나지 않았고, 지금도 도망 다녀야 하고, 오히려 도망다닐 소재가 더욱더 커져 버렸어. 참으로 원통한 일이로다. 도망이 그렇게 좋나? 그렇게 도망이 좋더냔 말이야? 이 도망 박사 새끼야. 너를 그렇게 도망 시킨 범인은 바로 너의 말더듬 의식이었고, 네놈의 의지와 몸뚱이는

전적인 협조를 했다. 즉 네놈 대가리 의식은 주범이고, 의지와 몸뚱이는 공범들이었다. 자식들, 기분대로라면 네놈의 의식, 의지, 몸뚱이지만도 즉결처분해 버리고 싶지? 아서, 이 지식아 아서, 너가 죽으면 너에게 맡겨진 이 나라와 이 민족과 이 세계는 어떡하고? 너가 이나라와 이 세상의 주인이 되게 해줄 터이니 너 자신에 대하여 함부로 평가하지 말라. 너와 인류는 자신들에 대하여 평가하고 판단할 자격이 없다. 신적인 의지와 의식 확립도 아직 안되어 있잖아?

현대 인류는 안 더듬이들을 포함하여 누구나 다 결코 쉽게 치유되지 않는 질병들을 가지고 있다. 정말 심각한 사실로서 인류는 예외 없이 자신만이 심각한 질병을 앓고 있다는 확신들을 가지고 있다. 이 사실 앞에는 어느누구 한 사람도 예외일 수가 없다는 사실은 인간들은 모두 다 운명 앞에서 환자가 아닌 사람이 없기 때문이다. 또, 운명 앞에서 필연적으로 환자일 수밖에 없다는 사실은, 역사 앞에서 피해자가 아닌 자가 있나, 없나? 이것 역시 부인할 자 없이 우리 인류는 모두다 역사 앞에서 피해자들이다.

15

이 역사 앞에서 피해자들인 인류는 모두가 이제 곧 난파하려는 배에서 우왕좌왕하고 있다. 이 가운데서도 너는 요동이 더욱 심하다. 이런 세상에서 너가 세계 최고의 행동 창조자, 세계 최고의 행동 심리학자가 되어야 겠나, 안되어야 겠나?

유능한 선장은 망망 대해를 항해 중에 갑자기 폭풍우가 몰아오면 절대로 도망치지 않고 배를 돌려 폭풍우의 중심을 겨냥해 정면으로 항해한다. 폭풍우의 중심은 안전하기 때문이다. 아무리 지독한 폭풍우로서 파괴력이 강력하고 날개가 흔들려도 폭풍우의 중심부는 무풍지대로서 흔들림이 없다. 인류와 세상이 태풍에게 당하는 것은 전부다 태풍의 날개로 당하는 것이지 중심부로 당하는 것은 아니다.

　너가 도망가면 되겠나? 도망가는 자는 언제나 당하고 패하게 되어있다. 도망간다는 그 의식과 행동 자체부터가 이미 불행과 실패에 커다란 서비스이기 때문이다. 절대로 이기거나 성공할 수 없다. 대자연 앞에서나, 인류 생활 앞에서나, 전쟁에서나, 사업에서나, 개인과의 경쟁에서나, 스포츠에서나, 도망가는 자가 잘 되는 것 봤나? 잘 될수 있나? 너는 왜 도망만 다니나? 왜 정면 대결을 안하나? 왜 못하나? 정면 대결하면 너가 전부 다 이길 수 있는데 말이야. 정면 대결만이 신적인 너의 창조 의지가 발휘된다. 하늘도, 자연도, 사람도, 동물도, 정면 대결을 통해서 발전하고 승리하게 되어있다. 흙의 속성인 네놈 대가리의 思考는 항상 정면 대결을 반대한다. 왜냐하면, 언제나 파괴하는 것이 목적이니까. 정면 대결은 심장과 심장의 대결로서, 혈기도 왕성해진다.

<h1 style="text-align:center">16</h1>

　이 세상 인류여! 그리고 이중에 1억 8천만 명의 말더듬이들이여! 너희들이 도망 다니는 이유가 뭐냐? 폭풍우 영역에 들어온 배, 태풍권에 들어선 배는 당연히 흔들린다. 이때 너는 자리를 지켜야 겠나, 우왕좌왕 해야겠나? 미풍만 불어도 혼비백산 했던 말더듬이 너역시 어떻게 해야 겠나? 그 배안에서 날뛴다고 안전한 곳이 있나? 이 상황하에서 인류와 너가 할 일은 두 가지 밖에 없다. 하나는 태풍권 밖으로 빠져 나갈려 하면 같이 몰살하기 십상이고, 배에 탄 사람들 역시 자리를 지키지 못하고 피난민 처럼 아비규환이 된다. 불안으로 인해 도전할 용기와 자리 지킨다는 책임감이 없어져서 침몰을 자초한다. 이런 자는 살아난다해도 다음의 태풍은 이겨낼 재간이 없다. 또 하나는 도전 행동으로 부딪히는 것이다. 생에 대한 의연한 각오가 세상 책임과 같이 서기 때문에, 자리를 지켜 침착하게 행동을 하게 된다. 이런 자만이

다음에도 폭풍우를 처리할 수 있게 된다. 솔직히 말해서 해안가에서 난파하려는 배에서는 사람들이 제자리를 지킬 수 없다.

그러나 너라는 배와 지구라는 배는 절대로 난파선이 아니다. 그런데 세상 인류도 물론이지만 특히 너는 해안가의 난파선에서 사람들이 제자리를 떠나듯이 너는 언제나 너에게서 떠나고 있어. 그래, 갈 곳이 어데야? 어데 가면 당장에 달변이라도 되어 잘 살 수 있어? 어데 다른 나라에다 숨겨논 애인이라도 있나? 어데 우주에다 숨겨논 현지처나 기둥 서방이라도 있나? 너 뿐만이 아니야. 온 세상 인류가 다 마찬가지야. 네 놈이 말더듬을 파괴하여야 하는 이유가 있다.

17

제자리를 못 지키는 이 많은 인류를 네놈이 책임져야 되는 거야. 머리에 피도 안마른 애숭이들이 정치 하겠다고 날뛰는 놈들, 스승을 못살게구는 피래미들, 조업을 거부하는 노동자들, 국민과 성자를 핑계대는 무식하고 무지한 정치가들, 거짓말을 밥먹듯 하는 교육자들, 전능을 핑계대는 성직자들, 진실 보도에 용기 없는 언론인들, 융자 받은 자금을 사업에 투자하지 않고 부동산과 주식에 꼬라 박는 자본가들, 정치적 투쟁을 일삼는 자칭 예술가들, 이따위 꼬라지들을 보고 있자니 네놈의 가슴이 더 터질 지경인 줄을 알어? 임마. 이런 치들도 다 네놈이 보호해 줄 우리 민족이니 주먹으로 대할 수 없다.

용암이 솟구치듯 하는 너의 사자후를 뿜어서 그치들의 가슴과 심장을 뻥뻥 뚫어주어야 한다. 가슴과 심장을 뻥뻥 뚫어주는 일을 누가 해야되나? 할 자가 이 세상에 누가 있나? 안 더듬이들 중에서는 말주변이 없고, 건강이 안좋아서 그렇게 할 자가 없다. 오직 너만이 적격이야. 너밖에 없어. 그런데 너는 도망가? 어데서 너를 맞이 한다더냐? 너 손으로 너 밥도 떠먹지 못하는 놈이

도망가서 장차 무얼 하겠다는 거야? 이 새끼야. 대한 민국이라는
황무지가, 이 세계라는 황무지가 지금 네 놈의 손길과 발길과
불길과 물길을 고개가 **빠질듯이**, 눈알이 **빠질듯이** 기다리고 있
는데, 이 새끼야, 도망가도 분수가 있어야지. 이만치 도망왔으면
됐지, 또 더이상 도망갈 곳이 어데야? 너 하나 때문에 5천년만에
필자가 이땅에 왔잖아?

18

'나는 말더듬이니까? 국가와 국민이 망해도 책임없다구~'
이 새끼 환장했어? 이게 말이야? 이 세상에 안 더듬이가 앞으로
너만큼 말 잘할 것 같아? 임마, 너 의식만 정복해봐, 이 세상
어떠한 안 더듬이라도 너의 말 솜씨 따라 오기는 커녕 흉내도
못내, 임마.

창조주가 애굽에서 종살이하던 이스라엘의 80여만 민족 가운
데서 어째서 살인하고 광야로 도망친 말더듬이인 「모세」에게
그 민족 전부를 맡겼겠나? 조물주가 심심해서 그랬겠나? 이
스라엘 민족 80만명 모두가 말더듬이인데, 그중에서 「모세」가
가장 덜 더듬어서 「모세」에게 시켰겠나? 어째서 안 더듬이들
중에서 시키지 않고 모세에게 시켰겠나? 이 세상 인류는 분명히
확인해야 한다. 이 세상의 안 더듬이들은 선부가 다 대가리의
사고로 말을 한다. 그러나 말더듬이는 아직은 의식을 정복하지
못한 자들이라도 의지의 가슴으로 말을 하려 하기 때문이다.
'모세'는 필자를 못 만났지만 너는 필자를 만날 수 있다는 것이
지구가 생긴 이후에 너에겐 최초의 영광인 줄 알라. 세상을 무
시해서가 아니다. 필자 죽으면 이 세상 어느 누구도 필자 모방도
못한다. 의식 정복은 모방에서 전수시킬 수가 없는 것이다. 지식
전달은 교사와 전문가들을 얼마든지 양성해서 세계에 많이 내보낼
수 있지만 노골적인 표현을 해서 필자가 자식 생산도 얼마든지

할 수가 있겠지만 세계 최고 의지 창조와 이 의식 정복만은 필자가 후계자를 만든다거나 전문가 양성은 해낼 수가 없다. 필자에게 와서 개개인들 성공은 할 수 있지만 말야.

19

사람이란 누구나 다 자기가 할 수 있는 특기가 있다. 지식이나 상식과는 전혀 다른 것이다. 이건 역시 창조주 속성 그대로이다. 남자건 여자건 20세 정도까지는 세상에서의 지식과 상식을 쌓고 20대 이상에서는 인류와 공존하기 위해서는 무엇인가 한 가지라도 기여할 수 있는 자기 할 바를 창조해야 한다.

남녀간에 미남 미녀가 만나서 가정을 갖게 되어도 젊어서 깨가 쏟아지는 기간은 며칠이나 몇 개월 뿐이다. 일하기 싫거든 뒈지라고 했다. 깨가 쏟아지는 생활도 의식주라는 기본이 결여 되면 비참하다 못해 개창난다. 처자들이 영양실조로 아사하는 건 순식간이다. 동물들과 가축들도 모두 다 일한다. 곤충도 다 일하지 않던가. 재벌들은 편한줄 아나 ? 재벌들은 많은 재원과 종업원들을 거느리기 위해서만도 자기의 사생활을 제대로 못 할 만큼 훨씬 더 많은 일을 한다. 근로자들 보다도 일을 안하는 경영인들은 뒈질 수밖에 없다. 일을 하지 않아서, 의지 창조력이 없어서 매년 망해 사라지는 기업인들과 회사들을 우리들은 주위에서나 매스컴을 통해 무수히 보고 있다. 인간이란 반드시 자기의 특기를 창조해야 한다. 그래야 30대, 40대, 50대, 60대, …90대, 100대까지 자기를 지켜주고 인류 공영과 후손들에게 기여할 수 있고, 자기의 의식주 생활과 건강과 정서가 보장된다. 그래서 세상은 특기도 많고, 업종도 많다.

20

창조주가 부여한 의지의 속성을 창조, 행동으로 개발해내지 못하면 그들은 세상의 교육과 상식과 경험을 통하여 어느 것이라도 할 수 있다. 농민도 될 수 있고, 정치가도, 군인도, 공무원, 교육자, 성직자, 법률가, 의료인, 체육인, 노동자, 상인, 기업인 등등 어느 것이나 할 수 있다. 그러나 특기는 다르다. 직업과는 다른 신적인 의지를 창조성으로 발휘하는 것은 지식과 경험으로 되는 것이 아니기 때문이다. 즉, 아무나 미국의 에디슨이 될 수는 없고, 아무나 영국의 처어칠이 될 수도 없고, 아무나 독재자 히틀러가 될 수 없다.

그러나 누구던지 신적인 의지 창조로 자기 의식을 정복하면 그 이상도 될 수는 있다. 지하에 흐르는 물맥을 잡듯이 자기의 신적인 의지를 자기만의 장점으로 창조해 내면 말이다. 이것도, 저것도 안되는 자는 뒈지지 않는 한 의식주 생활을 해결 하기 위해서 범죄나 깡패짓, 제비족, 창녀, 남창 등등 따위로 지하에 숨어서 인류에게 독버섯 짓을 한다. 이런 놈들은 가난하게 사는 방식으로 생활을 바꾸든가, 노골적으로 표현해서 뒈져버리든가 아니면, 세계 최초인 의지 창조 수련 받으면 세상에 주역으로 부상하게 된다.

너의 말더듬 파괴 목적은 무엇이냐? 인류의 가슴과 심장을 뻥뻥 뚫어서 인류 사회를 발전시키기 위해서냐? 아니면 애인들이나 능쳐 먹기 위해서이냐, 너 사신만을 위해서이냐? 필자는 목적을 물어서 인류 사회에 공헌하지 않을 놈은 수련비를 제 아무리 많이 준다해도 수련을 안 시킨다. 신적인 의지 창조 사명은 절대로 돈 몇 푼에 좌우 되지 않는다.

021
포용 · 도전 · 파괴 · 창조

01

자기 思考와 인류 문명에 예속되어 있는 현대 인류는 시급하게 자기 가치 기준이 바뀌어야 한다. 인간이란 조물주의 속성이기 때문에 의지 창조의 기준만큼은 시대의 변천과는 달리 항시 맥이 이어져야 한다. 시대가 바뀌고 또 바뀐다고 물의 맥과 불의 맥이 바꿔지지 않듯이 우리의 가슴과 심장의 표본 즉, 의지의 창조성은 시대를 초월하여 항시 불을 뿜어야 한다. 그러나 우리는 당대에 우리가 후세까지를 위해서도 열과 불을 뿜어야만 할 운명이었든지, 우리는 선대와 당대와 후대까지 책임을 져야 한다. 너의 열기와 너의 불길이 강력해야 되겠나, 빌빌빌 해야 되겠나?

그런데 너는 이제까지 부르짖는 건강에서부터 뿜는 열과 불이 하늘의 폭우를 이기는 것을 상상도 하지 못했고 가랑비나 이슬비만 내려도 식어버리고, 꺼져버리고, 동네 사랑방의 반응은 커녕 타인들과 눈만 마주쳐도 아니, 너 자신이 상상만 해도 열은 식어버리고 불은 깜박깜박거리면서 꺼져버렸던 것이다.

오늘날, 이 시대에서 너가 내는 열과 너가 뿜는 불은 어떠한 열이 되어야 하고, 어떠한 불길이 되어야 하겠나? 너가 죽을 때까지 너의 몸 전체에게서 항상 뜨겁게 열이 발산하고 너의 입에서 뿜는 불은 너의 이웃과 직장과 사회와 민족과 세계를 덥히고, 태울 정도가 되어야 한다. 이러한 열과 불이 되기 위해서는 언제나 조물주의 맥인 심장과 폐부의 의지에서 창조되는 열과 불이 발산하여 너의 머리를 불태우고 이슬비와 가랑비에도 안 꺼지고 폭우와 태풍에도 안꺼지고 활활 타야 하며 세상의 어떠한 저항과 소리라도 모조리 싹쓸이로 녹여 버려야 한다.

`02

적어도 세상 차원에서 식거나 꺼지지 않아야, 창조주와 의지의 맥이 상통하여 창조주 이름이라도 들먹일 수 있는 창조자가 되는 것이고, 창조주께 영광 돌리는 것이지. 너는 이슬비 하나 이기는 것은 커녕, 너 자신의 머리를 덥혀 올라오는 열도 낼 수 없으니, '창조주여, 대신 열을 좀 내주소서'하면, 그런 자는 창조주를 모독하는 것은 물론, 자기자신의 가치까지 타락시키는 자이니, 일하기 싫거든 먹지도 말라(돼지라)는 창조주의 뜻대로 일찌감치 사라져야 하는 것이지만, 그런 자들도 세계 최초인 필자를 거치면 강력한 창조자로 탄생된다.

가치 기준이 없는 현대인들, 도대체 가치관이 없는 현대 인류, 보고 듣는 것으로 가치 기준을 삼는 현대 인류, 思考의 속성이 가치관인줄 오판하는 현대인들, 문명의 예속 자체가 자기 인생 전부인줄로 오해하는 현대 인류, 국산 제품보다도 분명히 질이 낮은 외제 물거 하나에 자기 인생관까지 바꿔버리는 인간 쓰레기들, 정부가 바뀔때마다 정의의 기준까지 달라져야 하는 현대 인류. 이렇게 먹통같은 인류가 자기 思考에서 神的인 가치 창조를 해 내기란 시궁창의 유충속에서 잉어를 기대하는 것과 같다. 속 차려라.

이 세계를 제패할 보물 덩어리들아 ! 필자가 지금 머리에서 소리 하는 것 아니다. 가슴과 심장에서 불을 뿜는 것이다. 물론 세상의 인류는 동·서양인을 막론하고 각기 자기들이 갖추고 있는 긍정적인 힘과 능력을 과학적으로 평가하고 또 각각 자신들이 위축됐던 자아의 기능을 잘 파악하여 인간 관계에 필요한 사회적인 기법도 적극적으로 창조해 가면서 위축되지 않는 생활을 해 나가면 문명의 예속화나 만성화를 어느 정도는 예방할 수 있다. 그러나 이와같은 변화는 문자 그대로 검은 안경을 걸친 자가 검게 보이는 물체를 희게 보고자 하는 노력일 뿐이지 검은 안경이 하얀 안경으로 바뀐 것은 아니며 그보다도 가장 핵심적인 의지 창조는 전혀 노크도 하지 않는 것이다.

03

어째서 현대 인류는 진짜 알맹이는 그대로 고스란히 놔두고 가야 하는가? 껍데기를 먹고 알맹이 맛을 알 수 있는가? 천만에다. 껍데기를 먹고 알맹이 역할을 할 수 있나? 천만에다. 껍데기를 먹으면 껍데기 역할밖에 못해. 인류 역사 이후 지금까지 계속 껍데기만 벗겨 먹다가 드디어 이젠 진짜 알맹이를 먹을 때가 됐다. 세계 최초로 알맹이를 먹고 알맹이 행동을 해라. 세상과 범사의 가치 기준이 神的인 의지창조 기준이 아니면 언제나, 하루에도 부단히 바뀌게 되어있다. 그러나 자기의 가치관이 의지 창조에 의해 확인된 가치관으로서 강력하면 세상의 여하한 변화무쌍도 神的인 의지로 포용하여 재창조 발휘의 재원이 되는 것이다. 이와같이 의지 창조에 의해 의식이 정복되면 문명의 이기라는 안경 색깔에 의해 보는 눈이 달라졌던 너와 세상의 가치관이 이제부터는 안경에 의해서는 절대 가치 기준이 바뀌지 않게 되는 것이다.

예를 든다면 다윈의 진화론에 의한 인체의 가치 기준 인식은 매우 원시적이었었다. 처음부터 전혀 神的인 의지가 외면된 다윈의 학설이 하나의 개뼉다귀 같은 따위로 판명될 때 인류의 인체에 대한 가치 기준은 어떻게 바뀌어야 하는가? 다윈 보다 나은 가치관으로 전환 되어야 하는, 인류 의지의 부재인가? 인류는 神的인 의지 하나 인식 할 수 있는 지식과 지혜도 없어

가지고 다윈의 진화론이란 엉터리 박사 논문 따위들에다가 세계에서 자칭 일류 대학들이라는 이름으로 수백 명의 박사를 탄생시켰던 것이다. 어리석은 친구들 같으니라구. 세계 최초인 필자의 의지 창조 수련 받으면 이런 엉터리 즉 다수의 착오는 인류 사회에서 일어날 수가 없다. "말더듬 한가지만 해결되면 되는 데" 라는 어리석은 思考는 너의 말더듬을 평생 파괴하지 못한다.

04

말더듬 한가지 파괴를 위해서는 너의 인생 전체가 재창조 되어야 하며 너의 생활권은 물론 인류 전체에게 너의 행동 의지 능력이 발휘 되어야 한다. 너의 인생 전체가 희생 되었음을 오직 너만이 확인하고 있기 때문이다. 필자에게서는 절대 창조이지 예속은 없다. 창조가 아니고 예속될 자가 필자에게 올 수는 없다. 절대로 연습이나 교육이 없기 때문이다. 말더듬인 너가 예속이라는 현대 사회에서 희생됐는데 필자가 그러한 선조들의 무지와 무식을 어떻게 허락하겠는가? 神的인 의지 창조란 새로운 가치 기준이 어디까지나 가슴과 심장을 움직이는 의지로부터인데 여기에 어떻게 불도 열도 전혀 없는 차디찬 머리가 감히 낄 수 있겠는가? 너는 눈으로 보고 귀로 들어 머리의 思考로 몸을 예속했던 과정이 가슴과 의지로 부터 바뀐다. 오관(五官)의 질서가 바뀌고 발음의 질서가 근본적으로 바뀌어 버린다.

지금까지 너의 눈과 귀와 머리가 너의 심장의 피끓는 열과 불타는 의지를 얼마나 오랜 세월 동안 가슴 속에다만 축적하게 했던가? 축적했던 것은 분명히 써먹기 위한 것이고 또 써먹어야 한다. 분출구를 만들어 이걸 끌어내 써먹지 않으면 어떻게 되는지 아는가? 지금까지는 바다같이 넓은 가슴이라 다 받아서 축적은 했지만 피끓는 열과 활활 타올라야 할 의지가 입으로 머리로 발산되지를 못하여 가슴에 괴일대로 괴여서 이젠 유충까지 생기고 있어.

05

바닷물이 햇볕에 증발되어 수증기가 되고 비가 되어 지상에 내리고 또 산천을 씻어 바다로 들어가 또 증발, 이러한 순환 과정이 이루어지지 않는 것은 세상에서 말더듬이 하나밖에 없다. 대자연도 식물도 동물도 곤충도 문명의 산물도 모두 다 정확하게 순환 과정이다. 벙어리는 손짓 발짓 몸짓이나 또는 수화로 순환과정이 이행된다. 오직 너만 제외됐었다.

옛날부터 우리 선조들은 무식과 무지로 벙어리 행동, 귀머거리 행동, 장님 행동을 요구했었고, 또 이 세가지 행동의 유능한 자를 미덕의 극치로까지 칭찬했다. 이러한 무식과 무지는 현재도 가정과 사회에서 너무나 많은 세력으로 존재하고 있다. 남자라도 웃 사람에게 말대답 하는 자를 상놈으로 취급했다. 여자들은 시집가기 전부터 위의 세가지에 숙달되도록 했다. 왜 숙달되어야 했는가? 시집가면 무조건 벙어리 3년, 귀머거리 3년, 장님 3년. 도대체 이게 목석이야? 흙 덩어리야? 동물도 곤충도 하지 않는 이런 짓을 미덕으로 표창까지 했다나?(그러면 벙어리들은 평생 표창만 받느라고 자기 생활을 할 수나 있겠나?) 남녀간에 웬만한 나이가 되면 가슴 앓이가 없는 사람이 없었다. 또 가슴 앓이 즉 홧병으로 많이 죽었다. 개, 돼지도 마음껏 짖고 외치다가 가는데 말이야? 시어머니는 3가지에 능통하여 며느리들도 자기같이 만들고 또 며느리가 시어머니 되고 해서 참으로 짝자꿍으로 잘도 망쳐 먹었다.

06

화도 내고, 웃기도 하고, 마음껏 터뜨리기도 해야 가슴에 쌓이는 것이 없이 만물의 영장으로서 만수 무강에도 지장없는 인격 형성과 정서 발달이 되고 달변이 되는 것인데, 조상들은 모두 다 그랬다 치고 너까지 또 이게 뭐야? 그러지 않으면 그 조상들

후손 아니라고 할까봐서 꼭꼭 그 티를 내고 있나? 너는 그 3가지, 벙어리 3년, 귀머거리 3년, 장님 3년만 했어? 뭐 효자, 효부상 탈려고 3년을 훨씬 더 초과했어? 도채체 이 세상의 인류라는 작자들아! 너희들이 인간들이냐? 동물들이냐? 아니 이 동물만도 못한 이 허수아비들아, 서양인들은 대가리 思考의 노예, 동양인들은 思考의 노예에다 한 술 더 떠서 동물적 노예까지 되어 있었어. 너의 입이 좌~악 찢어 질려면 동·서양인들의 思考에 예속되어야겠나, 창조가 되어야 겠나? 창조할려면 썩은 찌꺼기를 버려야 하나, 썩은 찌꺼기로 해야 하나?

콩 심은데 콩나고, 팥 심은데서 팥나는데, 콩 심은데서 팥이 나고 팥 심은데서 콩이 나올 수 있나? 물론 현대의 유전 공학을 통하여서는 콩나무에서 팥도, 팥나무에서 콩도 나온다. 접목이라는 사고를 통해서 순간 형식은 얼마든지 가능하다. 유전 공학은 수직성의 사고이지, 너의 가슴과 창조의 의지는 아닌것이다. 동서양의 무지한 인류가 무지를 주장한다면 염색소가 다른 사람과 동물이 교접하여 사람을 낳았거나, 동물을 낳을 수 있나? 실험을 수없이 했지만도 어림 없었다.

07

말더듬피괴는 의지 창조, 神的인 의지의 가슴을 통해서 이루이진다. 지금도 너의 가슴은 끓고 있고, 입은 불을 뿜어 내기를 갈망하나, 너의 뇌[思考]에서는 적 신호이고 가슴의 의지는 터지지 않고 있다. 너는 의지의 화를 내라. 너의 가슴의 홧병도 터뜨려버려라. 의지가 터지지 않아 너가 지금 발버둥치고 있는 줄 안다. 너의 가슴과 입은 웬만큼 화를 내서는 절대로 터지지 않는다. 피를 토하되 웬만큼 토해서는 지금까지 참기만하고 행동하지 않았던 썩은 피가 모조리 나오지 않는다. 가슴이 후련할 정도로 화를 내고 피를 토해 내야 한다. 대가리 思考는 의지에게 맡기고 꺼져라.

이제까지 망쳐 먹었잖아. 임무 교대 이루어진 무진장한 행동 포용아래 현재 의식, 무의식, 잠재 의식까지 열과 불의 행동으로 날려 버려야 세계 최초로 의식이 정복되는 것이다.

너가 반드시 주둥이를 벌리겠다면 이하의 4가지 필자 명령에 생명을 걸어라

① 대가리 思考에 절대 집어넣지 말라. ② 절대 말 연습 하지 말라. ③ 절대 발음에 대하여 思考하지 말라. ④ 동서양의 무식과 무지에 예속되지 말라. 이상의 4가지에서 너가 빗나간다면 또 이상 4가지 사항의 반대를 너에게 요구하는 자가 있다면, 그와 너는 다같이 망하는 짓 이니 너와 그는 반드시 필자의 불에 구워져 의식 정복이 되어야 한다. 전통이나 나이 많다는 것은 조상들의 빌어먹을 백발의 표이지, 지혜나 창조의 표가 아니다. 우리나라 5천년의 역사가 창조 행동이 없었고 실적이 없었어도 그냥 세월이 가니까 나이만 먹었던 것이다.

08

말더듬이란 세상 입장에서 볼 때는 말하는 행동만 보이니까 보고 듣는 것으로 말해서 말더듬이다. 그러나 너의 입장에서는 표출되기 전 의식 문제로서 말더듬이란 의식 장애의 결과인 것이다. 즉 思考의 장애자여면서도 의지와 몸까지 예속하고 있기 때문에 가장 기본인 의식을 정복하기 위해서는 이 죽음인 의식이 공범 역할과 하수인 노릇을 했던 의지와 몸도 같이 영향을 받게 되어 똑같이 빚을 갚아야 새로운 발음을 하게 된다. 빚진 죄인이란 말이 있다. 사람이 제아무리 강자라도 빚을 지고 갚지 못하면 그 사람 어깨가 무거워서 늘어진다. 제 날짜에 빚을 갚지 못한 사람 어떻든가? 거기에다 독촉을 받게 되면 또 어떻든가? 거기다가 부도가 난다든가 해서 형사입건까지 되고 가산과 주택까지 차압되어 버려서 파산 선고. 도대체 빚지고 제 날짜에 이자나 원금을

갚지 못하면 어떠한 신세로 전락되는가를 우리는 많이 보아 왔고 또 보고 있다.

야밤 도주, 도망, 해외 도피, 징역살이, 징역살고 나오면 또 민사 재판으로 돌아가 평생 벌어서 갚아야 하는것도 보고 있다. 절대 형사 처벌로만 끝나지 않는다. 국가간에도 신용을 잃어 버리면 그 국가와 그 국민에게 미치는 영향은 실로 막대하다. 이와같은 현상은 빚을 갚지 않은 결과로서 이루어진다.

조물주의 뜻이나 인류의 속성이나 세상만사는 모두 다 빚을 지고 빚을 갚는 생활이다. 그런데 빚을 지고 갚는 神的 생활에서 한쪽이 어기면 즉 give and take 원칙에서 난리가 일어난다. 무형 세계나 유형 세계나 대 자연 현상에서나 식물 세계, 동물 세계, 곤충류와 곤충의 세계, 바다의 세계, 어데 할것없이 마찬가지이다.

09

이젠 좀 더 높은 차원으로 비약하자. 무조건적인 부모와 자식 간에도 창조주와 창조자간에도 반드시 이 원리는 엄연히 이행되고 있다. 하늘과 땅이 주고 받으며, 바다와 육지가 주고 받으며, 밤과 낮이 주고 받으며, 암컷과 수컷이 주고 받으며, + −가 주고 받으며, 유형체와 무형체가 주고 받으며, 강자와 약자가 주고 받는 등등 이 원칙이 이행되지 않는 것은 하나도 없다.

그런데 이 우주 천지에서 이 원칙이 깨진 곳이 딱 하나 있다. 그건 말더듬이다. 너는 왜 그렇게 많은 부도를 냈나? 언제 다 처리할려고 몇년간 몇십년간 하도 많은 부도가 쌓이고 쌓이다 보니 이젠 만성이 되어가지고 의식이고 의지고 몸이고간에 폭 발하기 직전이다. 한쪽이 처리해내지 못하면 너처럼 쌓이는 것 이다. 의식 문제는 안 더듬이들도 누구나 쌓이고 쌓이는데 현대 인류 힘으로는 의식 정복을 하지 못하여, 세계 최초로 필자가 최단시일 내에 처리 하기는 하지만 인류 스스로도 어느 정도는 자연 발생적인 본능으로 미약하게나마 처리되고 있다. 모난 돌은 정을 더 맞는다. 크게 될 놈은 매도 더 맞고, 시련도 더 많다.

산도 높은 산은 바람과 폭풍도 더 맞고, 높은 산에서 자라는 식물 역시 강하다. 전투에서 고지도 난공불락의 요새는 공격하기가 힘들지만 일단 점령하면 또 안전하다. 의지와 동작은 창조자가 안되어 있는데 월권으로 의식의 노예가 되어버린 너. 이젠 모조리 神的)인 의지 창조로 처리해야 한다.

입과 동작이 너무도 정체되어 버려서 퇴화될대로 퇴화되고 대가리 의식은 세월이 가면 갈수록 무한정 비상하여 의지와 동작에게 받을 것만 많아진다. 너의 가슴과 의지는 한(限)이 쌓일대로 쌓였고 응어리는 맺힐대로 맺혔다. 너의 한과 응어리는 암석을 부수는 정을 기다릴 시간이 없다. 바람과 폭풍도 기다릴 필요가 없다.

10

난공불락의 요새같이 공격자가 있어서 그 공격자에 의해서만 점령되어야 할 존재자가 아니다. 너의 의지의 창조 행동이 암석을 파괴하고 바람과 폭풍을 일으키면서 고고하게 썩었던 고지에서 빠져나와 입과 동작으로 세상과 인류에게 돌진하라. 절대 기다리지 말라. 기다리면 평생 공격도 못하지만, 창조 의지는 완전히 말살되어 빚만 늘어간다. 타인들의 대변을 절대로 기대하지 말라. 타인들이 너의 말을 대변하면 네놈의 주둥이는 썩는다.

세상에서 가장 강력한 달변가로 될 놈이 달변가도 아닌 안 더듬이들의 대변을 바라다니. 이 자식아 벙어리도 대변을 바라지 않는다. 거리의 지체 장애자들 많기도 많다. 그러나 거지들을 제외하고는 그들이 자기가 장애자라고 너에게 동정을 구하던가 ? 너 역시 조금 불편은 하겠지만 성공까지에는 반드시 2가지 고개가 있다. 이 세상의 안 더듬이들 역시 의식을 정복하지 못하여 자기 의식에서 꺼리는 행동과 말을 자신 있게 못한다. 의식 문제에서는 너와 안 더듬이가 차원은 약간 다르지만 별 차이가 없다. 너는 안나올것 같아서 못하고, 안 더듬이들은 해본 일이 없어서, 자신이 없어서 안하는것, 결과로 봐서는 너와 안 더듬이와의 차이는 별로 없다. 그런데 사실은 못하는 것과 안하는 것의 차이가 행복과 불행이다.

못하는 이유는 의식에서는 이미 부정했으니 안될것 같고 의지에서 역시 자폐했는데 행동으로 부딪치면 영락없는 타인들의 비웃음과 조롱을 너는 확인하게 된다. 너는 이 결과를 너가 포용할 수 없으니 말할 수 없는 비참이 엄습하여 다음 행동은 아예 엄두도 내지 못하게 된다. 분명히 너가 행동으로 확인된 사항이지만 비웃음과 조롱을 너가 포용하지 못하면 너는 영원히 실패한다.

<h2 style="text-align:center">11</h2>

실패란 것은 자기가 포용하지 않아서 실패하는 것이지 자기가 포용하는 한 절대로 실패가 아니다. 필자는 막대한 돈까지 들여가면서 얼마나 다양하게 창조하고 확인하고 포용했던지 이 세상의 어떠한 희극 배우라도 필자만큼은 환경 창조를 못한다.

너가 세상 사람들에게 체면 지킬 이유가 있으며 그 체면이 너의 생활에 개미다리의 털 만큼이라도 덕이 되는것 있나? 또 타인들이 비웃으면 얼마나 비웃나? 50년이나 100년쯤 비웃나? 문제는 비웃음으로 받아들이는 너의 의식이 문제인 거야. 그들의 비웃음이 너의 의지 창조 행동에 무슨 소용이 있나? 너가 스스로 비굴해지지 않으면 금시 정색을 하고 너의 의지의 행동에 반하게 되고 오히려 칭찬으로 변한다.

문제는 조롱만으로 끝나면 문제가 없지만 세상과 인류는 너를 크게 성공시켜 주게 되어있는 정확한 사실은 너에게 박해까지도 한다는 사실이다. 필자가 세상과 인류에게 조롱과 박해를 당하지

않았더라면 결코 오늘이 없었다. 그냥 안 더듬이 정도로만 그럭
저럭 말과 행동을 했더라면 기술 계통에서 서너가지 분야로 현재
월급 중류 정도나 받는 월급쟁이가 됐을 것이다. 이 월급은 현재의
필자에게는 교통비도 안되기 때문에 물론 사는 방법도 가난하게
사는 생활 방식으로 바뀌었을 것이다.

<h2 style="text-align:center">12</h2>

그러나 현재 필자가 세계 최초로 의지 창조와 의식 정복을
시키는 것이 돈벌기 위해서 하는 일인가? 천만에, 필자가 지금
돈벌기 위한 사업을 한다면 훨씬 더 수입 좋은 분야도 몇 가지나
있다. 필자가 시초부터 돈벌기 위한 목적으로 세계 최초인 이
사업을 했더라면 옛날옛날에 죽어 버리게 되어 있었다.

사람은 남자이건 여자이건 자기의 의지와 능력을 실현하고
창조하기 위해서는 그 댓가로 어떠한 고통과 고난이라도 때로는
목숨이라도 지불하는 신적인 격정력이 있어야 하는 것이다. 개
인이나 사회나 민족이나 국가나 모두 다 그런 창조 행동에 의해서
조물주의 영광이 세상에 실현되고 인류는 발전하는 것이다. 절
대로 돈을 벌기 위해서가 아니라 신적인 의지 창조 행동으로
인류에게 몸을 던지면 인생 문제는 자동으로 다 해결되는 것이다.
그런데 인류가 어떤 상벌 문제만을 바라서 한다면 사고의 노예
니까, 그런 자는 불을 보듯 비참은 환하게 된다.

사고의 노예는 어떠한 일을 해도 후회일 뿐이고, 이 후회는 평생
동안 이어진다. 그러나 의지 창조의 행동은 즉, 가슴이 시키는
일을 하면, 하면서도 후회가 없지만 평생 동안 후회가 없는 것이다.
가슴이 바로 하나님이고 부처님인 것이다. 대가리의 사고로부터
부처님을 찾고 하나님을 찾기 때문에 오히려 죄악에 빠지는 무
식하고 무지한 세계 인류인 것이다. 가슴의 의지란 흙의 속성이
아니다. 남자이건 여자이건 자기가 하는 일은 평생해도 보람있고

후회 없는 일을 해야 한다. 이런 일을 세상에서 배울 수가 있나, 가르칠 수가 있나? 천만에 배울 수가 없고 신적인 자기의지가 가슴에서 시ヶ는 일을 하면 되는 것이다. 말더듬 파괴의 직통되는 신적 의지이기도 하다.

13

우리는 지난 88년말에 우리 역사에서 처음으로 제5공화국 시절의 부정과 비리를 파헤치기 위해 국회 청문회가 열렸다. TV를 통해 청문회 광경을 온 국민들이 다 보았다. 증인으로 나온 사람들은 모두 다 5공화국 시절에는 우리 나라를 마음대로 주물렀던 사람들이었다. 증인들은 모두 다 국가와 국민들을 위해서 일했다고 했다. 그러나 국민들과 국회가 밝히고 해결하고자 하는 문제에 대해서 책임지겠다는 떳떳한 답변을 하는 사람은 한 명도 없었다. 남자건 여자건 일을 했으면 책임을 질 줄 알고 또, 마땅히 책임질 일에 대해서는 목숨도 내 놓아야 한다. 그들은 바보가 아니었기 때문에 모두 다 상당한 요직에 등용됐었다. 그러나 그들은 전 국민들이나 후손들에게도 실망을 안겨 주었다. 어떻게 「저런 사람들이 국민을 위한 요직에서 밥을 벌어 먹었단 말인가?」 모두 다 하나같이 같았던 답변 내용들은 대가리 사고로부터 짜내는 답변들 뿐이었다. 의지의 가슴으로 하는 답변은 하나도 없었다.

그들은 도대체 누구를 위해서 일을 했던가? 국민들을 위해서 일을 한 것인가, 자기 상사들을 위해서 일을 한 것인가? 민족이여! 누구를 위해서 일을 해야 겠는가? 상사를 위해서는 전 국민을 배신해도 좋단 말인가? 만일 자기 상사가 도적놈이고 간첩이라도 국민을 배신해야 하나? 역사에서 지워버릴 수 있는 것도 아닌데 말야. 우리는 왜 아직도 역사와 민족을 책임지겠다는 인물을 만들어 낼 수 없는 것은 차치하고서라도 왜 그런 인물들

하나쯤 나오지 않고 있는가?

14

　2천년 전에 예수가 잡혀갈 때 그를 따랐던 제자들 12명은 모조리 예수를 부인하고 도망갔다. 만일 그때 빌라도가 필자의 수련을 받아서 강력했다면 예수는 풀려 났을 것이다. 예수가 풀려났다고 가정해 보자. 예수의 12제자들은 어떠한 몰골로 다시 예수 앞에 나타났을까? 들어보나마나 개소리였겠지만, 2천년 전이나 현대나 대가리 사고의 노예들은 대가리 사고 정복이라는 즉, 의식 정복 이라는 차원은 꿈도 못꾸고 있다. 서민들의 돼지 2천여마리나 희생시키고도 변상하지 못해 서민들의 원성을 산 예수도 현대판 내각 개편 했을까? 아니다. 예수는 절대로 물에 빠진 새앙쥐 꼴로 다시 돌아온 제자들을 내쫓지 않게 된다.

　대가리 사고에 예속된 인류에게는 사고의 극한 상황에 처할때에 라야 사고를 초월한 의지가 터지는 것이다. 인류에게는 매우 불 행이지만 이런 차원은 과학이나 의학이나 종교나 기타 학문이나 교육으로 터득할 수 있는 것이 아니다. 극과 극의 순간에서 성 공이냐 실패냐에 의해서 인데 이런 차원을 이세상 어느누구가 체험시킬 수 있단 말인가? 체험만 했지 창조자가 아니면 소용 없는 것이지만 말야. 백병전에서 살아난 사람은 모두 다 사고를 초월할 수 있느냐? 천만에다. 강력한 용기와 의식 정복 차원과는 하늘과 땅차이만큼이나 다르다. 용기는 순간이지만 의식 정복은 평생을 이어진다. 자기에게 커다란 실수를 범한 자에게 그 반대로 좋은일 할 기회를 즉, 회복 할 기회를 안 줄 예수가 아니다.

　인생에서는 시행 착오를 통해서 의지가 강해지는 자가 있는가 하면 오히려 더욱 자기 대가리 사고의 노예가 되는 자도 있다. 어느 쪽이나 다 의식 정복을 해야 할 필요가 있지만 말더듬때문에 지금까지 살아 오는 너의 인생에서 너의 삶의 거의 전부의 시간을 빼앗고도 지금도 역시 기승을 부리고 있는 너의 말더틈.

15

고생을 많이 했다 해서 성공되는 보장이 없는것은 입시 지옥을 몇 번씩 거쳐도 번번이 떨어지는 이치와 같다. 목적이 인류를 향해서 지하의 물맥같이 의지가 수평적으로 흘러 버려야 한다. 콜롬부스가 신대륙을 향해서 항해할 때 처음에는 용기 백배했던 수많은 부하들이 콜롬부스를 배신했다. 망망대해에서 콜롬부스를 죽이고 다시 돌아가겠다고 했을 때 콜롬부스는 처음과 같은 강력한 의지의 목적으로 가차없이 부하들을 처단해서 바다에 처넣었다. 부하들이 죽은 것은 콜롬부스를 배신시킨 그들 대가리의 사고였었다.

어디에서나 의지의 결단은 과감해야 한다. 강력한 의지의 행동결론을 내리지 못하면 너의 결론은 항상 어리석게 된다. 언제나 네놈 대가리 사고의 노예로 주둥이 벌리는 행동을 하지 않았던 네놈의 결론은 항상 어리석었다. 너는 그렇게도 어리석은 결정만 생산하는 공장이냐? 대가리 사고에서 어려운 것이 그 반대 의지의 동작에서도 어려우란 법이 있나? 의지와 동작을 공감시키는 것이 무엇이냐? 세상에서 인정하는 것은 무엇이냐? 네놈 대가리의 사고와는 관계기 없다. 네놈이 너에게 동작으로 네놈 대가리 사고에 조건을 주는 거다. 그렇게 많은 세월 동안을 네놈은 희생당했으면서도 네놈의 의지가 네놈 대가리의 사고에 조건을 줄수 없나? 스스로에게 조건을 주지 못하는 것은 창조력이 없고 체험이 없다는 것이다. 스스로 개벽할 수 없는 자는 인류 역사 창조 이후 최초로 필자가 개벽의 기회를 준다. 행동으로 확인해 봐라. 지금까지의 네놈의 대가리 사고가 얼마나 엉터리였는지 확인하게 된다.

16

　발음이 잘 나오기를 절대로 바라지 말라. 네놈 주둥이가 무슨 파이프냐? 나오기를 바라게. 네놈 주둥이에서 발음이 잘 나오지 않더라도 실망할것 없다. 네놈새끼 주둥이를 필자가 쫙 찢어줘야 네놈은 그 주둥이를 통해서 인생으로 몇 십 번 태어났다 지껄인 것만큼 엄청난 발음을 쏟아 내게 된다. 심지 않았으면서 바라는 것은 너의 과거의 기대이고 현재의 사고이지 너는 어쩌다가 나왔던 말 이외의 너의 사고를 무시하면서 말을 잘 하여본 의지의 체험이 없다.

　왜 필요없이 기대했다가 스스로를 원망하나? 너는 지금까지 너 스스로가 너에게 원망할 일도 너의 입에서 신물이 나올 정도로 많이 했다. 타인들에게 기대를 갖지 말라. 타인들에게 기대를 갖게되면 너는 잘못없는 타인들을 즉시 또 원망하게 된다. 너가 너의 기대 대로도 안되는데 어떻게 타인들이 너의 기대 대로 되겠나? 타인들이 너의 기대 대로만 해 줄려고 태어 났나? 타인들이 어떻게 네놈 대가리의 사고에 맞는 말만 해 주고 네놈의 특정자를 피해서 물어 줄 수 있겠나? 타인들이 네놈 대가리의 사고를 볼 수 있나? 네놈의 심리를 볼 수 있나? 타인들이 언제 너에게 편한 발음으로 물어 준다고 약속했나? 또 편한 발음으로 물어 주겠다고 약속할 수 있나? 세상과 타인들이 너를 볼 수 있는 것은 실적과 행동과 현재 의식에서 말하는 현재 상황일 뿐이다. 그 이상도 그 이하도 없다. 아무리 기대하고 원망하고 좌절해도 세상에서 성공하기 위해서는 네놈이 먼저 세상을 포용해야 한다. 그런데 네놈 새끼는 도망가? 미친 놈의 새끼. 세상에서 사는 것과, 세상을 포용하는 것은 하늘과 땅 차이 만큼이나 다르다.

세상에 얹혀서 사는 것은 누구나 다 산다. 그러나 세상에서 성공하기 위해서는 세상을 포용해야 하는데 세상 인류는 대다수가 자기가 자기자신도 잘못 이해하고 또 세상을 잘못 이해하여 세상을 자기에게 맞출려고 하다가 자기 인생이 파탄이 되어 버리고 또 평생 헛수고만 하는 현대이다. 너가 너의 몸 하나를 너의 사고대로만 할려해도 평생 동안 노력할 일인데 하물며 세상을? 세상은 너가 포용하는 것이다. 세상을 포용하기 위해서는 너가 너를 먼저 포용해야 한다. 너가 너를 포용하기 위해서는 너의 변화 즉, 창조, 창조도 의지와 동작으로 인한 행동 창조 변화라야지 네놈의 대가리 사고만 비상해서는 파탄일 뿐이다.

인류는 누구나 세상에서 성공과 실패, 행복과 불행이 왜 이렇게 불공평하나? …한다. 또, 너는 왜 말더듬과 달변이 별도여서 이렇게 불공평 하냐? 왜 부자와 가난의 차이가 이렇게 심하냐? 에 대한 답변은 인류와 너가 속히 자신들을 포용하고 세상을 포용하는 것 뿐이다. 세상은 누구에게나 빨리 포용해 주기를 바라고 있다. 그런데, 인류는 또 너는 세상으로부터 자꾸 멀어지고 있으며 인류 개개인들 자체도 자기가 자기 스스로를 포용해 달라고 하고 있지만 인류는 거의 다 자기 스스로를 포용하지 않고 자기가 자기에게서 항상 멀어지고 있다. 그것도 시간과 물질과 정력까지 투자해 가면서 말야? 세상에게서 멀어짐만이 아닌 자기에게서 멀어짐은 과학과 교육과 종교와 그 어떠한 짐도 역부족으로 막지 못하는 현대의 인류이다.

17

너도 그만큼이나 많이 말더듬 한가지만으로도 너 스스로에게서 멀리 멀어져 놓고도 지금도 더 멀어지고 있지 않냐 말야? 쓰레기와 악취 제거는 즉시 가능하나 자기를 싫어하는 대가리 사고나 심리는 제거 불능이다. **그래서 현대 인류에게 세계 최초로**

필자가 왔다. 세계 최초로 자기 포용과 세상 포용 이 두가지를 한꺼번에 성취하는 것이 의식 정복이다. 숨이 막히고 심장이 멎을 것 같아도 구애받지 않고 강력하게 세상을 포용하고 정복해가는 행동 의지 창조이다.

022
포용·도전·파괴·창조

01

네놈의 아가리는 분명히 사자 아가리가 된다. 밀림의 왕자 맹수 중 사자를 왜 무서워하나? 빌빌하게 움직여서냐, 강력하게 움직여서냐? 덩치가 훨씬 더 큰 코끼리는 왜 더 안 무서워하나? 강력하게 움직이지 않기 때문이다. 사자가 강하다는 것은 인정사정없이 포악하게 공격하는 것이다. 사자라서 항상 공격하는 것은 아니다. 반드시 배가 고플 때와 자기를 해칠려는 상대에게만 공격하는 것 뿐이다.

동물에게비교하면 사람은 동물보다는 싸가지가 없어서 배부를 때 더 먹을것을 욕심낸다. 사자의 공격 행동은 토끼 한마리를 잡을 때에나, 노루를 잡을 때에나, 얼룩말을 잡을 때에나, 자기를 해칠려는 적을 공격할 때에나, 항상 강력하다. 이빨과 발과 발톱 등 온몸을 완전히 분기시켜 강력한 행동에 최선을 다한다. 조금도 떨거나 망설이지 않는다. 비겁하지도 않다. 동료들의 도움도 바라지 않는다. 누구 눈치 보는 것도 없다. 자기 혼자만의 세상에서 자기 마음대로 할 수 있다는 태도이다.

동물원에 갇혀있는 사자들에서도 확인할 수 있다. 사자의 이와 같은 자신있는 행동은 어떠한 힘에 의해 나오는가? 자기와 같은 다른 사자가 도와주는 것도 아니고, 어떤 기구가 있는 것도 아니고, 자연의 어떤 지형지물을 이용하는 것도 아니고, 천재 지변을 이용하는 것도 아니고, 사자가 섬기는 것같은 어떤 대상물이 있는 것도 아닌데 어떤 힘에의해 그렇게 자신 있는가 ?

02

사자는 자기 믿음 하나이다. 필요에 의해서 하는것, 즉 필요에 의한 본능 발휘는 바로 신의 의지이다. 하고 싶다서 하는 것은 대가리의 사고이고 반드시 필요에 의한것 즉, 먹기 위해서 사냥은 바로 의지이다. 자기나 동족이 위험에 처했을 때의 공격은 적의 덩치가 크건, 작건, 알 바 아니고 오로지 공격이다.

너의 말더듬 파괴에는 반드시 사자의 행동이 필요하고, 오히려 사자를 능가해야 한다. 그래서 너는 사자후가 된다. 사자에게 잡혀 먹히는 동물들은 인간 입장에서 볼 때 참으로 한심하다. 도망가다가 뒷꽁무니 물려서 먹히느니 차라리 정면에서 한 번 부딪치고라도 먹힌다면 사자도 분명히 치명상을 입게 되고 다음부터는 자기 새끼들이나 동족들이 섣불리 공격 받지 않게 된다. 도망치다 뒷꽁무니 물리는 비참한 광경이 인간 세계에는 너무도 많다. 자기 먹이의 공격을 받아서 피해를 본 사자는 다음 공격이 절대로 쉽지 않다.

멧돼지가 사자로부터 도망가다가 정면 대결하면 사자도 분명히 멧돼지에게 치명상을 입게 되고 사자의 생명까지 빼앗을 수도 있다. 그러나 맹수에게 먹히는 동물들을 보면 숫자가 제 아무리 많아도 모두가 도망치다가 먹힌다. 그러니 평생 도망다닐 수 밖에 없다.

약자는 꼭 강자에게 먹히는 밀림의 법칙이 우리 선조들한테도 그대로 적용되었다는 비극은 실로 비통해 하지 않을 수 없다. 반격과 공격으로 얼마든지 전세는 바뀌기 때문이다. 우리는 주위 생활에서도 많이 확인하는 바이지만 장난치거나 싸우다가 한 사람이 도망친다. 뒤쫓아가는 사람은 의기양양하게 뛰어가서 도

망치는 자의 뒷덜미를 낚아 챈다. 이때 뒷덜미 잡힌 자의 비굴과
뒷덜미 잡는자의 의기양양을 비교해 보라.

03

위기에 처했을 때 상대도 난감하거나 위기일 수 있다. 공격은
그런 때에 해야 한다. 즉 너의 위기란 상대방이나 세상에서 성
공되어 질 찬스이다. 너가 도망치면 너의 싸울 용기는 약화됨과
동시에 싸울 용기를 잃고 있던 상대방에게 더욱더 용기의 구실이
되어 너는 순식간에 패하게 된다. 차라리 도망칠 바엔 대뜸 '에라
죽을 바에야 고깃값이라도 하자.'하고서 딱 돌아서서 공격 자세를
취해보라. 아무리 의기양양하게 너를 쫓아 왔던 상대일 망정,
별안간에 놀라면서 멈춰 버린다. 항상 도망치는 자는 상대에게
기세를 제공해 주는 것이다. 까짓것 돌아서서 몸으로 부딪히면
상대방을 죽일 수도 있고 평생 병신 만들 수도 있다. 또 다음에는
섣불리 공격해 오거나 얕볼 수 없게 만드는 것이다. 그렇나, 그렇지
않나? 그래 너 잘 도망치니까 발음이 잘 되던가? 발음이 잘
될것이라는 보장이라도 되던가? 아무리 머저리 같은 우리 선
조들이 잘 도망다녔고, 항복질 잘했고, 아부 잘했다지만 너까지
그럴 수는 없지 않나? 물론 이제는 필자가 내 민족을 모조리
그냥 놔두지도 않지만 조상들한테 아무리 배울것이 없다고 그런
것을 배우면 이 자식아 돼져도 2번, 3번 돼져. 그것도 비참하게
말이야.

사자에게 잡혀먹히는 동물들과 빌빌한 개인이건, 빌빌한 민족
이건 필자로부터 의지창조자로 재창조되면 맹수를 공격하는 행
동으로 바뀌고 타인과 타민족에게도 먹히거나 짓밟히지 않는
강자로 재창조된다.

04

오늘날 우리는 목격하고 있지 않나? 미국과 일본을 보아라. 필자가 1세기만 일찍 태어났더라도 우리 민족이 일본 새끼들의 식민지 치하는 경험하지 않았을 것이고, 또 이렇게 내 나라가 두토막이 되지도 않았을 것이다. 이미 엎질러진 물. 우리는 세계 제패로 저 동물만도 못했던 우리의 과거를 만회해야 한다.

지금부터 10년만 우리 민족이 의지 창조 행동하면 대가리의 사고들은 정말로 떼어내 버리고 강력한 의지 창조 행동하면 2천년대 초에는 분명히 우리 민족이 세계를 지배한다. 때는 늦지 않다. 지금부터 시작해야 한다.

사자는 왜 강하나? 강한 이유가 뭐냐? 강력하게 움직이니까 강한 것이다. 행동 목적 공격 이외는 일체 군더더기가 없이 최선을 다하는 행동이다. 너는 발음하면서도 왜 상대방의 눈치를 보고 주위 환경에 신경쓰나? 사자가 그러던가? 사자한테 배웠나? 사자는 그렇지 않아. 이놈의 민족아! 우리의 머저리 선조들이 그랬어 임마, 옳아. 그래서 이것까지 머저리 선조들 본받았구나. 지독한 놈의 새끼말이야. 꼭 못된 것만 모조리 본받을려고, 안돼 임마, 모조리 창조 해야돼. 너는 이유없이 강력한 창조자가 되는 거야. 강아지나 고양이가 쥐를 잡을 때도 쥐 눈치보고 주위 환경에 신경 쓰는 것 보았어? 강아지나 고양이 같은 선조들 본받지 말고 너는 모조리 창조해서 모조리 선조들께 영광 돌려, 임마. 개천에서 용이 나온 것이 아니고 개천에서 창조자가 태어나는 거야.

05

강력하게 의지창조 행동 할테야, 안할테야? 아니면 또 말이 안된다고 도망가고 또 자빠질테야? 머저리 선조들 본받아서 자빠지길 잘하는 너 이놈의 새끼. 자빠지기만 해봐라. 다른 나라 새끼들이 달려들어 너를 짓밟기 전에 필자가 먼저 짓밟아 버릴

테야. 이 새끼야, 필자가 너를 짓밟을 시간이 어디있어? 네놈의 새끼를 세계 주역으로 만들어서 세계 무대로 내 보낼려고 왔는데 이 새끼야. 말이 나오는 것이 이세상 천지에 어디있어? 말은 하는것이야. 나오기를 바라는 것은 네놈 대가리의 사고이고 하는것은 의지의 동작이야. 하느님도 못 열어주는 네놈 새끼 주둥이를 이 새끼야, 필자가 막아놓고 말하라고 하겠어? 이 새끼야. 세계최초 최고의 강력한 달변가로 탄생하기 위해서는 네놈 새끼는 세계최초 최고의 강력한 의지창조 행동을 하는거야.

사자가 제 아무리 강해도 강한 행동을 안해 봐라. 금세 호구가 되어 노루도, 사슴도, 여우도, 토끼도, 쥐새끼들까지도 사자를 마음대로 올라타고 짓밟는다. 코끼리는 사자보다 훨씬 커도 동물들이 호구로 보는 것은 강한 행동이 없기 때문이야. 움직이는 것은 바로 힘이다. 힘이 강할려면 대가리의 사고는 떼어 내버리고 강력하게 움직여야 한다. (《强》註) 강력한 군대는 어떻게 해서 강하게 되는가? 부단하게 움직여 훈련한다. 훈련이란 것이 뭐냐?

행동하는 것이 훈련이야, 자빠져서 염불 따위나 기도 따위나 암시 따위 하는 것이 훈련이야? 그렇게 자빠져서 염불이나 기도 따위나 암시 따위 잘 해서 이나라 이 민족이 5천년 간 잘 먹고 잘 살고 강력하고 행복했었나? 이 병신같은 민족아.

06

그래. 인도는 석가모니가 축복을 해서 2천 5백년 동안이나 행복하게 잘 살았었지? 그래. 이스라엘은 예수인가 나발인가가 축복을 주어서 그저 젖과 꿀이 흐르는 땅에서 2천년 간이나 행복하게 잘 살았었지? 그저 2천년 간 방랑도 안했고 5백 만 명이나 한꺼번에 학살을 당한 일도 없었었지? 인도가 2천 5백년 간이나 극빈의 생활을 하는 것은 염불을 할 줄 몰라서가 아니라 행동을 · 하지 않기 때문이다. 염불인가, 개나발인가와는 아무런 관계없다.

이스라엘이 2천년간이나 풍지박산 된것은 기도할 줄 몰라서가 아니라 행동을 하지 않았기 때문이었다. 기도인가 나발인가와는 아무런 관계가 없다.

움직이는 동작이 없으면 스스로 자멸한다. 행동과 훈련이 없는 군대는 스스로 게을러지고 사기가 떨어져 군기와 작전 전투력과 무기 사용법까지 엉망이 되어 버리고 기동력이 없는 군대는 먹고 싶은 것, 애인 하고 놀고 싶은 것, 그리고 고향 생각에 젖어 개판 일초전의 내무반은 사랑방이 되고 술판이 되고 노름판이 되고 난장판, 씨름판까지 되어 적에게 좋은 먹이감이 된다. 살찐 영광 굴비의 먹기 좋은 가운데 토막같이 말야.

그래. 네놈 새끼, 몇년간 몇십년간 굴비 가운데 토막이 되니까 어때? 발음이 좀 되던가? 낯짝에서 수심이라도 사라지던가? 마음에서 주름살도 좀 펴지던가? "아니, 홍 관장! 말같은 말 좀 하시소. 자~알 알몬서 와~그러능교~"임마! 잘 아는 놈이 너를 포용 안 하고 개판 1초 전으로 딩굴고 있어. 임마 너 아는 것은 네놈 대가리의 사고로서 모기 뒷 다리의 때 만도 못해. 네 놈새끼 사자가 될래, 사자 밥이 될래? 대가리 사고로만 될래? 행동으로 될래? 강군(强軍)이 될래? 호구(총알받이)가 될래? 행동으로 될래? 대가리 사고로만 될래?

<h2 style="text-align:center">07</h2>

너는 이유 없이 사자가 되어야만 토끼소리, 여우소리, 노루소리, 호랑이 소리, 곰소리, 코끼리 소리, 그리고 세상의 어떠한 소리에도 놀라거나 긴장하지 않고 오히려 그들을 향해 먹이로 보고 또는 봉사의 대상으로 보고 강력하게 공격하거나 접근하게 된다.

너는 강군(强軍)이 되어야만 적군의 심리전과 공격에도 끄떡 하지 않고 적의 귀창을 때리는 기관총 공격과 포탄 공격과 공습, 폭격에도 끄떡하지 않고 너의 작전을 강력하게 전개할 수 있으며 이와같이 강력하기 위해서는 민족과 인류에게 미쳐야 세상 인류가 너를 비웃건 말건 너의 얼굴을 보고 웃건 말건 입을 보고 웃건 말건 너의 행동에 방해를 놓건 말건 입닥치라고 하건 말건 너를 때려 죽이려고 하건 말건 너는 인류와 세상에 도전하게 된다.

너는 의식을 정복해야 세상의 모든 저항을 너의 자산으로 포용하고 창조적 행동을 발휘하여 그들에게 도움을 주게 되며 너는 달변가가 되어야 너는 말로써 세상의 모든 환경과 모든 인류를 설득하게 되고 포용까지 하게 된다. 사자는 왜 강력하게 행동하나? 스스로 존재하기 위해서도 강력하지 않으면 안 된다. 강군(强軍)은 왜 강력한 훈련을 해야 하나? 강력한 훈련을 하지 않으면 스스로를 지탱할 수도 없게 된다. 자체의 존립을 위해서도 강력한 훈련 행동만이 자신을 지켜 준다. 말과 행동이 없는 너, 자체 보존이 가능하나?

스스로도 보존은 커녕 스스로 애써 가면서 썩고 있는 너, 그래. 앞으로도 얼마나 더 썩기를 바라나? 어째, 썩는데 맛 들였나? 자동차나 주택이나 세상 만물을 사용하지 않고 놔 두면 어떻게 되나? 더 좋아지나? 왜 앉혀 놓고 고물 만들려고 막대한 돈을 들여서 샀나?

<h2 style="text-align:center">08</h2>

너 몸이 너 것인 줄 아나? 너 것 아니니 착각 말라. 세상에서 써 먹으라고 너 몸뚱아리에 너 주둥이 붙어 있어? 세상 인류에게 안 써 먹고 몸도 안 써 먹으니 입에서는 곰팡이가 쓸고 있고 몸은 나태하고 게을러서 사방 팔방이 근질거리고 머리는 상상으로 터질 것 같아서 혼자서 탄식하며 인상 써 봤자 혀는 더 굳어지고 얼굴엔 수심만 쌓이고 있다. 개인도 가정도 직장도 사회도 국가도 행동을 하지 않게 되면 가난과 도둑이 들끓고 쓰레기 위에 범죄의 온상까지 된다.

입을 열어 동작을 하면 열 가지 백 가지 천 가지 만 가지가 사그리 싹쓸이로 해결된다. 많은 시행착오가 널 기다리지만 특히 말더듬만큼은 시행착오 없는 또 시행착오 포용 없는 달변은 없다. 시행 착오 없이 완벽하려 하니 이 세계의 1억 8천만 명의 말더듬이들은 비참하다. 완벽을 바라는 것은 네놈 대가리의 사고야. 대가리 사고대로 완벽할 수 있는 발음이 이 세계 어디에 있겠나? 단, 네놈 새끼의 사고 뿐이야.

네놈이 필히 명심할 일은 네놈의 시행 착오가 안 더듬이들 입장에서도 시행 착오지만 네놈 입장에서는 전부 다 성공이고 너가 포용하는 한 실패인 것은 한가지도 없는 것이다. 다행히 너가 세계 최초의 말더듬 무의식 정복을 위해 하루 20시간씩 14일 간의 의지 창조, 달변 창조 행동수련에 한 다리 걸칠 수만 있다면 너의 의식 정복에 강력한 달변가로의 탄생은 기대를 초월하여 앞당겨진다.

09

너는 주둥이와 행동으로 의지창조 행동을 확인 포용하는 것 외에는 어떠한 논리성도 네 놈에게는 쓰레기로서 도움이 되지 않는다. 말더듬이만큼 이 세상에서 의지창조가 필요한 것은 없다. 말더듬이가 의식을 정복한다는 것은 이 세상에서 어떠한 사업이나 학문으로 성공하는 것보다 훨씬 더 차원 높게 위대한 것이다. 안더듬이들 견지에서는 상상도 할 수 없을 만큼 위대한 사실이다.

기업이나 학문은 여러 사람 도움이나 재력의 힘만 있으면 필요에 의해 얼마든지 창설 내지 폐쇄 된다. 질병 따위도 얼마든지 해결한다. 노골적으로 추남 추녀도 미남 미녀로 성형해 내는 것은 간단하다. 내장도 하나쯤 들어내고 다른 사람 내장으로 바꾸어 넣을 수 있다. 그런데 말더듬도 그렇게 되던가? 오직 말더듬만큼은 세계가 한결같지만 돈이나 과학이나 학문으로 종교로 해결

못하고 있다.(《動》註)

세계 최초로 우리 나라에서 필자가 성공한 의식 정복은 미국이나 일본이나 구라파에서 조차 아직 상상도 못 하고 있는 필자의 의지 창조 수확이다. 세계 역사에서 전무 후무한 일이다. 명심하라. 말더듬이가 공격과 도전을 할 때는 절대로 이 세상 인류의 무식하고 무지한 대가리 사고에서의 완벽이라는 틀을 기대하지 말라. 판단도 말라. 필히 명심하라. 너를 또 실패시키고 지도할 자격이 없는 자들일수록 완벽과 대가리의 사고와 암시와 교육과 연습을 너에게 요구하고 또 시킨다. 대가리 사고를 무시하면 행동하면서 실적만 확인될 뿐이다.

10

말더듬이에 대하여 안 더듬이들 입장에서의 이것이다. 저것이다 감나라 배나라 콩이다 팥이다, ○○○이다 하는 등등의 표현은 모조리 노골적으로 표현해서 개소리만도 못하다. 너가 책임질 수만 있다면 따귀라도 한 번씩 갈겨 버려라. 안 더듬이들 입장에서는 말더듬에 대해서는 꿈 속에서라도 판단이란 있을 수 없다.

이 세계의 말더듬 교정 사업에 투신하고 있는 자들과 언어 병리학자들도 의식 정복 분야에서 평생 매달려도 어림없다. 감도 잡지 못한다. 의사가 되는 것은 지도자가 되는 것은 아무나 다 될수있는 것이지만 의식 정복을 위한 지도는 아무나 할수없다. 기분 나쁘게 받아 드리는 자가 있을지 모르나 그것은 어디까지나 자기의 무지한 思考일 뿐이다.

말더듬이가 발음에 대하여 바라는 완벽이란 의식 정복해야만 가능하다. 그러나 이 세상에 안 더듬이들이라도 의식 정복하게 될 너만큼은 절대로 발음할 수 없다. '사고에서는 누구라도 다 성공이 되는데 행동으로 안 되니 비참하다.' 이 말 자체는 안 더듬이에서부터 벙어리까지 다 느끼고 있는 思考이다. 말더듬이가 왜 의식 정복해야 하는가도 神的으로 확인시켜 주마.

　너가 타인과 세상을 평가할 때는 말과 보이는 행동과 실적이라고 맨 앞쪽에서 말했다. 그리고 너가 너를 평가할 때는 너의 사고[의식]를 말하고 있다.

11

　예를 들면 타인들이 너에게 "자～식 왜 그렇게 못생겼어", "자～식, 너 벙어리 아냐?", "야～기분 좋다.", "야～치워버려"라고 말하자 너는 말더듬 때문에 발음을 할 수 없어서 속으로만 "자～식 너는 나보다 더 못생겼어?" "자～식 너따위 정도로 말할려면 차라리 더듬는 것이 낫다." "이 자식이 누굴 놀리나?" "난 못치워." 했다고 하자. 너는 분명히 사고였고 타인은 분명히 입을 벌려서 발음을 했으니 너는 귀로들었다. 그러면 여기서 더 확인할 것은 상대방이 한말 역시 상대방의 사고를 말 한것이냐? 사고 아닌 의지행동 표출이냐? 분명한 것은 상대방도 너와 같은 사고의 노예이기 때문에 자기 사고를 너에게 말했던 것이다. 그러면 이젠 너가 상대방의 사고나 말 한마디에 좌우되어야 겠나, 무시해야 겠나?

　타인들이 지나치면서 심심풀이로 지껄이는 말을 너는 왜 영원한 것처럼 몸살을 떨면서 받아 들이나 또, 너가 상대방에게 말은 발음할 수 없어서 안했지만 너 사고의 느낌에 너가 수직성의 노예같이 예속 되어야 겠나, 그것 역시 무시해야 겠나? 너의 사고에 비위 맞출려고 태어났나? 도대체 네놈 대가리의 사고와 인류의 대가리 사고는 변덕이 심해서 믿을 수 없다. 오직 믿을 수 있는 것은 네놈의 의지와 동작 뿐이고, 인류 의지의 행동과 실적 뿐이다.

　의지의 행동은 드러나는 것으로서 실적을 확인하기 때문이다. 옛날이나 현재도 그렇고 미래에도 그러겠지만 실력에 굽히는 자는 없다. 그러나 드러난 실적 앞에는 굽히지 않는 자가 없다.

12

봉건사상과 고정 관념으로 완고하기 짝이 없었던 옛날노인들도 머리나 말 따위의 실력으로 대하면 벌컥 화를 내면서 '건방진 놈, 건방진 년, 건방진 자식, 버르장머리 없는 아이'라고 세게 나오지만 피땀의 행동 실적 앞에는 입을 딱 벌리면서 아무 말씀 못하시고 그대로 포용한다.

인지를 발달 시키는 과학의 힘으로 실력은 얼마든지 쌓을 수가 있고, 또 뇌(思考)만으로도 사고의 비상은 얼마든지 가능하다. 문명의 발달 역시 과학의 공헌도는 실로 방대하다. 그러나 말더듬만큼은 다르다. 창조주의 속성인 의지로 피와 땀을 수반한 행동 아니고는 어림없다. 절대로 대가리 사고의 행동이 아니다. 명심하라, 행동이라도 다같은 행동이 아니야. 대가리 사고의 행동이 다르고, 의지의 행동이 다르고, 신적인 의지 창조 행동이 다르고, 사고를 무시했지만도 이끌려서 하는 행동 다르고, 모방의 행동이 다른 것이다. 여기 행동들 마다에서도 강약(強弱)차이의 행동이 다르고, 피·땀·눈물을 포함한 행동의 차이가 다르고, 조건 반사의 행동이 다르고, 무조건 반사의 행동이 다르다. 강·약 차이의 행동 종류만도 몇십 가지로 파생, 확인할수있고, 피·땀·눈물을 병행시킨 행동의 차이는 몇 백 가지로도 분류 확인할수있다.

과학 만능에 예속된인류가 말더듬 정복을 위해 웃는 과학을 의지 했다가 얼마나 많이 쓰러져 버렸고 지금 현재도 세계 도처에서 얼마나 많은 말더듬이들과 무식한 학원들이 시간 낭비를 많이 하는지, 한심스러울 뿐이다. 대가리 사고에서 철저한 완벽을 바랄수록 가장 빨리 자살 하잖아. 또 가장 빨리 실망한다. 분명히 말하지만 말더듬 해결은 현대 인류를 지배하는 뇌[思考]와 과학 차원을 완전히 초월해야 하는 것이다. 머리와 과학 차원 이상이라는 말이다.

13

그러기 때문에 말더듬 해결은 바로 의지행동 창조자로서 세계에서 가장 강력한 행동 과학자가 되는 것이고, 세계에서 가장 차원높은 행동 철학자가 되는 것이며, 세계에서 가장 차원높은 행동 심리학자 까지 되어 신적 의지의 진수를 자기 몸으로 확인하게 되는 것이다. 대가리 사고의 노예가 된 결과로서 학자가 되는 따위의 세상 차원으로서는 감도 잡을 수 없는 차원이다.

사고와 과학의 노예들 견지에서는 노골적으로 표현해서 너무나 무식하기 때문에 "머리를 쓰면 되는데, 왜 그런 모험을 해야해?" 한다. 이런 자들이 타인들 인생을 시간낭비 시키고, 결국은 절망하게 하고, 나아가서는 자살까지 하는 결과를 낳는다. 절망과 자살교사 및 방조죄까지 범하고 있다.

과학을 통해 필자가 체험한 술, 약, 아편, 주사약으로 한다면 더 빨리 망칠 수 있음을 확인했고, 첨단의 상징인 컴퓨터를 이용하여 인류의 말더듬을 퇴치하자는 목적에서 필자가 예산을 들여 컴퓨터에 연결된 단말기나 인터폰을 몸에 부착 시키는 실험까지 다 했었다.

14

독자들은 과거에 K.B.S 제2TV에서 장기간 방영했던 '전격Z작전'에 주인공인 마이클 라이트와 Z카에 장착된 최첨단 컴퓨터 '킷트'를 알 것이다. 컴퓨터를 이용한 Z카가 나오기 훨씬 이전에 필자는 컴퓨터 전문가와 숙식을 같이하며 컴퓨터를 이용하는 것까지 행동으로 확인해 봤다.

선진국들의 개개인은 물론이지만 일개 국가에서도 감히 시도할 수 없는 차원까지도 필자는 전 재산을 털어 바치면서 인류의 말더듬 파괴를 위해 막강한 힘을 동원해 봤었다. 그러나 최첨단 컴퓨터 역시 말더듬 파괴나 의식 정복에는 0.1%의 도움도 될 수가 없었다. 컴퓨터보다 훨씬 못한 미국에서 나온 기계 역시 무시하는 것이 아니라, 병신 새끼들, 병신 짓거리일 뿐이었다. 필자가 미국엘 왜 가는데?……. 그네들 방법이 필자차원보다 더 낫다면 그까짓 미국에 갈 필요가 있겠나?……. 신적으로 행동 ·확인하자.

최첨단 컴퓨터 Z카를 내용으로 확인해 보자. 현대 인류는 TV에서 Z카를 봤으니까 잘 알겠지만 Z카 한 대 가격은 우리 나라 돈으로 정확하게 환산하여 5백 10억(87년 6월 현재 4백 20억원짜리였음) 원 짜리이다. Z카 5백 10억 원 중 최첨단 컴퓨터 '킷트'값만도 3백 억 원 가량 된다. 너가 돈이 많아서 이런 엄청난 컴퓨터를 구입한다고 하자. 그러면 컴퓨터에 연결된 마이클 라이트 손목에 부착한 인터폰이나 또는 지시장치는 너의 어디에다 부착할 텐가? 머릿속인가? 몸속인가? 입속인가? 손목인가? 그러면 좋다. 그런 인터폰 단추나 지시장치가 너의 어디에서라도 마이클 라이트 같이 보고, 듣고, 느끼는 것 모두를 인터폰 단추나 지시장치를 통해 컴퓨터에 보고해서 답변 자문을 받아 내어 발음할 수 있겠는가? 너에게는 자문이 필요하지도 않다. 발음하는 것이 문제니까 컴퓨터도 너에게는 도움이 안된다.

15

마이클 라이트 같이 능변이 안되어 있는데 컴퓨터를 통해 너의 대변을 시킬 수 있겠는가? 즉시 컴퓨터가 너의 발음을 알아 듣지 못하고 "당신 말을 알아 들을 수가 없으니, 다시 한번 정확하게 말해 주세요."할텐데, 너 컴퓨터에 정확하게 발음해서 이용할 수 있겠어? 그렇다서 思考로 컴퓨터에 지시할 수 있는가? 설사 思考로 지시할 수 있다 하더라도 컴퓨터가 너를 대변하게 한다면 너는 가만히 서 있는 목석이고 발음은 녹음기나 스피커가 해주는

식이 되는데, 너는 그 스피커를 입속에 넣고 어떻게 할텐가? 붕어같이 입만 뻥긋뻥긋 벌려 줄텐가? 컴퓨터가 어떤 답변을 할 줄 알고? 한마디로 말해서 너가 3백억원짜리 최첨단 컴퓨터를 가지고 다닌다고 할 지라도, 가장 어리숙한 안 더듬이 비서 하나 데리고 다니는것만 못한 허수아비에 불과할 뿐이다. 결국, 문명의 이기란 것은 인류에게 편리함은 줄 수 있으나 신적인 의지 창조 행동은 또, 너의 발음을 대신할 수는 없다.

너는 3백억 원 짜리 컴퓨터 몇백대, 몇천대 보다도 훨씬 더 위대한 세계 최초 의식 정복을 해야 너의 말더듬을 영원히 해결하고, 가장 바보같은 놈이 가장 똑똑하게 되어 네놈의 인생이 활짝 펴진다. 타인들이 너에게 말하다가 실수하고 반복하는 것을 너는 자연스럽게 인정하고 넘어간다. 그런데, 너는 어찌나 열등 의식이 강한지 "절대로 한 마디도 실수하지 않아야 돼."한다. 너 말더듬증이나 발음 실수가 드러나면 누가 잡아다가 사형이라도 시킨다던? 자식 말이야. 병신이 육갑해도 분수가 있어야지, 너 이새끼 필자한테 얼마나 뒈지게 터져야 되겠어.

16

최대로 고르고 선별할 대로 선별하여 한 마디쯤 실수없이 발음해 놓고도 네놈 의식에서는 몇년 감수했기 때문에 불안감으로 난리다. 이러한 네놈의 대가리 의식을 정복하지 않고는 네놈이 너를 판단해도 성공할 수 있겠나? 행복할 수 있겠나?

네놈이 네놈을 포용하지 않고, 또 포옹하지 않고, 또 포옹하지 않을 이유있나? 그 이유가 어떤 이유난 말이야? 물론 감추는 이유를 필자는 안다. 왜냐하면 세상에서 가장 값진 보물이니까. 분명히 보물은 보물인데, 너무나 큰 보물이라서 누가 알거나 눈치채면 뺏어 갈 게 틀림 없으니까 네놈이 꿈속에까지도 감추는 건 알아. 하나님은 몰라도 필자는 안단 말이야. 임마, 세상에 감추는 놈들 치고 안 더듬이들 중에서도 괴롭지 않은 자가 한 사람이라도 있을 수 있나? 얼마나 큰 보물이면 죽으면서 까지도 감추는 보물인 줄은 네놈과 필자는 잘 알아.

그런데, 이 바보 새끼야. 세상에 뒈질 때까지 감추는 것이 보물이야, 보물 아니야? 너 이 새끼, 신적인 행동으로 확인 시켜주마. 세상에서 보물을 아무리 철저히 감추는 자라도 죽을 때 자기 아내나 자식에게 내주지 않는 보물 봤어? 물론 네놈에게는 아내나 자식에게도 상속시키지 못할 보물이기 때문에 네놈이 죽을 때 꼭 네놈만이 가지고 갈려 하는 것도 알아 임마. 너무나도 큰 보물이라서 재산 목록에 제1호라고 적어 넣을 수도 없는 줄 알아, 임마. 그래도 임마. 그 보물 임자가 인류 역사 창조 이후 최초로 이 땅에 왔잖아, 상속도 못 시킬 보물이고 거부 할수도 없는 보물이니까 임자한테는 당연히 돌려 줘야 되겠어, 안돌려 주고 네놈이 무덤까지 가지고 가야 되겠어?

17

이새끼 도적놈 새끼 아냐. 이 새끼야 너도 써먹지 못할 걸 무덤까지 가지고 가는 보물을 4차원의 세계에서 원하더냐, 10차원의 세계에서 원하더냐?

이놈의 새끼가 보물을 행복하게 써 먹고 더욱더 부자기 되어야지. 가난하게 되면서까지 보물을 감추는 새끼는 3차원 세계, 5차원 세계, 10차원 세계도 없어 임마. 그 보물은 임마, 너무나도 큰 보물이라서 이 세상에서는 감히 매입할 수 있는 부자도 없어, 임마, 한 사람도 없어, 임마. 그래서 이 세계의 1억 8천 만 명이 가지고 있는 그 엄청난 보물을 모조리 다 매입할려고 필자가 천문학적으로 어마어마한 돈을 가지고 인류역사창조이후 최초로 이 땅에 온거야.

18

너는 임마, 그 보물을 필자에게 팔아 먹어야 그 돈 가지고 평생 부자로 행복하게 잘 살게 돼, 임마. 네놈 새끼 보물, 필자에게 팔려면 팔고 안 팔려면 무덤까지 가지고 가. 네놈새끼 보물, 지구에서는 매입할 수 있는자가 한 명도 없으니까. 이 새끼야, 그 보물이 무엇인 줄은 네놈이 더 잘 알잖아? 지금까지 네놈이 그렇게 거부했던 그 보물을 이젠 포용하고, 감추지 말고 포용해야만 네놈이 포용한 상태에서 잡아 먹히는 것이다. 네놈이 가슴에 안은 그 연인은 오직 뜨거운 가슴과 불타는 의지로 정복하여 차디차게 반항하는 주둥이와 시베리아 같은 대가리의 의식까지 덮혀서 상온으로 근본을 바꿔 버린다.

그래서 점점점 더 덮혀서 담금질을 통해서 무른 쇠가 강해지듯 말이야. 네놈 대가리는 쇠가 아닌데, 쇠를 대하듯 처음부터 열로 대하면 즉시 뜨겁게 화가 나버려, 말도 안 나오고 가슴에 동계가 발동기같이 되고, 요구 사항만 많이 제시하면서 의지와 가슴이 동작까지, 뽀뽀하는 것까지 모조리 방해하여 버린다.

19

의지는 神의 창조성이다. 시간을 통해서 성공을 시키기 때문에 변덕도 없고 배신도 절대 없다. 그러나, 그 엄청난 보물을 감추는 네놈의 대가리는 지금 이 순간도 참지 못하는 변덕쟁이로서 동남아 일대의 날씨 보다도 칠면조 보다도 더한 변덕쟁이일 뿐만이 아니고, 너가 지금 이 책을 읽고 있으면서도 별별 개지랄을 다 떨고 있는 너가 정복하지 못한, 세계에서 가장 지독한 변덕쟁이 보물이다.

필자는 절대로 네놈에게 대가리의 사고를 통해서는 주지 않는다. 왜냐, 너와 인류는 세계를 다 포함해서 현재 네놈의 그 보물과 협상하고 있지만, 네놈과 인류는 무식과 무지 속에서 헤매고 있기 때문에 그 보물을 조종할 힘이 없다. 오직 신적인 의지가 네놈에게서 창조 행동으로 발휘되어야 대가리를 통해서는 순간도 조종할 수 없던 것이 이젠 무한정하게 큰 보물을 추호도 거부감 없이 네놈이 조종하게 되는 것이다. 미녀(美女)일수록 변덕도 많다. 네놈의 보물은 미녀보다도 1억 배쯤이나 변덕이 더많다. 어찌나 변덕이 빠르고, 많던지 네놈 자신도 하루에 몇 백 번씩 놀래버리지 않나? 새끼야 시시한 보물이 이럴 수 있어?

<h1 style="text-align:center">20</h1>

우주에서 가장 큰 자산인 무한정한 의지와는 달리 사고는 항상 눈 앞에서만 좌우된다. 너는 필자에게 아주 작은 것을 요구한다. 물론 대가리 사고이다. 그러면 필자는 준다. 너가 달라는 것보다도 엄청나게 준다. 그러나 대가리 사고로 받는 것은 아무리 많이 받아도 자기가 확인할 수 없다. 밑 빠진 시루보다도 더 잘 빠진다. 먹은 것은 배라도 부르니까 확인할 수 있지만 은행에 예금하면 숫자로 확인하니까 신이 나지만 이놈의 뇌[의식]에다 쌓는 것은 아무리 쌓아도 안 쌓은 거나 똑 같고 또, 보여줄 수도 없다.

피와 땀과 눈물의 의지라는 행동으로 쌓아서 포옹한 것 외에 그냥 뇌[사고]로만 쌓은 것은 아무리 많이 쌓아도 자기 역시 확인할 길이 없다. "지식이 많으면 근심과 고통이 는다."(구약성서) "헛되고 헛되고 모든 것이 헛되도다." (구약성서)솔로몬의 넋두리 같은 사고의 속성을 인류는 사고로 처리할려 하기 때문에 창조주의 속성인 의지를 배신하고 무한한 신적 창조 행동과 행복을 창조할 육체를 혹사시켜 버리는 것이다. 고행을 자랑했고 현재도 고행을 자랑하는 자들은 오히려 신적 의지를 배신하는 자들로서 오직 자기만의 대가리 사고의 노예로서 인류의 배신자이기도 한 무지한 행위인 것이다.

　의지에서 처리해 버릴, 아무 것도 아닌 것을 자기의 절대적인 사명이나 되는양 의지를 배신하는 이 세계 思考의 노예들도 필자에게 오면 순식간에 의지 창조자로 바뀌어 신의 목적과 인생의 행복을 확인하게 된다. 인간은 반드시 의지를 통한 사고의 발전이라야 혼란과 고통이 없고, 솔로몬과 같은 사고의 넋두리가 없게 된다.

21

　그런데, 인류는 시초부터 대가리 사고의 노예로 빗나가기 시작하여 이제까지 대가리 사고의 산물로서 고통과 고난과 갈등만 늘어 놓고 신적 의지의 창조물인 성공과 행복과 기쁨을 뿜어내지 못하고 있다.

　이러한 현대 세상에서 인류 역사 최초로 필자가 인류에게 조물주의 의지를 가슴과 심장으로, 조물주의 본질인 수평 차원으로 뿜어 낼려니 또 확인시킬려니 대가리 사고의 노예인 인류가 수직 관계로 예속되어 온 사고 차원을 바꾸어 가슴 차원을 거쳐 사고를 정복하여 창조주와는 이제까지 수직차원으로만 예속되어온 인류를 수평 차원에서 포용하고 포옹할때까지는 짧게나마 시간이 필요하다. 또 이 과정에서 지금까지의 세상 차원을 초월한 한 차원 높은 새로운 의지에서의 포용과 비약 과정에서 이제까지는 형편없이 작았던 너라는 작은 그릇이 커지거나 거대한 그릇으로 탈바꿈하는 진통이 너의 의식과 의지의 육체에서 이루어진다.

　너는 그 결과를 너의 의식과 의지와 육체로 직접 확인하고, 평생동안 습관화 되어버려야 너의 의식과 의지와 육체에서는 평생동안 혼란과 고통이 없고 의식과 의지를 재량껏 네놈 육체에 발휘하여 속세에 파묻혀도 행복과 성공의 달변행동 생활창조에 꺼리낌이 없게 된다. 그런데 너가 지금까지의 파탄적이었던 인류의 대가리의 사고 차원에만 예속되어 네놈 혼자만의 생활이나 환경을 바라는 것은 더욱 고통과 고난에 파묻히는 대가리 사고의 예속일 뿐으로 신적의지의 창조 행동도 배신하고 전체 인류까지 배신하는 파탄인 것이다.

22

세계 최초의 의지 행동 창조자가 되는 너. 신적으로 더욱 철저하게 확인하자. 필자는 누구에게나 작게 주지 않는다. 작은 너이지만도 말이야. 자신들이 너무나 작다고 하면서 조금만 커지기 위해서 필자에게 조금만 달라고 해서 필자가 조금만 주면 더 큰 문제에 부딪히면 또 좌절되니 더 커져야 하기 때문에 이젠 필자에게 아까보다 조금 더 달라고 한다.

물론 필자가 더 주어서 조금 더 커지면 이젠 또 그이상 더욱더 커질 필요가 있으니 이젠 필자에게 달라고 하는 양이 더욱더 불어난다. 이렇게 되면 필자와 너는 평생 주고받는 입장만 되어 네놈은 필자에게 예속되고, 네놈은 언제 네놈의 인생과 이 세상을 창조자로서 경작하겠나?

이 세상이 필자만의 세상이고 네놈만의 세상은 아니냐? 분명히 명심하라. 이 세상은 네놈 것이야. 그래서 필자는 어느누구에게나 창조주의 속성만큼 처음부터 크게 주어 버려서 개개인 스스로가 조물주의 명을 받은 의지창조 행동을 유감없이 발휘힐 수 있도록 몸으로 확인시켜 준다. 이 과정에서 너의 혼란과 소심 덩어리의 대가리 사고와 또, 평생 동안 미동도 하지 않던 너의 의지가 조물주의 속성만큼, 짧은 시일에 커져야 하니, 대가리의 사고의 진통은 물론, 의지와 육체의 고통과 진통이 있겠나, 없겠나?

23

네놈 몸에 생긴 조그마한 종기 하나만 짜내는 데도 네놈의 몸뚱이와 전문 의사가 동원된 가운데 고통과 통증을 거쳐 치료가 되고 몸속에 세균 덩치가 커지면 너는 목숨을 걸고까지 입원하여 모험적인 행동으로 대수술까지 하는 진통과 생활의 변화까지 감내해 낸다. 까딱하면 황천 가고…….

그런데 네놈의 말더듬은 네놈 몸의 종기 따위나 몸속의 질병 정도 같이 간단할 줄 아나? 네놈 인생을, 네놈 생명을 좌우하고 있는 사실을 너는 이제까지 확인하고 있다. 몸속을 대수술 할 이 세상의 어떠한 병보다도 훨씬 더 큰 대한 민국과 세계를 좌우할 보물이지만 반드시 수술해내지 않으면 안될 보물로서 천지가 개벽되고 벼락치는 수술 행동을 거쳐야 네놈의 보물이 된다. 너도 충분히 이 점은 인정하고 있다. 그러기 때문에 항상 위기에 처한 것 같은 의식과 의지와 행동으로 너에게 부딪치는 매일매일의 최악의 상태에서 너는 언제나 패배만 하는 진통으로 너를 확인하고 있다.

명심하라. 네놈이 매일매일 최악의 상태라고 확인하는 상황이 너에게는 최선의 상태란 사실을 최악의 상태로 확인하는 네놈의 의식이 네놈의 의지에게 정복되어야 겠나, 정복되지 않아야겠나? 정복이 되어야만 최악의 상태가 최선의 상태로 포용되고 너는 성공하는거야. 너에게 있어서 지금까지의 위기와 최악의 상태란 하나도 타인과 세상으로부터 주어진 것은 없었다. 전부가 다 네놈 대가리의 그 의식으로 부터였다. 이것도 신적으로 확인시켜줄까?

<h2 style="text-align:center">24</h2>

좋다. 네놈 대가리의 위기 의식과 최악의 상황을 안 더듬이들과 필자가 천연색 영화나 사진으로 보는 것 같이 본다고 가정해 봐. 네놈의 대가리 사고를 안 더듬이들과 필자가 어떻게 평가하겠나?

필자가 과거에 '아버지'라는 발음과 '이모'라는 발음, '누님' 이라는 발음, '쿠알라룸프르'라는 발음,'마흔 둘'이라는 발음에 목숨을 걸고 필자에게 있어서는 우주에서도 가장 큰 최악의 상

태로 단정했던 그 때 그 순간에 필자 의식이 안 더듬이들에게는
먼지털 만큼이라도 신경쓸 것이 되는 것이냐, 안되는 것이냐?
그러나 안 더듬이게는 반대로 필자가 그 발음을 정복한다는 것은
최선의 목적이 되겠나, 못되었겠나? 너에게 있어서 위기 의식과
최악의 상태란 그만큼 그 의식과는 반대 즉, 극과 극인 의지의
발동을 요구하는 순간 순간들인 것이다. 세상으로부터가 아닌,
네놈 자신으로부터 위기에 처한 너에게 이 세상 어느 누구가 힘이
될수 있겠나? 안 더듬이들과는 달리 네놈의 위기를 네놈 새끼는
설명할 수도없어. 너 자신으로부터 최악의 상태에서 벗어나지
못하고 있는 네놈의 새끼를 세상 어느 누구가 건져낼 수 있냔
말이야, 천하에 ○○○○○의 새끼야.

　왜 네놈의 부모, 형제, 자매들과 이 세상을 원망해. 이 세상이
네놈 새끼 그렇게 만들었어? 필자와 네놈과는 만나본 일도, 말
한마디 해본일도 없잖아. 그렇지만 이 새끼야. 이 책을 보고도
네놈 새끼 또 세상을 원망하고 세상을 구원할 정도로 커다란
네놈의 그 보물, 그 말더듬을 포용안할래? 너는 임마, 이 순간
이후부터는 절대로 인생 생활에서 자살할 생각도 안하지만 좌절도
안하게 된다.

25

　네놈에게나 필자에게는 네놈의 그 의지 하나뿐이야. 새끼야,
재능도 재산이고, 지식도 재산이고, 또 세상 인류가 한 사람도
빠짐없이 미치고 돼지게 좋아하는 돈만이 재산이 아니야. 이런
것따위 전부를 합친 것 보다도 훨씬 더 큰, 말과 글로써는 도저히
표현할 수 없을 정도 만치나 큰 재산은 네놈 새끼 바로 그 의지야.
그것 하나만 필요해. 이 자식아, 네놈 새끼가 그렇게 큰 재산,
의지를 네놈 새끼 대가리 사고에게 빼앗겼으니 네놈 새끼가 어
떻게 아가리가 열릴 수 있겠으며, 행복할 수 있겠으며, 성공할

수 있겠나? 네놈의 가장 위기 의식은 의지의 행동 창조를 통해 가장 호기 의지로, 가장 최악의 상태는 의지의 행동 창조로 가장 최선의 상태로 네놈 새끼가 만드는 것이야. 神이 완전하다는 것은 무형체 입장에서 말하는 잔소리일 뿐이야. 너도 이 자식아, 무형체 입장에서는 神과 같이 완전하다. 유형체의 몸뚱이나 행동이 필요없기 때문이다. 神은 의지와 갈등이 없는데 네놈 새끼와 인류는 왜 의지와 갈등이 있나? 이것 역시 네놈 새끼와 이 세상 전체 인류는 귓구멍을 송곳으로 확 파버리고, 잘 들어라. 몸뚱아리는 유형체와 공존하기 때문이야. 그리고 더욱더 적나라한 사실은 네놈과 인류가 고통으로 여기는 대가리 사고와 神的인 의지는 극과 극이기 때문이고, 이것도 신적으로 행동 확인 못시킬 세계최초의 필자가 아니다.

<h1 style="text-align:center">26</h1>

갓난 아이는 神)의 속성으로 갈등 없이 지내는 것이 보이지 않냔 말이야? 그런데 동물만도 못한 이 세상의 인류라는 작자들이 성장하면서는 무조건 대가리 사고가 흙에게 예속되어 버리기 때문에 얼마나 갈등과 고통이 많았으면 석가와 예수도 모든 걸 다 버리고 또 인류에게도 모든 것을 다 버리라고 했어, 안 했어?

그러나 이젠 이 세계 인류여! 잘 들어라. 너희들이 버리지 않고도 모든 소유물을 버리지 않고도 오히려 더 벌면서도 네놈들의 그 대가리 사고를 버리지 않고도 석가와 예수 차원 이상으로 네놈들의 그 대가리 사고를 세계 최초로 정복하여 행복하게 살 수 있게 되었다.

사랑도 진짜로 사랑하는 사람은 상대의 모든 것을 다 갖기 위한 것이다. 이 말에 꼬리표 다는 자들 있으면 그건 주둥이도 아니다. 임마, 다 주는 것은 자동적으로 다 갖게 되는 것이야. 네놈의 성공, 행복, 창조를 위하고 네놈의 주둥이가 세계를 뒤집을 만한 달변으로 되기 위해선 이젠 네놈의 의식과 최악의 상태의 의식을 모조리 네놈의 의지에게 주어라. 사그리 싹쓸이로 의지에게 주어 버려라. 그러면 네놈은 네놈이 바라지 않더라도 너의 신적인 창조의지를 갈등과 고통과 파탄 없이 모조리 싹쓸이로 소유하게 된다.

네놈의 말더듬까지도 네놈 의지에게 다 주어버리는 거야. 모조리 다 주어야 모조리 다 갖게 된다. 무엇을 갖게 되느냐? 신적인 의지와 몸까지 갈등없이 모조리 다 갖게 되는 것이다.

27

그래서 너는 언제나 위기 의식이, 언제나 최악의 상태가 의식 요인이었는데, 이제부터는 의지가 주체가 되니 언제나 호기의 의지로 맞이하게 되어, 너의 성공은 불을 보듯 훤하게 되는 것이다. 너 혼자서 지낼 때에도 최악의 상태 생산습관이, 이젠 네놈 혼자있어도 최선의 상황을 의지로 생산해 내는 창조자가 된다. 유형체로서의 神은 반드시 의지와 동작으로 피와 땀을 거쳐서 살도록 되어 있으니, 의지와 몸뚱이로 안해봤던 행동을 하니, 시행착오도 있고, 빈틈도 있고, 헛점도 있다.

그러나 언제나 완벽을 요구했던 네놈 대가리의 사고, 의식, 상상, 지식이나 지성따위가 의지에게 모조리 먹혀버렸으니, 네놈은 갈등이나 고통이란 것을 느낄수도 없어. 오직 시간과 공간에서 연속되는 의지의 행동만을 모조리 싹쓸이로 포용하게 되고, 포용까지 하게 되니까 말이야.

세계 최초로 이렇게 네놈 의식이 정복되어 버리면 너는 평생 너의 대가리 사고가 의식이, 네놈의 의지 창조 행동에 거리끼지 않게 되고, 네놈 대가리 사고는 오직 네놈 비서와 종으로서 네놈 행동만 컴퓨터처럼 녹음만 해줄 뿐이다. 이 새끼야 컴퓨터가 사람행동을 기다리기만 하는 것이지, 조작해 주기만 바라는 것이지, 컴퓨터가 주인 행동 막을 수 있어? 네놈은 이렇게 해서 세상 인류와 같이 살면서도 10차원의 생활을 하게 된다. 이 우주와 네놈 새끼가 살고 있는 이 세상의 모든 현상은 결과일 뿐이다. 결과의 원인은 무엇이냐? 의지와 동작이다. 대가리 사고가 아니란 말이다.

28

신神적인 의지 행동으로 태어나서 생활은 신적 의지 행동을 배신하고, 썩어 없어질 대가리 사고의 노예가 되어 평생 무식한척, 무지한 척 떠드는 인류들이다. 유식한 척 해도 분에 차지 않을 의지의 창조자들이 말이야. 의지의 창조자들은 절대로 유식한척 할 시간도 없이 의지 창조행동만이 일생을 이어진다. 네놈도 분명히 확인해라. 앞으로 무식한 척, 무지한 척 할테야? 대가리 사고를 무시했건 수용했건 의지의 행동은 반드시 결과를 낳는다.

네놈 인생 결과인 현재를 어떻게 새로운 결과로 창조해 낼 수 있느냐? 오직 의지의 창조 행동 뿐이다. 자기 대가리 사고에 구애받지 않는 의지창조 행동은 자기가 평가하지 않으면서 새로운 인생이 되어 버린다. 의지의 행동 창조자에게 세상은 참으로 좋도록 되어있다. 미치고 환장할 정도로 좋은 세상이다. 그러나 대가리 사고에 예속된 인류에게는 세상이 참으로 불편하고, 고통일 수밖에 없다.

왜냐 하면 자기 대가리 속의 뇌세포 전부를 다 인분과 오물로 자기가 인정하기 때문에 자기 대가리의 뇌속에서 언제나 구린내가 나오고, 악취가 나오니 또 그것을 가장 먼저 자기가 맡으니 세상이 좋겠나, 나쁘겠나? 그런 대가리로 사는 자들은 문을 열고 들어갈 의지의 행동이 없는 자들이라, 문이 열리기만을 밖에서 대기하고 있는 자기의 의지가 자기에게 공포심에 걸려 있는 험악한 세상이다. 즉시, 문을 여는 의지의 행동만 해버리면, 그리고 자기 대가리 속에 인분과 악취가 풍기는 썩은 것을 의지로 바꿔 버리기만 하면 순식간에 대가리 속까지 말끔하게 되어 공포심이 사라지고 자기에게서 악취와 구린내가 없어지고 한없이 좋은 세상임을 금방 확인하게 되는 기가 막히게 좋은 세상이다.

29

절대로 40대, 50대, 60대, 70대에 죽지 않게 된다. 과학이나 의학이나 종교로는 꿈도 꿀 수 없는 엄청난 차원인 것이다.

자기가 자기를 한평생 비웃을 것 같았던 세상에서, 죽을 고통인 것 같았던 세상에서, 신적인 의지 창조 행동을 통하여 자기 의식을 정복하고 보니, 한없는 봉사를 베풀게 되어지는 세상이다. 그러나 의식을 정복하지 못한 말더듬이에게만은 지독하고도 고통스럽게 살도록 되어진 세상이기도 하다. 의식을 정복하지 못한 말더듬이에게는 절대로 발음이 잘 되어질 수 있는 환경으로만 되어있지 않다. 오직 신적 창조행동을 통하여 발음을 잘 만들어서, 오직 의지의 행동을 죽을때까지 하도록 되어 있는 좋은 세상이다. 좋은 소문은 잘 안나는데 나쁜 소문은 잘 나는 세상이라는 소리는 대가리 사고의 노예들의 소리이고, 神的 의지의 행동자들은 세상 소문에 전혀 구애받지 않고 의지의 달변 창조하기에는 너무너무 최고로 좋은 세상이다.

자기 한몸만을 위한일을 할려하면 웬통 세상이 먹구름으로 뒤덮인것 같다가도 인류를 위한 목적으로 바꾸면 금새 먹구름이 걷히고 찬란한 태양이 내려비치는 세상이기도 하다. 네놈의 목숨을 아끼지 않고 네놈의 피땀과 눈물을 다 쏟아 부을 이 살기 좋고 아름다운 이 세상에서 네놈만을 위한 일을 해야겠나, 네놈이 아닌 인류를 위한 일을 해야겠나?

30

인류를 위한 일을 하겠다면 과감하게 기어와라, "아니, 기어오라니?" 이 새끼 또 꼬리를 달아? 네놈이 지금 현재 동물만큼 이라도 기어다니는 놈이야? 자식아 동물보다 못하잖아? 자식아 동물들은 마음껏 짖기라도 하고, 본능의 행동이라도 자유자재로 하고 있잖아. 이 자식아 네놈을 잡아 먹을려고 이 땅에 온 호랑이한테 즉, 네놈 임자한테 네놈이 날아올 수 있겠어? 걸어올 수 있겠어? 서투르게라도 아가리 벌려봐, 이 자식아. 이 세상 여하한 안 더듬이들도 필자의 달변을 감히 흉내도 못내는데, 네놈이 필자를 잡아 먹으러 호랑이 굴에 들어오면서 기어 들어오지 않을 다른 방법 있어? 자식아 총든 포수도 필자의 굴에 들어올 때는 덜덜덜덜덜 떨면서 기어 들어와.

그런데 네놈이 지금까지 말을 잃었고, 길을 잃었고, 인생을 잃었고, 세계를 잃었던 네놈, 이것 네가지를 찾을려고 그것도 한꺼번에 찾을려고 네놈 새끼 눈알이 시뻘개지고 세계를 온통 헤매다가 드디어 조물주가 네놈을, 이 세상과 전 인류를 네놈을 통해서 경작할려고, 네놈에게 임자를 드디어 발견하게 한거야. 이 상태에서 어떻게 할래? 필자에게 기어올 용기도 없다고 평생 앉은뱅이로 지낼테야? 기어와서 토끼처럼 네놈 새끼 세상으로 달려 나갈 테야. 알아서 해. 이 자식아.

제 2 부

세계 최초 말더듬 완전파괴 체험 실적

이 내용은 일점도 원문에 보탬이 없으며
단, 지면 관계상 원문을 1/3~1/2로 생략
하였음. 사진촬영한 원문 삽입도 생략하였
음.

*시간 관계상 무작위 추출하였으며, 지면
관계상 더 많은 체험 실적을 게재하지 못
했으니 슈퍼맨 제위의 양해를 바랍니다.

1) 회사원 김복주(22세 女 기독교) 고졸

나의 지나온 과거는 끊임없는 싸움이었다. 국제슈퍼맨수련관에 등록을 하면서도 과연 내가 해낼수 있을까. 말만 더듬지 않는다면 세상에서 부러울 것이 없겠는데 하는 의욕을 가졌었습니다. 그러나 지금 이글을 쓰고 있는 제 가슴속에는 기쁨과 희열로 가득차 있습니다. 국제슈퍼맨수련관에서의 합숙훈련은 일반인들의 상식으로는 이해 할 수 없는 것입니다. 하루 24시간중 20시간이 수련시간이었는데 제가 만약 저의 사고가 앞섰다면 절대로 이겨내지 못했을 것입니다. 시간이 지나감에 따라 홍관장님의 말씀에 저는 스스로 빨려 들어 갔습니다. 혹시 말더듬이 여러분중에서 망설이고 계시는 분이 있다면 지체하지 마시고 오십시오. 13박14일이 당신 생애에서 가장 아름다운, 자신있는 당신의 제2의 탄생이 될것입니다.

강력한 행동만이 당신의 삶을 밝혀줄 것입니다. 성공한 자들에겐 오직 행동만 있기 때문입니다. 《生》이라는 책을 봤을때 소감문을 믿을수 없었으나 제가 지금 자랑스럽게 소감문을 적고 있으니 처음 국제슈퍼맨수련관에 들어올때의 기억이 납니다. 언제나 두려움으로 타인들을 상대했던 제가 지금은 전혀 타인들을 의식하지 않는 사람으로 변했습니다. 이 놀라운 변화를 저에게 주신 홍관장님께 감사드리고 성심성의껏 협조 해주신 조교님들에게도 진심으로 감사드립니다. 더욱더 많은 인류에게 강력한 힘과 움직임의 힘을 확산시켜 주십시요.

2) 대학생 김형룡(21세)

제가 이 수련을 받기 전에는 전화만 보면 이놈의 전화가 없었더라면 하는 생각이 사라지지가 않고 또 여러사람이 모인 곳은 제대로 접근을 하지 못하고 멀리서 내자신이 하고 싶은 말, 또 하기 쉬웠던 말만 골라서 대강 얼버무리곤 했었는데 이제는 모든 사람에게 떳떳하게 자신감을 가지고 이야기를 할수가 있어서 진짜로 기쁜 마음일 뿐입니다. 16년 동안에 말을 한마디하려면 숨을 겨우 다 쉬고난 후에 하곤 했었던 서러움을 13박14일 동안에 말더듬이 파괴될 수 있다는 것이 꿈만 같고 이 수련을 계속 받을 수 있다면 하는 생각이 도망을 가지 않습니다. 다른 사설 말더듬 교정원에도 간적이 한두번이 아니었지만 이 국제슈퍼맨수련관 만큼이나 따라올 교정원이 이 세상 아니 이우주를 뒤져도 없을 것이라고 나 김형용은 생각한다. 비록 수련 비용이 조금 많긴 하지만 이 비용이상의 효과를 가졌다는 것이 꼭 3차원의 세계에 있는 환상적인 생각뿐이다. 내 자신이 이 수련을 받기까지의 과정은 집에서는 사기다, 불가능하다고 하면서 말리곤 했지만 나의 행동 앞에 굴복하게 되었지만 나 역시 내 자신에 항복을 하고 말았다.

　나 김형용이가 얼마나 힘든 노력을 했어도 파괴가 안되어지던 것이 교관님과 관장님 수련생들이 노력을 하니 파괴가 되어진다. 내가 이 수련을 받으면서 느낀것이 행동앞에선 어느 누구도 굴복하지 않을 사람이 없으며 또 행동이라는 것이 얼마나 무서운 것인지 새삼스럽게 느꼈다.

　이나라 말더듬이여! 이 수련은 여러분들이 언젠가는 한번 받아야 할 수련이라고 나는 말하고 싶다. 말더듬이 파괴하려면 이 수련을 받아. 살고 싶으면 받아. 우리 인간이 무의식을 정복하기 위해선 피땀의 노력을 해야하며 과거의 선조들을 따라 가고 싶지 않거든 행동하라고. 한때 말 못하던 시절을 되새기면 소름이 끼칠 정도로 심했지만 이제는 언제 내가 그랬냐는 식으로 가시고 없다. 13박14일 동안 말더듬을 파괴하기 위해서 노력하여 주신 관장님께 진심으로 고맙게 생각된다.

3) 김종경(23세 女) 고졸

　이번 수련을 참가하면서 너무도 많은 것을 가슴으로 느끼고 배우고 갑니다. 처음에 참가할때는 과연 20시간이란 강훈련을 이길 수 있을까? 하는 생각을 했는데 부곡에 와서 아침에 3시45분에 기상하여 훈련에 참가했다. 오랜시간동안 나를 괴롭혀 왔던 말더듬이로 부터, 대인들로 부터 자유로워 질 수 있게 됐다. 이젠 어떤 환경과 어디에 내놓아도 대처할 수 있는 용기와 자신감이 나에게 생겼다.

　13박14일의 수련관 교육을 받으면서 나도 모르는 사이에 강력한 힘이 생기고 강력하게 변화하고 있는 나를 느낄때 기쁨을 감추지 못했다. 수련에 참가할 때의 기분과는 다르게 얻은것이 너무도 많다. 나약했던 나를 철저히 없애고 보다 강력한 힘을 발휘 할 수 있는 슈퍼우먼으로 변할 수 있게 도와주신 관장님과 교관님들께 감사한다.

　아직도 어둠에서 갈등하고 고민하고 방황하고 있는 말더듬이들에게 한가닥 밝은 빛이 되어 주시길 바랍니다. 많은 사람들이 '국제슈퍼맨수련관'을 알아서 수련에 참가할 수 있었으면 합니다. 너무도 많은 것을 가슴에 담고 갑니다. 그 모든것이 이제는 나에게 자신감으로 돌아왔다. 강력한 행동 앞에 사고기 얼마나 나약한 존재인지를 확인할 수 있었다. 모든 사람들이 이 수련을 받아서 강력한 슈퍼맨(슈퍼우먼)이 되었으면 좋겠다. 길다고 느꼈던 13일이라는 시간이 그리 길지만은 않았다는 것을 느끼니 아쉬움이 많습니다. 이 수련을 평생 잊지못할 것입니다. 관장님 항상 건강하세요. 아울러 교관님 여러분들도 언제나 건강하세요. 국제슈퍼맨수련관 영원을!

4) 대학생 김은경(25세 女)

처음 수련관을 다녀온 후 기쁜마음과 희망찬 마음으로 D-Day를 기다렸었는데 처음 슈퍼맨들을 대했을때 침울하고 표정 없는 얼굴들이었다.

여자로서 수련하기에는 좀 힘들다고 생각이 들긴 했지만 여자가 아닌 할머니라도 관장님下에서는 다 해낼 수 있다. 새벽 4시에 기상해서 취침은 1시정도에 자야하니 며칠은 아침에 내내 졸긴 했지만 피곤함은 좀처럼 못느꼈다. 우리는 神이다. 밀양까지 다녀왔다면 누가 믿겠는가? 이런 정신으로의 행동은 일반인들은 못한다. 우리 국제슈퍼맨 수련생들만이 가능하다. 도전을 했을때 감히 상상도 못할 행동을 내 체험으로 했고 걱정이 앞서기는 했지만 닥치면 충분히 해냈다.

항상 남을 의식하며 살고 완벽하게 사는것이 최상인줄 알았던 난 이젠 내가 실수를 해도 내가 한 행동을 포용할 수 있는 능력이 있다. 관장님의 덕분이라 생각한다. 내 주위에 나만큼 강한 여자는 없을 것이다. 무엇이든 행동으로 부딪힌다.   다음에 3박4일 과정을 난 다시한번 받을 것이고 집 식구들을 보낼것이다. 집으로 돌아가서 내 생활이 어떨까 궁금해 빨리가고 싶다. 쉽게 정들고 싶지 않았는데 너무나도 정이 들어서 마음이 슬프다.

5) 농업 손용구(29세) 중졸

한마디로 나에게 충격적인 사건이었다.
정말 홍 관장님께서는 세상적 사상를 초월한 신이셨다.
슈퍼맨수련의 결과는 나에게 너무나 큰 충격과 흥분을 주었다.
신앙생활을 하는 나는 처음엔 약간의 거부감도 있었지만 수련을
마치고 난 지금 나는 눈물까지 흘리고 있다.

합숙수련에 참가하기전 《동》과 《강》이라는 책에서 소감문을 보고 어떤 차원의 수련이길래 수련생들의 소감문이 그렇게 충격적인지 허무맹랑한 느낌마저 들었었다. 그러나 나는 그것이 사실이었음을 지금 이렇게 쓰고 있는 소감문으로 확인했다.

내가 수련받게된 동기는 자신의 엄청난 말더듬 문제도 있었지만 나보다 더 급한 여동생의 우울증과 노이로제 때문이기도 했다. 여동생은 생활과 인생의 혼란은 물론 병원비용만도 얼마나 많이 들었는지 모른다. 그런 여동생을 한달전에 3박4일 슈퍼맨 합숙수련에 보냈더니 정말 상상할 수 없을 정도로 변화되어서 울면서 수련 받으러간 여동생이 활짝 웃으면서 돌아왔었다.

슈퍼맨 수련을 받기전에는 말못하는 벙어리였었으면 좋겠다고 생각한적이 한두번이 아니었었던 내가 이젠 강력한 홍 관장님의 합숙수련으로 의식을 정복하여 남 앞에서 웃으면서 이야기를 할 수 있게 된 사실이 정말 놀라울 뿐이다.

6) 치과위생사 오 유정(22세 女 불교) 전문대졸

13박14일 사회에서는 2주일이라는 너무나 짧은 시간들입니다. 그러나 이곳의 14일은 참으로 길었습니다. 아마도 그만큼 내가 이룩해 놓은 것이 많았다는 것일 겁니다.

2주일이라는 기간에 해온 우리들의 모든일을 사회에서 할려면 얼마나 걸릴지. 이곳에서는 낚시하는 이에게 고기를 던져주지는 않습니다. 다만 낚시하는 방법을 알려줄 뿐입니다. 왜 이제야 그 방법을 이해해야 했는지 왜 남보다 먼저 눈물 흘리지 못하고 왜 남보다 많은 피땀을 흘리지 못했는지 왜 어줍짢은 자존심을 버리지 못하고 왜 그리 흔한 배짱과 용기를 일찍 지니지 못했는지. 이러한 자신이 관장님과 교관님들에게 죄송할 따름입니다. 이곳 생활이 아쉽습니다. 며칠만이라도 더 모든 걸 포용하면서 새롭게 시작해보고 싶습니다. 그러나 그 시일이 허락되지 않음이 아쉽습니다. 지금까지 난 분명히 엄청나게 변화했을 것입니다. 다른 슈퍼맨은 저에게 저의 변화된 모습들을 이야기해 주었습니다. 네, 전 이제부터 저의 모든 것을 인정하고 사랑하겠습니다. 지금까지 표출해낸 저의 강력한 의지와 행동은 앞으로의 세계에서도 결코 사라지기는 커녕 제자리 걸음도 하지 않습니다.

앞으로의 인생은 지금의 제 모습보다 훨씬 강인하고 당당하고 풍부한 넉넉한 여유가 함께 할것입니다. 많은 사람과 너무나 짧은 시일에 이렇게도 인간적일수 있을까 할수 있을 정도로 깊이 정이 들었습니다. 떠나는 이들의 뒷모습을 보기가 왜그리도 허전했는지 감히 글로 표현할 수 없습니다. 교관님들, 게으른 저희들 나태한 저희들 이끌어 주시느라 수고하셨습니다. 이곳 슈퍼맨 생활을 잊지 않는한 결코 잊혀지지 않을 분들입니다. 그리고 홍관장님 결코 관장님 뜻에 어긋나는 일들은 하지 않겠습니다. 자신있게 말할 수 있습니다. 제가 이 사회에 들어서면 그들에게 이곳의 생활을 이해시킬수 있을지 모르겠습니다만 이곳의 일들을 최대한으로 자신있게 알려주고 싶습니다. 감사합니다.

7) 황 미옥(24세 女) 고졸

내가 처음 《生》을 통해서 국제슈퍼맨수련관을 알게 되었을때, 나는 정말 걱정으로 가슴을 떨었고 내생애의 최고의 엄청난 희열과 기대로써 수련일을 기다렸다.

나이 들어서도 번번히 자식노릇도 못한 나를 부모님께서 직접 부곡까지 배웅해 주시며 몇 번이나 교관님을 붙잡고 잘 보살펴 달라는 당부를 잊지 않으시고 돌아서시는 당신의 뒷모습이 애달픈 마음에 목이 매어왔다. 눈물을 삼키며 이번만은 기필코 해 내리라는 다짐을 거듭거듭 새기며 수련에 임했다. 본격적으로 수련의 실체가 드러나 보이면서 나는 고통스러움에 앓았고 자신의 말더듬 사고에 대해서 분노와 억울함을 금할 수 없었다. 여러 교정원을 거치면서 왜 나는 목적을 이루지 못했는지 그 차이에 대해서 자연스럽게 해답이 나왔다. 강력한 의지창조, 고통과 피땀속에서 자신의 나약함을 깨닫게 하여 강력한 동작만이 사는 길이며 성공창조임을 스스로 터득케 했다. 이젠 절대로 자신을 비참함으로 몰아 넣거나 대가리 사고의 예속으로 망설이거나 하지 않겠다. 이제 매일을 새날처럼 맞이하고 새로운 창조와 도전의 생활로 가득 채울 것이다. 오직 살길은 행동하는 가운데 파괴도 있고, 성공도 있고, 인생의 목적이 있음을 알게 되었다. 국제슈퍼맨수련관의 만수무강을 기원합니다.

8) 회사원 최금룡(32세) 고졸

《생》이란 책을 사서 읽어 보았다. 나는 32년간을 말더듬이란 언어장애 때문에 좋은직장, 결혼문제 모두가 무마가 된 상태에 이르렀다. 국제슈퍼맨에 들어 오기전에 나는 언어교정학원을 3군데나 다녔다. 그래서 나는 국제슈퍼맨도 그렇게는 믿고 싶지 않았다. 그래도 이번에 마지막 도전이라고 생각하고 회사에 사표를 내고 그 월급으로 등록을 하고 나미지는 빚을 내고 늘어왔다. 13박14일 이라는 강훈련에 들어갔다. 24시간 가운데 취침시간은 3시간 반 밖에 안자고 도전에 20시간을 하였다. 이러한 자세만 가지면 못할것이 없다는 생각이 든다.

인간의 힘과 나를 또한번 느낀다. 인간의 초능력이란 우리의 사고보다 그 이상이다. 한 1,000% 이상을 돌파할 수 있는 우리의 초능력이 있다.

끝으로 홍민성 관장님께 감사드립니다. 그리고 모든 교관님들께 감사를 드립니다.

9) 회사원 정정기(25세 기독교) 고졸

죽는 날까지 하늘을 우러러 한점 부끄럼 없기를 잎새에 이는 바람에도 나는 괴로워 했다……. 지난 25년동안 얼마나 비참하고 숱한 허송세월에 살았으며 나의 청춘을 어디서 보상 받을 수 있었던가! 말더듬 때문에 온갖고민과 좌절속에 패배해야만 했던 나는 차라리 人生이란 의미를 아예 땅속에 묻어 버렸다.

그러나 이젠 다시 탄생했다. 일생의 단한번 울기 위해서 거의 10여년 동안 땅속에서, 흙을 박차고 유유히 날으는 매미처럼 알 울했던 나의 지난 과거는 이제 여기서 막을 내렸다.

어느날 우연히 서점에서 《生》책을 사게 되었다. 처음에는 도저히 믿어지지 않았으나 주위의 권고로 등록을 했다. 수련기간 처음 2.3일 동안은 그저 별로 또렷한 변화가 없었다. 그런데 4.5일 지나면서 부터 서서히 효과가 나타났다. 그야말로 神的인 차원이었다.

특히 부산 대도시 공격땐 나의 과거를 확실하게 보상받았다. 나의 의지와 행동에 대가리 사고가 굴복하고 말았던 것이다. 그 많은 인파들 속에서 열변을 토해내는 나는 그야말로 神이었다. 내가 미치지 않고서는 도저히 그짓을 할 수 없었기 때문이었다. 열변을 토해내고 밖으로 나와서 나는 그야말로 형언할 수 없는 환희의 기쁨을 맛보았다. 한편으로는 기쁨의 눈물을, 또 한편으론 서러움의 눈물을 흘렸다. 그렇다. 나는 이제 다시 태어났다.

그 어떠한 고난과 역경에 부딪힌다 할지라도 눈속에서 피는 매화꽃처럼 나는 오직 강력한 의지와 행동으로 모든세상일을 일관하겠다.

끝으로 홍관장님과 교관님들께 진심으로 감사를 드립니다. 슈퍼맨 만세—

10) 대학생 강후덕(24세)

강력한 의지와 행동으로 이글을 쓴다. 인류는 그중에서도 특히 말더듬이들은 사고(의식)로 삶을 잇는다. 얼마나 잘못된 生이였던가. 그래서 인간은 항상 지쳐왔으며 후회의 망각속에서 자탄해왔다.《生》이라는·책을 구입하여 그 내용이 옳다는 것을 깨닫고 이곳에 들어왔다. 지금 쓰고있는 이 순간도 내心속은 여유가 있으며 빨리 도전과 행동으로 뛰어들고 싶다. 사실 13박14일간에 말더듬 완전파괴라는 내용에 의심하지 않을 말더듬이가 어디 있겠는가? 허나 말더듬의 실체와 본질을 보았을때 그리고 자기포용으로 받아들여 졌을때 얼마나 나 자신이 잘못 생각하고 있었나를 나는 인정한다. 이 세상에 자문해보고 싶다. "누구 말더듬이 보다 말잘할 사람 있으면 나와 보시요" 얼마나 가슴 후련한 소리인가. 꼭외쳐 보고 싶었던 말이 아니었나! 참으로 생각해 보면 가슴이 뿌듯하면서도 눈물겨웠던 일이 아니었던가? 세상이 나를 기다리고, 나는 이 인류를 위해 내몸을 아끼지 않으련다. 이 pen을 놓음과 동시에 이제는 새로운 시작이라는 울타리 안으로 들어간다. 나는 이제 피·땀의 표현과 행동으로 이 세계에 도전한다.

11) 신윤범(26세 기독교) 고졸

감사합니다. 나의 인생은 지금 부터다. 지난날의 과거는 물거품처럼 사라지고 밝은 햇살아래 지금까지 못했었던 일 과감하게 행동하겠습니다. 지금까지 살아오면서 이렇게 가슴이 뿌듯한 기분은 처음이다. 무엇보다도 나에게 커다란 도움이 된것은 게으른 생활을 과감히 파괴하고 어떠한 상황과 공간에도 구애받지 않고서 내가 할말은 기필코 한다는 것입니다. 이 얼마나 행복한 일인지 모릅니다.

13박14일간 나의 인생길을 바꾸어 주신 홍관장님께 진심으로 감사합니다. 밖에 나가더라도 강력한 행동을 할것입니다. 제가 이 소감문을 쓰게 된것이 믿어지지 않습니다. 말더듬으로 인하여 제 자신을 구속한 내 자신이 정말 미워지는군요. 하지만 이젠 그 피해 보상을 몇곱절 이상으로 받게되어 정말 감사할 따름입니다.

이제는 행동만이 남았습니다. 홍관장님 이하 교관님 모두 그 동안 수고하셨습니다. 슈퍼맨 신윤범은 오늘부터 새삶을 살것을 맹세합니다.

12) 회사 안전관리자 김귀봉(23세) 고졸

수고 많으셨습니다. 제가 소감문을 읽다가 이제는 쓰는 입장 에서 매우 새삼스러워 집니다. 그동안 말더듬 이라는 굴레 안에서 내 인생을 얼마나 낭비했던가. 이제는 그 누구 못지 않게 잘 할 수 있고 웃길줄도 알았습니다. 13박14일의 이틀이 지나고 나서 완전자동단전호흡대의 신비로움을 알았습니다. 수련비용을 마련 하느라고 적금을 해약을 하였으나 후회와 실망같은 것은 없습 니다. 6일 동안의 대도시 도전에서 가슴으로 화를 내고 무조건 대중이 많이 모이는 장소라면 내뱉었지요. 대중공포를 없애 주 면서 불안, 초조, 소심, 긴장이 한꺼번에 와르르 무너지는 것 같습니다.

이제는 나의 의지와 행동으로서 공격과 도전에 불을 당기겠 습니다. 참, 관장님이 열변을 토하고 저희들에게 더 많은 것을 주실려고 하시던데 미처 하지못해 죄송합니다. 우리 말더듬이들은 머리가 우수하다고는 하지만 자기가 한말에 대하여 너무 의식을 하기 때문에 강박관념에서 빠져 나오지 못하고 있습니다.

무의식을 정복한 슈퍼맨 동지 여러분! 강력한 의지와 행동으로 우리 국민과 전 인류를 위해 전진 합시다. 내 주위의 말더듬이나 성격소심, 불안, 초조, 긴장을 하시는 분이 있으면 얼른 국제슈퍼맨수련관에 등록을 하라고 할것입니다. 부디 말더듬이들이 수련을 받고 나서 자기자신의 의지와 행동을 확인해 보시길 바라면서 이만 줄이겠습니다.

13) 가스회사 주임 최병남(25세) 고졸

제가 정말로 이 소감문을 제손으로 적는것이 절말로 꿈인것 같습니다. 그러나 그것은 꿈이아닌 현실이었습니다. 이젠 정말로 희열을 느낌니다. 제가 25년 동안 왜, 국제슈퍼맨수련관을 일찍 찾아오지 못했는지 후회스러울 뿐입니다.

평소에 천미터도 못뛰던 내가 뛰었다는 것이 참으로 참으로 희열을 느낌니다. 이제는 단전호흡대도 착용하니 몸과 마음이 날아갈 것 같습니다. 저는 이 말더듬 때문에 고통이 엄청나게 컸습니다. 어느때는 학교도 가기가 싫었고, 친구들 친척들로 부터 손가락질까지 받는 느낌이었습니다.

말더듬은 말더듬는 사람만이 아는것 만약에 제 소감문을 보시고 오시는 분은 주저하지 마시고 오십시요. 그리고 국제슈퍼맨수련관에서 13박14일 동안 판장님에서 하시는 말씀은 꼭 유익한 것이니 수련을 받으러 오는 모든 수련생 여러분께서 노트에 적어서 행동으로 옮기십시요.

14) 고승환(27세 불교) 전문대졸

무엇이라 말씀드리기가 황송스럽습니다. 관장님, 교관님 정말 수고 많으셨습니다. 남자가 눈물을 흘려본지 정말 오랫만이군요. 이 눈물은 정말 무엇과 바꿀 수 없는 창조자만이 맛볼수 있는 환희 그것이었습니다.

단전호흡대의 효과는 무어라 말씀드릴 수 없을 정도로 나에겐 없어서는 안될 필수품이 되어 버렸습니다. 정말 생각하기도 싫은 과거 이젠 나에겐 창조자의 힘으로 변화되어 버렸습니다. 시간 나면 3박4일 과정을 다시 입교하고 싶은 마음입니다.

15) 이성철(37세) 고졸

역시 행동의 힘은 위대했습니다. 저는 말더듬으로 근 20여년 이상 시달려 왔습니다. 그런데 신문을 보고 국제슈퍼맨수련관을 알게 되었습니다. 처음에는 어떻게 말더듬을 고치나 저 나름대로의 상상도 해 보았으나 역시 행동수련에 참가하고 보니 저의 상상을 초월했습니다. 우리 사고로는 안되는 것이 행동으로는 다되는 것이었습니다. 말더듬으로 고생하시는 분은 필히 꼭 수련에 참석하면 반드시 고칠 수 있다고 확신합니다. 저는 이세상 어디에서도 이 슈퍼맨 수련관을 빼놓고는 고칠수 없다고 확신합니다. 앞으로 슈퍼맨 여러분의 건투를 빌며 이만 줄입니다.

16) 국민학생 정관호(13세)

나는 5년동안 고통스런 생활을 했다. 나는 친구들의 놀림과 비웃음 때문에 괴로웠다. 그러는 어느날 아버지께서 국제슈퍼맨 수련관에 가서 3박4일을 받고 돌아 오셨다. 아버지의 태도가 많이 달라져서 나도 호기심이 나서 아버지께 나도 한번 해볼까요 했고 아버지께서도 한번 해보라고 하셨다.

부곡관광호텔에서 훈련을 받을때는 고통스럽고, 괴로웠다. 그러나 나는 이번이 마지막이라 생각하고 강력한 행동으로 밀어 부쳤다. 그래서 나는 말더듬을 완전히 파괴시켰다.

이제는 나의 2번째 탄생이 되는 날이 되었다. 나는 동지들에게 감사하고, 나는 이제 말더듬이라는 단어는 내 머리속에서 영영 사라져 버릴 만큼 강력해졌다.

17) 택시회사 대표 강종환(45세)

저는 처음 국제슈퍼맨수련관을 알았습니다만 선뜻 수련에 임할 용기가 없었습니다. 믿지 못하였습니다. 이것은 사회적인 문제도 있지요. 수차례 망설였으며 갈등과 고뇌는 말로써 할 수가 없었습니다. 수련관은 나 혼자서만 알고서 마누라가 알까 걱정까지 하는 것이지요. 이것을 표현하고 의논하면 좋을 것이나 철저하게 속이는 것입니다. 모든것을 혼자서 생각하고, 처리하니 고뇌 얼마나 많은지 말더듬이가 아니면 이런 번민과 고뇌를 알수가 없습니다. 병이라면 큰병이지요. 저는 이제까지 이렇게 철저하게 자신을 불신하였던 것입니다.

수련관에 들어와 3일째까지 나를 알고 있는 모든 사람들은 수련관에 온지를 모르고 마누라까지도 말입니다. 몇일이 지나고 나 자신에 조금씩 변화가 오더군요. 상상도 할 수 없는 변화, 이것은 행동으로만이 얻을 수 있는 것입니다. 열심히 교육에 임한 결과 나를 알고 나를 인정하니 이렇게 큰 희열을 맛볼 수 있는 것입니다.

천지개벽 같은것, 태어나서 처음 맛보는 기쁨 날아갈것 같은, 상상을 초월하는 기쁨. 저는 이 기쁨을 혼자서만 가질것이 아니라 여러 사람에게 알리려고 합니다. 제 차를 타는 손님들에게 열심히 그리고 여러 사람들에게 말입니다. 저는 또 허리에 문제가 있었으나 좋아졌으니 두가지를 얻고가는 것입니다.

저의 체험을 여러 사람에게 알리는 것이 제가 해야 할 일입니다. 최선을 다할 것입니다. 재삼 다짐합니다. 더 많은 말더듬이들에게

알리고 알게 해야지요. 최선을 다할 것을 굳게 맹세 합니다. 감
사합니다.

18) 고등학생 허민(17세 기독교)

아쉬웠던 13박14일 일정이 끝난지금 그동안 정들었던 여러
교관님들과 동료 슈퍼맨들과의 헤어짐이 너무나도 아쉽기만 합
니다. 부지불식 간에 변화된 저의 모습은 내가봐도 신기하기만
합니다.

강력한 슈퍼맨 수련을 받고 이제는 아무꺼리낌도 없이 누구
앞에서나 어떠한 환경하에서도 자신있게 말할 수 있다. 건강역시
누구보다도 좋아져서 평생 건강문제는 신경쓰지 않게 되었다.

이 슈퍼맨 수련을 받은 슈퍼맨 허민은 이제 창조자요 달변가가
되어서 인류에 봉사하는 역할을 담당할 것이다. 허민, 죽을려면
사고하고 살려면 행동해라. 동료 슈퍼맨들이여 ! 길이길이 빛내자.

19) 대학생 정창원(25세)

사람앞에서는 사람들을 너무 의식한 나머지 조그만 행동 하
나라도 하지 못했었던 나자신. 생각으로, 생각으로만 할려고 했던
나자신. 그래서 생각(사고)의 노예가 되어버린 나 자신의 모습이
이젠 자취를 감추어 버리고 새로운 나 자신이 탄생되는 이 순
간이다. 너무 기쁘다. 너무 행복하다. 너무 기뻐서 뜨거운 가슴속의
의지도 기뻐하는 것 같다. 이놈의 말더듬 때문에 나 자신도 속
으로는 많은 눈물을 흘렸다. 정상인같이 말더듬만 고치면 나의
모든 잠재된 능력을 이웃과 국가를 위해서 발휘해 보고 싶다고,
그런 많은 번민과 고통과 괴로움 속에서 신의 가호가 있었던지
나는 슈퍼맨수련관에 13박14일의 수련을 받게 되었다.

이젠 옛날의 나자신의 모습은 도저히 찾아볼래야 찾아 볼수가 없고 완전히 다른 모습으로 행동과 말이 변했다. 부모님과 친구들이 이렇게 크게 변해버린 나자신에게 놀라서 기절하지 않을까 궁금하다. 이젠 힘이 있다. 건강도 자신있다. 타인을 위해서 봉사할 만반의 준비도 갖추었다. 관장님! 너무 고맙습니다. 제가 어떻게 하면 그 보답을 갚을 수 있겠습니까? 슈퍼맨 수련에 필요하시면 언제든지 불러 주십시오. 우리 대한민국을 위해서 세계인류를 위해서 기꺼이 달려 가겠습니다. 관장님 내내 건강하십시오. 국제슈퍼맨 화이팅!!!

20) 대학생 김진호(27세)

지난 20여년 동안 말더듬 증세로 인한 시련은 이루 형언할 수 없을 정도로 비참했었다. 그래 기회는 이번뿐이야! 우연히 서점에 들렀었는데 홍민성 관장님의 《생》(生)이란 책을 보았었다. 말더듬의 치유법, 행동 그리고 수련을 거친 수련생들의 소감문 등 나를 흥분시키기에는 충분한 사연이 적혀 있었다. "강력한 의지의 동작으로 사고와 본능을 깨부순다"

첫날부터 우리는 목적을 향해 서서히 진군했다. 홍관장님의 열창적인 강의에 우리는 두귀를 쫑긋세우며 하나라도 놓치지 않으려고 두눈을 부릅떴다. 하루 20시간 행군에 수면은 불과 3~4시간 그러나 최신자동단전호흡대의 덕분으로 피곤한줄 모르고 수련을 받았다.

특히 홍관장님의 행동철학, 행동심리학 등의 강의는 내생의 새로운 활력과 용기를 불어 넣어 주기에는 너무도 충분했다. 남 앞에서 이야기를 할때는 땀을 뻘뻘 흘렸었던 내가 3~4일 지나니까 발표 차례가 와도 긴장하거나 불안해 하지 않았고 호흡법에 맞추어 발성하니 너무도 편안함을 느꼈다. 지방을 순회하는 도전에서는 그동안의 모든것을 동원해서 나자신을 시험했다. 그런데 불과 5일만에 역전, 경찰서, 정류소 등 많은 사람들이 모인곳에서 자신있게 이야기 하는 내 모습을 보니 너무나 변한 나자신을 보니 처음에 의심했던 나자신이 어리석었다는 생각이 들었다. 화장실 에서 얼굴을 씻으려고 하니까 눈물이 핑 돌았다. 그래 나는 이제 제2의 탄생을 했다. 강력한 인생을 위해 최선을 다하는 삶을 살 겠노라 다짐한다.

21) 고등학생 장형일(19세)

행동, 인류를 위하여 펴내는 강력한 신적인 행동 지금까지 사 고의 노예로 살아왔던 나자신이 얼마나 한스러운지 후회가 막 심하다. 항상 사고를 통해서 행동을 했다. 그러니 말더듬이니, 정신적 고통이니 별 잡스러운 상상에 의해서 말한마디 동작한번 제대로 해보지 못했던 나였다. 자, 이제 불과 13박14일 만에 나의몸 나의의식과 의지까지 엄청날 정도로 창조되었다. 절대로 미리 판단하지 않는다. 의지의 동작으로 유형체인 몸과 무형체인 사 고는 전혀 무관한 것임을 절실히 알게 되었다. 하나하나 파괴해 버리는 내자신이 실로 놀랍고 글과 말로써 표현하기가 어렵다.
슈퍼맨 수련을 받고 난 지금 이 발판을 튼튼한 기초를 쌓았다. 앞으로는 쌓아 올라가는 것이다. 아무리 본능과 사고가 나를 유 혹해와도 그것은 아무런 상관이 없다는 것을 알았다. 타인들에게 잘 보일려고, 남에게 칭찬을 받을려고, 아부할려고 그렇게 비참 하게 살았던 내 과거 이젠 달라진 나의 행동으로 모조리 지워 버렸다. 나는나다. 절대로 타인이 될 수 없다. 더 긴말이 필요 없을 것 같군요. 수련관에 와서 직접 몸으로 행해보지 않는한 그 차원을 누구에게도 표현할 수 없다는 것을 오로지 행동하는 자만이 살수 있다는 홍민성관장님, 수련을 받는 도중에도 제 사고로 보면 무섭고, 아니 행동을 봐도 도저히 상상도 못할 정도로 관장님은 같은 몸을 가지고 있는 인간과는 의지와 의식과 행동력이 판이하게 다르다는 것을 느꼈습니다. 관장님 감사합니다. 그리고 존경합니다. 우리민족 쉬는 시간이 없이 모두 수련을 받았으면 합니다.

하루빨리……. 진심으로 감사 드립니다.

22) 대학원생 김윤식(28세)

가장 시원스럽게 울어 보았다. 얼마나 긴 어둠을 뚫고 오늘의 빛을 보게 되었는가? 13박14일의 짧고도 긴 시간을 통하여 저 자신을 평가해 보고 객관화 할 수 있게 하여주신 관장님께 존경과 사랑을 전합니다. 두려움과 외로움에 살아온 20여년이 저에게 얼마만큼의 낭비와 고통의 연속이었나를 이제야 알았고 의지를 통하여 확인했으니 더이상 바램은 없습니다.

단지, 이 모든 고통의 원인인 말더듬은 사고의 노예였음을 알고 확인한 이상 난, 더이상의 노예로 전락할 수가 없다. 살아온 시간이 아깝지만 살아갈 시간은 강력한 의지를 행동으로 표출하여 인류구원의 등불이 되어야 한다.

처음에는 믿고 싶지 않은 마음도 많이들고 평생안될 일을 하는 것이 아닌가 하고 생각해 보았지만 어찌 이런 병신으로 더이상 살고 싶지 않아서 등록하고 교재를 미리 읽고 입소 했었다.

하루는 잠시 하늘을 보니 밝게 빛을 발하는 달은 옛날 자살을 결심 했을 때의 달과 어쩌면 그리도 같을수 있었는지 눈물이 사정없이 흘렀으며 악에서 의지로 변하여 가슴 뿌듯한 희열과 행동의 확인을 하였다.

지난 과거는 생각할 필요 없지만 이렇게 큰기쁨과 희열을 줄수 있었는것은 고통과 고난을 모르고는 알수 없는것! 나는 이제 과거는 추억속에 남겨두고 현재와 미래의 창조를 위하여 깊이 호흡을 하고 행동할 것이다. 세상은 기분으로 살아가는 것이 아니기에 순간순간을 창조의 시간으로 보내고 의지로 확인할 것이다. 열과성으로 강의와 행동을 보여주신 홍민성관장님께 감사드리며, 교관님께도 감사드립니다. 항상 이웃에 봉사하는 삶을 창조할 것입니다.

23) 약국약사 유왕재(39세) 대학원졸

　먼저 홍관장님 교관님께 감사 드립니다. 그리고 홍관장님에겐 저절로 고개숙여지며 존경하고 싶습니다. 지금까지 어느 학과 과정이나 사회생활에서는 배우지도 못하고 듣지도 못한 강의에는 그저 감탄뿐이었고 그 심경은 무어라 형언할 수가 없습니다. 저는 솔직이 사회생활이나 또 어느 장소에서든 말더듬에 대해서는 별로 신경이 쓰여지지 않았고(물론 말더듬이에 대한 강박관념은 항상 있었습니다만) 그외 어려운 일은 없었습니다. 장교로도 제대했고 입대신고도 제가했고 보고도 하고 교육도 1등을 했을 정도니까요 그런데 나이가 들수록 자기자신이 감당하기 벅찬 임무가 주어지고 대중 앞에 연설할 기회가 많아 국민학교 중학교 때의 챙피한 일이 생각나고 공포심이 생기며 가슴이 두근거리기 때문에(이럴때는 말이 더듬어짐) 이런 불안을 근본적으로 없애지 않으면 앞으로 더 심한 노이로제가 생길것같아 부인도 이해 못하는 13박14일의 수련에 온것이었는데 솔직히 제가 올때는 13박14일의 과정은 저에게 너무나 많은 시간을 요하였기에 3박4일을 올려고 했습니다만 《生》 책에서 말더듬이는 꼭 13박14일이 아니면 안된다고 하였기에 한 4박5일 정도 받고 홍관장님의 말더듬이 퇴치 방법을 터득하여 응용은 사회에서 할 기회가 많기 때문에 나갈려고 했습니다만 시간이 갈수록 홍관장님의 강의에 너무 매료되었기에 가고싶은 마음이 없었던 것입니다.

　정말 이렇게 살아있는 강의를 들어 본적은 처음이었으니까요. 홍관장님 교관님들, 너무나 많은 것을 제가 빼앗아가는것 같아 죄송할 따름입니다. 제가 빼앗은 것이 곧 관장님과 교관님들의 피와 땀의 결정체가 아니겠습니까? 저의 지금 마음은 너무나 기쁩니다.

　물이 고이면 썩는다. 이말을 터득하려고 근40여년의 제인생을 소비한것이 너무나 가슴아픈 일입니다. 하루20시간의 훈련은 저에게 피와 땀과 눈물을 주었고 저에게 자신감을 주었으며 이는 곧 앞으로의 사회생활에 신적 지주가 될 것입니다. 홍관장님 그리고 교관님들 정말 감사합니다. 자동복식 호흡대는 제가 그렇게 갖고싶어 했던 것입니다. 정말 신기하고 평생 이용할 것이며 이로인한 저의 가슴 두근거림은 며칠사이 서서히 없어지기 시작했습니다. 그리고 무엇이든 자신있습니다. 제가 시간이 허락한다면 꼭 저의 부인과 자식을 데리고 다시 3박4일 받겠습니다.

24) 대학생 오철환(21세)

　이젠 피땀의 13박14일이 모두 끝난 지금 나는 기쁘고 온 마음이 후련하다. 옛날의 나의 과거는 암울했고 죽고 싶었고 괴로웠지만 지금은 앞으로의 자신감 있는 미래가 있을 뿐이다. 수련 첫날부터 4시간도 안되는 잠과 하루20시간씩의 수련이 계속되었지만 호흡대 착용으로 놀랄만큼 효과를 나타냈다.

　수련이 하루하루 지나갈수록 나도 모르게 내가 변하고 있음을 행동으로 확인했다. 사고하는 것이 내가 아니고 행동하는 것이 나였음을 또 행동앞에서의 사고의 무력함을 첫 도전을 대구로 나갔을 때도 확인했고 전날 밀양까지 구보에서도 내자신의 행동실적에 놀라지 않을 수 없었다. 그리고 홍민성 관장님의 저희 수련생들의 정곡을 찌르는 듯한 강연과 강력한 행동은 온 수련생들을 변화시키기에 충분했다.

정말 관장님은 현세상을 초월한 신이었고 창조자셨다. 정말 내가 인류의 많은 사람중에 이런 신적인 수련을 받을 기회를 갖게 된게 무한한 영광이 아닐 수 없다. 그리고 게으른 저희 수련생들을 위해 채찍질 해주시고 격려해 주신 교관님께도 심심한 감사를 드린다.

25) 최제욱(26세) 대졸

우선 저를 다시 태어나게 해주신 홍민성 관장님과 함께 수고하신 조교님들에게 정말 감사한 마음을 표합니다. 지금까지 저를 괴롭혔던 말더듬이 이렇게 별것 아닌줄은 정말 몰랐습니다. 감추면 감출수록 제게는 더욱더 큰 괴로움만이 엄습하는 것이었습니다.

어떠한 말을 하려할때도 떨려서 가슴이 두근거리고 얼굴이 벌개졌어요. 서점에서《生》책을 살때도 다른 사람이 볼까봐 많은 고민 끝에 샀습니다. 정말 그러한 창피함을 무릅쓰고 산 책한권이 이렇게 제 인생을 바꾸어 놓을줄을 몰랐습니다. 왜 지금까지 25년을 이렇게 살아왔을까 하는 생각을 하고 또 하곤 하였습니다. 《生》책의 내용은 바로 제 자신의 이야기였습니다. 그렇지만 수련관에 문의를 할려고 하니 전화공포증 때문에 문득 용기가 나질 않았지요. 6개월이 또 지나고 대학 졸업을 앞두고 또 한번의 비장한 결심을 할 수 밖에 없었지요. 그리곤 제 인생을 슈퍼맨수련관에 한번 맡겨 보기로 결정했어요. 슈퍼맨이라는 단어는 약간 허황되게 보이기도 했지만 이방법 밖에 없었지요. 첫날 겉으로는 별것이 아닌 듯한 단전호흡대를 착용하고 취침했었지요. 3시30분 기상하여 그날 아침 XXkm 구보 하는데 이상하게도 숨이 차질 않더군요. 그후 구보에서도 다리는 아팠지만 참 신기하게도 호흡은 하나도 가쁘지 않아 호흡대의 위력을 느꼈습니다.

수련생들은 지금까지 맺혀온 한을 풀기 위해서인지 참으로 열심히 노력했습니다. 대도시 도전을 나가서는 지금까지 제가 못했었던 많은 행동을 하면서 행동으로는 어떠한 일도 불가능한 일이 없다고 믿었습니다. 계속되는 도전을 통해 대인공포, 특정자의 막힘, 전화공포 같은것이 제 마음속에서 하나둘씩 사라져 마침내는 깨끗하게 사라지더군요.

내가 지금까지 왜 이렇게 살았는가 하는 생각이 들었습니다. 많은 사람들과 대화를 통해 느낀것은 말더듬는 사람들이 무척 많다는 것입니다. 이들도 저처럼 다시 태어나 새로운 인생을 창조하시길 바랍니다. 저의 지난 세월이 너무 아깝습니다. 그러나 오늘의 저는 앞으로의 남은 인생이 훨씬 많은 저는 이제라도 다시 태어난 것에 대해 슈퍼맨 수련관에 감사함을 느끼면서 글을 마칩니다.

26) 감정평가법인 대리 정판상(26세) 고졸

먼저 관장님께 진심으로 감사드립니다. 관장님은 진정 위대했으며 창조자요 세계 최초의 의식 정복자였습니다. 20년을 병신아닌 병신으로 살아왔던 내인생이 저주스럽게 한스러웠다. 이놈의 말더듬만 고칠수 있다면 무엇이라도 할 수 있으련만 그런 방법은 좀처럼 찾기 어려웠고 기회가 닿지 않았었다. 그러던중 우연히 신문광고에서 국제슈퍼맨수련관을 알게 되었고 어렵게 시간을 내어 훈련에 참가하게 되었다. 관장님의 너무나도 강력한 수련방법에 놀라지 않을 수 없었고 저는 서서히 관장님의 모든것에 흡수되어져 갔습니다. 진정 세상의 교육적 차원과는 비교할 수 없는 오직 홍민성 관장님만이 할수 있는 신적차원이었습니다.

나는 여기서 사고는 휴지조각 보다도 더 쓸모없는 무형의 존재라는 것을 깨달았고 오직 강력한 행동만이 내 인생을 구원할 수 있다는 것을 도전을 통해 몸소 체험했고 느낀바 크다. 끝으로 관장님과 교관님께 머리숙여 감사드립니다.

27) 대학생 허용배(25세)

국제슈퍼맨수련관에 올때의 기억이 생생하다. 지금까지의 내 생애를 지배해왔던 말더듬의 고통이 어찌 감히 13박14일이라는 짧은 시간에 사라질 수가 있을까 믿을 수가 없었다. 그 당시의 기분으로서는 당연했었다.

4일째 되는 날로부터 나는 약간씩의 내 심경에 변화가 오고 있음을 느꼈고 날이 갈수록 더욱더 홍관장님의 강력한 의지의 행동에 나자신이 빨려들어 가고 있음을 느꼈다. 가장 강력한 느낌이 생긴날이 밀양까지의 구보때였다. 최신자동단전호흡기 때문에 나는 아예 엄두도 못낼 이 거리를 아주 강력하게 완주했었고 나자신도 놀라왔다. 관장님께서 늘 강력한 의지와 행동만이 무의식과 사고를 지배할 수 있다고 하셨다. 대구에서 처음으로 도전했을때 시내버스 안에서 내가 당당히 많은 승객들 앞에서 한 치의 부끄러움도 없이 얘기하고 그들에게 봉사할 수 있을때 그때부터 나의 사고와 본능은 여지없이 무너지기 시작했다. 수련을 받기전에는 아예 생각도 못했었던 일을 강력한 의지와 행동으로 하고 나니 가슴이 뿌듯해지는 것을 느낄 수 있었다. 마산공격때 경찰서와 소방서 등 내가 가장 가기를 꺼려 했었고 용무가 있어도 갈 수 없었던 관공서를 공격했을 때, 그곳에서 경찰서장님, 소방서장님, 총무국장님 등 높으신 분들 앞에서 나의 견해를 얘기하고 그분들을 당당히 응시하였을때 나는 내 가슴속에서 25년간 응어리진 한이 터지고 있음을 느꼈다.

그곳을 공격하고 나왔을때 나의 가슴은 희열로 가득차 있었고 이젠 무슨 일이든지 다 할 수 있을 것 같았다. 지금 생각컨대 자기가 가장 빨리 사고를 지배하려면 무조건 홍관장님을 믿고 따라야 한다. 물론, 모두가 다믿게 되지만 그 시간을 줄이는 것이 자기와의 싸움에 승리하는 것을 앞당길수가 있다고 본다.

28) 이상근(34세)

슈퍼맨수련관에 참관하여 13박14일 교육을 마친 자신에게나 그리고 홍민성 관장님, 교관님께 감사말씀 올립니다. 아울러 교육을 바탕으로 언제어디서나 의지의 동작으로 자신있게 보람차게 모든걸 미소로써 희망차게 직장생활에서나 사회생활에서나 가정생활에서나 적극적인 의지로 살아 가렵니다.

20년 한 맺힌 말더듬 응어리가 사고와 더불어 슈퍼맨 수련동안 없어지는 순간마다 저희 자신도 모르게 기쁨과 슬픔이 교차되는 행동의 의지를 깨우치고 진작 슈퍼맨수련관에 문의하여 슈퍼맨 수련과정을 받을것을……. 지금까지 사고와 본능속에서 허우적 거렸던 자신이 얼마나 어리석은 행동인지 알고보니 저도 모르게 두눈에 눈물이 흘러 내립니다. 다시한번 감사말씀 드리면서 건강하시길 바랍니다.

29) R 어패럴 사원 김형섭(25세) 고졸

지난 과거를 돌이켜보면 어두운 그림자 속에서 숨어지내며 좌절하고 우울하고 원망하며 버텨내기 힘들 정도의 연속의 나날 가운데 행운의 편지가 손에 들어오게 되었습니다. 처음에는 행운을 가졌어도 판단을 하는데는 많은 시간이 걸렸으며 기간 및 부수조건이 맞지 않았지만 24년동안을 살아온 것을 생각할때면 끔찍하게만 생각되어 굳은 결심을 하고는 등록접수를 하기로 마음

먹고는 《동》,《생》 책을 읽어본 후에 더욱 확실한 신념을 얻어 등록을 하였습니다.

첫날 시작될때부터 관장님께 단전호흡대를 착용하므로써 자동으로 호흡이 되고 아무리 힘든 과정을 거쳐도 힘이 들거나 호흡하는데 아무런 불편을 느낄수가 없었으며 강력한 의지와 강력한 행동 그리고 신적인 창조자로써 장거리 구보 및 대도시 공격에서도 평소에 꿈속에서도 어럼도 없을 과감한 행동을 했을때 과거의 형섭이가 아님을 명백히 밝힐 수 있었으며 대인공포, 대중공포, 전화공포라는 것들도 얼음이 녹듯이 부드럽게 행동을 함으로써 완벽하게 사회생활을 할 수 있도록 되어지고 앞으로는 인류를 도전을 삼아야 할 것이다.

수련을 통하여 새로운 삶을 터득한것이, 강한 신이 된것이 확실하다. 세계최초로 수평적 사고완성, 수평적 의지행동 완성을 창조하신 홍관장님 정말 감사합니다.

30) 사업가 양용규(28세) 대학원졸업

어릴 때부터 앓아 왔고 고통 받아 왔던 말 더듬으로부터 파생된 문제가 더욱더 나를 괴롭혔고 피할 수도 없고 극복될 수도 없는 것처럼 보였다. 대학과 대학원을 졸업하고 사업을 하고 있지만 그 고통과 암흑으로부터 벗어날 길이 없었다. 그래서 한때 기독교, 불교에 심취하여 마음에 평안과 위안을 얻는 데만 그쳤다. 급기야는 단학(丹學)으로 극복하고자 했으나 절망, 절망, 바로 원망, 한, 그 자체였었다.

그러던 중, 국제슈퍼맨수련관의 광고를 보게 되었고 현재 13박14일의 짧지만 길었고 길고 지루하게 느껴지기도 했지만 짧았던 이 기간 동안 그 변화 과정을 말로 설명하기에 부족함을 느낀다. 그저 부지불식간에 변화되었다고나 할까 참으로 놀라운 일이 아닐 수 없다.

이제 세상은 실로 아름답다. 자신이 그렇게 사랑스럽고 말을 더듬었던 과거가 얼마나 고마운지 모른다. 그 말 더듬으로 인해 사랑과 봉사를 배웠다. 내가 앞으로 무엇을 할 것인가를 배웠다. "진리란 항상 가까이 있다."라는 말이 오늘처럼 깊게 와 닿기는 처음이다.

이 수련을 이끌어 주시고 저를 변화시켜 주신 관장님께 감사합니다. 언제라도 쓰실 일이 있으시면 불러 주십시오. 이 슈퍼맨 수련을 우리들처럼 언어 장애자 뿐만이 아니라 정상인들도 많이 받아서 썩어빠져 있고 썩어 가는 이 세상을 바로 잡는데 기여를 했으면 하고 바랍니다. 꼭 그렇게 된다고 확신합니다.

슈퍼맨, 만세! 영원토록 길이 빛나리!

31) 고등학교 교사 조영희(30세 女) 대졸

관장님께 깊이깊이 감사 드립니다.

지난 세월 거의 20여 년간을 나를 궁지에 몰아 넣고 괴롭혀왔던 말더듬에서 국제슈퍼맨수련관의 13박14일이라는 강력한 무의식 정복 수련을 통해 이제야 해방되게 되었다. 20여 년 간의 그 고통을 당해 보지 않은 사람은 죽어도 모르리라. 지금까지 이 발 더듬을 고치기 위하여 20여 년 간 그 얼마나 애를 써 왔던가? 목숨을 건 마지막 수련이기에 수련관에서의 수련 방식에 대한 갈등이니 회의니 하는 나의 이론 따위쯤은 다 팽개치고 관장님의 명령에만 맹목적이다시피 추종했다.

혹시 이 글을 읽고 말 더듬 때문에 국제슈퍼맨수련관을 찾아오시는 분은 자기의 논리가 아무리 정연하다 할지라도 자기의 논리를 완전히 무시하고 무조건 제한된 14일 간에 완전한 효과를 거두기 위해서는 당신 자신은 죽었다 하고 관장님만 따라라. 왜

388

냐하면, 당신 따위의 이론이나 세상적 차원의 수준은 관장님에게 비교하면 천 분의 일도 안된다. 관장님에게서는 어차피 14일 간에 변화되지만 당신자신을 주장하다 보면 그 주장하는 시간과 시일만큼 손해보게 된다. 당신이 내 말을 믿지 못하고 많은 시일을 손해본 뒤에 그때 가서야 '아차!'하고 관장님 명령을 따른다면 그때는 시간과 시일이 얼마 없다. 국제슈퍼맨수련관이 아닌 국내, 국외의 교정원에 가 봐야 실패의 경험만 더 쌓게 된다. 그래서 무조건 관장님 명령을 따라 목숨을 내놓고 행동하라는 것이다.

 말 더듬은 목숨을 내놓은 강력한 행동으로 개조되는 것이지 강의나 방법 따위로 개조되는 것이 아니다. 이 점 특히 당부하고 싶다. 그러면 당신은 곧바로 당신이 변하고 있음을 발견하게 된다. 그리고 그 단계가 차츰차츰 높아져감에 희열을 느끼게 된다. 죽음에서 살아나기 위해서는 주어지는 떡만 바라지 말라. 목숨도 아끼지 말라. 반드시 관장님 명령대로 행동을 해야 말더듬은 개조된다. 재삼 당신에게 부탁이니 당신의 아는 것이나 피·땀·눈물의 직접 행동이 아닌 그 어떠한 방법도 다 소용없으니 필히 명심하기 바란다.

 국제슈퍼맨수련관에서 관장님과 13박14일이라는 기회를 가질 수 있었던 나는 정말 행운이었다. 홍민성 관장님, 정말 감사한 이 마음을 어떻게 표현해야 할지 모르겠습니다.

32) 김익병(26세) 고졸

 먼저 홍 관장님께 진심으로 감사를 드립니다.

 내 일생 일대에 홍 관장님만큼 저를 강력하게 변화시킬 사람은 없을 것이라고 단언합니다. 13박 14일이라는 슈퍼맨 수련 과정을 받기 전까지는 가장 비참했던 삶을 살아왔었는데 슈퍼맨 수련 과정을 받고 나니 세상에서 다시 태어난 것처럼 이 세상 모든 것이 아주 판이하게 달라졌습니다.

홍 관장님!

홍 관장님이 대한 민국에서 태어나셨기에 망정이지 만일 다른 나라에서 태어나셨더라면 우리 국민과 우리 나라는 어떻게 되어가고 있겠습니까? 우리 나라 국민들이 홍 관장님을 이렇게 직접 뵐 수 있다는 것이 무한한 영광이요 크나큰 자부심입니다.

제가 홍 관장님을 뵙기 전에는 어둠에서 어둠으로만 향해 나아가고 있었으니 한 줄기 빛이 비춰 주기를 제 마음속으론 얼마나 애타면서 바랐겠습니까? 말 더듬는다는 이유 하나로 나의 모든 것을 포기해야만 했던 저. 언제 어디서나 항상 불안해하고 초조해서 제대로 걸음도 걷지 못했었던 지난 일들이 하나 둘씩 바람과 구름이 되어 어디론가 사라지고 말았습니다.

첫날부터 오직 행동만을 위해 온몸으로 피와 눈물과 땀을 흘린 보람으로 저에게 주어진 것은 무한한 기쁨과 환희였습니다.

수련을 마치고 이곳을 떠나지만 항상 홍 관장님의 말씀을 되새기면서 온 인류를 위해 베풀 것을 다짐합니다. 끝으로, 홍 관장님과 여러 교관님께 깊은 감사를 드립니다.

33) 최재훈(26세) 대학생

처음엔 20시간 교육에 4시간 수면이란 말이 믿어지지 않았습니다.

흔히 있지 않은 병, 말더듬이! 이것은 15년 간 지옥의 링이었습니다. 서고 싶지 않은 지옥의 링 바로 그것이었습니다. 단지 저는 소모품이었습니다.

홍 관장님의 멋지고 훌륭한 행동 철학 말씀을 들으면서 관장님께서 강조하신 피·땀·눈물을 흘렸습니다. 바로 그것이었습니다. 저 자신을 철저히 버리고 새로운 자신을 창조하는 것이었습니다. 홍 관장님이 계시지 않았으면 저는 창조자가 될 수 없었습니다. 훌륭하고 멋진 안내자요, 지도자이셨습니다.

도전을 처음 나간 날 기막힌 희열을 느꼈습니다. 진짜 기찬 희열이었습니다. 그날 관장님께 아홉 번이나 큰절을 했습니다. 진짜 훌륭하신 분입니다. 감사하고 있습니다. 관장님께선 당신께서 가지고 계신 것 모두를 주셨습니다. 제가 지불한 물질을 떠나서 진짜 창조하는 인간으로서의 진면목을 보여 주셨습니다. 전 기뻤습니다. 이런 곳이 있어서 제가 온 것이 기뻤고, 관장님을 믿고 따를 수 있었던 것이 좋았고, 관장님의 훌륭하신 강의와 행동의 힘이 좋았습니다. 관장님께서 제게 주신 행동의 힘과 의지의 힘, 그리고 제게 굳건한 밑바탕을 만들어 주신 관장님의 노력으로 저 자신을 창조하고 의식을 정복했습니다. 앞으로도 휴전이 없는 전쟁은 계속되지만 저의 행동은 언제나 승리합니다. 관장님께서 말씀하신 모든 것을 믿고 따르는 것뿐입니다. 그리고 저의 창조는 나중의 것입니다. 그리고 언제까지나 강력하게 홍 관장님의 덕으로 전 가장 멋지게 설 수 있는 행동 神이 됐습니다.

관장님, 감사합니다.

34) 전창석(34세) 대졸

13박 14일간 강력한 동작과 행동으로 수련을 마치고 나니 가슴이 확 터진 것같이 뿌듯하다. 이건 완전히 새로운 인간 창조였다. 지금까지의 소극적인 삶과 악습을 과감히 동작과 행동으로 깨버리고만 새로운 삶의 탄생이었다.

나는 원래 말에 대한 공포감과 막힘이 심하고 거기에 대인 공포증, 전화 공포증까지 겹쳐 사회 생활을 영위하기가 매우 힘들었었다. 그래서 과감히 인생의 변혁을 도모하고자 직장에 사표를 내고 국제슈퍼맨수련관의 문을 두드리게 되었다.

첫날부터 세상적 차원을 초월한 수련과 밤 12시가 넘어야 취침하고 새벽 4시도 안되서 기상하여 가차없이 행해지는 수련, 그 신기한 단전호흡대의 효과, 그리고 후반기에는 전국의 도시를 목표로 행해지는 공격과 도전으로 과감히 자기 의식을 정복하는 수련이다. 이와 같은 세상적 차원을 초월한 강력한 수련을 받다 보니 달라진 나의 모습에 놀라지 않을 수 없었으며, 어느 사이에인지 알 수 없으나 나의 문제점 따위들은 완전히 없어져 버렸다.

수련을 처음부터 끝까지 이끌어 주신 관장님과 교관님들께 고개 숙여 감사 드린다.

세계에서 하나뿐인 국제슈퍼맨수련관의 무한한 발전과 동료 여러분들의 앞날에 무한한 영광이 함께 하라고 강력하게 외친다.

35) 목사 유영도(57세) 신학 대학원 졸업

생사 고락을 같이 하는 관장님의 정성과 사랑의 수고로 말미암아 이토록 짧은 기간에 개조의 변화를 체험하여 희열에 넘치고 창조성까지 발휘할 수 있도록 이끌어 주신 관장님께 다시 한번 감사 드립니다.

나는 이제 내 의식과 내 생활에서 꺼려했던 어떠한 난관도 뚫고 나가며 하나님과 인류를 위하여 나의 목숨을 더욱 강력하게 드리게 되었으며, 수련관에서 기간이 내일생에서 가장 보람찬 분기점이 되었음을 강력한 행동과 생활로써 체험했습니다.

이젠 건강까지 평생 강인하게 되었고 그동안 불편 없었던 시설에서의 수련, 참으로 감사했습니다. 강의에서부터 행동까지 생명력이 약동하는 피와 땀과 눈물의 강력한 수련 과정, 정말로 기적과 같은 현상이었습니다.

이 나라에 백만 명이 훨씬 넘는 언어 장애자 개조와 세계의 모든 언어 장애자 개조를 위해서도 하나님의 은혜가 관장님과 함께 하시길 기도합니다.

36) 기계 기사 유종헌(31세)고졸

제대로 표현을 못한 채 열등감, 대인 공포, 우울증, 불안, 초조 등 하여간 말더듬이가 가질 수 있는 모든 것을 갖춘 채로 울분의 나날을 보내던 중 국제슈퍼맨수련관의 광고를 보고 곧장 등록을 했습니다.

운동과 활동이 적은 관계로 하체가 약해 상당히 힘이 들었지만 최신식 단전호흡대 덕분으로 점차 힘이 드는 줄을 모르게 됐습니다.

대구, 마산, 부산, 진해 등을 향한 공격과 도전에서 제가 평생 못한 일들을 해냈습니다. 강력한 의지와 동작으로 해내니 그렇게 속이 후련하고 기쁠 수가 없었습니다. 13박 14일의 수련 기간 동안 저의 의식과 의지와 동작 발전으로 인한 말주변이 상상을 초월할 정도로 비약, 발전했습니다.

이렇게 좋고 훌륭한 수련관을 왜 늦게 알게 됐는지 원망스럽기도 합니다. 끝으로, 오늘의 저를 있게 해주신 관장님과 교관님께 진심으로 감사 드립니다. 부디 건강 하십시오.

37) 스님 양천수(36세)

먼저 저에게 이런 변화 창조의 큰 힘을 주신 관장님께 큰절 드립니다.

13박 14일이라는 수련을 받으며 책에서 보고 말로만 듣던 것을 직접 저의 몸으로 부딪쳐서 행동하여 보니 예전에 소심했던 저도 내 속에 엄청난 힘이 흐르고 있음을 확인했습니다.

앞으로는 더욱 밝고 힘찬 의지의 행동으로 살겠습니다.

수련관에서 행동한 대로 의식보다는 강력한 의지와 동작으로써 이 넓은 바다를 마음껏 누비고 다니겠습니다. 그리고 더욱더 열심히 정진하여 세상의 빛이 되겠습니다.

관장님, 건강하십시오.

저는 소감이라기보다는 관장님께 진심에서 드리는 감사의 글이라고 말씀 드립니다.

38) 사업가 박충렬(32세) 대졸

의심과 두려움으로 13박 14일 수련에 참가했다.

처음에는 나의 사고(思考)가 앞서서 홍 관장님의 수련과 강의를 이해하지 못했다. 말도 되지 않는 소리라고 말이다. 그러나 하루 이틀이 지나감에 따라 관장님의 강력한 행동과 차원 높은 강의에서 나는 마치 화산이 폭발하는 것처럼 터지고 변화되는 것에 겉잡을 수 없었다.

아-아, 인간이 어떻게 저렇게까지……감탄을 금하지 못했다. 정말로 관장님은 神이었고 초인이었다. 수련과 강의에 너무나도 자신감이 넘쳐 흐르는 관장님이기에 내가 거기에 이끌렸는지도 모른다.

나는 이젠 변했다. 100%, 1000%, 그 이상 변했다. 나 자신도 놀라지 않을 수 없다. 정말 인간 박충렬은 초인이 되었고 슈퍼맨이 되었다. 직장에서나 사회에서 이젠 사람들을 피하지 않고 떳떳하고도 과감하게 대할 수 있게 됐다. 무어라 형언할 수 없을 만큼 희열을 온 세상 사람들에게 널리 퍼뜨리겠다.

관장님들과 조교님들께 머리숙여 감사 드린다.

39) 연구원 배영남(36세) 대학원 졸업(박사)

13박 14일 수련 과정 중 처음엔 너무나도 강력한 수련 메시지를 받아야 되느냐 포기해야 되느냐 하는 갈등이 심했었다. 그러나 며칠 안 가서 갈등은 말끔히 씻어졌다.

이 세상에서 말을 100% 완벽하게 잘하는 것이 나의 욕심이었는데 슈퍼맨 수련을 통해 이 욕심도 완전히 성취시켰다. 이 세상에서는 그러한 사람은 단 한 사람도 없기 때문이다. 그러나 그 중에서도 내가 말을 제일 잘하게 되고 보니 그 욕심은 물거품처럼 사라졌다. 나의 상태는 너무나 변했다.

나를 이렇게 변화시켜 주시기 위하여 온 정열을 바쳐 열성적으로 지도해 주신 홍 관장님께 진심으로 감사 드리며 이 썩어가는 나라를 한시라도 빨리 구출키 위해서는 국가 운명에 결정적인 행사를 할 수 있는 사람부터 슈퍼맨 수련을 받았으면 하는 마음 간절하다.

40) 임학우(29세) 대졸

말더듬이인 저를 구해 주신 관장님께 감사를 드립니다.

저는 《動》과 《强》이라는 책을 세밀히 읽어본 뒤 나의 말 더듬을 고칠 수 있는 분은 바로 국제슈퍼맨수련관의 홍민성 관장님 뿐이라는 걸 알았습니다.

《動》과 《强》에 나와 있는 소감문을 보고는 그것이 사실인가 사기인가, 희비가 일었지만 결국은 제가 그런 소감문을 쓰는 주역이 되었습니다.

강력한 슈퍼맨 수련 결과는 며칠이 안되어 그렇게도 많이 막히던 말들이 술술술 터져 나왔습니다. 전국의 대도시 공격과 도전에서도 저는 자신감이 날로날로 쌓였고 전화를 제대로 하지 못했던 내가 전화 공격과 강력한 도전을 통해서 지난날의 악몽과 과거를 와르르르 무너뜨렸습니다.

최신 자동 단전 호흡대의 착용으로 불안과 초조와 가슴 두근 거림과 짧았던 호흡 역시 눈 녹듯이 제거되었습니다. 13박 14일이 저의 일생 일대에 획기적인 변환기가 되었습니다.

다시 태어난 저는 이젠 그동안 못 다한 부모님의 은혜에 보답할 수 있게 되었고 직장에도 보통인처럼 근무할 수 있다는 사실과 그동안 못했던 하고 싶었던 말들을 언제 어디에서나 할 수 있게 됐다는 사실이 가장 기쁩니다.

관장님, 더 많은 언어 장애자들에게 웃음을 찾아 주세요. 이 은혜 평생 잊지 않고 인류를 위해 봉사하겠습니다. 감사합니다.

41) 우정민(14세) 중학생

신문을 보니 '세계 최초 말 더듬 완전 파괴'라는 광고에 호감이 갔다.

10여 년 동안 못 고친 나의 말 더듬을 어떻게 고칠 수 있을까 하고 의심도 해보았다. 그러나 나의 의심했던 마음은 강력한 수련 3일도 못 가서 바뀌었다.

다른 사람이 내 입만 쳐다보는 것 같아서 입을 열지 못했던 내가 이젠 많은 대중들 앞에서 웃으면서 연설까지 하게 되었으니 신기한 일이었다.

"내가 말을 더듬는 것을 남들이 알면 어쩌나." 하는 등의 노이로제에서도 해방되니 이제 날아 갈듯한 기분이다. 나는 이제 수련관을 나가면 가족과 이웃과 인류에게 봉사하는 사람이 되겠다.

이곳에 오신 많은 아저씨들과 아주머니들 누나들 형님들에게도 너무너무 정이 들었다.

관장님과 조교님들께도 감사 드리고 여러분들에게도 감사 드립니다.

"사고(思考)로 망친 나, 행동으로 고쳤다!"

42) 김난기(18세) 여고생

내가 이제껏 살아왔던 암흑의 시간들을 이제는 한 번 눈짓으로 경멸한다.

가장 약했던 나를 이제 가장 강한 여성으로 누구보다도 우월한 역할자로서 변화 시켜 준 국제슈퍼맨수련관과 나와의 만남은 내가 이땅에 태어난 사건보다도 더 획기적인 대사건이다.

그저 하루하루 변화해 가는 내 모습을 경이에 찬 눈으로 바라보면서 놀라고 놀라는 13박 14일이었다.

내가 이곳에 올 때는 그렇게 많은 것을 바라지 않았었다. 언어 장애라는 이 장벽하나만 깰 수 있다면 나는 정말 만족하고 행복하다고 생각했기 때문이다. 그런데 13박 14일의 피와 땀과 눈물의 결과는 언어 장애 뿐만이 아니라 나의 나태했던 육체와 의지와 성격까지 근본적으로 뜯어 고치고 내 무의식까지도 정복시켜 신적인 목적 생활까지 할 수 있게 됐다. 내 인생에서 이러한 기쁨과 희열을 느껴보기는 처음이다.

《動》 책을 읽을 때 소감문을 보고 믿어지지 않았었는데 바로 내가 지금 자랑스럽게 소감문을 적고 있으니 이 사실 역시 타인들이 어떻게 생각할지 궁금하다.

헤어질 시간을 앞두고 정말 아쉬워 눈물이 난다. 그러나 헤어짐의 슬픈 감정에 얽매일 시간이 우리에겐 없다. 우리의 헤어짐은 보다 더 창조적인 인류 사회의 발전과 봉사를 위한 것이기 때문이다.

나를 이토록 쓸모 있게 재창조 해주신 홍민성 관장님께 어떤 고마운 표현을 할 수 있을까요? 저의 강력한 행동이 사회 봉사로 나타나는 때 관장님에 대한 고마움의 표시인 줄 알겠습니다.

43) 이희용(22세) 대학생

《動》이란 책을 사 봤다. 이건 거짓이 아닐까 했으나 뒤의 소감문을 읽고서 '아하, 이곳이 진짜 슈퍼맨을 만드는 곳이구나.' 라고 생각되어 참여하고 싶었다.

'예'라는 대답마저도 못해 학교까지 가기 싫어 인생의 낙을 잃어 버렸었다. 그래서 '에라, 지금 내 인생을 바꾸지 못하면 대학이고 유학이고 필요 없다.' 결심한 후 과감히 2학기 등록금을 떼어 수련관에 등록했다.

나는 수련장에 가서도 조교님들에게 궁금한 점을 물어 봤다. "여러 소리 하지 말고 여기서 시키는 대로만 하세요!" 조교님에게 핀잔만 받았다. 네쨋 날부터 이 세상 모든 것이 내 것인 것 같았다. 오늘은 나의 생일이 된 것이다.

이제까지 하나님을 미워하고 부모님을 원망하며 교수님들의 질문을 두려워했으나 이제 그럴 필요가 없게 됐다. 성공한 자에겐 오직 행동만 있기 때문이다. 나에게 주어진 이 강력한 행동력. 나는 이제 남을 두려워하지 않으리! 부끄러워 하지 않으리! 저 높은 하늘을 바라다 보며 노래 부르리! 이 슈퍼맨 이희용은 더욱더 강력하게 인류를 향해 이야기하며 춤을 추리! 아―아, 말하라, 내 가슴아! 일어나라, 내 행동아! 분기하라, 내 의지야! 날뛰어라, 내 동작아!

앞으로 20년만 지나 봐라. 대통령 국정 연설을 누가 하는지, 한국의 지도자가 누가 되는지, 나는 이 나라의 대통령이 된다. (관장님은 神의 입장이라서 세상 것 바라지 않으시니까 조교님들은 자동적으로 대통령 표창을 받게 된다.)

누군가 말했다. 눈물 젖은 빵을 먹어 보지 못한 사람은 인생을 논할 자격이 없다고. 언어의 폐인으로 고생해 본 사람만이 언어의 기쁨을 안다.

나를 성공시켜 주신 관장님과 조교님들께 만만세의 또, 억만 세의 영광이 있으시기를 진심으로 기원한다.

44) 최재수(24세) 대학생

'말 더듬 완전 파괴'라는 광고는 너무 허황된 것 같아서 그냥 지나쳤다. 그러나 며칠 뒤 나는 나를 주체할 수 없어서 《動》 책을 사 보았다. 관장님의 자신에 넘친 힘찬 필설은 솔직히 나의 마음을 뒤흔들어 놓았다.

부곡관광호텔에 도착한 나는 눈앞이 캄캄했다. 이렇게 많은 사람들을 한꺼번에 고치는 것은 도저히 불가능하다고 생각했다. 그러나 세계 최초, 최고로 차원 높으시다는 관장님의 강력한 행동 수련을 받는 순간부터 나는 이 세상에 태어나서 처음으로 진정한 스승을 만나게 됐다.

꾀를 부리거나 딴 생각을 할 시간은 전혀 없었다. 왜냐하면 관장님은 이상할 정도로 어떤때는 세심하게, 어떤 때는 강력하게 우리들을 채찍질 해주셨기 때문이다. 나는 집에서 10시간 넘게 잤었는데 하루 20시간 수련에 4시간도 못되는 취침이지만 이상 하게 피곤함이 전혀 없었다. 그동안 나의 몸무게는 9Kg이나 빠지고 체력도 좋아지고 말 더듬도 완전히 파괴됐다. 안경 낀 내가 시력을 교정할 수 있는 방법도 터득했고, 무엇보다 제일 중요한 것은 인간 생활에 자신 있게 되었다는 사실이다.

나는 솔직히 언어 문제만 고치려고 왔는데 말 더듬은 물론 생각지도 않고 필설로 표현할 수 없는 너무나 값진 것을 헤아릴 수 없이 많이 배워 가기 때문에 정말로 기쁘기 한이 없다.

관장님, 정말로 감사합니다. 관장님으로부터 받은 이 많은 것들을 가족과 국가와 인류를 위해서 강력하게 사용하겠습니다.

45) 공무원 권현규(30세) 대졸

국제슈퍼맨수련관에서 나는 내 언어 장애를 완치했다.

지금까지 기쁨을 모르고 살았던 내가 인생의 참기쁨을 알게 되었으니 이 기쁨 이루 말할 수 없다.

지금까지의 내 인생은 남 앞에서 표현 한마디 제대로 하지 못하는 그야말로 등신이었었다. 그런 등신이 누구보다도 말을 잘하게 되었으니 이것이 꿈인지 생시인지 모를 정도다. 나는 국제슈퍼맨수련관에서 언어 장애를 고친 것 뿐만이 아니라 새로운 인생을 발견했고 우물 안에서 바다로 옮겨져 세계를 보게 되었다.

관장님의 그 심장을 뒤집는 강력한 강의, 강력한 행동, 평생 건강을 보장시키는 최신 자동단전호흡대, 나는 얻은 것이 너무 어마어마하여 믿어지지 않을 정도다.

초인이 된 권현규는 관장님께 진심으로 감사 드리며 앞으로도 이 민족 전부를 슈퍼맨으로 길러 내시기를 부탁 드립니다.

46) H자동차 사원 김윤택(27세) 고졸

사고(思考)보다는 행동으로 하니까 만사가 쉽게 풀어짐을 보고 놀랬습니다. 말더듬이가 아닌 사람들은 결코 느끼지 못할 나의 이 심정, 대인 공포, 그러나 이제는 최신 자동단전호흡대 덕으로 가슴이 편해지며 옛날 일이란 기억도 잘 나지 않습니다. 최신 자동단전호흡대의 힘으로 체질이 변한 것처럼 가슴이 편합니다.

13박 14일 수련은 내 일생에서 결코 잊혀질 수 없는 가장 큰 사건이었습니다. 과거의 어두웠던 고통에서 벗어나 이젠 광명의 세계에서 함께 웃으며 피와 땀으로 내일의 꿈을 이 나라와 이땅과 세계인의 가슴에 심어 봉사하는 자, 창조하는 자, 또다시 신적인 나를 완성하여 국제슈퍼맨수련관의 이름을 빛내겠습니다.

국제슈퍼맨수련관의 무궁한 발전을 믿습니다. 감사합니다.

47) 보험회사 경리 임영자(22세 女) 고졸

정말정말 감사합니다라는 말부터 하고 싶습니다. 관장님, 관장님! 정말정말, 감사감사합니다, 이 말밖에 할 말이 없습니다. 제가 22년 동안 살아온 것은 오늘의 이날을 바라고 살았나 싶어요. 마산공격에서 관공서를 정복하고 나와서 저는 화장실에 가서 울었답니다. 관장님 지시대로만 무조건 행동했더니 높은 분들에게도 저 자신이 놀랠 정도로 거리낌없이 너무너무 말을 잘했기 때문이었습니다.

말 더듬으로 22년 동안 전혀 고생한 것 같지가 않았어요. 관장님 덕택입니다. 관장님, 저는 앞으로 이 나라의 여성 지도자가 되기 위해서 강력하게 행동하겠습니다.

48) 공무원 홍영철(30세) 대졸

인생에는 제2의 탄생이 있다고 하였다. 나는 바로 그 순간을 맞고 있는 것이다.

지금까지 내가 거쳐 온 몇 군데 말더듬 관인 교정소, 말 더듬 사설 교정소에서도 교정하지 못했던 말 더듬 악습을 이대로 방치하면서 나의 창창한 앞날을 매일매일 비관과 낙담으로 지낼 수는 없었다. 나는 국제슈퍼맨수련관을 마지막으로 결정하고 관장님의 명령을 하나도 빠짐없이 내 것으로 만들고자 필사의 노력으로 경주했다.

이 글을 쓰고 있는 지금 이 순간 나는 관장님께 무한한 감사를 드린다. 수련을 받고 난 후의 이 희열은 나 아닌 어느누구도 이해하지 못한다. 부모, 형제, 자매, 친구들조차도 이해하지 못한다. 또, 이해할 필요성도 없지만 이해한들 나에게 무슨 소용이 있나?

피와 땀과 눈물의 행동으로 쟁취한 이 향기롭고도 값진 결과는 천금 만금을 주고도 바꿀 수가 없다. 이제부터 나의 혀는 미친듯이 인류에게 봉사로써 광란할 것이고 그 결과 나의 머리는 번개같이 회전할 것이다.

나는 이제 절대로 주어지기를 바라지 않는다. 강력한 행동으로 쟁취해 나간다.

13박 14일 동안 세계 최초, 최고로 차원 높은 슈퍼맨 수련으로 저희들을 이끌어 주신 관장님과 교관님들에게 정말로 감사 드린다.

49) 박준철(15세) 중학생

'슈퍼맨'이라는 말을 처음 들었을 때 어떻게 사람이 '슈퍼맨'이 될 수 있을까 의심도 해보았습니다.

수련관에서 차를 타고 부곡까지 오는 동안 나는 옆 사람에게 말 한마디 붙이지를 못했습니다. 그러나 이젠 그렇지 않습니다. 제가 불과 14일 동안에 어떻게 이 많은 발전을 해왔는지 모르겠습니다만 나는 이제 말에는 자신 있게 되었습니다.

나는 14일 동안에 국제슈퍼맨수련관에서 제2의 인생으로 태어났습니다. 말 더듬이었던 나는 처음에 관장님을 의심까지 했습니다. 그러나 나의 이와 같은 마음은 3일이 못가서 바뀌었습니다. 소심하고 내성적이었던 내가 다른 사람과의 대화도 좋아하고, 개방적인 성격으로 바뀌어 관장님께 진심으로 감사 드립니다.

제2의 인생으로 다시 태어난 나는 모두에게 한없는 감사를 드릴 뿐입니다.

50) 양영주(28세) 고졸

그야말로 당해 보지 않은 사람들은 도저히 이해할 수 없는 말더듬증! 병신 아닌 병신 취급 받는다는 생각에 날이 갈수록 생활도 먹는 것도 짜증만 나고 소심, 불안, 공포, 등등 각종 정신 질환에 시달리게 됐다.

관장님의 폐를 후벼 파는듯한 강의에는 나뿐만이 아니라 동료들까지 깊은 수렁에서 벗어나 찬란한 희열과 기쁨을 맛보게 됐다.

사실 내가 지금까지 악마같이 여겼던 말 더듬을 정복하고 나니 아무것도 아니었다. 아무것도 아닌 것을 가지고 죽자 살자 고민했던 지난 과거가 정말 우스웠던 호구짓이었다.

나, 양영주— 지금까지 보통 사람 축에도 끼지 못했던 내가 지금은 최상의 인간을 뛰어 넘은 초인이 됐다.

이 세상 전인류가 국제규퍼맨수련관을 한 번만 거쳐 본다면 나의 이 심정을 이해하리라 확신한다.

국가를 위하고 전인류를 위하는 홍 관장님의 강력한 행동 철학 수련은 누구에게나 권장해야 할 깨우침이었다. 끝까지 지도와 보살핌을 아끼지 않으신 관장님과 교관님들에게 깊은 감사를 드린다.

51) 이상명(31세) K교육위원회

근 30여 년간 나를 괴롭혀 온 말 더듬이란 악습은 잠시도 나를 놓아주지 않았다. 이 말 더듬 때문에 나는 사람과 대화하는 것을 피하게 되었고 성격 역시 소극적으로 되어갔다.

나는 대구에 있는 말 더듬 교정원에 한 달 간이나 다녔었지만 효과를 보지 못하였다. 수련관에 오기 전에도 다시 대구에 있는 심리 연구소에 3개월이나 교정 치료를 받아 보았지만 효과를 보지 못했기에 말 더듬을 교정하는 것은 사실상 포기하는 상태까지 왔었다. 그러던 중 신문 광고에서 《動》이란 책을 알게 되었다. 《動》 책을 읽은 나는 세상적 차원을 초월하는 획기적인 수련에 참가하지 않을 수 없었다.

관장님께서 직접 착용시켜 주시는 최신 자동 단전 호흡대는 재래의 단전 호흡 방법과같이 배에다 신경을 곤두세우지 않고도 자동으로 단전 호흡이 되기 때문에 매우 편리하고 평생 건강까지 보장되어 정말 엄청난 수확이 아닐 수 없었다.

나의 말 더듬 정복은 강박 관념과 자각 증세를 제거하는 데 있었다. 즉, 무의식을 정복해야 하는데 세계 최초로 이 무의식을 정복하는 방법은 국제슈퍼맨수련관의 강력한 행동 수련이 아니고서는 불가능했다.

슈퍼맨 수련이 끝나는 이 시간, 아쉬운 마음 금할 수 없지만 더 많은 인류에게 봉사하기 위해서 아쉬운 작별을 해야 한다.

52) 김상수(22세) 회사원

내가 국제슈퍼맨수련관에 들어 오기 전까지 내 인생은 너무나 비참했었다.

말더듬증 하나 때문에 20년 동안의 내 인생은 완전히 헛된 생활이었었다. 그저 사람들 앞에서는 벙어리같이 죽고 싶은 심정뿐이었었다.

나는 몇 번인가 죽을려고도 했었다. 죽을려고 하니까 죽는다고 해서 해결되는 것이 아니라는 것을 알았다. 그래서 나는 몇 군데 언어 교정 학원에 다니곤 했었다. 내가 다녔던 학원들마다 다 헛수고였었다.

우연히 국제슈퍼맨수련관이라는 광고를 보고서 처음에는 다른 언어 교정 학원과 같겠지라고 생각했지만 그래도 한 번 찾아가 봤다. 관장님과 상담한 나는 말 더듬 교정 학원 따위와는 전혀 다르다는 것을 확신했다. 나는 즉시 직장에 휴직계를 제출하고 등록했다.

세상에 있는 모든 말 더듬는 분들이여! 당신들은 더 이상 망설이지 마시고 지금 당장 국제슈퍼맨수련관에 들어오시기 바랍니다.

죽음의 생활에서 깨어나도록 저를 지도해 주신 관장님과 조교님들께 너무너무 감사합니다.

진심으로 감사합니다.

53) 이재식(22세) 광부

관장님 정말 감사합니다.

저는 이제까지 살아오면서 가정에서나 사회에서나 직장에서나 항상 불평 불만이 많았었습니다. 사나이로서 군대에도 가고 싶었고 좋은 직장에도 취직하고 싶었고 기타 많은 것을 하고 싶었습니다.

그러나 저는 말 더듬 때문에 사회에서나 국가에서나 버림 받은 사람이었습니다. 하지만 이제는 다릅니다. 어느누구에게도 말할 수 있고 어떤 일이든지 할 수 있게 되었습니다. 저는 국제슈퍼맨수련관에서 13박 14일 만에 새로운 탄생을 했습니다. 부모님이 낳아 주신 날은 제1의 생일이고 국제슈퍼맨수련관에 들어온 날은 제2의 생일입니다.

오직 행동하는 것만이 힘이고 인류를 구원한다는 관장님 말씀대로 나는 이 나라의 수많은 말더듬이 형제들에게 강력한 행동으로 관장님 말씀을 전하겠습니다.

54) 제과회사 공장장 김주식(36세)

'어디 가나 교육은 그저 그렇겠지'하고 처음엔 기대를 그렇게 많이 걸진 않았었습니다. 그런데 3일째 가서는 그저 어리벙벙할 정도였습니다. 조금만 받아 가겠다는 저에게 관장님은 주어도 너무나 엄청나게 많이 주시는 것이었습니다.

신적 차원이란 말씀이 새삼 이해되었습니다. 이 세상 어떠한 학술과 차원도 넘어서는 문자 그대로 내가 神이 되는 것이었습니다.

너무나 엄청난 나 자신의 변화에 감격하여 눈물을 많이 흘렸습니다. 나의 건강과 행동 발전은 말할 것도 없고 내 심장과 창자까지 뒤집어 놓는 차원 높은 행동 수련과 강의, 산에 꿩을 잡으러 갔다가 산돼지를 잡게 되었습니다. 관장님께 너무너무 고맙고 정말 감사 드립니다.

나는 이제 집에 가면 어머님, 아버님 두 분을 먼저 업어 드리겠습니다. 그리고 제 아내도 업어 주겠습니다. 그리고 이웃과 민족에게는 봉사 행동으로써 제 능력을 발휘하겠습니다.

국제 슈퍼맨 행동 수련은 내 가족, 내 이웃, 우리 민족과 전세계 인류가 반드시 꼭꼭 받아야만 한다는 것을 강력하게 강조합니다.

55) 기계제작소 기장 임항수(30세)

나는 절망과 실패로 하루하루를 살아왔었다. 어째서 나만이 타인들에게 버림 받아야 하고 병신 생활을 해야만 하나……. 하루하루가 죽고만 싶었다. 그러나 국제슈퍼맨수련관 광고를 보는 순간 내 눈빛에는 광채가 감돌았다.

평생을 남한테 죽어 지낸 이 몸을 국제슈퍼맨수련관에 맡겨

보자고 결심을 하고 수련 날짜만 기다렸다.

나는 수련 비용 때문에 누나 집과 형님 집에 가서 사정을 하였지만 누나와 형님은 사기라고 완강하게 반대하였다. 누나 인생, 형님 인생과 내 인생은 다른 것, 또 그들은 내 인생을 이해할 수도 없는 것이다. 나는 누나와 형님을 무시하고 내 인생 내가 결정했다.

나는 적금 든 돈은 해약했고, 회사에도 사직서를 내고 국제슈퍼맨수련관 합숙 수련에 들어왔다. 그 결과 말 더듬는 것이 없어진 것은 물론 건강까지 너무도 좋아졌다.

나는 관장님을 神이라고 생각한다. 이제 이 나라에서도 전세계에서도 나는 말을 제일 잘하는 슈퍼맨으로서의 생활에 자신 있다.

대단히 감사합니다.

56) 전성완(55세) 기업인

나는 국제슈퍼맨수련관 13박 14일 수련을 받기 전까지도 이 나이가 될 때까지 못 고친 나의 말 더듬을 과연 고칠 수 있을까 하고 얼마나 망설였는지 모른다.

관장님과 상담한 나는 슈퍼맨 수련을 받기로 결단 내렸다. 가정과 사업에서 불가피한 나의 업무까지 뒤로 미루고 슈퍼맨 수련에 동참하여 관장님 지시대로 무조건 이끌렸다. 몇 일째부터인가 이 세상 어느누구도 변화시킬 수 없었던 나의 고정 관념과 말 더듬과 소심증은 파괴되기 시작하여 효력을 나타내기 시작했다.

전국의 대도시 공격과 도전에서는 자신도 모르게 나의 행동 실적에 놀라고 말았다. 왜냐하면 말과 행동이 사람과 환경을 구애받지 않고 어디에서나 능수 능란했었기 때문이다.

이제까지 못 다한 나의 역할을 이제부턴 가정과 직장과 이웃과 사회에 거침없는 행동과 봉사로써 발휘하겠다.

홍 관장님과 여러 교관님들에게 진심으로 깊은 감사를 드린다.

57) 농업 김선태(28세) 고졸

관장님께 편지를 한 후 답장을 받자마자 즉시 등록했습니다.

어디에서나 말 한마디 제대로 못했었고 단 200m도 못 뛰던 내가, 바로 수련 다음날 부터 말이 많아졌고 엄청남 거리를 달렸으며, 나의 소심과 강박 관념 및 두려움은 산산이 파괴되었고, 언어에 대한 어려움도 느끼지 않게 되었습니다.

저는 일생을 두고 홍 관장님을 잊지 못할겁니다. 관장님의 강력한 행동 수련과 강의와 지도가 없었다면 오늘에 와서 제가 어떻게 있었겠습니까 ?

저의 이 소감문을 보는 사람이 있다면 믿으십시오. 말 더듬과 말 더듬에 대한 강박 관념이 있는 분들은 하루빨리 홍 관장님을 찾아 뵙고 상의하여 주십시오.

58) 박선용(24세) 대학생

나는 10여 년이 넘도록 말 더듬으로 어려운 생활을 해왔었다. 그러나 홍 관장님과 상담하는 그 순간부터 변화가 왔다.

나는 13박 14일 간에 너무나도 많은 피와 땀과 눈물을 흘렸다. 처음에는 환희의 눈물, 다음에는 좌절의 눈물, 그 다음엔 또 기쁨의 눈물, 그 다음은 자신을 정복한 눈물 등등. 이렇게 흘린 눈물이 야말로 노력의 눈물 아니, 가슴속 아니, 속에서 흘러나오는 눈물이었다.

14일이라는 기간에 너무너무 많은 변화가 나에게 있었다. 말더듬 파괴 뿐만이 아니라 성격도 변하고 내 제2의 인생이 시작됐다.

이와 같이 엄청난 수련을 이끌어 주신 관장님께 감사 드리고 자신에게 감사한다. 나는 이제 나를 최고로 좋아한다.

국제슈퍼맨수련관 13박 14일 합숙 수련에 참여하신 모든 분들이여, 우리 사회와 인류를 위해 봉사하며 창조하는 神이 된 것을 축하 드립니다. 앞으로도 국제슈퍼맨수련관 합숙 수련을 통해 온 인류가 저와 같은 창조자가 되어 주실 것을 부탁드립니다.

59) 조선소 과장 윤수철(40세) 대졸

나는 처음부터 대중 앞에 나서는 것을 두려워했다. 그래서 직업도 여러 사람을 한꺼번에 대하는 직업을 싫어했다. 그냥 혼자서 처리하는 직업 쪽을 원했었다. 진급이 안되고 출세 못하는 것은 완전히 보장된 셈이다. 하지만 아무리 직위를 싫어해도 고참이 되니 직위는 높아지는 것이었다. 그때마다 대중을 상대로 말을 해야 하고 통솔해야 하는데 말과는 철천지 원수인 내가 직위에 합당한 통솔과 능력 발휘하기는 죽기보다 더 고통스러웠다. 어느 부서에 가든지 많은 기존 사원들과 많은 신입 사원들에게 교육시키지 않을 수 없는 위치가 되었다.

그러던 중 국제슈퍼맨수련관을 알게 됐다. 나는 13박 14일 슈퍼맨 수련을 받기 위해 사표를 냈다.

2년 전에는 신앙으로 해결하기 위해 성당에도 열심히 다녔었다. 이 세상 어떠한 교육으로도 나를 변화시키지 못해서 신앙을 통해 고민을 조금이라도 덜 수 있으리라는 기대였건만 오히려 신앙은 나의 부담을 더욱 가중시킨 결과가 되었다.

수련 첫 시간부터 최신 자동단전호흡대를 통해 호흡부터 달라지자 나의 성공은 보장 받게 됐다. 말이나 건강이나 몸의 지체도 반드시 저항을 통해서만 강해진다는 것을 확인했다. 나의 체력은 이 세상 어느누구보다도 강해졌다. 나의 표현력은 건강이 변화

되기 훨씬 이전에 기대와 상상을 초월해서 성취되었다.

언제 어느 때나 한 치도 느슨함이 없는 관장님의 차원 높고 강력한 슈퍼맨 수련의 힘으로 나와 전 수련생들이 변화되었다.

관장님의 이와 같이 차원 높고 강력한 행동 수련과 강의만이 전인류를 구원할 수 있는 길임을 확신하며 관장님과 교관님들과 조교님들에게 감사 드린다.

60) 이정길(16세) 고등학생

말더듬이! 말더듬이!

이것을 한 번 겪었던 사람은 알 것이다. 이것이 얼마나 비참하고 자기 인생과 생활에 방해되는지를……

그런데 어느날 어머니께서 국제슈퍼맨수련관 합숙 수련에 한번 가라고 권하셨다.

홍 관장님의 강력한 행동 수련과 강의를 통해 나는 너무 크나큰 감명을 받았다. 그렇다! 지금까지 나를 지배했던 말더듬이라는 의식을 정복하지 못하는 한 절대로 이 불행한 고통 속에서 벗어날 수 없다.

국제슈퍼맨수련관에서의 합숙 수련은 일반인들의 상식으로는 도저히 이해 못하는 것이다. 강력한 행동 수련을 통해서만 새로운 자신을 발견하는 것인데 행동 없이 사고(思考)만 앞서는 일반인들이 슈퍼맨 수련을 어떻게 이해하겠는가? 일단 관장님을 믿고 행동하니까 너무 빨리 성공과 기쁨을 확인하게 되었다. 13박 14일의 행동 수련을 마친 이 시간 나는 이제 말과 생활에만은 자신 있다.

정상인과 같이 말할수 있도록 이렇게 이끌어 주신 관장님과 교관님들께 진심으로 감사합니다.

61) 유욱철(33세) 사업가

중학교를 간신히 졸업한 나는 혼자서 독학을 하고 싶었지만 부모님들의 반대로 할 수 없이 고등 학교에 진학했다. 그러나 말더듬이라는 무서운 존재에 시달려서 3개월만에 자퇴하고 말았다.

사람만 대하면 얼굴이 붉어지고 눈은 바로 뜨지도 못하고 고개를 숙인 채 쩔쩔매게 되었다. 오직 죽고 싶다는 마음뿐으로 개가 주인에게 질질 끌리듯이 겨우 살아왔다.

나이가 들어 군대 갈 때는 정말 큰일 중의 큰일이었다. 말로만 들었던 군대 생활, 그것은 나를 완전히 공포 속으로 몰아넣었다. 입대 전 서울의 모 말 더듬 교정원에 1개월을 다녔으나 마음에 상처만 더욱 커다랗게 남기고 말았다. 춘천에서 서울까지 매일 매일 어렵게 다녔었지만 실패하고 나니 더욱더 죽고 싶었다.

지금은 안 계시지만 그 당시 늙으신 어머님의 그 애타 하시던 모습은 지금도 눈시울이 뜨거워진다. 오죽하셨으면 용하다는 무당이나 점장이를 찾아 다니며 기원하셨고 침을 맞으면 나을 수 있다고 해서 아까운 돈을 들여가며 며칠씩 침도 맞았다. 나는 미신이나 침 따위를 안 믿었지만 그토록 안타까워 하시는 어머님을 생각해서 당신의 말씀대로 따랐다. 그것은 전혀 나을 리 없는 당연한 일임에도 불구하고 나는 괜찮다고, 많이 나은 것 같다고 어머님을 위로해 드리고 어머님께서 꼭꼭 싸주시는 부적을 가슴에 품고 입대하게 되었다.

군대 생활 3년간 나는 가능한 대로 말을 하지 않는 요령을 익히면서 77년에 제대했다. 사회에 나오니 더 큰 문제에 부딪히게 됐다. 어느 직장에서나 6개월을 넘기지 못했다. 좋은 직장이 얼마나 많았었던가? 나를 소인으로 만들어 버린 언어 장애, 이 말더듬은 나에게 소심과 공포와 불안과 대인 공포 등등 수많은 고통을 주었고, 나는 그 고통을 매일매일 술로써 달래곤 했다.

아무리 급한 일이 있어도 절대로 남에게 묻거나 전화를 걸지 못했다. 객지에 나가서 목적지를 찾을 때 사람들에게 한 번만 물으면 즉시 찾을 수 있는 것을 묻기 두려워 주소와 지도만으로 혼자 찾으려니 여관에서 밤을 지내며 며칠만에 찾기도 했었다. 참으로 기가 막히고 억울한 일이 아닐 수 없다.

제대 후에 고등 학교 학력을 인정 받고 2년간 학력 고사를 거쳐 대학에 지원했지만 자신이 없어 입학을 포기했을 때, 그때는 내가 태어난 것이 정말 저주스러웠다. 그래서 방송통신대학에 입학했지만 1학기 출석 수업 때 각자 교단에 나가서 자기 소개를 하는 시간에 나는 도저히 자신이 없어 그곳을 몰래 빠져나와서 방송통신대학도 영영 그만두고 말았다.

나이는 자꾸 들고 말 더듬과 나의 강박 관념은 더욱더 뿌리가 깊이 내려앉는 처지에서 도대체 무엇을 할 수 있었겠는가? 그동안 책과 테이프는 수없이 보고 듣고 했었지만 전혀 효과를 못 보고 이젠 마지막으로 강원도 춘성군 두메 산골로 농사를 지으러 가겠다고 준비하는 중에 국제슈퍼맨수련관 광고를 봤다. 나는 이 광고를 보자 15여 일을 잠도 제대로 못 자며 번민했다. '에라, 이래저래 마지막인데 이번 한번만 더 속아 본 뒤에 농사를 지으러 가자. 고 작정하고 등록을 했다. 가족들과 친시들에게는 경성도에 취직하러 간다고 하고 슈퍼맨 수련을 2주일 간 받게 된 것이다.

이젠 아무에게나 말을 걸고 말과 생활에 자신 있게 되었다. 새사람으로 다시 태어난 나는 말 더듬 때문에 아직까지 미혼인데 올 가을에는 결혼도 할 수 있게 됐다. 이 모든 결실과 영광이 홍 관장님과 교관님들의 피땀어린 결과였음을 영원히 감사드린다.

지은이 홍민성

　전남 영광에서 출생. 우리나라와 세계에 미개척 분야인 인간 전천후 혁명 수련법과 행
동철학을 주창한 행동 철학자. 35년간 심리학·철학·정신분석학·행동과학·인간경영·
건강혁명·발표력혁명·리더쉽혁명·말더듬 완전파괴·평생건강 완전자동단전호흡 등을
집중 연구하여 세계 최초로 초인수련법(3박 4일·2박 3일·1박 2일·13박 14일)을 개발하
여 직접 시킴. 한국·미국 특허. 독서량 3만여 권(精讀 5천여 권, 目讀 2만 5천여 권)
MBC TV와 KBS 제1TV에 특별방영되었으며 라디오 및 우리나라 각 일간 신문과 각종
월간지와 기타 주간지에 특종 게재되었으며 1999년까지 200여차에 걸쳐 호텔에서 인류를
상대로 인간혁명 합숙수련을 실시하고 있으며 우리나라 최초로 그 실적이 인정되어 역사
편찬회 발행 《대한민국 5000년 韓國人物史》와 대한민국 공훈사 발행 《大韓民國 功勳史》
에 수록됨.
　현재 국제슈퍼맨수련관 관장으로 강력하게 활동하고 있으며 다섯 권의 저서와 200여 편
의 논문이 있다.

生

-말! 말? 말.-

인쇄/1989년 7월 1일
발행/1989년 7월 9일
2쇄/1989년 7월 15일
3쇄/1990년 3월 10일
4쇄/1991년 6월 30일
5쇄/1991년 11월 11일
6쇄/1992년 11월 1일
7판/1993년 6월 30일
8쇄/1995년 3월 15일
9쇄/1999년 4월 30일

지은이/홍민성
펴낸이/인종대/펴낸곳/미래문화사
등록 번호/제3-44호/등록 일자/1976년 10월 19일
ⓒ1999, 미래문화사

주소/서울시 용산구 효창동 5-421 ㉾140-120
전화/715-4507, 713-6647
팩시밀리/713-4805
슈퍼맨수련관 연락처/745-1300, 1305, 1306

값 8,000원

ISBN 89-7299-019-1 04300

· 잘못 만들어진 책은 바꾸어 드립니다.
· 저자와의 협의하에 인지는 생략합니다.